七次改訂

土地価格比準表

地価調査研究会 編著

住宅新報社

目次

● 土地価格比準表 ────────────────

土地価格比準表の取扱いについて ……………………………………… 7
第1　一般的事項 …………………………………………………………… 7
　　　（趣旨・適用範囲・適用方法・地域の判定・基準地の選定・地域要
　　　因の比較及び個別的要因の比較・格差率・積雪地域における街路
　　　条件について・画地条件に係る地積の過大による減価について）
第2　住宅地 ………………………………………………………………… 10
　　　（住宅地域の地域区分・住宅地の価格比準方法・適用上の留意事項）
第3　商業地 ………………………………………………………………… 14
　　　（商業地域の地域区分・商業地の価格比準方法・適用上の留意事項）
第4　工業地 ………………………………………………………………… 17
　　　（工業地域の地域区分・工業地の価格比準方法・適用上の留意事項）
第5　宅地見込地 …………………………………………………………… 19
　　　（宅地見込地の地域区分・宅地見込地の価格比準方法・適用上の留
　　　意事項）
優良住宅地域地域要因比準表　　（別表第1）……………………………… 22
　　〃　　　　個別的要因比準表（別表第2）……………………………… 28
標準住宅地域地域要因比準表　　（別表第3）……………………………… 34
　　〃　　　　個別的要因比準表（別表第4）……………………………… 40
混在住宅地域地域要因比準表　　（別表第5）……………………………… 46
　　〃　　　　個別的要因比準表（別表第6）……………………………… 52
造成宅地地域要因比準表　　　　（別表第7）……………………………… 58
造成宅地の品等検証格差率表　　（別表第8）……………………………… 64
農家集落地域地域要因比準表　　（別表第9）……………………………… 66
　　〃　　　　個別的要因比準表（別表第10）……………………………… 71

別荘地域地域要因比準表	（別表第11）	76
〃　個別的要因比準表	（別表第12）	80
高度商業地域地域要因比準表	（別表第13）	84
〃　　個別的要因比準表	（別表第14）	90
準高度商業地域地域要因比準表	（別表第15）	96
〃　　　個別的要因比準表	（別表第16）	102
普通商業地域地域要因比準表	（別表第17）	108
〃　　個別的要因比準表	（別表第18）	114
近隣商業地域地域要因比準表	（別表第19）	120
〃　　個別的要因比準表	（別表第20）	126
郊外路線商業地域地域要因比準表	（別表第21）	132
〃　　　　個別的要因比準表	（別表第22）	136
大工場地域地域要因比準表	（別表第23）	141
〃　　個別的要因比準表	（別表第24）	145
中小工場地域地域要因比準表	（別表第25）	148
〃　　個別的要因比準表	（別表第26）	152
宅地見込地域地域要因比準表	（別表第27）	155
大・中規模開発地域個別的要因比準表	（別表第28）	161
小規模開発地域個別的要因比準表	（別表第29）	163
崖地格差率表	（別表第30）	165
比準価格算定表 ……………………………………………………		166
住宅地（　）調査及び算定表 ……………………………………		167
別荘地調査及び算定表 ……………………………………………		174
商業地（　）調査及び算定表 ……………………………………		176
工業地（　）調査及び算定表 ……………………………………		180
宅地見込地調査及び算定表 ………………………………………		182

●住宅地及び商業地の価格の簡便算定方法

第1　住宅地の価格の簡便算定方法 …………………………………… 187
　既成宅地価格形成要因比準表（表1） ……………………………… 191
　造成宅地価格形成要因比準表（表2） ……………………………… 192
　住宅地（　　）調査及び算定表 …………………………………… 193
第2　マンション敷地の価格の簡便算定方法 ………………………… 195
　マンション敷地価格形成要因比準表（中級都心型）（表3） …… 198
　マンション敷地価格形成要因比準表（普通郊外型）（表4） …… 199
　マンション敷地（　型）調査及び算定表 ………………………… 200
第3　商業地の価格の簡便算定方法 …………………………………… 201
　商業地価格形成要因比準表（表5） ………………………………… 203
　商業地（　　）調査及び算定表 …………………………………… 204

●林地価格比準表

林地価格比準表の取扱いについて ……………………………………… 209
　都市近郊林地地域地域要因比準表　　（別表第1） ……………… 212
　　〃　　　　　個別的要因比準表　　（別表第2） ……………… 216
　農村林地地域地域要因比準表　　　　（別表第3） ……………… 219
　　〃　　　　個別的要因比準表　　　（別表第4） ……………… 223
　林業本場林地地域地域要因比準表　　（別表第5） ……………… 226
　　〃　　　　　個別的要因比準表　　（別表第6） ……………… 230
　山村奥地林地地域地域要因比準表　　（別表第7） ……………… 233
　　〃　　　　　個別的要因比準表　　（別表第8） ……………… 237
　比準価格算定表 ………………………………………………………… 240
　林地（　　）調査及び算定表 ………………………………………… 241

● 農地価格比準表

農地価格比準表の取扱いについて……………………………………………… 245
 田地地域地域要因比準表　（別表第１）…………………………………… 249
  〃　　個別的要因比準表（別表第２）…………………………………… 252
 畑地地域地域要因比準表　（別表第３）…………………………………… 256
  〃　　個別的要因比準表（別表第４）…………………………………… 259
 比準価格算定表 ……………………………………………………………… 263
 田地調査及び算定表 ………………………………………………………… 264
 畑地調査及び算定表 ………………………………………………………… 266

● 借地権価格比準表

借地権価格比準表の取扱いについて …………………………………………… 271
 借地権価格比準表 …………………………………………………………… 274

土地価格比準表

50国土地第　4号	昭和50年1月20日
51国土地第214号	昭和51年6月8日
52国土地第177号	昭和52年5月2日
58国土地第 65号	昭和58年3月24日
3国土地第174号	平成3年6月6日
6国土地第 56号	平成6年3月15日
事務連絡	平成28年2月16日

土地価格比準表の取扱いについて

第1　一般的事項

(趣旨)
1. 国土利用計画法の適正な施行を図るため、地価公示の標準地からの規準等における地域要因及び個別的要因の把握及び比較についての標準的な比準表を作成し、これを適切に運用することにより、評価の適正を期するものとする。

(適用範囲)
2. 地価公示法の規定により公示された標準地の正常な価格及び都道府県地価調査基準地の正常な価格並びに近傍類地の取引価格から評価の対象となる土地(以下「対象地」という。)の価格を求める際の地域要因の比較及び個別的要因の比較は、原則として、この比準表を適用して行うものとする。

　なお、近傍類地に係る純収益から収益価格を算定する際の純収益の比準等について、やむを得ずこの比準表を適用せざるを得ない場合には、価格形成要因が異なること等を踏まえ、適正な格差率を用いるよう注意しなければならない。

(適用方法)
3. 比準表は、地域の用途的な種別により、まず住宅地域、商業地域、工業地域及び宅地見込地地域に区分し、さらにその地域的特性により、住宅地域にあっては優良住宅地域、標準住宅地域、混在住宅地域、農家集落地域及び別荘地域に、商業地域にあっては高度商業地域、準高度商業地域、普通商業地域、近隣商業地域及び郊外路線商業地域に、工業地域にあっては大工場地域及び中小工場地域に、宅地見込地地域にあっては大・中規模開発地域及び小規模開発地域にそれぞれ地域を区分して作成されているので、対象地の存する地域をこの地域区分に即して分類し、適用しなければならない。

　なお、比準表の適用に当たっては、対象地の存する地域の性格(例えば、高度商業地域にあっては一般高度商業地域(主として繁華性、収益性等が極めて高い店舗が高度に集積している地域)、業務高度商業地域(主として行政機関、企業、金融機関等の事務所が高度に集積している地域)、複合高度商業地域(店舗と事務所が複合して高度に集積している地域)のいずれかに該当するかどうか、準高度商業地域にあってはショッピング街、オフィス街、問屋街等

のいずれに該当するかどうか。）に留意し、当該地域の性格と同一性のある地域を選定するものとする。

　特に、別荘地域は、立地形態により高原型、海浜型、湖畔型等の利用形態により通年型、夏型、冬型等の地域的特性を有するので、地域の選定に当たっては注意しなければならない。

（地域の判定）

4．地域は、自然的及び社会的条件からみて土地の用途が同質と認められるまとまりのある地域ごとに判定することを原則とする。この場合、地域の範囲は、当該地域の価格水準（当該地域において一般的な標準的使用に供されていると認められる土地の価格水準）からみて、当該地域内のそれぞれの土地の価格（比準表の個別的要因の比較項目中の画地条件を適用する必要がない土地を想定した場合の価格）が上下30パーセント以内に分布する地理的範囲を一応の目安として判定することができるものとする。

　なお、別荘地においては、原則として一別荘団地を一地域として取り扱うものとする。

（基準地の選定）

5．価格比準の基礎となる土地（以下「基準地」という。）は対象地の存する地域及び当該地域の地域区分と同一の地域区分に属する地域で同一需給圏内にあるものから選定するものとする。この場合において前記3のなお書きに掲げる地域の性格における同一性について留意するとともに、対象地の存する地域に係る地域要因と類似する地域（対象地の存する地域の価格水準に比べ、基準地の存する地域の価格水準が上位50パーセント及び下位30パーセントの範囲内にあるもの。ただし、別荘地及び郊外路線商業地にあっては価格水準が上位100パーセント、下位50パーセントの範囲内にあるもの）から選定するものとする。

　なお、住宅地にあっては交通体系における同一性（同一鉄道沿線、同一市区町村等）、商業地にあっては営業の種別、規模における同一性、工業地にあっては規模における同一性、宅地（住宅地）見込地にあっては交通体系における同一性（隣接する駅勢圏）を併せて考慮しなければならない。

　また、別荘地及び郊外路線商業地については、基準地として選定しうるものが少ないことが考えられるので、国土利用計画法の届出等の価格審査のために行われた鑑定評価の先例地を基準地とみなして取り扱うことができるものとする。

（地域要因の比較及び個別的要因の比較）
6．基準地が対象地の存する地域にあるときは基準地及び対象地に係る個別的要因の比較を、基準地が対象地の存する地域以外の地域にあるときは、基準地及び対象地に係る地域要因の相互比較及び個別的要因の比較を比準表により行うものとする。

　地域要因の比較及び個別的要因の比較は、基準地及び対象地に係るそれぞれの要因について各条件ごとの細項目の実態に即してそれぞれの態様に分類し、その結果に基づき行うものとする。

（格差率）
7．比準表に示されている細項目の様態ごとの格差率は、上限値又は下限値を示すものであるので、基準地及び対象地に係る地域要因及び個別的要因の実態に応じ、格差率に係る数値の範囲（当該格差率の数値を上限値又は下限値として、当該格差率の次位の数値を下限値又は上限値とする範囲）内において適宜判断し、適用するものとする。

（積雪地域における街路条件について）
8．積雪地域においては、除雪施設（ロードヒーティング、散水施設等）及びＵ字溝の有無並びに道路の幅員の大小が道路の機能を左右する重要な要因であるので、別表に定める街路条件による格差率に５パーセントを限度とする格差率を適用することができるものとする。

（画地条件に係る地積の過大による減価について）
9．対象地がその存する地域の標準的な画地との比較において広大地と判定される画地であっても、一体利用することが市場の需給関係等を勘案して合理的と認められる場合は、地積過大により減価を行う必要がないことに留意すべきである。

第2　住宅地

(住宅地域の地域区分)
1. 住宅地域とは、居住の用に供される建物等の敷地の用に供されることが自然的、社会的、経済的及び行政的観点からみて合理的と判断される地域をいう。
　　住宅地域の地域区分は、次により行うものとする。

　　優良住宅地域　　敷地が広く、街区及び画地が整然とし、植生と眺望、景観等が優れ、建築の施工の質が高い建物が連たんし、良好な近隣環境を形成する等居住環境の極めて良好な地域であり、従来から名声の高い住宅地域
　　標準住宅地域　　敷地の規模及び建築の施工の質が標準的な住宅を中心として形成される居住環境の良好な住宅地域
　　混在住宅地域　　比較的狭小な戸建住宅及び共同住宅が密集する住宅地域又は住宅を主として店舗、事務所、小工場等が混在する住宅地域
　　農家集落地域　　都市の通勤圏の内外にかかわらず、在来の農家住宅等を主とする集落地域又は市街地的形態を形成するに至らない地域
　　別荘地域　　　　高原、湖畔、海浜等自然環境の良好な場所にあって、主として避暑、避寒、保養又はレクリエーション等を目的として、一年のうち夏季、冬季又は週末等に利用するために建てられた住宅が現に存し、又は建てられることが予定されている地域で、居住の用に供するために必要な最小限の基盤が整備されているもの

　なお、優良住宅地域の判定は、鉄道沿線、県都、地方中核都市等の圏域を単位として行う。

（住宅地の価格比準方法）

2．(1)住宅地の価格比準は、次の算式により行うものとする。

基準地の価格×地域要因の格差率×個別的要因の格差率

地域要因格差率の内訳	個別的要因格差率の内訳
〔各条件ごとの格差率による修正値 $\left(\dfrac{100\pm 格差率}{100}\right)$ の相乗積〕 格差の比較条件項目（格差率） ①街路条件（各細項目ごとの格差率の総和） ②交通・接近条件（各細項目ごとの格差率の総和） ③環境条件（各細項目ごとの格差率の総和） ④行政的条件（各細項目ごとの格差率の総和） ⑤その他(各細項目ごとの格差率の総和)	〔各条件ごとの格差率による修正値 $\left(\dfrac{100\pm 格差率}{100}\right)$ の相乗積〕 格差の比較条件項目（格差率） ①街路条件（各細項目ごとの格差率の総和） ②交通・接近条件（各細項目ごとの格差率の総和） ③環境条件（各細項目ごとの格差率の総和） ④画地条件（各細項目ごとの格差率の相乗積） ⑤行政的条件（細項目の格差率） ⑥その他（細項目の格差率）

上記の算式中、地域要因の格差率は、別表第１、第３、第５、第９、第11に掲げる比準表により、個別的要因の格差率は、別表第２、第４、第６、第10、第12に掲げる比準表により算定するものとする。

(2)標準住宅地域に属する造成宅地の価格比準にあっては、前項の規定にかかわらず次の算式により行うことができる。

基準地の価格×(地域要因の格差率×造成宅地の格差率)×個別的要因の格差率

地域要因格差率の内訳	造成宅地の格差率	個別的要因格差率の内訳
〔各条件ごとの格差率による修正値 $\left(\dfrac{100\pm 格差率}{100}\right)$ の相乗積〕 格差の比較条件項目(格差率) ①街路条件(各細項目ごとの格差率の総和) ②交通・接近条件(各細項目ごとの格差率の総和) ③環境条件(各細項目ごとの格差率の総和) ④行政的条件(各細項目ごとの格差率の総和) ⑤その他(各細項目ごとの格差率の総和)	$\dfrac{100\pm 対象地域に係る各項目ごとの格差率の総和}{100\pm 基準地域に係る各項目ごとの格差率の総和}$	〔各条件ごとの格差率による修正値 $\left(\dfrac{100\pm 格差率}{100}\right)$ の相乗積〕 格差の比較条件項目(格差率) ①街路条件(各細項目ごとの格差率の総和) ②交通・接近条件(各細項目ごとの格差率の総和) ③環境条件(各細項目ごとの格差率の総和) ④画地条件(各細項目ごとの格差率の相乗積) ⑤行政的条件(細項目の格差率) ⑥その他(細項目の格差率)

　上記の算式中、地域要因の格差率は、別表第7に掲げる比準表により、造成宅地の格差率は、別表第8に掲げる格差率表により、個別的要因の格差率は、別表第4に掲げる比準表により算定するものとする。

3．適用上の留意事項
(行政的条件に係る「用途地域及びその他の地域、地区等」について)
(1)　用途地域とは、都市計画法第8条第1項第一号に掲げるものをいい、その他の地域、地区等とは、同条同項第二号から第十六号までに掲げるそれぞれの地域、地区又は街区をいう。
　　住宅地域においては、これらの公法上の規制の内容によっては良好な環境を保護し、又は促進する場合があるので、このような場合には減価要因として取り扱う必要がないことに留意すべきである。
(環境条件に係る「眺望、景観」について)
(2)　住宅地域、特に優良住宅地域については、眺望、景観が大きなウェイトを持つ場合があるので、これについては、別表に定める格差率にかかわらず10パーセント(態様区分「普通」との対比における格差率)を限度として適用

することができるものとする。
(画地条件に係る接面街路の「方位」について)
(3) 接面街路の方位による格差率は、接面街路の方位による日照、通風等の変化に伴う快適性の優劣に着目して設けられており、南画地等であっても日照阻害等によりその優位性が損なわれている場合には、格差率の限度内で適宜修正して適用するものとする。また、地域の緯度、気象条件等によって、日照、通風等に対する価値尺度が異なるので、地域の実情に即して格差率の限度内で適宜修正して適用するものとする。

(角地と準角地の比較等について)
(4) 対象地及び基準地がそれぞれ角地及び準角地である場合における対象地と基準地との比較については、まず対象地を中間画地（一方が街路に接する画地）と想定して比較を行い、その結果により求められた格差率をさらに対象地が角地等であることによる格差率を相乗して行うものとする。

(農家集落地域内の住宅地の画地条件について)
(5) 農家集落地域における住宅地の画地条件の比較については、別表第10に掲げるところにより行うものとするが、当該地域の性格に応じて市街地住宅地の画地条件の比準表を使用することができるものとする。

(別荘地域における「地域の名声、知名度」、「眺望の良否」について)
(6) 地域の名声、知名度は、「特に優る」、「相当に優る」、「優る」、「普通」、「劣る」の５段階の態様区分になっている。これは、未だ社会的評価の定まっていない新規の別荘地域については、「普通」を適用することを予定しており、「特に優る」は、良好な別荘地域として社会的評価の確立している地域（例えば、旧軽井沢地域）に適用することを予定している。したがって、「特に優る」、「普通」を判断基準として、「相当に優る」、「優る」、「劣る」を判定するものとする。

また、眺望の良否は「特に優る」、「優る」、「普通」、「劣る」、「特に劣る」の５段階の態様区分になっている。これは、特に著名な景観（例えば、富士山）が眺望できる場合に５段階に区分して比較を行うためであり、特に著名な景観が眺望できない地域にあっては、「優る」、「普通」、「劣る」、「特に劣る」の４段階の態様区分により比較を行うことを予定している。この場合に「眺望のほとんど出来ない」画地が存しないときは、「優る」、「普通」、「劣る」の３段階の態様区分により比較を行うこととなる。

(造成宅地について)
(7) 造成宅地の品等検証格差率表は、造成宅地の地域要因の微調整を行うことを目的としたものであるので、本表中の比較項目ごとの品等比較において、「上」と「下」の比較が多数になることがないよう、基準地の選定にあたって留意するものとする。

第3　商業地

(商業地域の地域区分)
1．商業地域とは、商業活動の用に供される建物等の敷地の用に供されることが自然的、社会的、経済的及び行政的観点からみて合理的と判断される地域をいう。
　　商業地域の地域区分は、次により行うものとする。

高度商業地域	大都市の都心又は副都心にあって、広域的商圏を有し、比較的大規模な中高層の店舗、事務所等が高密度に集積している地域
準高度商業地域	高度商業地域に次ぐ商業地域であって、広域的商圏を有し、店舗、事務所等が連たんし、商業地としての集積の程度が高い地域
普通商業地域	高度商業地域、準高度商業地域、近隣商業地域及び郊外路線商業地域以外の商業地域であって、都市の中心商業地域及びこれに準ずる商業地域で、店舗、事務所等が連たんし、多様な用途に供されている地域
近隣商業地域	主として近隣の居住者に対する日用品の販売を行う店舗等が連たんしている地域
郊外路線商業地域	都市の郊外の幹線道路（国道、都道府県道等）沿いにおいて、店舗、営業所等が連たんしている地域

（商業地の価格比準方法）

2．商業地の価格比準は、次の算式により行うものとする。

基準地の価格×地域要因の格差率×個別的要因の格差率

地域要因格差率の内訳	個別的要因格差率の内訳
〔各条件ごとの格差率による修正値 $\left(\dfrac{100\pm 格差率}{100}\right)$ の相乗積〕 格差の比較条件項目（格差率） (1)街路条件（各細項目ごとの格差率の総和） (2)交通・接近条件（各細項目ごとの格差率の総和） (3)環境条件（各細項目ごとの格差率の総和） (4)行政的条件（各細項目ごとの格差率の総和） (5)その他（各細項目ごとの格差率の総和）	〔各条件ごとの格差率による修正値 $\left(\dfrac{100\pm 格差率}{100}\right)$ の相乗積〕 格差の比較条件項目（格差率） (1)街路条件（各細項目ごとの格差率の総和） (2)交通・接近条件（各細項目ごとの格差率の総和） (3)環境条件（各細項目ごとの格差率の総和） (4)画地条件（各細項目ごとの格差率の相乗積） (5)行政的条件（細項目の格差率） (6)その他（細項目の格差率）

　上記の算式中、地域要因の格差率は、別表第13、第15、第17、第19、第21に掲げる比準表により、個別的要因の格差率は、別表第14、第16、第18、第20、第22に掲げる比準表により算定するものとする。

3．適用上の留意事項

（街路条件に係る「歩道」について）
(1)　歩道は、縁石線又は柵その他これに類する工作物により区画して設置されているものをいい、幅員、両側又は片側歩道の別、施設の程度等により格差の判定を行うものとする。

（交通・接近条件に係る「最寄駅への接近性」について）
(2)　最寄駅への接近性は、近隣地域における標準的な位置関係にある地点の最寄駅への接近性の程度を表すもので、必ずしも地理的な中心地点、最も近接した地点との接近性とは異なることに留意する必要がある。

（環境条件に係る「デパート、大型店の数、延面積」について）
(3)　商業地域の収益性に関する一つの尺度であるが、単純に店数、その延面積のみの比較では、収益性の格差を反映しないこともあるので、販売商品の種

類、品等、販売方法、顧客数等その内容により異なることもあることに留意する必要がある。

(環境条件に係る「その他客等を誘引する施設の状態」について)
(4) その他客等を誘引する施設としては、著名な神社、仏閣等の集会施設、名所、旧跡、名勝、レクリエーション基地等があり、これらによる顧客の流入の影響の程度を比較して格差を求めるものとする。

(環境条件に係る「高度利用の程度」について)
(5) 建物の階層、その各階別の用途の状態及び店舗の近代化の状態等を総合的に考慮して高度利用の程度を比較するものとする。

(環境条件に係る「顧客の通行量」について)
(6) 近隣地域における標準的な地点の前面道路の顧客の通行量を比較するものであり、顧客の流れの性格、又は車両等による妨害の程度等も併せて考慮するものとする。

(環境条件に係る「店舗の連たん性」について)
(7) 店舗の連たんの度合、店舗の均質の程度、著名な老舗の有無及びその占める割合等を総合的に考慮して繁華性の程度を比較するものとする。

(画地条件に係る「面大増価」について)
(8) 高度商業地域、準高度商業地域及び普通商業地域にあって、「面大増価」が適用されるのは、対象地がその存する地域の標準的な画地との比較において広大地と判定される画地であって、
　　① オフィスビル及びマンションの立地等高度利用が可能であり、かつ広大地について需要があること
　　② １フロアー当たりの有効床面積の大きい賃貸建物に対する需要があること
等から総合的、客観的に判断して一体利用することにより効用又は収益の増加が明らかである場合である。
　なお、この場合「地積過大」及び「奥行逓減」の項は適用しないこととする。

(行政的条件に係る「高さ制限による規制の程度」について)
(9) 地域全般に受ける制限のほか、前面道路、隣地の状況等から受ける画地ごとの個別的要因の場合もあるので、地域要因の比較に当たっては、地域における標準的な画地についての規制の程度を比較考慮するものとする。

第4　工業地

(工業地域の地域区分)
1．工業地域とは、工業生産活動の用に供される建物等の敷地の用に供されることが自然的、社会的、経済的及び行政的観点からみて、合理的と判断される地域をいう。
　　工業地域の地域区分は、次により行うものとする。
　大工場地域　　大工場地域とは、おおむね30,000㎡程度を標準的使用とする大規模な工場が立地している地域をいう。
　中小工場地域　中小工場地域とは、おおむね3,000㎡程度を標準的使用とする中小規模の工場が立地している地域をいう。

(工場地の価格比準方法)

2．工場地の価格比準は、次の算式により行うものとする。

基準地の価格×地域要因の格差率×個別的要因の格差率

地域要因の格差率の内訳	個別的要因の格差率の内訳
〔各条件ごとの格差率による修正値 $\left(\dfrac{100\pm格差率}{100}\right)$ の相乗積〕 格差の比較条件項目（格差率） (1)街路条件（各細項目ごとの格差率の総和） (2)交通・接近条件（各細項目ごとの格差率の総和） (3)環境条件（各細項目ごとの格差率の総和） (4)行政的条件（各細項目ごとの格差率の総和） (5)その他(各細項目ごとの格差率の総和)	〔各条件ごとの格差率による修正値 $\left(\dfrac{100\pm格差率}{100}\right)$ の相乗積〕 格差の比較条件項目（格差率） (1)街路条件（各細項目ごとの格差率の総和） (2)交通・接近条件（各細項目ごとの格差率の総和） (3)環境条件（各細項目ごとの格差率の総和） (4)画地条件（各細項目ごとの格差率の相乗積） (5)行政的条件（細項目の格差率） (6)その他（細項目の格差率）

　　上記の算式中、地域要因の格差率は、別表第23及び第25に掲げる比準表により、個別的要因の格差率は、別表第24及び第26に掲げる比準表により算定するものとする。

3．適用上の留意事項

(比準表の適用)

(1)　大工場地域の比準表は、地域内の画地規模が約30,000㎡を標準的規模として作成されているが、当該比準表は、地域内の画地規模が約10,000㎡から50,000㎡までの画地により構成されている地域を、また、中小工場地域の比準表は、約3,000㎡を標準的規模として作成されているが、当該比準表は、約1,000㎡から10,000㎡までの画地により構成されている地域をそれぞれ目安として適用するものとする。

(住宅地域又は商業地域の比準表の準用)

(2)　家内工業の多い地域等にあっては、当該地域の地域的特性及び周辺の土地の利用の現況等から判断して、住宅地域又は商業地域の比準表を適用するものとする。

第5　宅地見込地

（宅地見込地の地域区分）
1．宅地見込地地域とは、農地地域、林地地域等の他の種別の地域から宅地地域へと転換しつつある地域をいう。
　　宅地見込地地域の地域区分は、宅地開発に適する規模に応じ、次により行うものとする。

大・中規模開発地域　　周辺の宅地化率が低く、道路等も未整備で対象地単独では宅地化することが困難で、地域内の他の土地とともに相当規模で宅地開発をすることが合理的と判断される地域をいう。

小規模開発地域　　　　周辺が宅地への転換の度合が高く、対象地単独で、又は隣接土地と併せた程度の小規模開発で宅地化が可能と判断される地域をいう。

(宅地見込地の価格比準方法)
2．宅地見込地の価格比準は、次の算式により行うものとする。

$$基準地の価格 \times 地域要因の格差率 \times 個別的要因の格差率$$

地域要因格差率の内訳	個別的要因格差率の内訳
〔各条件ごとの格差率による修正値 $\left(\dfrac{100 \pm 格差率}{100}\right)$ の相乗積〕 格差の比較条件項目（格差率） (1)交通・接近条件（各細項目ごとの格差率の総和） (2)環境条件（各細項目ごとの格差率の総和） (3)宅地造成条件（各細項目ごとの格差率の相乗積） (4)行政的条件（各細項目ごとの格差率の総和） (5)その他（細項目の格差率）	〔各条件ごとの格差率による修正値 $\left(\dfrac{100 \pm 格差率}{100}\right)$ の相乗積〕 格差の比較条件項目（格差率） (1)画地条件（各細項目ごとの格差率の相乗積） (2)行政的条件（細項目の格差率） (3)その他（各細項目ごとの格差率の相乗積）

上記の算式中、地域要因の格差率は、別表第27に掲げる比準表により、個別的要因の格差率は、別表第28及び第29に掲げる比準表により算定するものとする。

3．適用上の留意事項
(宅地造成条件に係る「造成の難易及び必要の程度」について)
(1)「造成の難易及び必要の程度」は、宅地見込地の価格水準及び造成工事費を下記により分類し、判定するものとする。
宅地見込地の価格の適用範囲

㈠価格水準が低い地域	1㎡当たり	26,000円未満	
㈢価格水準がやや低い地域	〃	26,000円以上	42,000円未満
㈥価格水準が中位の地域	〃	42,000円以上	64,000円未満
㈣価格水準がやや高い地域	〃	64,000円以上	108,000円未満
㈱価格水準が高い地域	〃	108,000円以上	

造成工事の難易についての造成工事費の標準額

	開発面積	1㎡当たり造成工事費
㈠易しい	1,000㎡	10,000円／㎡
	3,000㎡	10,000円／㎡
	5,000㎡	9,000円／㎡
㈡やや易しい	1,000㎡	17,500円／㎡
	3,000㎡	16,500円／㎡
	5,000㎡	15,000円／㎡
㈢普通	1,000㎡	25,000円／㎡
	3,000㎡	23,000円／㎡
	5,000㎡	21,000円／㎡
㈣やや難しい	1,000㎡	31,000円／㎡
	3,000㎡	28,000円／㎡
	5,000㎡	25,000円／㎡
㈤難しい	1,000㎡	37,000円／㎡
	3,000㎡	33,000円／㎡
	5,000㎡	29,000円／㎡

（なお、この造成工事費の標準額は、首都圏近郊の事例から求めたものである。）

（画地条件に係る「道路との関係位置」について）

(2) 接面道路の有無、幅員のほか道路そのものの位置、系統性について、道路のない場合には道路取付の難易等についても併せて検討するものとする。

別表第1

地域要因比準表

(優良住宅地域)

条件	項目	細項目	格差の内訳						備考
街路条件	街路の幅員・構造等の状態	幅員	基準地域＼対象地域	優る	普通	劣る			地域内の標準的な街路の幅員について、次により分類し比較を行う。
			優る	0	−4.0	−8.0			優る　快適性及び利便性において、街路の幅員が一般的に優る地域
			普通	4.0	0	−4.0			普通　街路の幅員が一般的に中庸である地域
			劣る	8.0	4.0	0			劣る　街路の幅員が一般的に劣る地域
		舗装	基準地域＼対象地域	優る	普通	劣る			舗装の種別、舗装率、維持補修の程度等について、次により分類し比較を行う。
			優る	0	−1.0	−2.0			優る　舗装の質が優れており、舗装率の高い地域
			普通	1.0	0	−1.0			普通　舗装の質、舗装率が通常である地域
			劣る	2.0	1.0	0			劣る　舗装の質が悪く舗装率の低い地域
		配置	基準地域＼対象地域	優る	普通	劣る			街路の配置の状態について、次により分類し比較を行う。
			優る	0	−2.5	−5.0			優る　街路が放射状又は碁盤目状等に配置されて一般的に均衡のとれている地域
			普通	2.5	0	−2.5			普通　街路の配置が比較的均衡のとれている地域
			劣る	5.0	2.5	0			劣る　街路の大まかな整備はされているが、行き止まり路やT字路などの街路が一部にある地域
		系統及び連続性	基準地域＼対象地域	優る	普通	劣る			幹線街路との系統及び連続性について、次により分類し比較を行う。
			優る	0	−2.0	−4.0			優る　幹線街路との系統、連続性が一般的に優れている街路の地域
			普通	2.0	0	−2.0			普通　幹線街路との系統、連続性が一般的に通常である街路の地域
			劣る	4.0	2.0	0			劣る　幹線街路との系統、連続性が一般的に劣っている街路の地域
交通・接近条件	都心との距離及び交通施設の状態	最寄駅への接近性	基準地域＼対象地域	優る	やや優	普通	やや劣	劣る	地域の標準的な社会経済的最寄駅への接近性について、次により分類し比較を行う。接近性については、道路に沿った最短距離、バス路線の有無、バス運行回数等を総合的に考慮して判定するものとする。なお、本格差率は政令指定都市以外の地方の県庁所在市を念頭に作成しているため、各分類における格差率が、地域の実態と合わない場合があるので留意すること。
			優る	0	−1.0	−2.0	−3.0	−4.0	
			やや優	1.0	0	−1.0	−2.0	−3.0	
			普通	2.0	1.0	0	−1.0	−2.0	優る　最寄駅に近接する地域
			やや劣	3.0	2.0	1.0	0	−1.0	やや優　最寄駅にやや近い地域 普通　最寄駅への時間、距離等が通常である地域
			劣る	4.0	3.0	2.0	1.0	0	やや劣　最寄駅にやや遠い地域 劣る　最寄駅に遠い地域

（優住．地）

条件	項目	細項目	格差の内訳							備考
交通・接近条件	都心との距離及び交通施設の状態	最寄駅から都心への接近性	基準地域＼対象地域	優る	やや優	普通	やや劣	劣る		最寄駅から居住者が勤務する事務所、商店、工場等が立地する経済中心地たる都心への接近性について、次により分類し比較を行う。接近性については、鉄道、道路、バス等による時間的な距離に重点をおき、最寄駅の性格（急行停車駅、乗換駅、始発駅、運行回数等）をも勘案し総合的に考慮して判定するものとする。なお、本格差率は政令指定都市以外の地方の県庁所在市を念頭に作成しているため、各分類における格差率が、地域の実態と合わない場合があるので留意すること。 優　　る　都心に近接する地域 やや優る　都心にやや近い地域 普　　通　都心への時間、距離等が通常と判定される地域 やや劣る　都心にやや遠い地域 劣　　る　都心に遠い地域
			優　る	0	－2.5	－5.0	－7.5	－10.0		
			やや優	2.5	0	－2.5	－5.0	－7.5		
			普　通	5.0	2.5	0	－2.5	－5.0		
			やや劣	7.5	5.0	2.5	0	－2.5		
			劣　る	10.0	7.5	5.0	2.5	0		
	商業施設の配置の状態	最寄商業施設への接近性	基準地域＼対象地域	優る	やや優	普通	やや劣	劣る		通常、一般的に利用されている日常生活の需要を満たすに足りる最寄商業施設への接近性について、次により分類し比較を行う。なお、接近性については、道路に沿った最短距離、バス路線の有無、バス運行回数等を総合的に考慮して判定するものとする。 優　　る　最寄商業施設に近接する地域 やや優る　最寄商業施設にやや近い地域 普　　通　最寄商業施設への時間、距離等が通常と判断される地域 やや劣る　最寄商業施設にやや遠い地域 劣　　る　最寄商業施設に遠い地域
			優　る	0	－1.0	－2.0	－3.0	－4.0		
			やや優	1.0	0	－1.0	－2.0	－3.0		
			普　通	2.0	1.0	0	－1.0	－2.0		
			やや劣	3.0	2.0	1.0	0	－1.0		
			劣　る	4.0	3.0	2.0	1.0	0		
		最寄商業施設の性格	基準地域＼対象地域	優　る		普　通		劣　る		最寄商業施設の性格について、次により分類し比較を行う。 優　　る　規模が大きく、百貨店、総合スーパー等、繁華性の高い商業施設 普　　通　食料品等を扱うスーパー等が存在し、周辺に一部専門店も存する商業施設 劣　　る　食料品等を扱うスーパー等で、周辺に専門店の存しない商業施設
			優　る		0		－1.5		－3.0		
			普　通		1.5		0		－1.5		
			劣　る		3.0		1.5		0		
	学校・公園・病院等の配置の状態	幼稚園、小学校、公園、病院、官公署等	基準地域＼対象地域	優る	やや優	普通	やや劣	劣る		公共利便施設の配置の状態について、次により分類し比較を行う。なお、配置の状態については、各施設の位置関係、集中の度合及び日常の利便性等について総合的に考慮して判定するものとする。 優　　る　各種の施設に近接して利便性が高い地域 やや優る　各種の施設にやや近く利便性がやや高い地域 普　　通　各種の施設が標準的位置にあって利便性が通常である地域 やや劣る　各種の施設にやや遠く利便性がやや低い地域 劣　　る　各種の施設には遠く利便性の低い地域
			優　る	0	－2.0	－4.0	－6.0	－8.0		
			やや優	2.0	0	－2.0	－4.0	－6.0		
			普　通	4.0	2.0	0	－2.0	－4.0		
			やや劣	6.0	4.0	2.0	0	－2.0		
			劣　る	8.0	6.0	4.0	2.0	0		

（優住．地）

条件	項目	細項目	基準地域＼対象地域	格差の内訳					備考
環境条件	日照・温度・湿度・風向等の気象の状態	日照、温度、湿度、風向、通風等		優る	普通	劣る			日照の確保、温度、湿度、通風等の良否等の自然的条件について、次により分類し比較を行う。
			優る	0	-1.5	-3.0			優る　日照、通風等を阻害するものが殆どなく自然的条件が優れている地域
			普通	1.5	0	-1.5			普通　日照、通風等も普通で自然的条件も通常である地域
			劣る	3.0	1.5	0			劣る　日照、通風等が悪く自然的条件が劣っている地域
	眺望・景観等の自然的環境の良否	眺望、景観、地勢、地盤等		優る	普通	劣る			眺望、景観、地勢、地盤等の自然的環境の良否について、次により分類し比較を行う。
			優る	0	-1.5	-3.0			優る　眺望がひらけ、景観、地勢が優れて地質、地盤が強固な環境に恵まれた地域
			普通	1.5	0	-1.5			普通　眺望、景観とも通常で、地勢は平坦、地質、地盤が通常である地域
			劣る	3.0	1.5	0			劣る　眺望、景観が優れず、地勢、地盤が劣る地域
	居住者の近隣関係等の社会的環境の良否	居住者の近隣関係等の社会的環境の良否		特に優る	相当に優る	優る	やや優る	普通	居住者の近隣関係、住まい方等社会的環境を形成する要因等について、次により分類し比較を行う。（この場合、地域の名声をも参考にして総合的に考慮して判定するものとする。）
			特に優	0	-4.5	-9.0	-13.5	-18.0	
			相当に優	5.0	0	-5.0	-9.5	-14.5	特に優る　社会的環境が特に優れている地域 相当に優る　社会的環境が相当に優れている地域
			優る	10.0	5.0	0	-5.0	-10.0	優る　社会的環境が優れている地域 やや優る　社会的環境がやや優れている地域
			やや優	16.0	10.5	5.5	0	-5.5	普通　社会的環境が中級である地域
			普通	22.0	16.5	11.0	5.5	0	
	各画地の面積・配置及び利用の状態	画地の標準的面積		特に優	相当に優る	優る	普通		画地の標準的な面積について、次により分類し比較を行う。
			特に優	0	-1.0	-2.5	-5.0		特に優る　画地の標準的な面積が一般的に800㎡を超える地域
			相当に優	1.0	0	-1.5	-4.0		相当に優る　画地の標準的な面積が一般的に500㎡を超え800㎡以下の地域
			優る	2.5	1.5	0	-2.5		優る　画地の標準的な面積が一般的に300㎡を超え500㎡以下の地域
			普通	5.0	4.0	2.5	0		普通　画地の標準的な面積が一般的に300㎡以下の地域 なお、各分類における画地の標準的な面積が、地域の実態と合わない場合があるので留意すること。
		各画地の配置の状態		優る	普通	劣る			各画地の配置の状態について、次により分類し比較を行う。
			優る	0	-1.5	-3.0			優る　各画地の地積、形状等の均衡がとれ、配置が整然としている地域
			普通	1.5	0	-1.5			普通　各画地の地積、形状等がやや不均衡であるが、配置がやや整然としている地域
			劣る	3.0	1.5	0			劣る　各画地の地積、形状等が不均衡で配置に統一性がない地域

(優住．地)

条件	項　目	細項目	格差の内容					備　考	
環境条件	各画地の面積・配置及び利用の状態	周辺の利用状態	基準地域＼対象地域	優　る	普通	劣　る			各画地の利用の状態について、次により分類し比較を行う。
			優　る	0	-1.5	-3.0			優　る　大部分が専用住宅である地域
			普　通	1.5	0	-1.5			普　通　マンション等がいく分見受けられるが、専用住宅が多い地域
			劣　る	3.0	1.5	0			劣　る　マンション等がかなり混在している地域
	上下水道・ガス等の供給処理施設の状態	上水道	基準地域＼対象地域	有	可能	無			上水道（簡易水道を含む。）施設の整備の状態について、次により分類し比較を行う。
			有	0	-1.5	-3.0			有　　上水道施設の完備された地域
			可能	1.5	0	-1.5			可　能　大半の地域について上水道の整備事業が進んでいる地域
			無	3.0	1.5	0			無　　上水道施設のない地域
		下水道	基準地域＼対象地域	有	可能	無			下水道施設の整備の状態について、次により分類し比較を行う。
			有	0	-2.0	-4.0			有　　下水道施設の完備された地域
			可能	2.0	0	-2.0			可　能　大半の地域について下水道の整備事業が進んでいる地域
			無	4.0	2.0	0			無　　下水道施設のない地域
		都市ガス等	基準地域＼対象地域	有	可能	無			都市ガス施設等の整備の状態について、次により分類し比較を行う。
			有	0	-1.0	-2.0			有　　都市ガス施設の完備された地域
			可能	1.0	0	-1.0			可　能　大半の地域について都市ガスの整備事業が進んでいる地域もしくは簡易ガス施設のある地域
			無	2.0	1.0	0			無　　都市ガス施設もしくは簡易ガス施設のない地域
	変電所・汚水処理場等の危険施設・処理施設等の有無	変電所、ガスタンク、汚水処理場、焼却場等	基準地域＼対象地域	無	有				危険施設又は処理施設等の有無及びそれらの配置の状態等にもとづく危険性あるいは悪影響の度合について、次により分類し比較を行う。
					小さい	やや小さい	やや大きい	大きい	
			無	0	-5.0	-10.0	-15.0	-20.0	無　　危険施設、処理施設等及び危険性、悪影響ともに皆無もしくは皆無に等しい地域
			有	小さい	5.0	0	-5.0	-10.5	-15.5	危険施設、処理施設がある場合 小さい　危険あるいは悪影響を感じる程度が一般的に小さい地域
				やや小さい	11.0	5.5	0	-5.5	-11.0	やや小さい　危険あるいは悪影響を感じる程度が一般的にやや小さい地域
				やや大きい	17.5	11.5	6.0	0	-6.0	やや大きい　危険あるいは悪影響を感じる程度が一般的にやや大きい地域
				大きい	24.5	18.5	12.5	6.0	0	大　き　い　危険あるいは悪影響を感じる程度が一般的に大きい地域

(優住.地)

条件	項目	細項目	格差の内訳						備考
環境条件	洪水・地すべり等の災害発生の危険性	洪水、地すべり、高潮、崖くずれ等	対象地域\基準地域	無	有				災害の種類、発生の頻度及びその規模等にもとづく危険性について、次により分類し比較を行う。なお、特に津波の危険性、土砂災害の危険性については土地価格への影響が大きい場合があるので、これら地域における格差率については、慎重に調査のうえ適用することに留意すること。
					小さい	やや小さい	やや大きい	大きい	
			無	0	-1.0	-2.5	-4.0	-5.0	
			小さい	1.0	0	-1.5	-3.0	-4.0	無　　　災害の発生の危険性が一般的に殆どない地域
			やや小さい	2.5	1.5	0	-1.5	-2.5	小さい　災害の発生の危険性が一般的に小さい地域
			やや大きい	4.0	3.0	1.5	0	-1.0	やや小さい　災害の発生の危険性が一般的にやや小さい地域
			大きい	5.0	4.0	2.5	1.0	0	やや大きい　災害の発生の危険性が一般的にやや大きい地域 大きい　災害の発生の危険性が一般的に大きい地域
	騒音・大気汚染等の公害発生の程度	騒音、振動、大気汚染、じんあい、悪臭等	対象地域の格差	基準地の属する地域と比較して					公害の種類、発生の頻度及びその広がり等を総合的に考慮して、次により分類し比較を行う。
				小さい	やや小さい	ほぼ同じ	やや大きい	大きい	小さい　基準地の属する地域と比較し、一般的に小さい地域 やや小さい　基準地の属する地域と比較し、一般的にやや小さい地域 やや大きい　基準地の属する地域と比較し、一般的にやや大きい地域 大きい　基準地の属する地域と比較し、一般的に大きい地域
			格差率	5.0	2.5	0	-2.5	-5.0	
行政的条件	土地の利用に関する公法上の規制の程度	用途地域及びその他の地域、地区等	対象地域\基準地域	弱い	やや弱い	普通	やや強い	強い	用途地域及びその他の地域、地区等による土地の利用方法に関する公法上の規制の程度について、次により分類し比較を行う。
			弱い	0	-1.5	-3.0	-4.5	-6.0	弱い　　一般的に規制の影響が弱い地域
			やや弱い	1.5	0	-1.5	-3.0	-4.5	やや弱い　一般的に規制の影響がやや弱い地域 普通　　一般的に規制の影響が通常である地域
			普通	3.0	1.5	0	-1.5	-3.0	やや強い　一般的に規制の影響がやや強い地域
			やや強い	4.5	3.0	1.5	0	-1.5	強い　　一般的に規制の影響が強い地域
			強い	6.0	4.5	3.0	1.5	0	
		その他の規制	対象地域\基準地域	弱い	普通	強い			
			弱い	0	$-\alpha'$	$-\alpha''$			
			普通	α'	0	$-\alpha'$			
			強い	α''	α'	0			

（優住．地）

条件	項目	細項目	格差の内容							備考
その他	その他	将来の動向	基準地域＼対象地域	優る	やや優	普通	やや劣	劣る		街路条件、交通・接近条件、環境条件、行政的条件の動向を総合的に考慮して地域の将来の動向について、次により分類し比較を行う。
			優る	0	－2.5	－5.0	－7.5	－10.0		優　る　発展的に推移すると認められる地域
			やや優る	2.5	0	－2.5	－5.0	－7.5		やや優る　やや発展的に推移すると認められる地域
			普通	5.0	2.5	0	－2.5	－5.0		普　通　現状で推移すると認められる地域
			やや劣る	7.5	5.0	2.5	0	－2.5		やや劣る　やや衰退的に推移すると認められる地域
			劣る	10.0	7.5	5.0	2.5	0		劣　る　衰退的に推移すると認められる地域
		その他	基準地域＼対象地域	優る		普通		劣る		街路条件、交通・接近条件、環境条件、行政的条件で掲げる項目及びその他将来の動向のほか、比較すべき特別の項目があると認められるときは、その項目に応じて適正に格差率を求めるものとする。
			優る							
			普通							
			劣る							

別表第２ 　　　　　　　　　　個別的要因比準表　　　　　　　　　　（優良住宅地域）

条件	項目	細項目	格差の内訳							備考
			基準地\対象地	優る	やや優る	普通	やや劣る	劣る		
街路条件	接面街路の系統・構造等の状態	系統及び連続性	優る	0	−1.0	−2.0	−3.0	−4.0		接面する街路の系統及び連続性について、次により分類し比較を行う。 優　る　標準的な画地の街路より系統、連続性が良い街路 やや優る　標準的な画地の街路より系統、連続性がやや良い街路 普　通　標準的な画地の街路と系統、連続性が同程度の街路 やや劣る　標準的な画地の街路より系統、連続性がやや悪い街路 劣　る　標準的な画地の街路より系統、連続性が悪い街路
			やや優る	1.0	0	−1.0	−2.0	−3.0		
			普通	2.0	1.0	0	−1.0	−2.0		
			やや劣る	3.0	2.0	1.0	0	−1.0		
			劣る	4.0	3.0	2.0	1.0	0		
		幅員	優る	0	−2.0	−4.0	−6.0	−8.0		接面する街路の幅員の状態について、次により分類し比較を行う。 優　る　標準的な画地に接面する街路の幅員より良い幅員 やや優る　標準的な画地に接面する街路の幅員よりやや良い幅員 普　通　標準的な画地に接面する街路の幅員と同程度の幅員 やや劣る　標準的な画地に接面する街路の幅員よりやや悪い幅員 劣　る　標準的な画地に接面する街路の幅員より悪い幅員
			やや優る	2.0	0	−2.0	−4.0	−6.0		
			普通	4.0	2.0	0	−2.0	−4.0		
			やや劣る	6.0	4.0	2.0	0	−2.0		
			劣る	8.0	6.0	4.0	2.0	0		
		舗装	優る	0	−1.0	−2.0	−3.0	−4.0		接面する街路の舗装の状態について、次により分類し比較を行う。 優　る　標準的な画地が接面する街路の舗装の状態より良い舗装 やや優る　標準的な画地が接面する街路の舗装の状態よりやや良い舗装 普　通　標準的な画地が接面する街路の舗装の状態と同程度の舗装 やや劣る　標準的な画地が接面する街路の舗装の状態よりやや悪い舗装 劣　る　標準的な画地が接面する街路の舗装の状態より悪い舗装又は未舗装
			やや優る	1.0	0	−1.0	−2.0	−3.0		
			普通	2.0	1.0	0	−1.0	−2.0		
			やや劣る	3.0	2.0	1.0	0	−1.0		
			劣る	4.0	3.0	2.0	1.0	0		
交通・接近条件	交通施設との距離	最寄駅への接近性	優る	0	−1.0	−2.0	−3.0	−4.0		社会経済的最寄駅への接近性について、次により分類し比較を行う。接近性については、道路に沿った最短距離、バス路線の有無、バス停までの距離、バス運行表等を総合的に考慮して判定するものとする。なお、本格差率は政令指定都市以外の地方の県庁所在市を念頭に作成しているため、各分類における格差率が、地域の実態と合わない場合があるので留意すること。 優　る　最寄駅に近接する画地 やや優る　最寄駅にやや近い画地 普　通　地域において標準的な位置関係にあると認められる画地 やや劣る　最寄駅にやや遠い画地 劣　る　最寄駅に遠い画地
			やや優る	1.0	0	−1.0	−2.0	−3.0		
			普通	2.0	1.0	0	−1.0	−2.0		
			やや劣る	3.0	2.0	1.0	0	−1.0		
			劣る	4.0	3.0	2.0	1.0	0		
	商業施設との接近の程度	最寄商業施設への接近性	優る	0	−1.0	−1.5	−2.0	−3.0		通常、一般的に利用されており日常生活の需要を満たすに足りる最寄商業施設への接近性について、次により分類し比較を行う。 優　る　最寄商業施設に近接する画地 やや優る　最寄商業施設にやや近い画地 普　通　地域において標準的な位置関係にあると認められる画地 やや劣る　最寄商業施設にやや遠い画地 劣　る　最寄商業施設に遠い画地
			やや優る	1.0	0	−0.5	−1.0	−2.0		
			普通	1.5	0.5	0	−0.5	−1.5		
			やや劣る	2.0	1.0	0.5	0	−1.0		
			劣る	3.0	2.0	1.5	1.0	0		

(優住．個)

条件	項目	細項目	格差の内訳							備考	
交通・接近条件	公共施設等との接近の程度	幼稚園、小学校、公園、病院、官公署等への接近性	基準地＼対象地	優る	やや優	普通	やや劣	劣る		公共公益施設への接近性について、次により分類し比較を行う。なお、接近性については、各施設の位置関係、集中の度合及び日常の利便性等について総合的に考慮して判定するものとする。	
			優る	0	-2.0	-4.0	-6.0	-8.0 ||		
			やや優る	2.0	0	-2.0	-4.0	-6.0		優る	各種の施設に近接し、利便性が高い画地
										やや優る	各種の施設にやや近く、利便性がやや高い画地
			普通	4.0	2.0	0	-2.0	-4.0		普通	地域において標準的な位置関係にあると認められる画地
			やや劣る	6.0	4.0	2.0	0	-2.0		やや劣る	各種の施設にやや遠く、利便性がやや低い画地
			劣る	8.0	6.0	4.0	2.0	0		劣る	各種の施設には遠く、利便性の低い画地
環境条件	日照・通風・乾湿等の良否	日照、温度、通風、乾湿等	基準地＼対象地	優る		普通		劣る			日照の確保、温度、湿度、通風等の良否等自然的条件について、次により分類し比較を行う。	
			優る	0		-1.5		-3.0			優る	日照、通風等自然的条件が通常より優れている画地
			普通	1.5		0		-1.5			普通	日照、通風等自然的条件が地域において通常である画地
			劣る	3.0		1.5		0			劣る	日照、通風等が通常以下であって自然的条件が劣っている画地
	地勢・地質・地盤等の良否	地勢、地質、地盤等	基準地＼対象地	優る		普通		劣る			地勢、地質、地盤等の自然的環境の良否について、次により分類し比較を行う。	
			優る	0		-1.5		-3.0			優る	地勢、地質、地盤等が通常より優れている画地
			普通	1.5		0		-1.5			普通	地勢、地質、地盤等が地域において通常である画地
			劣る	3.0		1.5		0			劣る	地勢、地質、地盤等が通常以下である画地
	隣接不動産等周囲の状態	隣接地の利用状況	基準地＼対象地	普通	やや劣る	劣る	相当に劣る	極端に劣る		隣接地の利用状態について、次により分類し比較を行う。	
			普通	0	-2.5	-5.0	-7.5	-10.0		普通	特に環境上問題のない画地
			やや劣る	2.5	0	-2.5	-5.0	-7.5		やや劣る	北西にマンション等のある場合又は隣接しないが、環境上影響のある画地
			劣る	5.0	2.5	0	-2.5	-5.0		劣る	北東にマンション等のある場合等で環境が劣る画地
			相当に劣る	7.5	5.0	2.5	0	-2.5		相当に劣る	南にマンション等のある場合等で環境が相当に劣る画地
			極端に劣る	10.0	7.5	5.0	2.5	0		極端に劣る	マンション等に周りを囲まれている場合で環境が極端に劣る画地
	供給処理施設の状態	上水道	基準地＼対象地	優る		普通		劣る			上水道(簡易水道を含む。)施設の状態について、次により分類し比較を行う。	
			優る	0		-1.5		-3.0			優る	標準的な画地の整備の状態より良い画地
			普通	1.5		0		-1.5			普通	標準的な画地の整備の状態と同程度の画地
			劣る	3.0		1.5		0			劣る	標準的な画地の整備の状態より悪い画地

（優住．個）

条件	項目	細項目	格差の内訳							備考	
環境条件	供給処理施設の状態	下水道	基準地＼対象地	優る	普通	劣る				下水道施設の状態について、次により分類し比較を行う。	
			優る	0	−1.5	−3.0				優る	標準的な画地の整備の状態より良い画地
			普通	1.5	0	−1.5				普通	標準的な画地の整備の状態と同程度の画地
			劣る	3.0	1.5	0				劣る	標準的な画地の状態より悪い画地
		都市ガス等	基準地＼対象地	優る	普通	劣る				都市ガス施設等の整備の状態について、次により分類し比較を行う。	
			優る	0	−1.0	−2.0				優る	標準的な画地の整備の状態より良い画地
			普通	1.0	0	−1.0				普通	標準的な画地の整備の状態と同程度の画地
			劣る	2.0	1.0	0				劣る	標準的な画地の整備の状態より悪い画地
	変電所・汚水処理場等の危険施設・処理施設等との接近の程度	変電所、ガスタンク、汚水処理場、焼却場等	基準地＼対象地	無	有					危険施設又は処理施設等の有無及びそれらの配置の状態等にもとづく危険性あるいは悪影響の度合について、次により分類し比較を行う。	
					小	やや小	通常	やや大	大		
			無	0	−1.5	−3.0	−4.5	−6.0	−7.5	無	危険施設、処理施設等及び危険性、悪影響ともに皆無もしくは皆無に等しい画地
			有　小	1.5	0	−1.5	−3.0	−4.5	−6.0	危険施設、処理施設等がある場合	
			有　やや小	3.0	1.5	0	−1.5	−3.0	−4.5	小	危険等が標準的な画地より小さい画地
			有　通常	4.5	3.0	1.5	0	−1.5	−3.0	やや小	危険等が標準的な画地よりやや小さい画地
			有　やや大	6.0	4.5	3.0	1.5	0	−1.5	通常	危険等が標準的な画地と同程度の画地
			有　大	7.5	6.0	4.5	3.0	1.5	0	やや大	危険等が標準的な画地よりやや大きい画地
										大	危険等が標準的な画地より大きい画地
画地条件	地積・間口・奥行・形状等	地積	基準地＼対象地	普通	やや劣る	劣る				地積の過大又は過小の程度について、次により分類し比較を行う。	
			普通	1.00	0.93	0.85				普通	標準的な画地の地積と同程度の画地
			やや劣る	1.08	1.00	0.92				やや劣る	標準的な画地の地積より過大又は過小であるため、画地利用上の阻害の程度が大きい画地
			劣る	1.18	1.09	1.00				劣る	標準的な画地の地積より過大又は過小であるため、画地利用上の阻害の程度が相当に大きい画地
		間口狭小	基準地＼対象地	普通	やや劣る	劣る	相当に劣る	極端に劣る		間口狭小の程度について、次により分類し比較を行う。	
			普通	1.00	0.94	0.88	0.82	0.77		普通	標準的な画地とほぼ同じ間口の画地
			やや劣る	1.06	1.00	0.94	0.87	0.82		やや劣る	標準的な画地の間口の0.6以上0.7未満の画地
			劣る	1.14	1.07	1.00	0.93	0.88		劣る	標準的な画地の間口の0.4以上0.6未満の画地
			相当に劣る	1.22	1.15	1.07	1.00	0.94		相当に劣る	標準的な画地の間口の0.2以上0.4未満の画地
			極端に劣る	1.30	1.22	1.14	1.06	1.00		極端に劣る	標準的な画地の間口の0.2未満の画地
		奥行逓減	基準地＼対象地	普通	やや劣る	劣る	相当に劣る	極端に劣る		奥行逓減の程度について、次により分類し比較を行う。	

(優住．個)

条件	項目	細項目	格差の内訳					備考	
画地条件	地積・間口・奥行・形状等	奥行逓減	普通	1.00	0.94	0.88	0.82	0.77	普通	標準的な画地とほぼ同じ奥行の画地
			やや劣る	1.06	1.00	0.94	0.87	0.82	やや劣る	標準的な画地の奥行の1.5以上2.0未満の画地
			劣る	1.14	1.07	1.00	0.93	0.88	劣る	標準的な画地の奥行の2.0以上2.5未満の画地
			相当に劣る	1.22	1.15	1.07	1.00	0.94	相当に劣る	標準的な画地の奥行の2.5以上3.0未満の画地
			極端に劣る	1.30	1.22	1.14	1.06	1.00	極端に劣る	標準的な画地の奥行の3.0以上の画地
		奥行短小	基準地＼対象地	普通	やや劣る	劣る	相当に劣る	極端に劣る	奥行短小の程度について、次により分類し比較を行う。	
			普通	1.00	0.96	0.93	0.90	0.86	普通	標準的な画地とほぼ同じ奥行の画地
			やや劣る	1.04	1.00	0.97	0.94	0.90	やや劣る	標準的な画地の奥行の0.6以上0.7未満の画地
			劣る	1.08	1.03	1.00	0.97	0.92	劣る	標準的な画地の奥行の0.4以上0.6未満の画地
			相当に劣る	1.11	1.07	1.03	1.00	0.96	相当に劣る	標準的な画地の奥行の0.2以上0.4未満の画地
			極端に劣る	1.16	1.12	1.08	1.05	1.00	極端に劣る	標準的な画地の奥行の0.2未満の画地
		奥行長大	基準地＼対象地	普通	やや劣る	劣る	相当に劣る	極端に劣る	奥行長大の程度について、次により分類し比較を行う。	
			普通	1.00	0.97	0.93	0.90	0.87	普通	標準的な画地の奥行と間口の比（奥行／間口）とほぼ同じ画地
			やや劣る	1.03	1.00	0.96	0.93	0.90	やや劣る	標準的な画地の奥行と間口の比の1.5以上2.0未満の画地
			劣る	1.08	1.04	1.00	0.97	0.94	劣る	標準的な画地の奥行と間口の比の2.0以上2.5未満の画地
			相当に劣る	1.11	1.08	1.03	1.00	0.97	相当に劣る	標準的な画地の奥行と間口の比の2.5以上3.0未満の画地
			極端に劣る	1.15	1.11	1.07	1.03	1.00	極端に劣る	標準的な画地の奥行と間口の比の3.0以上の画地
		不整形地	基準地＼対象地	普通	やや劣る	劣る	相当に劣る	極端に劣る	不整形の程度について、次により分類し比較を行う。	
			普通	1.00	0.93	0.86	0.79	0.65	普通	標準的な画地の形状とほぼ同じ形状の画地
			やや劣る	1.08	1.00	0.92	0.85	0.70	やや劣る	やや不整形の画地
			劣る	1.16	1.08	1.00	0.92	0.76	劣る	不整形の画地
			相当に劣る	1.27	1.18	1.09	1.00	0.82	相当に劣る	相当に不整形の画地
			極端に劣る	1.54	1.43	1.32	1.22	1.00	極端に劣る	極端に不整形の画地
		三角地	基準地＼対象地	普通	やや劣る	劣る	相当に劣る	極端に劣る	三角地の画地利用上の阻害の程度について、次により分類し比較を行う。	
			普通	1.00	0.93	0.86	0.79	0.70	普通	標準的な画地の形状とほぼ同じ形状の画地

(優住．個)

条件	項目	細項目	格差の内訳					備 考	
画地条件	地積・間口・奥行・形状等	三角地	やや劣る	1.08	1.00	0.93	0.85	0.75	やや劣る	利用上の阻害の程度がやや大きい画地
			劣る	1.16	1.09	1.00	0.92	0.81	劣る	利用上の阻害の程度が大きい画地
			相当に劣る	1.27	1.18	1.09	1.00	0.89	相当に劣る	利用上の阻害の程度が相当に大きい画地
			極端に劣る	1.43	1.33	1.23	1.13	1.00	極端に劣る	利用上の阻害の程度が極めて大きい画地
	方位・高低・角地・その他接面街路との関係	方位	基準地＼対象地	北	西	東	南		画地からの接面街路の方位により分類し比較を行う。なお、左欄における方位の優位性が地域の実態と合わない場合には、適切な順序に入れ替えて比較を行うものとする。※当該項目は、角地、準角地及び三方路には適用しない。	
			北	1.00	1.01	1.02	1.04			
			西	0.99	1.00	1.01	1.03			
			東	0.98	0.99	1.00	1.02			
			南	0.96	0.97	0.98	1.00			
		高低	基準地＼対象地	優る	やや優る	普通	やや劣る	劣る		接面街路の高低差による快適性及び利便性の程度について、次により分類し比較を行う。
			優る	1.00	0.93	0.87	0.80	0.74	優る	高低差により快適性及び利便性の高い画地
			やや優る	1.08	1.00	0.93	0.86	0.79	やや優る	高低差により快適性及び利便性のやや高い画地
			普通	1.15	1.08	1.00	0.93	0.85	普通	地域における標準的な画地の高低差と同程度の画地
			やや劣る	1.24	1.16	1.08	1.00	0.92	やや劣る	高低差により快適性及び利便性のやや低い画地
			劣る	1.35	1.26	1.18	1.09	1.00	劣る	高低差により快適性及び利便性の低い画地
		角地（正面及び一方の側面が街路に接する画地）	基準地＼対象地	普通	やや優る	優る	相当に優る	特に優る		角地による快適性及び利便性の程度について、次により分類し比較を行う。
			普通	1.00	1.02	1.03	1.04	1.07	普通	中間画地（一方が街路に接する画地）
			やや優る	0.98	1.00	1.01	1.02	1.05	やや優る	角地の方位及び側道の広さから勘案して快適性及び利便性がやや高い画地
			優る	0.97	0.99	1.00	1.01	1.04	優る	角地の方位及び側道の広さから勘案して快適性及び利便性が高い画地
			相当に優る	0.96	0.98	0.99	1.00	1.03	相当に優る	角地の方位及び側道の広さから勘案して快適性及び利便性が相当に高い画地
			特に優る	0.93	0.95	0.96	0.97	1.00	特に優る	角地の方位及び側道の広さから勘案して快適性及び利便性が特に高い画地
		準角地（一系統の街路の屈曲部の内側に接する画地）	基準地＼対象地	普通	やや優る	優る	相当に優る	特に優る		準角地による快適性及び利便性の程度について、次により分類し比較を行う。
			普通	1.00	1.01	1.02	1.03	1.05	普通	中間画地（一方が街路に接する画地）
			やや優る	0.99	1.00	1.01	1.02	1.04	やや優る	準角地の方位及び前面道路の広さから勘案して快適性及び利便性がやや高い画地
			優る	0.98	0.99	1.00	1.01	1.03	優る	準角地の方位及び前面道路の広さから勘案して快適性及び利便性が高い画地
			相当に優る	0.97	0.98	0.99	1.00	1.02	相当に優る	準角地の方位及び前面道路の広さから勘案して快適性及び利便性が相当に高い画地
			特に優る	0.95	0.96	0.97	0.98	1.00	特に優る	準角地の方位及び前面道路の広さから勘案して快適性及び利便性が特に高い画地
		二方路（正面及び裏面が街路に接する画地）	対象地が二方路である場合において中間画地に比較して快適性及び利便性が優る場合で必要があるときはその相違を考慮し、実情に応じて適正に格差率を求めるものとする。							
		三方路（三方が街路に接する画地）	対象地が三方路である場合において中間画地に比較して快適性及び利便性が優る場合で必要があるときはその相違を考慮し、角地の例に準じ実情に応じて適正に格差率を求めるものとする。							

(優住．個)

条件	項目	細項目	格差の内訳	備考
画地条件	方位・高低・角地・その他接面街路との関係	袋地	(イ) 有効宅地部分の減価率 | 路地状部分の奥行	最高減価率
---	---
10m 未満の場合	10%
10m 以上20m 未満の場合	15%
20m 以上の場合	20%	 (ロ) 路地状部分の減価率 　　30%～50%	袋地の価格は袋地が路地状部分（進入路）と有効宅地部分によって構成されているので、これらの部分の価格をそれぞれ評価して得た額を加えて求めるものとする。 (イ) 有効宅地部分の価格は、袋地が接する道路に当該有効宅地部分が直接接面するものとして評価した当該有効宅地部分の価格（標準価格）に路地状部分の奥行を基準とした左欄の率を限度として減価を行って求める。 (ロ) 路地状部分の価格は、上記(イ)の有効宅地部分の標準価格に、路地状部分の間口、奥行等を考慮して、左欄の率の範囲内で減価を行って求める。 なお、有効宅地部分及び路地状部分に係る左欄の率が、土地の利用状況や地域の状況等により適正と認められない場合があるので留意すること。
		無道路地	現実の利用に最も適した道路等に至る距離等の状況を考慮し取付道路の取得の可否及びその費用を勘案して適正に定めた率をもって補正するものとする。	
		崖地等	崖地等で通常の用途に供することができないものと認められる部分を有する画地の場合は、別表第30に基づき適正に定めた率をもって補正するものとする。	
		私道減価	私道敷を含む画地の場合は、その私道部分の幅員、面積及び利用の状況等を考慮し適正に定めた率をもって補正するものとする。	
	その他	高圧線下地	高圧線下地を含む画地の場合は、その高圧線の電圧の種別、線下地部分の面積及び画地に占める位置等を考慮し適正に定めた率をもって補正するものとする。	

条件	項目	細項目	規制の程度					備考
行政的条件	公法上の規制の程度	用途地域及びその他の地域、地区等	対象地／基準地	弱い	やや弱い	普通	やや強い	強い	用途地域及びその他の地域、地区等による土地の利用方法に関する公法上の規制の態様について、次により分類し比較を行う。
			弱い	0	-1.5	-3.0	-4.5	-6.0	弱　い　標準的な画地より影響が弱い画地
			やや弱い	1.5	0	-1.5	-3.0	-4.5	やや弱い　標準的な画地より影響がやや弱い画地
			普通	3.0	1.5	0	-1.5	-3.0	普　通　標準的な画地と同程度の影響を受ける画地
			やや強い	4.5	3.0	1.5	0	-1.5	やや強い　標準的な画地より影響がやや強い画地
			強い	6.0	4.5	3.0	1.5	0	強　い　標準的な画地より影響が強い画地

条件	項目	細項目		優る	普通	劣る	備考
その他	その他	その他	対象地／基準地				街路条件、交通・接近条件、環境条件、画地条件、行政的条件で掲げる項目のほか、比較すべき特別の項目があると認められるときは、その項目に応じて適正に格差率を求めるものとする。
			優る				
			普通				
			劣る				

別表第3　　　　　　　　　　　地域要因比準表　　　　　　　　　　（標準住宅地域）

条件	項目	細項目	格差の内訳							備考
街路条件	街路の幅員・構造等の状態	幅員	基準地域＼対象地域	優る		普通		劣る		地域内の標準的な街路の幅員について、次により分類し比較を行う。
			優る	0		-5.0		-10.0		優る　快適性及び利便性において、街路の幅員が一般的に優る地域
			普通	5.0		0		-5.0		普通　街路の幅員が一般的に中庸である地域
			劣る	10.0		5.0		0		劣る　街路の幅員が一般的に劣る地域
		舗装	基準地域＼対象地域	優る		普通		劣る		舗装の種別、舗装率、維持補修の程度等について、次により分類し比較を行う。
			優る	0		-1.5		-3.0		優る　舗装の質が優れており、舗装率の高い地域
			普通	1.5		0		-1.5		普通　舗装の質、舗装率が通常である地域
			劣る	3.0		1.5		0		劣る　舗装の質が悪く舗装率の低い地域
		配置	基準地域＼対象地域	優る		普通		劣る		街路の配置の状態について、次により分類し比較を行う。
			優る	0		-2.0		-4.0		優る　街路が放射状又は碁盤目状等に配置されて一般的に均衡のとれている地域
			普通	2.0		0		-2.0		普通　街路の配置が比較的均衡のとれている地域
			劣る	4.0		2.0		0		劣る　街路の大まかな整備はされているが、行き止まり路やT字路などの街路が一部にある地域
		系統及び連続性	基準地域＼対象地域	優る		普通		劣る		幹線街路との系統及び連続性について、次により分類し比較を行う。
			優る	0		-2.0		-4.0		優る　幹線街路との系統、連続性が一般的に優れている街路の地域
			普通	2.0		0		-2.0		普通　幹線街路との系統、連続性が一般的に通常である街路の地域
			劣る	4.0		2.0		0		劣る　幹線街路との系統、連続性が一般的に劣っている街路の地域
交通・接近条件	都心との距離及び交通施設の状態	最寄駅への接近性	基準地域＼対象地域	優る	やや優	やや	普通	やや劣	やる	劣る	地域の標準的な社会経済的最寄駅への接近性について、次により分類し比較を行う。接近性については、道路に沿った最短距離、バス路線の有無、バス運行回数等を総合的に考慮して判定するものとする。なお、本格差率は政令指定都市以外の地方の県庁所在市を念頭に作成しているため、各分類における格差率が、地域の実態と合わない場合があるので留意すること。
			優る	0	-1.5		-3.0		-4.5	-6.0	
			やや優	1.5	0		-1.5		-3.0	-4.5	
			普通	3.0	1.5		0		-1.5	-3.0	
			やや劣	4.5	3.0		1.5		0	-1.5	優る　最寄駅に近接する地域 やや優　最寄駅にやや近い地域 普通　最寄駅への時間、距離等が通常である地域 やや劣　最寄駅にやや遠い地域 劣る　最寄駅に遠い地域
			劣る	6.0	4.5		3.0		1.5	0	

（標住．地）

条件	項目	細項目	格差の内訳						備考
			基準地域＼対象地域	優る	やや優る	普通	やや劣る	劣る	
交通・接近条件	都心との距離及び交通施設の状態	最寄駅から都心への接近性	優る	0	-2.5	-5.0	-7.5	-10.0	最寄駅から居住者が勤務する事務所、商店、工場等が立地する経済中心地たる都心への接近性について、鉄道、道路、バス等による時間的な距離に重点をおき、最寄駅の性格（急行停車駅、乗換駅、始発駅、運行回数等）をも勘案し総合的に考慮して判定するものとする。なお、本格差率は政令指定都市以外の地方の県庁所在市を念頭に作成しているため、各分類における格差率が、地域の実態と合わない場合があるので留意すること。 優　る　都心に接近する地域 やや優る　都心にやや近い地域 普　通　都心への時間、距離等が通常と判断される地域 やや劣る　都心にやや遠い地域 劣　る　都心に遠い地域
			やや優る	2.5	0	-2.5	-5.0	-7.5	
			普通	5.0	2.5	0	-2.5	-5.0	
			やや劣る	7.5	5.0	2.5	0	-2.5	
			劣る	10.0	7.5	5.0	2.5	0	
	商業施設の配置の状態	最寄商業施設への接近性	優る	0	-2.0	-4.0	-6.0	-8.0	通常、一般的に利用されている日常生活の需要を満たすに足りる最寄商業施設への接近性について、次により分類し比較を行う。なお、接近性については、道路に沿った最短距離、バス路線の有無、バス運行回数等を総合的に考慮して判定するものとする。 優　る　最寄商業施設に近接する地域 やや優る　最寄商業施設にやや近い地域 普　通　最寄商業施設への時間、距離等が通常と判断される地域 やや劣る　最寄商業施設にやや遠い地域 劣　る　最寄商業施設に遠い地域
			やや優る	2.0	0	-2.0	-4.0	-6.0	
			普通	4.0	2.0	0	-2.0	-4.0	
			やや劣る	6.0	4.0	2.0	0	-2.0	
			劣る	8.0	6.0	4.0	2.0	0	
		最寄商業施設の性格	基準地域＼対象地域	優る		普通		劣る	最寄商業施設の性格について、次により分類し比較を行う。 優　る　規模が大きく、百貨店、総合スーパー等、繁華性の高い商業施設 普　通　食品類等を扱うスーパー等が存在し、周辺に一部専門店も存する商業施設 劣　る　食品類等を扱うスーパー等で、周辺に専門店の存しない商業施設
			優る	0		-1.5		-3.0	
			普通	1.5		0		-1.5	
			劣る	3.0		1.5		0	
	学校・公園・病院等の配置の状態	幼稚園、小学校、公園、病院、官公署等	優る	0	-1.5	-3.0	-4.5	-6.0	公共利便施設の配置の状態について、次により分類し比較を行う。なお、配置の状態については、各施設の位置関係、集中の度合及び日常の利便性等について総合的に考慮して判定するものとする。 優　る　各種の施設に近接して利便性が高い地域 やや優る　各種の施設にやや近く利便性がやや高い地域 普　通　各種の施設が標準的位置にあって利便性が通常である地域 やや劣る　各種の施設にやや遠く利便性がやや低い地域 劣　る　各種の施設には遠く利便性の低い地域
			やや優る	1.5	0	-1.5	-3.0	-4.5	
			普通	3.0	1.5	0	-1.5	-3.0	
			やや劣る	4.5	3.0	1.5	0	-1.5	
			劣る	6.0	4.5	3.0	1.5	0	

（標住．地）

条件	項目	細項目	格差の内訳					備考	
			基準地域＼対象地域		優る	普通	劣る		
環境条件	日照・温度・湿度・風向等の気象の状態	日照、温度、湿度、風向、通風等		優る	0	－1.5	－3.0	優る	日照の確保、温度、湿度、通風等の良否等の自然的条件について、次により分類し比較を行う。日照、通風等を阻害するものが殆どなく自然的条件が優れている地域
				普通	1.5	0	－1.5	普通	日照、通風等も普通で自然的条件も通常である地域
				劣る	3.0	1.5	0	劣る	日照、通風等が悪く自然的条件が劣っている地域
	眺望・景観等の自然的環境の良否	眺望、景観、地勢、地盤等		優る	0	－1.5	－3.0	優る	眺望、景観、地勢、地盤等の自然的環境の良否について、次により分類し比較を行う。眺望がひらけ、景観、地勢が優れて地質、地盤が強固な環境に恵まれた地域
				普通	1.5	0	－1.5	普通	眺望、景観とも通常で、地勢は平坦、地質、地盤が普通である地域
				劣る	3.0	1.5	0	劣る	眺望、景観が優れず、地勢、地盤が劣る地域
	居住者の近隣関係等の社会的環境の良否	居住者の近隣関係等の社会的環境の良否		優る	0	－2.5	－5.0	優る	居住者の近隣関係、住まい方等の社会的環境を形成する要因等について、次により分類し比較を行う。社会的環境がやや優れている地域
				普通	2.5	0	－2.5	普通	社会的環境が中級である地域
				劣る	5.0	2.5	0	劣る	社会的環境が普通である地域
	各画地の面積・配置及び利用の状態	画地の標準的面積		優る	0	－1.5	－3.0	優る	画地の標準的な面積について、次により分類し比較を行う。画地の標準的な面積が一般的に300（200）㎡を超える地域
				普通	1.5	0	－1.5	普通	画地の標準的な面積が一般的に150㎡を超え300（200）㎡以下の地域
				劣る	3.0	1.5	0	劣る	画地の標準的な面積が一般的に150㎡以下の地域　（　）内は三大圏等主要都市の地域に適用する。なお、各分類における画地の標準的な面積が、地域の実態と合わない場合があるので留意すること。
		各画地の配置の状態		優る	0	－1.5	－3.0	優る	各画地の配置の状態について、次により分類し比較を行う。各画地の地積、形状等の均衡がとれ、配置が整然としている地域
				普通	1.5	0	－1.5	普通	各画地の地積、形状等がやや不均衡であるが、配置がやや整然としている地域
				劣る	3.0	1.5	0	劣る	各画地の地積、形状等が不均衡で配置に統一性がない地域
		土地の利用度							建築物の疎密度等の各画地の利用の度合について、次により分類し比較を行う。

(標住．地)

条件	項目	細項目	格差の内訳					備考	
環境条件	各画地の面積・配置及び利用の状態	土地の利用度	優る	0	-1.5	-3.0			優る	有効に利用されている画地が大部分を占める地域
			普通	1.5	0	-1.5			普通	有効に利用されている画地が半数程度である地域
			劣る	3.0	1.5	0			劣る	有効に利用されている画地が少数である地域
		周辺の利用状態	基準地域\対象地域	優る	普通	劣る				各画地の利用の状態について、次により分類し比較を行う。
			優る	0	-1.5	-3.0			優る	大部分が専用住宅である地域
			普通	1.5	0	-1.5			普通	アパート等がいくぶん見受けられるが、専用住宅が多い地域
			劣る	3.0	1.5	0			劣る	アパート等がかなり混在している地域
	上下水道・ガス等の供給処理施設の状態	上水道	基準地域\対象地域	有	可能	無				上水道（簡易水道を含む。）施設の整備の状態について、次により分類し比較を行う。
			有	0	-1.5	-3.0			有	上水道施設の完備された地域
			可能	1.5	0	-1.5			可能	大半の地域について上水道の整備事業が進んでいる地域
			無	3.0	1.5	0			無	上水道施設のない地域
		下水道	基準地域\対象地域	有	可能	無				下水道施設の整備の状態について、次により分類し比較を行う。
			有	0	-2.0	-4.0			有	下水道施設の完備された地域
			可能	2.0	0	-2.0			可能	大半の地域について下水道の整備事業が進んでいる地域
			無	4.0	2.0	0			無	下水道施設のない地域
		都市ガス等	基準地域\対象地域	有	可能	無				都市ガス施設等の整備の状態について、次により分類し比較を行う。
			有	0	-1.0	-2.0			有	都市ガス施設の完備された地域
			可能	1.0	0	-1.0			可能	大半の地域について都市ガスの整備事業が進んでいる地域もしくは簡易ガスの施設のある地域
			無	2.0	1.0	0			無	都市ガス施設もしくは簡易ガス施設のない地域
	変電所・汚水処理場等の危険施設・処理施設等の有無	変電所、ガスタンク、汚水処理場、焼却場等	基準地域\対象地域	無	有					危険施設又は処理施設等の有無及びそれらの配置の状態等にもとづく危険性あるいは悪影響の度合について、次により分類し比較を行う。
					小さい	やや小さい	やや大きい	大きい	
|||| 無	0	-1.0	-2.5	-4.0	-5.0	無	危険施設、処理施設等及び危険性、悪影響ともに皆無もしくは皆無に等しい地域
|||| 有 小さい	1.0	0	-1.5	-3.0	-4.0	小さい	危険施設、処理施設等がある場合 危険あるいは悪影響を感じる程度が一般的に小さい地域
|||| やや小さい	2.5	1.5	0	-1.5	-2.5	やや小さい	危険あるいは悪影響を感じる程度が一般的にやや小さい地域
|||| やや大きい	4.0	3.0	1.5	0	-1.0	やや大きい	危険あるいは悪影響を感じる程度が一般的にやや大きい地域
|||| 大きい	5.0	4.0	2.5	1.0	0	大きい	危険あるいは悪影響を感じる程度が一般的に大きい地域

(標住．地)

条件	項目	細項目	格差の内訳					備考	
環境条件	洪水・地すべり等の災害発生の危険性	洪水、地すべり、高潮、崖くずれ等	基準地域＼対象地域	無	有				災害の種類、発生の頻度及びその規模等にもとづく危険性について、次により分類し比較を行う。なお、特に津波の危険性、土砂災害の危険性については土地価格への影響が大きい場合があるので、これら地域における格差率については、慎重に調査のうえ適用することに留意すること。	
					小さい	やや小さい	やや大きい	大きい		
			無	0	−1.0	−2.5	−4.0	−5.0		
			有 小さい	1.0	0	−1.5	−3.0	−4.0	無	災害の発生の危険性が一般的に殆どない地域
			やや小さい	2.5	1.5	0	−1.5	−2.5	小さい	災害の発生の危険性が一般的に小さい地域
									やや小さい	災害の発生の危険性が一般的にやや小さい地域
			やや大きい	4.0	3.0	1.5	0	−1.0	やや大きい	災害の発生の危険性が一般的にやや大きい地域
			大きい	5.0	4.0	2.5	1.0	0	大きい	災害の発生の危険性が一般的に大きい地域
	騒音・大気汚染等の公害発生の程度	騒音、振動、大気汚染、じんあい、悪臭等	対象地域の格差	基準地の属する地域と比較して					公害の種類、発生頻度及びその広がり等を総合的に考慮して、次により分類し比較を行う。	
				小さい	やや小さい	ほぼ同じ	やや大きい	大きい	小さい	基準地の属する地域と比較し一般的に小さい地域
			格差率	5.0	2.5	0	−2.5	−5.0	やや小さい	基準地の属する地域と比較し一般的にやや小さい地域
									やや大きい	基準地の属する地域と比較し一般的にやや大きい地域
									大きい	基準地の属する地域と比較し一般的に大きい地域
行政的条件	土地の利用に関する公法上の規制の程度	用途地域及びその他の地域地区等	基準地域＼対象地域	弱い	やや弱い	普通	やや強い	強い	用途地域及びその他の地域地区等による土地の利用方法に関する公法上の規制の程度について、次により分類し比較を行う。	
			弱い	0	−1.5	−3.0	−4.5	−6.0		
			やや弱い	1.5	0	−1.5	−3.0	−4.5	弱い	一般的に規制の影響が弱い地域
			普通	3.0	1.5	0	−1.5	−3.0	やや弱い	一般的に規制の影響がやや弱い地域
									普通	一般的に規制の影響が通常である地域
			やや強い	4.5	3.0	1.5	0	−1.5	やや強い	一般的に規制の影響がやや強い地域
			強い	6.0	4.5	3.0	1.5	0	強い	一般的に規制の影響が強い地域
		その他の規制	基準地域＼対象地域	弱い	普通		強い			
			弱い	0	−α′		−α″			
			普通	α′	0		−α′			
			強い	α″	α′		0			
その他	その他	将来の動向	基準地域＼対象地域	優る	やや優る	普通	やや劣る	劣る	街路条件、交通・接近条件、環境条件、行政的条件の動向を総合的に考慮して地域の将来の動向について、次により分類し比較を行う。	
			優る	0	−2.5	−5.0	−7.5	−10.0		
			やや優る	2.5	0	−2.5	−5.0	−7.5	優る	発展的に推移すると認められる地域
									やや優る	やや発展的に推移すると認められる地域
			普通	5.0	2.5	0	−2.5	−5.0	普通	現状で推移すると認められる地域
			やや劣る	7.5	5.0	2.5	0	−2.5	やや劣る	やや衰退的に推移すると認められる地域
			劣る	10.0	7.5	5.0	2.5	0	劣る	衰退的に推移すると認められる地域

(標住．地)

条件	項目	細項目	格差の内訳					備　　　考
			基準地域\対象地域		優　る	普　通	劣　る	街路条件、交通・接近条件、環境条件、行政的条件で掲げる項目及びその他将来の動向のほか、比較すべき特別の項目があると認められるときは、その項目に応じて適正に格差率を求めるものとする。
その他	その他	その他	優　る					
			普　通					
			劣　る					

別表第4　　　　　　　　　　　　　　個別的要因比準表　　　　　　　　　　　（標準住宅地域）

条件	項　目	細項目	格　差　の　内　訳							備　　　　考
街路条件	接面街路の系統・構造等の状態	系統及び連続性	基準地＼対象地	優る	やや優	普通	やや劣	劣る		接面する街路の系統及び連続性について、次により分類し比較を行う。
			優る	0	-1.0	-2.0	-3.0	-4.0		優　　る　標準的な画地の街路より系統、連続性が良い街路
			やや優	1.0	0	-1.0	-2.0	-3.0		やや優　標準的な画地の街路より系統、連続性がやや良い街路
			普通	2.0	1.0	0	-1.0	-2.0		普　　通　標準的な画地の街路と系統、連続性が同程度の街路
			やや劣	3.0	2.0	1.0	0	-1.0		やや劣　標準的な画地の街路より系統、連続性がやや悪い街路
			劣る	4.0	3.0	2.0	1.0	0		劣　　る　標準的な画地の街路より系統、連続性が悪い街路
		幅員	基準地＼対象地	優る	やや優	普通	やや劣	劣る		接面する街路の幅員の状態について、次により分類し比較を行う。
			優る	0	-2.0	-4.0	-6.0	-8.0		優　　る　標準的な画地に接面する街路の幅員より良い幅員
			やや優	2.0	0	-2.0	-4.0	-6.0		やや優　標準的な画地に接面する街路の幅員よりやや良い幅員
			普通	4.0	2.0	0	-2.0	-4.0		普　　通　標準的な画地に接面する街路の幅員と同程度の幅員
			やや劣	6.0	4.0	2.0	0	-2.0		やや劣　標準的な画地に接面する街路の幅員よりやや悪い幅員
			劣る	8.0	6.0	4.0	2.0	0		劣　　る　標準的な画地に接面する街路の幅員より悪い幅員
		舗装	基準地＼対象地	優る	やや優	普通	やや劣	劣る		接面する街路の舗装の状態について、次により分類し比較を行う。
			優る	0	-1.0	-2.0	-3.0	-4.0		優　　る　標準的な画地が接面する街路の舗装の状態より良い舗装
			やや優	1.0	0	-1.0	-2.0	-3.0		やや優　標準的な画地が接面する街路の舗装の状態よりやや良い舗装
			普通	2.0	1.0	0	-1.0	-2.0		普　　通　標準的な画地が接面する街路の舗装の状態と同程度の舗装
			やや劣	3.0	2.0	1.0	0	-1.0		やや劣　標準的な画地が接面する街路の舗装の状態よりやや悪い舗装
			劣る	4.0	3.0	2.0	1.0	0		劣　　る　標準的な画地が接面する街路の舗装の状態より悪い舗装又は未舗装
交通・接近条件	交通施設との距離	最寄駅への接近性	基準地＼対象地	優る	やや優	普通	やや劣	劣る		社会経済的最寄駅への接近性について、次により分類し比較を行う。接近性については、道路に沿った最短距離、バス路線の有無、バス停までの距離、バス運行表等を総合的に考慮して判定するものとする。なお、本格差率は政令指定都市以外の地方の県庁所在市を念頭に作成しているため、各分類における格差率が、地域の実態と合わない場合があるので留意すること。
			優る	0	-1.0	-2.5	-4.0	-5.0		
			やや優	1.0	0	-1.5	-3.0	-4.0		
			普通	2.5	1.5	0	-1.5	-2.5		優　　る　最寄駅に近接する画地
			やや劣	4.0	3.0	1.5	0	-1.0		やや優　最寄駅にやや近い画地 普　　通　地域において標準的な位置関係にあると認められる画地 やや劣　最寄駅にやや遠い画地
			劣る	5.0	4.0	2.5	1.0	0		劣　　る　最寄駅に遠い画地
	商業施設との接近の程度	最寄商業施設への接近性	基準地＼対象地	優る	やや優	普通	やや劣	劣る		通常、一般的に利用されており日常生活の需要を満たすに足りる最寄商業施設への接近性について、次により分類し比較を行う。
			優る	0	-2.0	-4.0	-6.0	-8.0		
			やや優	2.0	0	-2.0	-4.0	-6.0		優　　る　最寄商業施設に近接する画地 やや優　最寄商業施設にやや近い画地
			普通	4.0	2.0	0	-2.0	-4.0		普　　通　地域において標準的な位置関係にあると認められる画地
			やや劣	6.0	4.0	2.0	0	-2.0		やや劣　最寄商業施設にやや遠い画地
			劣る	8.0	6.0	4.0	2.0	0		劣　　る　最寄商業施設に遠い画地

(標住．個)

条件	項目	細項目	格差の内訳							備　　　考
交通・接近条件	公共施設等との接近の程度	幼稚園、小学校、公園、病院、官公署等への接近性	基準地＼対象地	優る	やや優	普通	やや劣	劣る		公共公益施設への接近性について、次により分類し比較を行う。なお、接近性については、各施設の位置関係、集中の度合及び日常の利便性等について総合的に考慮して判定するものとする。
			優る	0	-1.5	-3.0	-4.5	-6.0		優　る　各種の施設に近接し、利便性が高い画地
			やや優	1.5	0	-1.5	-3.0	-4.5		やや優　各種の施設にやや近く、利便性がやや高い画地
			普通	3.0	1.5	0	-1.5	-3.0		普　通　地域において標準的な位置関係にあると認められる画地
			やや劣	4.5	3.0	1.5	0	-1.5		やや劣　各種の施設にやや遠く、利便性がやや低い画地
			劣る	6.0	4.5	3.0	1.5	0		劣　る　各種の施設には遠く、利便性の低い画地
環境条件	日照・通風・乾湿等の良否	日照、温度、通風、乾湿等	基準地＼対象地	優る		普通		劣る		日照の確保、温度、湿度、通風等の良否等自然的条件について、次により分類し比較を行う。
			優る	0		-1.5		-3.0		優　る　日照、通風等自然的条件が通常より優れている画地
			普通	1.5		0		-1.5		普　通　日照、通風等自然的条件が地域において通常である画地
			劣る	3.0		1.5		0		劣　る　日照、通風等が通常以下であって自然的条件が劣っている画地
	地勢・地質・地盤等の良否	地勢、地質、地盤等	基準地＼対象地	優る		普通		劣る		地勢、地質、地盤等の自然的環境の良否について、次により分類し比較を行う。
			優る	0		-1.5		-3.0		優　る　地勢、地質、地盤等が通常より優れている画地
			普通	1.5		0		-1.5		普　通　地勢、地質、地盤等が地域において通常である画地
			劣る	3.0		1.5		0		劣　る　地勢、地質、地盤等が通常以下である画地
	隣接不動産等周囲の状態	隣接地の利用状況	基準地＼対象地	普通	やや劣	劣る	相当に劣る	極端に劣る		隣接地の利用状態について、次により分類し比較を行う。
			普通	0	-2.0	-4.0	-6.0	-8.0		普　通　特に環境上問題のない画地
			やや劣	2.0	0	-2.0	-4.0	-6.0		やや劣　北西にアパート等のある場合又は隣接しないが、環境上影響のある画地
			劣る	4.0	2.0	0	-2.0	-4.0		劣　る　北東にアパート等のある場合等で環境が劣る画地
			相当に劣る	6.0	4.0	2.0	0	-2.0		相当に劣る　南にアパート等のある場合等で環境が相当に劣る画地
			極端に劣る	8.0	6.0	4.0	2.0	0		極端に劣る　アパート等に周りを囲まれている場合で環境が極端に劣る画地
	供給処理施設の状態	上水道	基準地＼対象地	優る		普通		劣る		上水道（簡易水道を含む。）施設の状態について、次により分類し比較を行う。
			優る	0		-1.5		-3.0		優　る　標準的な画地の整備の状態より良い画地
			普通	1.5		0		-1.5		普　通　標準的な画地の整備の状態と同程度の画地
			劣る	3.0		1.5		0		劣　る　標準的な画地の整備の状態より悪い画地

（標住．個）

条件	項目	細項目	格差の内訳						備考	
環境条件	供給処理施設の状態	下水道	基準地＼対象地	優る	普通	劣る			下水道施設の状態について、次により分類し比較を行う。	
			優る	0	-1.5	-3.0			優る	標準的な画地の整備の状態より良い画地
			普通	1.5	0	-1.5			普通	標準的な画地の整備の状態と同程度の画地
			劣る	3.0	1.5	0			劣る	標準的な画地の整備の状態より悪い画地
		都市ガス等	基準地＼対象地	優る	普通	劣る			都市ガス施設等の整備の状態について、次により分類し比較を行う。	
			優る	0	-1.0	-2.0			優る	標準的な画地の整備の状態より良い画地
			普通	1.0	0	-1.0			普通	標準的な画地の整備の状態と同程度の画地
			劣る	2.0	1.0	0			劣る	標準的な画地の整備の状態より悪い画地
	変電所、汚水処理場等の危険施設・処理施設等との接近の程度	変電所、ガスタンク、汚水処理場、焼却場等	基準地＼対象地	無	有					危険施設又は処理施設等の有無及びそれらの配置の状態等にもとづく危険性あるいは悪影響の度合について、次により分類し比較を行う。
					小	やや小	通常	やや大	大	
			無	0	-1.5	-3.0	-4.5	-6.0	-7.5	無 危険施設、処理施設等及び危険性、悪影響ともに皆無もしくは皆無に等しい画地
			有 小	1.5	0	-1.5	-3.0	-4.5	-6.0	危険施設、処理施設等がある場合
			有 やや小	3.0	1.5	0	-1.5	-3.0	-4.5	小 危険等が標準的な画地より小さい画地
			有 通常	4.5	3.0	1.5	0	-1.5	-3.0	やや小 危険等が標準的な画地よりやや小さい画地
			有 やや大	6.0	4.5	3.0	1.5	0	-1.5	通常 危険等が標準的な画地と同程度の画地
			有 大	7.5	6.0	4.5	3.0	1.5	0	やや大 危険等が標準的な画地よりやや大きい画地
										大 危険等が標準的な画地より大きい画地
画地条件	地積・間口・奥行・形状等	地積	基準地＼対象地	普通	やや劣る	劣る			地積の過大又は過小の程度について、次により分類し比較を行う。	
			普通	1.00	0.93	0.85			普通	標準的な画地の地積と同程度の画地
			やや劣る	1.08	1.00	0.92			やや劣る	標準的な画地の地積より過大又は過小であるため、画地利用上の阻害の程度が大きい画地
			劣る	1.18	1.09	1.00			劣る	標準的な画地の地積より過大又は過小であるため、画地利用上の阻害の程度が相当に大きい画地
		間口狭小	基準地＼対象地	普通	やや劣る	劣る	相当に劣る	極端に劣る	間口狭小の程度について、次により分類し比較を行う。	
			普通	1.00	0.94	0.88	0.82	0.77	普通	標準的な画地とほぼ同じ間口の画地
			やや劣る	1.06	1.00	0.94	0.87	0.82	やや劣る	標準的な画地の間口の0.6以上0.7未満の画地
			劣る	1.14	1.07	1.00	0.93	0.88	劣る	標準的な画地の間口の0.4以上0.6未満の画地
			相当に劣る	1.22	1.15	1.07	1.00	0.94	相当に劣る	標準的な画地の間口の0.2以上0.4未満の画地
			極端に劣る	1.30	1.22	1.14	1.06	1.00	極端に劣る	標準的な画地の間口の0.2未満の画地
		奥行逓減	基準地＼対象地	普通	やや劣る	劣る	相当に劣る	極端に劣る	奥行逓減の程度について、次により分類し比較を行う。	

(標住．個)

条件	項　目	細項目	格　差　の　内　訳					備　　　　考	
画地条件	地積・間口・奥行・形状等	奥行逓減	普通	1.00	0.94	0.88	0.82	0.77	普　　通	標準的な画地とほぼ同じ奥行の画地
			やや劣る	1.06	1.00	0.94	0.87	0.82	やや劣る	標準的な画地の奥行の1.5以上2.0未満の画地
			劣る	1.14	1.07	1.00	0.93	0.88	劣　　る	標準的な画地の奥行の2.0以上2.5未満の画地
			相当に劣る	1.22	1.15	1.07	1.00	0.94	相当に劣る	標準的な画地の奥行の2.5以上3.0未満の画地
			極端に劣る	1.30	1.22	1.14	1.06	1.00	極端に劣る	標準的な画地の奥行の3.0以上の画地
		奥行短小	基準地＼対象地	普通	やや劣る	劣る	相当に劣る	極端に劣る	奥行短小の程度について、次により分類し比較を行う。	
			普通	1.00	0.96	0.93	0.90	0.86	普　　通	標準的な画地とほぼ同じ奥行の画地
			やや劣る	1.04	1.00	0.97	0.94	0.90	やや劣る	標準的な画地の奥行の0.6以上0.7未満の画地
			劣る	1.08	1.03	1.00	0.97	0.92	劣　　る	標準的な画地の奥行の0.4以上0.6未満の画地
			相当に劣る	1.11	1.07	1.03	1.00	0.96	相当に劣る	標準的な画地の奥行の0.2以上0.4未満の画地
			極端に劣る	1.16	1.12	1.08	1.05	1.00	極端に劣る	標準的な画地の奥行の0.2未満の画地
		奥行長大	基準地＼対象地	普通	やや劣る	劣る	相当に劣る	極端に劣る	奥行長大の程度について、次により分類し比較を行う。	
			普通	1.00	0.97	0.93	0.90	0.87	普　　通	標準的な画地の奥行と間口の比（奥行／間口）とほぼ同じ画地
			やや劣る	1.03	1.00	0.96	0.93	0.90	やや劣る	標準的な画地の奥行と間口の比の1.5以上2.0未満の画地
			劣る	1.08	1.04	1.00	0.97	0.94	劣　　る	標準的な画地の奥行と間口の比の2.0以上2.5未満の画地
			相当に劣る	1.11	1.08	1.03	1.00	0.97	相当に劣る	標準的な画地の奥行と間口の比の2.5以上3.0未満の画地
			極端に劣る	1.15	1.11	1.07	1.03	1.00	極端に劣る	標準的な画地の奥行と間口の比の3.0以上の画地
		不整形地	基準地＼対象地	普通	やや劣る	劣る	相当に劣る	極端に劣る	不整形の程度について、次により分類し比較を行う。	
			普通	1.00	0.93	0.86	0.79	0.65	普　　通	標準的な画地の形状とほぼ同じ形状の画地
			やや劣る	1.08	1.00	0.92	0.85	0.70	やや劣る	やや不整形の画地
			劣る	1.16	1.08	1.00	0.92	0.76	劣　　る	不整形の画地
			相当に劣る	1.27	1.18	1.09	1.00	0.82	相当に劣る	相当に不整形の画地
			極端に劣る	1.54	1.43	1.32	1.22	1.00	極端に劣る	極端に不整形の画地
		三角地	基準地＼対象地	普通	やや劣る	劣る	相当に劣る	極端に劣る	三角地の画地利用上の阻害の程度について、次により分類し比較を行う。	
			普通	1.00	0.93	0.86	0.79	0.70	普　　通	標準的な画地の形状とほぼ同じ形状の画地

— 43 —

(標住．個)

条件	項目	細項目	格差の内訳					備考	
画地条件	地積・間口・奥行・形状等	三角地	やや劣	やる				やや劣る	利用上の阻害の程度がやや大きい画地
			1.08	1.00	0.93	0.85	0.75		
			劣る					劣る	利用上の阻害の程度が大きい画地
			1.16	1.09	1.00	0.92	0.81		
			相当に劣る					相当に劣る	利用上の阻害の程度が相当に大きい画地
			1.27	1.18	1.09	1.00	0.89		
			極端に劣					極端に劣る	利用上の阻害の程度が極めて大きい画地
			1.43	1.33	1.23	1.13	1.00		
	方位・高低・角地・その他接面街路との関係	方位	基準地\対象地	北	西	東	南		画地からの接面街路の方位により分類し比較を行う。なお、左欄における方位の優位性が地域の実態と合わない場合には、適切な順序に入れ替えて比較を行うものとする。 ※当該項目は、角地、準角地及び三方路には適用しない。
			北	1.00	1.02	1.04	1.06		
			西	0.98	1.00	1.02	1.04		
			東	0.96	0.98	1.00	1.02		
			南	0.94	0.96	0.98	1.00		
		高低	基準地\対象地	優る	やや優	普通	やや劣	劣る	接面街路の高低差による快適性及び利便性の程度について、次により分類し比較を行う。
			優る	1.00	0.93	0.87	0.80	0.74	優る 高低差により快適性及び利便性の高い画地
			やや優	1.08	1.00	0.93	0.86	0.79	やや優る 高低差により快適性及び利便性のやや高い画地
			普通	1.15	1.08	1.00	0.93	0.85	普通 地域における標準的な画地の高低差と同程度の画地
			やや劣	1.24	1.16	1.08	1.00	0.92	やや劣る 高低差により快適性及び利便性のやや低い画地
			劣る	1.35	1.26	1.18	1.09	1.00	劣る 高低差により快適性及び利便性の低い画地
		角地（正面及び一方の側面が街路に接する画地）	基準地\対象地	普通	やや優る	優る	相当に優る	特に優る	角地による快適性及び利便性の程度について、次により分類し比較を行う。
			普通	1.00	1.03	1.05	1.07	1.10	普通 中間画地（一方が街路に接する画地）
			やや優	0.97	1.00	1.02	1.04	1.07	やや優る 角地の方位及び側道の広さから勘案して快適性及び利便性がやや高い画地
			優る	0.95	0.98	1.00	1.02	1.05	優る 角地の方位及び側道の広さから勘案して快適性及び利便性が高い画地
			相当に優る	0.93	0.96	0.98	1.00	1.03	相当に優る 角地の方位及び側道の広さから勘案して快適性及び利便性が相当に高い画地
			特に優る	0.91	0.94	0.95	0.97	1.00	特に優る 角地の方位及び側道の広さから勘案して快適性及び利便性が特に高い画地
		準角地（一系統の街路の屈曲部の内側に接する画地）	基準地\対象地	普通	やや優る	優る	相当に優る	特に優る	準角地による快適性及び利便性の程度について、次により分類し比較を行う。
			普通	1.00	1.02	1.03	1.05	1.07	普通 中間画地（一方が街路に接する画地）
			やや優	0.98	1.00	1.01	1.03	1.05	やや優る 準角地の方位及び前面道路の広さから勘案して快適性及び利便性がやや高い画地
			優る	0.97	0.99	1.00	1.02	1.04	優る 準角地の方位及び前面道路の広さから勘案して快適性及び利便性が高い画地
			相当に優る	0.95	0.97	0.98	1.00	1.02	相当に優る 準角地の方位及び前面道路の広さから勘案して快適性及び利便性が相当に高い画地
			特に優る	0.93	0.95	0.96	0.98	1.00	特に優る 準角地の方位及び前面道路の広さから勘案して快適性及び利便性が特に高い画地
		二方路（正面及び裏面が街路に接する画地）	基準地\対象地	普通	やや優る	優る	特に優る		中間画地に比較して快適性及び利便性が優る場合で必要があるときに、次により分類し比較を行う。
			普通	1.00	1.01	1.03	1.05		普通 中間画地（一方が街路に接する画地）
			やや優	0.99	1.00	1.02	1.04		やや優 背面道路の系統、連続性等が前面道路より相当に劣る画地
			優る	0.97	0.98	1.00	1.02		優る 背面道路の系統、連続性等が前面道路より劣る画地
			特に優る	0.95	0.96	0.98	1.00		特に優る 背面道路の系統、連続性等が前面道路とほぼ同じ画地

（標住．個）

条件	項目	細項目	格差の内訳	備考
画地条件	方位・高低・角地・その他接面街路との関係	三方路（三方が街路に接する画地）	対象地が三方路である場合において中間画地に比較して快適性及び利便性が優る場合には、三方路が角地としての性格を重複して持っていることに鑑み、それぞれの道路の角地とみなして角地格差率を求めて得た格差率の和を限度として、実情に応じて適正に格差率を求めるものとする。	
		袋地	（イ）有効宅地部分の減価率 | 路地状部分の奥行 | 最高減価率 | |---|---| | 10m 未満の場合 | 10% | | 10m 以上20m 未満の場合 | 15% | | 20m 以上の場合 | 20% | （ロ）路地状部分の減価率 30％〜50％	袋地の価格は袋地が路地状部分（進入路）と有効宅地部分によって構成されているので、これらの部分の価格をそれぞれ評価して得た額を加えて求めるものとする。 （イ）有効宅地部分の価格は、袋地が接する道路に当該有効宅地部分が直接接面するものとして評価した当該有効宅地部分の価格（標準価格）に路地状部分の奥行を基準とした左欄の率を限度として減価を行って求める。 （ロ）路地状部分の価格は、上記（イ）の有効宅地部分の標準価格に、路地状部分の間口、奥行等を考慮して、左欄の率の範囲内で減価を行って求める。 なお、有効宅地部分及び路地状部分に係る左欄の率が、土地の利用状況や地域の状況等により適正と認められない場合があるので留意すること。
		無道路地	現実の利用に最も適した道路等に至る距離等の状況を考慮し取付道路の取得の可否及びその費用を勘案して適正に定めた率をもって補正するものとする。	
		崖地等	崖地等で通常の用途に供することができないものと認められる部分を有する画地の場合は、別表第30に基づき適正に定めた率をもって補正するものとする。	
		私道減価	| 利用の状態 | 減価率 | |---|---| | 共用私道 | 50％〜80％ | | 準公道的私道 | 80％以上 |	私道の価格は、道路の敷地の用に供するために生ずる価値の減少分を、左欄の率の範囲内で当該私道の系統、幅員、建築線の指定の有無等の事情に応じて判断し、当該私道に接する各画地の価格の平均価格を減価して求めるものとする。
	その他	高圧線下地	高圧線下地を含む画地の場合は、その高圧線の電圧の種別、線下地部分の面積及び画地に占める位置等を考慮し適正に定めた率をもって補正するものとする。	

条件	項目	細項目	格差の内訳	備考
行政的条件	公法上の規制の程度	用途地域及びその他の地域、地区等	規制の程度 | 対象地＼基準地 | 弱い | やや弱い | 普通 | やや強い | 強い | |---|---|---|---|---|---| | 弱い | 0 | -1.5 | -3.0 | -4.5 | -6.0 | | やや弱い | 1.5 | 0 | -1.5 | -3.0 | -4.5 | | 普通 | 3.0 | 1.5 | 0 | -1.5 | -3.0 | | やや強い | 4.5 | 3.0 | 1.5 | 0 | -1.5 | | 強い | 6.0 | 4.5 | 3.0 | 1.5 | 0 |	用途地域及びその他の地域、地区等による土地の利用方法に関する公法上の規制の態様について、次により分類し比較を行う。 弱い　標準的な画地より影響が弱い画地 やや弱い　標準的な画地より影響がやや弱い画地 普通　標準的な画地と同程度の影響を受ける画地 やや強い　標準的な画地より影響がやや強い画地 強い　標準的な画地より影響が強い画地
その他	その他	その他	| 対象地＼基準地 | 優る | 普通 | 劣る | |---|---|---|---| | 優る | | | | | 普通 | | | | | 劣る | | | |	街路条件、交通・接近条件、環境条件、画地条件、行政的条件で掲げる項目のほか、比較すべき特別の項目があると認められるときは、その項目に応じて適正に格差率を求めるものとする。

別表第5　　　　　　　　　　　地域要因比準表　　　　　　　　（混在住宅地域）

条件	項目	細項目	格差の内訳							備考
街路条件	街路の幅員・構造等の状態	幅員	基準地域＼対象地域	優る		普通		劣る		地域内の標準的な街路の幅員について、次により分類し比較を行う。
			優る	0		-5.0		-10.0		優る　快適性及び利便性において、街路の幅員が一般的に優る地域
			普通	5.0		0		-5.0		普通　街路の幅員が一般的に中庸である地域
			劣る	10.0		5.0		0		劣る　街路の幅員が一般的に劣る地域
		舗装	基準地域＼対象地域	優る		普通		劣る		舗装の種別、舗装率、維持補修の程度等について、次により分類し比較を行う。
			優る	0		-1.5		-3.0		優る　舗装の質が優れており、舗装率の高い地域
			普通	1.5		0		-1.5		普通　舗装の質、舗装率が通常である地域
			劣る	3.0		1.5		0		劣る　舗装の質が悪く舗装率の低い地域
		配置	基準地域＼対象地域	優る		普通		劣る		街路の配置の状態について、次により分類し比較を行う。
			優る	0		-2.0		-4.0		優る　街路が放射状又は碁盤目状等に配置されて一般的に均衡のとれている地域
			普通	2.0		0		-2.0		普通　街路の配置が比較的均衡のとれている地域
			劣る	4.0		2.0		0		劣る　街路の大まかな整備はされているが、行き止まり路やT字路などの街路が一部にある地域
		系統及び連続性	基準地域＼対象地域	優る		普通		劣る		幹線街路との系統及び連続性について、次により分類し比較を行う。
			優る	0		-2.0		-4.0		優る　幹線街路との系統、連続性が一般的に優れている街路の地域
			普通	2.0		0		-2.0		普通　幹線街路との系統、連続性が一般的に通常である街路の地域
			劣る	4.0		2.0		0		劣る　幹線街路との系統、連続性が一般的に劣っている街路の地域
交通・接近条件	都心との距離及び交通施設の状態	最寄駅への接近性	基準地域＼対象地域	優る	やや優	普通	やや劣	劣る		地域の標準的な社会経済的最寄駅への接近性について、次により分類し比較を行う。接近性については、道路に沿った最短距離、バス路線の有無、バス運行回数等を総合的に考慮して判定するものとする。なお、本格差率は政令指定都市以外の地方の県庁所在市を念頭に作成しているため、各分類における格差率が、地域の実態と合わない場合があるので留意すること。
			優る	0	-1.0	-2.5	-4.0	-5.0		
			やや優	1.0	0	-1.5	-3.0	-4.0		
			普通	2.5	1.5	0	-1.5	-2.5		優る　最寄駅に近接する地域 やや優　最寄駅にやや近い地域
			やや劣	4.0	3.0	1.5	0	-1.0		普通　最寄駅への時間、距離等が通常の地域
			劣る	5.0	4.0	2.5	1.0	0		やや劣　最寄駅にやや遠い地域 劣る　最寄駅に遠い地域

(混住．地)

条件	項目	細項目	格差の内容							備考
交通・接近条件	都心との距離及び交通施設の状態	最寄駅から都心への接近性	基準地域＼対象地域	優る	やや優	普通	やや劣	劣る	最寄駅から居住者が勤務する事務所、商店、工場等が立地する経済中心地たる都心への接近性について、次により分類し比較を行う。接近性については、鉄道、道路、バス等による時間的な距離に重点をおき、最寄駅の性格（急行停車駅、乗換駅、始発駅、運行回数等）をも勘案し総合的に考慮して判定するものとする。なお、本格差率は政令指定都市以外の地方の県庁所在市を念頭に作成しているため、各分類における格差率が、地域の実態と合わない場合があるので留意すること。 優　る　都心に近接する地域 やや優る　都心にやや近い地域 普　通　都心への時間、距離等が通常と判断される地域 やや劣る　都心にやや遠い地域 劣　る　都心に遠い地域
			優る	0	-2.5	-5.0	-7.5	-10.0	
			やや優	2.5	0	-2.5	-5.0	-7.5	
			普通	5.0	2.5	0	-2.5	-5.0	
			やや劣	7.5	5.0	2.5	0	-2.5	
			劣る	10.0	7.5	5.0	2.5	0	
	商業施設の配置の状態	最寄商業施設への接近性	基準地域＼対象地域	優る	やや優	普通	やや劣	劣る	通常、一般的に利用されている日常生活の需要を満たすに足りる最寄商業施設への接近性について、次により分類し比較を行う。なお、接近性については、道路に沿った最短距離、バス路線の有無、バス運行回数等を総合的に考慮して判定するものとする。 優　る　最寄商業施設に近接する地域 やや優る　最寄商業施設にやや近い地域 普　通　最寄商業施設への時間、距離等が通常と判断される地域 やや劣る　最寄商業施設にやや遠い地域 劣　る　最寄商業施設に遠い地域
			優る	0	-2.5	-5.0	-7.5	-10.0	
			やや優	2.5	0	-2.5	-5.0	-7.5	
			普通	5.0	2.5	0	-2.5	-5.0	
			やや劣	7.5	5.0	2.5	0	-2.5	
			劣る	10.0	7.5	5.0	2.5	0	
		最寄商業施設の性格	基準地域＼対象地域	優る		普通		劣る	最寄商業施設の性格について、次により分類し比較を行う。 優　る　規模が大きく、百貨店、総合スーパー等、繁華性の高い商業施設 普　通　食料品等を扱うスーパー等が存在し、周辺に一部専門店も存する商業施設 劣　る　食料品等を扱うスーパー等で、周辺に専門店の存しない商業施設
			優る	0		-3.5		-7.0	
			普通	3.5		0		-3.5	
			劣る	7.0		3.5		0	
	学校・公園・病院等の配置の状態	幼稚園、小学校、公園、病院、官公署等	基準地域＼対象地域	優る	やや優	普通	やや劣	劣る	公共利便施設の配置の状態について、次により分類し比較を行う。なお、配置の状態については、各施設の位置関係、集中の度合及び日常の利便性等について総合的に考慮して判定するものとする。 優　る　各種の施設に近接して利便性が高い地域 やや優る　各種の施設にやや近く利便性がやや高い地域 普　通　各種の施設が標準的位置にあって利便性が通常である地域 やや劣る　各種の施設にやや遠く利便性がやや低い地域 劣　る　各種の施設には遠く利便性の低い地域
			優る	0	-1.5	-3.0	-4.5	-6.0	
			やや優	1.5	0	-1.5	-3.0	-4.5	
			普通	3.0	1.5	0	-1.5	-3.0	
			やや劣	4.5	3.0	1.5	0	-1.5	
			劣る	6.0	4.5	3.0	1.5	0	

(混住．地)

条件	項　目	細項目	格　差　の　内　訳					備　　　考
			基準地域＼対象地域	優　る	普　通	劣　る		
環境条件	日照・温度・湿度・風向等の気象の状態	日照、温度、湿度、風向、通風等						日照の確保、温度、湿度、通風の良否等の自然的条件について、次により分類し比較を行う。
			優　る	0	−1.5	−3.0	優　る	日照、通風等を阻害するものが殆どなく自然的条件が優れている地域
			普　通	1.5	0	−1.5	普　通	日照、通風等も普通で自然的条件も通常である地域
			劣　る	3.0	1.5	0	劣　る	日照、通風等が悪く自然的条件が劣っている地域
	眺望・景観等の自然的環境の良否	眺望、景観、地勢、地盤等						眺望、景観、地勢、地盤等の自然的環境の良否について、次により分類し比較を行う。
			優　る	0	−1.5	−3.0	優　る	眺望がひらけ、景観、地勢が優れて地質、地盤が強固な環境に恵まれた地域
			普　通	1.5	0	−1.5	普　通	眺望、景観とも通常で、地勢は平坦、地質、地盤が普通である地域
			劣　る	3.0	1.5	0	劣　る	眺望、景観が優れず、地勢、地盤が劣る地域
	居住者の近隣関係等の社会的環境の良否	居住者の近隣関係等の社会的環境の良否						居住者の近隣関係、住まい方等の社会的環境を形成する要因について、次により分類し比較を行う。
			優　る	0	−1.5	−3.0	優　る	社会的環境がやや優れている地域
			普　通	1.5	0	−1.5	普　通	社会的環境が中級である地域
			劣　る	3.0	1.5	0	劣　る	社会的環境が普通である地域
	各画地の面積・配置及び利用の状態	画地の標準的な面積						画地の標準的な面積について、次により分類し比較を行う。
			優　る	0	−1.5	−3.0	優　る	画地の標準的な面積が一般的に200（150）㎡を超える地域
			普　通	1.5	0	−1.5	普　通	画地の標準的な面積が一般的に100㎡を超え200（150）㎡以下の地域
			劣　る	3.0	1.5	0	劣　る	画地の標準的な面積が一般的に100㎡以下の地域
								（　）内は三大圏等主要都市の地域に適用する。なお、各分類における画地の標準的な面積が、地域の実態と合わない場合があるので留意すること。
		各画地の配置の状態						各画地の配置の状態について、次により分類し比較を行う。
			優　る	0	−1.5	−3.0	優　る	各画地の地積、形状等の均衡がとれ、配置が整然としている地域
			普　通	1.5	0	−1.5	普　通	各画地の地積、形状等がやや不均衡であるが、配置がやや整然としている地域
			劣　る	3.0	1.5	0	劣　る	各画地の地積、形状等が不均衡で配置に統一性がない地域
		土地の利用度						建築物の疎密度等の各画地の利用の度合について、次により分類し比較を行う。

(混住．地)

条　件	項　目	細項目	格差の内訳					備　　考	
環境条件	各画地の面積・配置及び利用の状態	土地の利用度	優　る	0	-1.5	-3.0		優　る	有効に利用されている画地が大部分を占める地域
			普　通	1.5	0	-1.5		普　通	有効に利用されている画地が半数程度である地域
			劣　る	3.0	1.5	0		劣　る	有効に利用されている画地が少数である地域
		周辺の利用状態	基準地域＼対象地域	優　る	普　通	劣　る			各画地の利用の状態について、次により分類し比較を行う。
			優　る	0	-1.5	-3.0		優　る	大部分が専用住宅である地域
			普　通	1.5	0	-1.5		普　通	アパートや工場等がいく分見受けられるが、専用住宅が多い地域
			劣　る	3.0	1.5	0		劣　る	アパートや工場等がかなり混在している地域
	上下水道・ガス等の供給処理施設の状態	上水道	基準地域＼対象地域	有	可能	無			上水道（簡易水道を含む。）施設の整備の状態について、次により分類し比較を行う。
			有	0	-1.0	-2.0		有	上水道施設の完備された地域
			可能	1.0	0	-1.0		可能	大半の地域について上水道の整備事業が進んでいる地域
			無	2.0	1.0	0		無	上水道施設のない地域
		下水道	基準地域＼対象地域	有	可能	無			下水道施設の整備の状態について、次により分類し比較を行う。
			有	0	-1.0	-2.0		有	下水道施設の完備された地域
			可能	1.0	0	-1.0		可能	大半の地域について下水道の整備事業が進んでいる地域
			無	2.0	1.0	0		無	下水道施設のない地域
		都市ガス等	基準地域＼対象地域	有	可能	無			都市ガス施設等の整備の状態について、次により分類し比較を行う。
			有	0	-1.0	-2.0		有	都市ガス施設の完備された地域
			可能	1.0	0	-1.0		可能	大半の地域について都市ガスの整備事業が進んでいる地域もしくは簡易ガス施設のある地域
			無	2.0	1.0	0		無	都市ガス施設もしくは簡易ガス施設のない地域
	変電所・汚水処理場等の危険施設・処理施設等の有無	変電所、ガスタンク、汚水処理場、焼却場等	基準地域＼対象地域	無	有					危険施設又は処理施設等の有無及びそれらの配置の状態等にもとづく危険性あるいは悪影響の度合について、次により分類し比較を行う。
					小さい	やや小さい	やや大きい	大きい		
			無	0	-1.0	-2.0	-3.0	-4.0	無	危険施設、処理施設及び危険性、悪影響ともに皆無もしくは皆無に等しい地域
			有	小さい	1.0	0	-1.0	-2.0	-3.0	危険施設、処理施設等がある場合
									小さい	危険あるいは悪影響を感じる程度が一般的に小さい地域
				やや小さい	2.0	1.0	0	-1.0	-2.0	やや小さい	危険あるいは悪影響を感じる程度が一般的にやや小さい地域
				やや大きい	3.0	2.0	1.0	0	-1.0	やや大きい	危険あるいは悪影響を感じる程度が一般的にやや大きい地域
				大きい	4.0	3.0	2.0	1.0	0	大きい	危険あるいは悪影響を感じる程度が一般的に大きい地域

(混住．地)

条件	項目	細項目	格差の内訳					備考
環境条件	洪水・地すべり等の災害発生の危険性	洪水、地すべり、高潮、崖くずれ等	基準地域＼対象地域	無	有				災害の種類、発生の頻度及びその規模等にもとづく危険性について、次により分類し比較を行う。なお、特に津波の危険性、土砂災害の危険性については土地価格への影響が大きい場合があるので、これら地域における格差率については、慎重に調査のうえ適用することに留意すること。 無　　　　災害の発生の危険性が一般的に殆どない地域 小 さ い　災害の発生の危険性が一般的に小さい地域 やや小さい　災害の発生の危険性が一般的にやや小さい地域 やや大きい　災害の発生の危険性が一般的にやや大きい地域 大 き い　災害の発生の危険性が一般的に大きい地域
					小さい	やや小さい	やや大きい	大きい	
			無	0	−1.0	−2.5	−4.0	−5.0	
			小さい	1.0	0	−1.5	−3.0	−4.0	
			やや小さい	2.5	1.5	0	−1.5	−2.5	
			やや大きい	4.0	3.0	1.5	0	−1.0	
			大きい	5.0	4.0	2.5	1.0	0	
	騒音・大気汚染等の公害発生の程度	騒音、振動、大気汚染、じんあい、悪臭等	対象地域の格差	基準地の属する地域と比較して					公害の種類、発生の頻度及びその広がり等を総合的に考慮して、次により分類し比較を行う。 小 さ い　基準地の属する地域と比較し一般的に小さい地域 やや小さい　基準地の属する地域と比較し一般的にやや小さい地域 やや大きい　基準地の属する地域と比較し一般的にやや大きい地域 大 き い　基準地の属する地域と比較し一般的に大きい地域
				小さい	やや小さい	ほぼ同じ	やや大きい	大きい	
			格差率	5.0	2.5	0	−2.5	−5.0	
行政的条件	土地の利用に関する公法上の規制の程度	用途地域及びその他の地域、地区等	基準地域＼対象地域	弱い	やや弱い	普通	やや強い	強い	用途地域及びその他の地域、地区等による土地の利用方法に関する公法上の規制の程度について、次により分類し比較を行う。 弱　　い　一般的に規制の影響が弱い地域 やや弱い　一般的に規制の影響がやや弱い地域 普　　通　一般的に規制の影響が通常である地域 やや強い　一般的に規制の影響がやや強い地域 強　　い　一般的に規制の影響が強い地域
			弱い	0	−1.5	−3.0	−4.5	−6.0	
			やや弱い	1.5	0	−1.5	−3.0	−4.5	
			普通	3.0	1.5	0	−1.5	−3.0	
			やや強い	4.5	3.0	1.5	0	−1.5	
			強い	6.0	4.5	3.0	1.5	0	
		その他の規制	基準地域＼対象地域	弱い		普通		強い	
			弱い	0		−α′		−α″	
			普通	α′		0		−α′	
			強い	α″		α′		0	
その他	その他	将来の動向	基準地域＼対象地域	優る	やや優る	普通	やや劣る	劣る	街路条件、交通・接近条件、環境条件、行政的条件の動向を総合的に考慮して地域の将来の動向について、次により分類し比較を行う。 優　　る　発展的に推移すると認められる地域 やや優る　やや発展的に推移すると認められる地域 普　　通　現状で推移すると認められる地域 やや劣る　やや衰退的に推移すると認められる地域 劣　　る　衰退的に推移すると認められる地域
			優る	0	−2.5	−5.0	−7.5	−10.0	
			やや優る	2.5	0	−2.5	−5.0	−7.5	
			普通	5.0	2.5	0	−2.5	−5.0	
			やや劣る	7.5	5.0	2.5	0	−2.5	
			劣る	10.0	7.5	5.0	2.5	0	

(混住.地)

条件	項目	細項目	格差の内訳				備考
			基準地域＼対象地域	優 る	普 通	劣 る	
その他	その他	その他	優 る				街路条件、交通・接近条件、環境条件、行政的条件で掲げる項目及びその他将来の動向のほか、比較すべき特別の項目があると認められるときは、その項目に応じて適正に格差率を求めるものとする。
			普 通				
			劣 る				

別表第6　　　　　　　　　　　個別的要因比準表　　　　　　　　　　（混在住宅地域）

条件	項目	細項目	格差の内訳							備考
			基準地＼対象地	優る	やや優	普通	やや劣	劣る		
街路条件	接面街路の系統・構造等の状態	系統及び連続性	優る	0	-1.0	-2.0	-3.0	-4.0		接面する街路の系統及び連続性について、次により分類し比較を行う。 優　る　標準的な画地の街路より系統、連続性が良い街路 やや優る　標準的な画地の街路より系統、連続性がやや良い街路 普　通　標準的な画地の街路と系統、連続性が同程度の街路 やや劣る　標準的な画地の街路より系統、連続性がやや悪い街路 劣　る　標準的な画地の街路より系統、連続性が悪い街路
			やや優	1.0	0	-1.0	-2.0	-3.0		
			普通	2.0	1.0	0	-1.0	-2.0		
			やや劣	3.0	2.0	1.0	0	-1.0		
			劣る	4.0	3.0	2.0	1.0	0		
		幅員	基準地＼対象地	優る	やや優	普通	やや劣	劣る		接面する街路の幅員の状態について、次により分類し比較を行う。 優　る　標準的な画地に接面する街路の幅員より良い幅員 やや優る　標準的な画地に接面する街路の幅員よりやや良い幅員 普　通　標準的な画地に接面する街路の幅員と同程度の幅員 やや劣る　標準的な画地に接面する街路の幅員よりやや悪い幅員 劣　る　標準的な画地に接面する街路の幅員より悪い幅員
			優る	0	-2.0	-4.0	-6.0	-8.0		
			やや優	2.0	0	-2.0	-4.0	-6.0		
			普通	4.0	2.0	0	-2.0	-4.0		
			やや劣	6.0	4.0	2.0	0	-2.0		
			劣る	8.0	6.0	4.0	2.0	0		
		舗装	基準地＼対象地	優る	やや優	普通	やや劣	劣る		接面する街路の舗装の状態について、次により分類し比較を行う。 優　る　標準的な画地が接面する街路の舗装の状態より良い舗装 やや優る　標準的な画地が接面する街路の舗装の状態よりやや良い舗装 普　通　標準的な画地が接面する街路の舗装の状態と同程度の舗装 やや劣る　標準的な画地が接面する街路の舗装の状態よりやや悪い舗装 劣　る　標準的な画地が接面する街路の舗装の状態より悪い舗装又は未舗装
			優る	0	-1.0	-2.0	-3.0	-4.0		
			やや優	1.0	0	-1.0	-2.0	-3.0		
			普通	2.0	1.0	0	-1.0	-2.0		
			やや劣	3.0	2.0	1.0	0	-1.0		
			劣る	4.0	3.0	2.0	1.0	0		
交通・接近条件	交通施設との距離	最寄駅への接近性	基準地＼対象地	優る	やや優	普通	やや劣	劣る		社会経済的最寄駅への接近性について、次により分類し比較を行う。接近性については、道路に沿った最短距離、バス路線の有無、バス停までの距離、バス運行表等を総合的に考慮して判定するものとする。なお、本格差率は政令指定都市以外の地方の県庁所在市を念頭に作成しているため、各分類における格差率が、地域の実態と合わない場合があるので留意すること。 優　る　最寄駅に近接する画地 やや優る　最寄駅にやや近い画地 普　通　地域において標準的な位置関係にあると認められる画地 やや劣る　最寄駅にやや遠い画地 劣　る　最寄駅に遠い画地
			優る	0	-1.0	-2.0	-3.0	-4.0		
			やや優	1.0	0	-1.0	-2.0	-3.0		
			普通	2.0	1.0	0	-1.0	-2.0		
			やや劣	3.0	2.0	1.0	0	-1.0		
			劣る	4.0	3.0	2.0	1.0	0		
	商業施設との接近の程度	最寄商業施設への接近性	基準地＼対象地	優る	やや優	普通	やや劣	劣る		通常、一般的に利用されており日常生活の需要を満たすに足りる最寄商業施設への接近性について、次により分類し比較を行う。 優　る　最寄商業施設に近接する画地 やや優る　最寄商業施設にやや近い画地 普　通　地域において標準的な位置関係にあると認められる画地 やや劣る　最寄商業施設にやや遠い画地 劣　る　最寄商業施設に遠い画地
			優る	0	-2.5	-5.0	-7.5	-10.0		
			やや優	2.5	0	-2.5	-5.0	-7.5		
			普通	5.0	2.5	0	-2.5	-5.0		
			やや劣	7.5	5.0	2.5	0	-2.5		
			劣る	10.0	7.5	5.0	2.5	0		

(混住.個)

条件	項目	細項目	格差の内訳							備考

交通・接近条件

公共施設等との接近の程度 — 幼稚園、小学校、公園、病院、官公署等への接近性

基準地＼対象地	優る	やや優る	普通	やや劣る	劣る
優る	0	-1.5	-3.0	-4.5	-6.0
やや優る	1.5	0	-1.5	-3.0	-4.5
普通	3.0	1.5	0	-1.5	-3.0
やや劣る	4.5	3.0	1.5	0	-1.5
劣る	6.0	4.5	3.0	1.5	0

備考：公共公益施設への接近性について、次により分類し比較を行う。なお、接近性については、各施設の位置関係、集中の度合及び日常の利便性等について総合的に考慮して判定するものとする。
- 優る　各種の施設に近接し、利便性が高い画地
- やや優る　各種の施設にやや近く、利便性がやや高い画地
- 普通　地域において標準的な位置関係にあると認められる画地
- やや劣る　各種の施設にやや遠く、利便性がやや低い画地
- 劣る　各種の施設には遠く、利便性の低い画地

環境条件

日照・通風・乾湿等の良否 — 日照、温度、通風、乾湿等

基準地＼対象地	優る	普通	劣る
優る	0	-1.5	-3.0
普通	1.5	0	-1.5
劣る	3.0	1.5	0

備考：日照の確保、温度、湿度、通風等の良否等自然的条件について、次により分類し比較を行う。
- 優る　日照、通風等自然的条件が通常より優れている画地
- 普通　日照、通風等自然的条件が地域において通常である画地
- 劣る　日照、通風等が通常以下であって自然的条件が劣っている画地

地勢・地質・地盤等の良否 — 地勢、地質、地盤等

基準地＼対象地	優る	普通	劣る
優る	0	-1.5	-3.0
普通	1.5	0	-1.5
劣る	3.0	1.5	0

備考：地勢、地質、地盤等の自然的環境の良否について、次により分類し比較を行う。
- 優る　地勢、地質、地盤等が通常より優れている画地
- 普通　地勢、地質、地盤等が地域において通常である画地
- 劣る　地勢、地質、地盤等が通常以下である画地

隣接不動産等周囲の状態 — 隣接地の利用状況

基準地＼対象地	普通	やや劣る	劣る	相当に劣る	極端に劣る
普通	0	-1.5	-3.0	-4.5	-6.0
やや劣る	1.5	0	-1.5	-3.0	-4.5
劣る	3.0	1.5	0	-1.5	-3.0
相当に劣る	4.5	3.0	1.5	0	-1.5
極端に劣る	6.0	4.5	3.0	1.5	0

備考：隣接地の利用状態について、次により分類し比較を行う。
- 普通　特に環境上問題のない画地
- やや劣る　北西に工場、倉庫等のある場合又は隣接しないが、環境上影響のある画地
- 劣る　北東に工場、倉庫等のある場合等で環境が劣る画地
- 相当に劣る　南に工場、倉庫等のある場合等で環境が相当に劣る画地
- 極端に劣る　工場、倉庫等に周りを囲まれている場合で、環境が極端に劣る画地

供給処理施設の状態 — 上水道

基準地＼対象地	優る	普通	劣る
優る	0	-1.0	-2.0
普通	1.0	0	-1.0
劣る	2.0	1.0	0

備考：上水道（簡易水道を含む。）施設の状態について、次により分類し比較を行う。
- 優る　標準的な画地の整備の状態より良い画地
- 普通　標準的な画地の整備の状態と同程度の画地
- 劣る　標準的な画地の整備の状態より悪い画地

— 下水道

基準地＼対象地	優る	普通	劣る
優る	0	-1.0	-2.0
普通	1.0	0	-1.0
劣る	2.0	1.0	0

備考：下水道施設の状態について、次により分類し比較を行う。
- 優る　標準的な画地の整備の状態より良い画地
- 普通　標準的な画地の整備の状態と同程度の画地
- 劣る　標準的な画地の整備の状態より悪い画地

（混住．個）

条件	項目	細項目	格差の内訳							備考	
環境条件	供給処理施設の状態	都市ガス等	基準地＼対象地	優る		普通		劣る			都市ガス施設等の整備の状態について、次により分類し比較を行う。	
			優る	0		−1.0		−2.0			優る	標準的な画地の整備の状態より良い画地
			普通	1.0		0		−1.0			普通	標準的な画地の整備の状態と同程度の画地
			劣る	2.0		1.0		0			劣る	標準的な画地の整備の状態より悪い画地
	変電所・汚水処理場等の危険施設・処理施設等との接近の程度	変電所、ガスタンク、汚水処理場、焼却場等	基準地＼対象地	無	有						危険施設又は処理施設等の有無及びそれらの配置の状態等にもとづく危険性あるいは悪影響の度合について、次により分類し比較を行う。	
					小	やや小	通常	やや大	大			
			無	0	−1.5	−3.0	−4.5	−6.0	−7.5		無	危険施設、処理施設等及び危険性、悪影響ともに皆無もしくは皆無に等しい画地
			有	小	1.5	0	−1.5	−3.0	−4.5	−6.0	危険施設、処理施設等がある場合	
				やや小	3.0	1.5	0	−1.5	−3.0	−4.5	小	危険等が標準的な画地より小さい画地
				通常	4.5	3.0	1.5	0	−1.5	−3.0	やや小	危険等が標準的な画地よりやや小さい画地
				やや大	6.0	4.5	3.0	1.5	0	−1.5	通常	危険等が標準的な画地と同程度の画地
				大	7.5	6.0	4.5	3.0	1.5	0	やや大	危険等が標準的な画地よりやや大きい画地
											大	危険等が標準的な画地より大きい画地
画地条件	地積・間口・奥行・形状等	地積	基準地＼対象地	普通			やや劣る			劣る		地積の過大又は過小の程度について、次により分類し比較を行う。	
			普通	1.00			0.93			0.85		普通	標準的な画地の地積と同程度の画地
			やや劣る	1.08			1.00			0.92		やや劣る	標準的な画地の地積より過大又は過小であるため、画地利用上の阻害の程度が大きい画地
			劣る	1.18			1.09			1.00		劣る	標準的な画地の地積より過大又は過小であるため、画地利用上の阻害の程度が相当に大きい画地
		間口狭小	基準地＼対象地	普通	やや劣る	劣る	相当に劣る	極端に劣る			間口狭小の程度について、次により分類し比較を行う。	
			普通	1.00	0.94	0.88	0.82	0.77			普通	標準的な画地とほぼ同じ間口の画地
			やや劣る	1.06	1.00	0.94	0.87	0.82			やや劣る	標準的な画地の間口の0.6以上0.7未満の画地
			劣る	1.14	1.07	1.00	0.93	0.88			劣る	標準的な画地の間口の0.4以上0.6未満の画地
			相当に劣る	1.22	1.15	1.07	1.00	0.94			相当に劣る	標準的な画地の間口の0.2以上0.4未満の画地
			極端に劣る	1.30	1.22	1.14	1.06	1.00			極端に劣る	標準的な画地の間口の0.2未満の画地
		奥行逓減	基準地＼対象地	普通	やや劣る	劣る	相当に劣る	極端に劣る			奥行逓減の程度について、次により分類し比較を行う。	
			普通	1.00	0.94	0.88	0.82	0.77			普通	標準的な画地とほぼ同じ奥行の画地
			やや劣る	1.06	1.00	0.94	0.87	0.82			やや劣る	標準的な画地の奥行の1.5以上2.0未満の画地
			劣る	1.14	1.07	1.00	0.93	0.88			劣る	標準的な画地の奥行の2.0以上2.5未満の画地
			相当に劣る	1.22	1.15	1.07	1.00	0.94			相当に劣る	標準的な画地の奥行の2.5以上3.0未満の画地
			極端に劣る	1.30	1.22	1.14	1.06	1.00			極端に劣る	標準的な画地の奥行の3.0以上の画地
		奥行短小	基準地＼対象地	普通	やや劣る	劣る	相当に劣る	極端に劣る			奥行短小の程度について、次により分類し比較を行う。	
			普通	1.00	0.96	0.93	0.90	0.86			普通	標準的な画地とほぼ同じ奥行の画地

(混住．個)

条件	項目	細項目	格差の内訳					備考	
画地条件	地積・間口・奥行・形状等	奥行短小	やや劣る	1.04	1.00	0.97	0.94	0.90	やや劣る	標準的な画地の奥行の0.6以上0.7未満の画地
			劣る	1.08	1.03	1.00	0.97	0.92	劣る	標準的な画地の奥行の0.4以上0.6未満の画地
			相当に劣る	1.11	1.07	1.03	1.00	0.96	相当に劣る	標準的な画地の奥行の0.2以上0.4未満の画地
			極端に劣る	1.16	1.12	1.08	1.05	1.00	極端に劣る	標準的な画地の奥行の0.2未満の画地
		奥行長大	基準地＼対象地	普通	やや劣る	劣る	相当に劣る	極端に劣る	奥行長大の程度について、次により分類し比較を行う。	
			普通	1.00	0.97	0.93	0.90	0.87	普通	標準的な画地の奥行と間口の比（奥行／間口）とほぼ同じ画地
			やや劣る	1.03	1.00	0.96	0.93	0.90	やや劣る	標準的な画地の奥行と間口の比の1.5以上2.0未満の画地
			劣る	1.08	1.04	1.00	0.97	0.94	劣る	標準的な画地の奥行と間口の比の2.0以上2.5未満の画地
			相当に劣る	1.11	1.08	1.03	1.00	0.97	相当に劣る	標準的な画地の奥行と間口の比の2.5以上3.0未満の画地
			極端に劣る	1.15	1.11	1.07	1.03	1.00	極端に劣る	標準的な画地の奥行と間口の比の3.0以上の画地
		不整形地	基準地＼対象地	普通	やや劣る	劣る	相当に劣る	極端に劣る	不整形の程度について、次により分類し比較を行う。	
			普通	1.00	0.93	0.86	0.79	0.65	普通	標準的な画地の形状とほぼ同じ形状の画地
			やや劣る	1.08	1.00	0.92	0.85	0.70	やや劣る	やや不整形の画地
			劣る	1.16	1.08	1.00	0.92	0.76	劣る	不整形の画地
			相当に劣る	1.27	1.18	1.09	1.00	0.82	相当に劣る	相当に不整形の画地
			極端に劣る	1.54	1.43	1.32	1.22	1.00	極端に劣る	極端に不整形の画地
		三角地	基準地＼対象地	普通	やや劣る	劣る	相当に劣る	極端に劣る	三角地の画地利用上の阻害の程度について、次により分類し比較を行う。	
			普通	1.00	0.93	0.86	0.79	0.70	普通	標準的な画地の形状とほぼ同じ形状の画地
			やや劣る	1.08	1.00	0.93	0.85	0.75	やや劣る	利用上の阻害の程度がやや大きい画地
			劣る	1.16	1.09	1.00	0.92	0.81	劣る	利用上の阻害の程度が大きい画地
			相当に劣る	1.27	1.18	1.09	1.00	0.89	相当に劣る	利用上の阻害の程度が相当に大きい画地
			極端に劣る	1.43	1.33	1.23	1.13	1.00	極端に劣る	利用上の阻害の程度が極めて大きい画地
	方位・高低・角地・その他接面街路との関係	方位	基準地＼対象地	北	西	東	南		画地からの接面街路の方位により分類し比較を行う。なお、左欄における方位の優位性が地域の実態と合わない場合には、適切な順序に入れ替えて比較を行うものとする。※当該項目は、角地、準角地及び三方路には適用しない。	
			北	1.00	1.02	1.04	1.07			
			西	0.98	1.00	1.02	1.05			
			東	0.96	0.98	1.00	1.03			
			南	0.93	0.95	0.97	1.00			

（混住．個）

条件	項目	細項目	格差の内訳							備考	
画地条件	方位・高低・角地・その他接面街路との関係	高　低	基準地＼対象地	優る	やや優る	普通	やや劣る	劣る		接面道路の高低差による快適性及び利便性の程度について、次により分類し比較を行う。
			優る	1.00	0.93	0.87	0.80	0.74	優　る	高低差により快適性及び利便性の高い画地
			やや優る	1.08	1.00	0.93	0.86	0.79	やや優る	高低差により快適性及び利便性のやや高い画地
			普通	1.15	1.08	1.00	0.93	0.85	普　通	地域における標準的な画地の高低差と同程度の画地
			やや劣る	1.24	1.16	1.08	1.00	0.92	やや劣る	高低差により快適性及び利便性のやや低い画地
			劣る	1.35	1.26	1.18	1.09	1.00	劣　る	高低差により快適性及び利便性の低い画地
		角地（正面及び一方の側面が街路に接する画地）	基準地＼対象地	普通	やや優る	優る	相当に優る	特に優る		角地による快適性及び利便性の程度について、次により分類し比較を行う。
			普通	1.00	1.03	1.05	1.08	1.12	普　通	中間画地（一方が街路に接する画地）
									やや優る	角地の方位及び側道の広さから勘案して快適性及び利便性がやや高い画地
			やや優る	0.97	1.00	1.02	1.05	1.09	優　る	角地の方位及び側道の広さから勘案して快適性及び利便性が高い画地
			優る	0.95	0.98	1.00	1.03	1.07	相当に優る	角地の方位及び側道の広さから勘案して快適性及び利便性が相当に高い画地
			相当に優る	0.92	0.95	0.97	1.00	1.04	特に優る	角地の方位及び側道の広さから勘案して快適性及び利便性が特に高い画地
			特に優る	0.89	0.92	0.94	0.96	1.00		
		準角地（一系統の街路の屈曲部の内側に接する画地）	基準地＼対象地	普通	やや優る	優る	相当に優る	特に優る		準角地による快適性及び利便性の程度について、次により分類し比較を行う。
			普通	1.00	1.02	1.04	1.06	1.09	普　通	中間画地（一方が街路に接する画地）
									やや優る	準角地の方位及び前面道路の広さから勘案して快適性及び利便性がやや高い画地
			やや優る	0.98	1.00	1.02	1.04	1.07	優　る	準角地の方位及び前面道路の広さから勘案して快適性及び利便性が高い画地
			優る	0.96	0.98	1.00	1.02	1.05	相当に優る	準角地の方位及び前面道路の広さから勘案して快適性及び利便性が相当に高い画地
			相当に優る	0.94	0.96	0.98	1.00	1.03	特に優る	準角地の方位及び前面道路の広さから勘案して快適性及び利便性が特に高い画地
			特に優る	0.92	0.94	0.95	0.97	1.00		
		二方路（正面及び裏面が街路に接する画地）	基準地＼対象地	普通	やや優る	優る	特に優る			中間画地に比較して快適性及び利便性が優る場合で必要があるときに、次により分類し比較を行う。
			普通	1.00	1.01	1.03	1.05		普　通	中間画地（一方が街路に接する画地）
			やや優る	0.99	1.00	1.02	1.04		やや優る	背面道路の系統、連続性等が前面道路より相当に劣る画地
			優る	0.97	0.98	1.00	1.02		優　る	背面道路の系統、連続性等が前面道路より劣る画地
			特に優る	0.95	0.96	0.98	1.00		特に優る	背面道路の系統、連続性等が前面道路とほぼ同じ画地
		三方路（三方が街路に接する画地）	対象地が三方路である場合において中間画地に比較して快適性及び利便性が優る場合には、三方路が角地としての性格を重複して持っていることに鑑み、それぞれの道路の角地とみなして角地格差率を求めて得た格差率の和を限度として、実情に応じて適正に格差率を求めるものとする。								

(混住．個)

条件	項目	細項目	格差の内訳	備考
画地条件	方位・高低・角地・その他接面街路との関係	袋地	(イ) 有効宅地部分の減価率 | 路地状部分の奥行 | 最高減価率 | |---|---| | 10m 未満の場合 | 10% | | 10m 以上20m 未満の場合 | 15% | | 20m 以上の場合 | 20% | (ロ) 路地状部分の減価率 　　　30%～50%	袋地の価格は袋地が路地状部分(進入路)と有効宅地部分によって構成されているので、それらの部分の価格をそれぞれ評価して得た額を加えて求めるものとする。 (イ) 有効宅地部分の価格は、袋地が接する道路に当該有効宅地部分が直接接面するものとして評価した当該有効宅地部分の価格(標準価格)に路地状部分の奥行を基準とした左欄の率を限度として減価を行って求める。 (ロ) 路地状部分の価格は、上記(イ)の有効宅地部分の標準価格に、路地状部分の間口、奥行等を考慮して、左欄の率の範囲内で減価を行って求める。 なお、有効宅地部分及び路地状部分に係る左欄の率が、土地の利用状況や地域の状況等により適正と認められない場合があるので留意すること。
		無道路地	現実の利用に最も適した道路等に至る距離等の状況を考慮し取付道路の取得の可否及びその費用を勘案して適正に定めた率をもって補正するものとする。	
		崖地等	崖地等で通常の用途に供することができないものと認められる部分を有する画地の場合は、別表第30に基づき適正に定めた率をもって補正するものとする。	
		私道減価	| 利用の状態 | 減価率 | |---|---| | 共用私道 | 50%～80% | | 準公道的私道 | 80%以上 |	私道の価格は、道路の敷地の用に供するために生ずる価値の減少分を、左欄の率の範囲内で当該私道の系統、幅員、建築線の指定の有無等の事情に応じて判断し、当該私道に接する各画地の価格の平均価格を減価して求めるものとする。
	その他	高圧線下地	高圧線下地を含む画地の場合は、その高圧線の電圧の種別、線下地部分の面積及び画地に占める位置等を考慮し適正に定めた率をもって補正するものとする。	

条件	項目	細項目	格差の内訳	備考
行政的条件	公法上の規制の程度	用途地域及びその他の地域、地区等	基準地\対象地／規制の程度 → 弱い／やや弱い／普通／やや強い／強い | 規制の程度 | 弱い | やや弱い | 普通 | やや強い | 強い | |---|---|---|---|---|---| | 弱い | 0 | −1.5 | −3.0 | −4.5 | −6.0 | | やや弱い | 1.5 | 0 | −1.5 | −3.0 | −4.5 | | 普通 | 3.0 | 1.5 | 0 | −1.5 | −3.0 | | やや強い | 4.5 | 3.0 | 1.5 | 0 | −1.5 | | 強い | 6.0 | 4.5 | 3.0 | 1.5 | 0 |	用途地域及びその他の地域、地区等による土地の利用方法に関する公法上の規制の態様について、次により分類し比較を行う。 弱　い　標準的な画地より影響が弱い画地 やや弱い　標準的な画地より影響がやや弱い画地 普　通　標準的な画地と同程度の影響を受ける画地 やや強い　標準的な画地より影響がやや強い画地 強　い　標準的な画地より影響が強い画地
その他	その他	その他	| 基準地\対象地 | 優る | 普通 | 劣る | |---|---|---|---| | 優る | | | | | 普通 | | | | | 劣る | | | |	街路条件、交通・接近条件、環境条件、画地条件、行政的条件で掲げる項目のほか、比較すべき特別の項目があると認められるときは、その項目に応じて適正に格差率を求めるものとする。

別表第7　　　　　　　　　　地域要因比準表　　　　　　　　　　（造成宅地）

条件	項目	細項目	格差の内訳							備考	
街路条件	街路の幅員・構造等の状態	幅員	基準地域＼対象地域	優る		普通		劣る		地域内の標準的な街路の幅員について、次により分類し比較を行う。	
			優る	0 (0)		-4.0 (-3.5)		-9.0 (-8.0)		優る	5m以上　6m以下
			普通	4.0 (3.5)		0 (0)		-5.0 (-4.5)		普通	4m以上　5m未満
			劣る	9.0 (8.0)		4.0 (3.5)		0 (0)		劣る	4m未満又は6m超
		舗装	基準地域＼対象地域	優る		普通		劣る		舗装の種別、舗装率、維持補修の程度等について、次により分類し比較を行う。	
			優る	0 (0)		-2.0 (-1.0)		-5.0 (-4.0)		優る	舗装の質が優れており、舗装率の高い地域
			普通	2.0 (1.0)		0 (0)		-3.0 (-3.0)		普通	舗装の質、舗装率が通常である地域
			劣る	5.0 (4.0)		3.0 (3.0)		0 (0)		劣る	舗装の質が悪く舗装率の低い地域
		配置	基準地域＼対象地域	優る		普通		劣る		街路の配置の状態について、次により分類し比較を行う。	
			優る	0		-1.5		-3.0		優る	街路が放射状又は碁盤目状等に配置されて一般的に均衡のとれている地域
			普通	1.5		0		-1.5		普通	街路の配置が比較的均衡のとれている地域
			劣る	3.0		1.5		0		劣る	街路の大まかな整備はされているが、行き止まり路やT字路などの街路が一部にある地域
		系統及び連続性	基準地域＼対象地域	優る		普通		劣る		幹線街路との系統及び連続性について、次により分類し比較を行う。	
			優る	0 (0)		-3.0 (-2.0)		-6.0 (-4.0)		優る	幹線街路との系統、連続性が一般的に優れている街路の地域
			普通	3.0 (2.0)		0 (0)		-3.0 (-2.0)		普通	幹線街路との系統、連続性が一般的に通常である街路の地域
			劣る	6.0 (4.0)		3.0 (2.0)		0 (0)		劣る	幹線街路との系統、連続性が一般的に劣っている街路の地域
交通・接近条件	都心との距離及び交通施設の状態	最寄駅への接近性	基準地域＼対象地域	優る	やや優	普通	やや劣	劣る		地域の標準的な社会経済的最寄駅への接近性について、次により分類し比較を行う。接近性については、道路に沿った最短距離、バス路線の有無、バス運行回数等を総合的に考慮して判定するものとする。なお、本格差率は政令指定都市以外の地方の県庁所在市を念頭に作成しているため、各分類における格差率が、地域の実態と合わない場合があるので留意すること。	
			優る	0	-1.5	-3.0	-4.5	-6.0		優る	最寄駅に近接する地域
			やや優	1.5	0	-1.5	-3.0	-4.5		やや優	最寄駅にやや近い地域
			普通	3.0	1.5	0	-1.5	-3.0		普通	最寄駅への時間、距離等が通常である地域
			やや劣	4.5	3.0	1.5	0	-1.5		やや劣	最寄駅にやや遠い地域
			劣る	6.0	4.5	3.0	1.5	0		劣る	最寄駅に遠い地域

（造宅．地）

条件	項目	細項目	格差の内訳							備考
交通・接近条件	都心との距離及び交通施設の状態	最寄駅から都心への接近性	基準地域＼対象地域	優る	やや優る	普通	やや劣る	劣る	最寄駅から居住者が勤務する事務所、商店、工場等が立地する経済中心地たる都心への接近性について、次により分類し比較を行う。接近性については、鉄道、道路、バス等による時間的な距離に重点をおき、最寄駅の性格（急行停車駅、乗換駅、始発駅、運行回数等）をも勘案し総合的に考慮して判定するものとする。なお、本格差率は政令指定都市以外の地方の県庁所在市を念頭に作成しているため、各分類における格差率が、地域の実態と合わない場合があるので留意すること。 優　る　都心に近接する地域 やや優る　都心にやや近い地域 普　通　都心への時間、距離等が通常と判断される地域 やや劣る　都心にやや遠い地域 劣　る　都心に遠い地域
			優る	0	-2.5	-5.0	-7.5	-10.0	
			やや優る	2.5	0	-2.5	-5.0	-7.5	
			普通	5.0	2.5	0	-2.5	-5.0	
			やや劣る	7.5	5.0	2.5	0	-2.5	
			劣る	10.0	7.5	5.0	2.5	0	
	商業施設の配置の状態	最寄商業施設への接近性	基準地域＼対象地域	優る		普通		劣る	通常、一般的に利用されている日常生活の需要を満たすに足りる最寄商業施設への接近性について、次により分類し比較を行う。 優　る　団地の中に、最寄商業施設がある地域 普　通　団地の付近に最寄商業施設がある地域 劣　る　団地内及び付近にも最寄商業施設がない地域
			優る	0		-4.0		-9.0	
			普通	4.0		0		-5.0	
			劣る	9.0		5.0		0	
		最寄商業施設の性格	基準地域＼対象地域	優る		普通		劣る	最寄商業施設の性格について、次により分類し比較を行う。 優　る　規模が大きく、百貨店、総合スーパー等、繁華性の高い商業施設 普　通　食料品等を扱うスーパー等が存在し、周辺に一部専門店も存する商業施設 劣　る　食料品等を扱うスーパー等で、周辺に専門店の存しない商業施設
			優る	0		-1.5		-3.0	
			普通	1.5		0		-1.5	
			劣る	3.0		1.5		0	
	学校・公園・病院等の配置の状態	幼稚園、小学校、公園、病院、官公署等	基準地域＼対象地域	優る	やや優	普通	やや劣	劣る	公共利便施設の配置の状態について、次により分類し比較を行う。なお、配置の状態については、各施設の位置関係、集中の度合及び日常の利便性等について総合的に考慮して判定するものとする。 優　る　各種の施設に近接して利便性が高い地域 やや優る　各種の施設にやや近く利便性がやや高い地域 普　通　各種の施設が標準的位置にあって利便性が通常である地域 やや劣る　各種の施設にやや遠く利便性がやや低い地域 劣　る　各種の施設には遠く利便性の低い地域
			優る	0	-1.5	-3.0	-4.5	-6.0	
			やや優る	1.5	0	-1.5	-3.0	-4.5	
			普通	3.0	1.5	0	-1.5	-3.0	
			やや劣る	4.5	3.0	1.5	0	-1.5	
			劣る	6.0	4.5	3.0	1.5	0	

(造宅．地)

条件	項　目	細項目	格　差　の　内　訳				備　　考	
環境条件	日照・温度・湿度・風向等の気象の状態	日照、温度、湿度、風向、通風等	基準地域＼対象地域	優　る	普　通	劣　る	日照の確保、温度、湿度、通風の良否等の自然的条件について、次により分類し比較を行う。	
			優　る	0	−1.5	−3.0	優　る	日照、通風等を阻害するものが殆どなく自然的条件が優れている地域
			普　通	1.5	0	−1.5	普　通	日照、通風等も普通で自然的条件も通常である地域
			劣　る	3.0	1.5	0	劣　る	日照、通風等が悪く自然的条件が劣っている地域
	眺望・景観等の自然的環境の良否	眺望、景観、地勢、地盤等	基準地域＼対象地域	優　る	普　通	劣　る	眺望、景観、地勢、地盤等の自然的環境の良否について、次により分類し比較を行う。	
			優　る	0	−1.5	−3.0	優　る	眺望がひらけ、景観、地勢が優れて地質、地盤が強固な環境に恵まれた地域
			普　通	1.5	0	−1.5	普　通	眺望、景観とも通常で、地勢は平坦、地質、地盤が普通である地域
			劣　る	3.0	1.5	0	劣　る	眺望、景観が優れず、地勢、地盤が劣る地域
	居住者の近隣関係等の社会的環境の良否	居住者の近隣関係等の社会的環境の良否	基準地域＼対象地域	優　る	普　通	劣　る	居住者の近隣関係、住まい方等の社会的環境を形成する要因等について、次により分類し比較を行う。	
			優　る	0	−2.5	−5.0	優　る	社会的環境がやや優れている地域
			普　通	2.5	0	−2.5	普　通	社会的環境が中級である地域
			劣　る	5.0	2.5	0	劣　る	社会的環境が普通である地域
	各画地の面積・配置及び利用の状態	画地の標準的面積	基準地域＼対象地域	優　る	普　通	劣　る	画地の標準的な面積について、次により分類し比較を行う。	
			優　る	0	−1.5	−3.0	優　る	画地の標準的な面積が一般的に300㎡を超える地域
			普　通	1.5	0	−1.5	普　通	画地の標準的な面積が一般的に150㎡を超え300㎡以下の地域
			劣　る	3.0	1.5	0	劣　る	画地の標準的な面積が一般的に150㎡以下の地域
							なお、各分類における画地の標準的な面積が、地域の実態と合わない場合があるので留意すること。	
		各画地の配置の状態	基準地域＼対象地域	優　る	普　通	劣　る	各画地の配置の状態について、次により分類し比較を行う。	
			優　る	0	−1.5	−3.0	優　る	各画地の地積、形状等の均衡がとれ、配置が整然としている地域
			普　通	1.5	0	−1.5	普　通	各画地の地積、形状等がやや不均衡であるが、配置がやや整然としている地域
			劣　る	3.0	1.5	0	劣　る	各画地の地積、形状等が不均衡で配置に統一性がない地域
		土地の利用度	基準地域＼対象地域	優　る	普　通	劣　る	建築物の疎密度等の各画地の利用の度合について、次により分類し比較を行う。	

（造宅．地）

条件	項目	細項目	格差の内訳			備考	
環境条件	各画地の面積・配置及び利用の状態	土地の利用度	優る	0	-1.5	-3.0	優	る	有効に利用されている画地が大部分を占める地域
			普通	1.5	0	-1.5	普	通	有効に利用されている画地が半数程度である地域
			劣る	3.0	1.5	0	劣	る	有効に利用されている画地が少数である地域
		周辺の利用状態	基準地域\対象地域	優る	普通	劣る	各画地の利用の状態について、次により分類し比較を行う。	
			優る	0	-1.5	-3.0	優	る	大部分が専用住宅である地域
			普通	1.5	0	-1.5	普	通	アパート等がいく分見受けられるが、専用住宅が多い地域
			劣る	3.0	1.5	0	劣	る	アパート等がかなり混在している地域
	上下水道・ガス等の供給処理施設の状態	上水道	基準地域\対象地域	優る	普通	劣る	上水道施設の整備の状態について、次により分類し比較を行う。	
			優る	0	-1.0	-4.0	優	る	上水道（簡易水道を除く。）施設の完備された地域
			普通	1.0	0	-3.0	普	通	簡易水道施設の完備された地域
			劣る	4.0	3.0	0	劣	る	上水道施設のない地域
		下水道（処理方式）	基準地域\対象地域	優る	普通	劣る	下水道の処理方式の状態について、次により分類し比較を行う。	
			優る	0	-3.0	-7.0	優	る	管渠で公共下水に接続している地域、管渠で集中処理施設に接続している地域又は、し尿と家庭雑排水併用処理している地域
			普通	3.0	0	-4.0	普	通	戸別の浄化槽でU字溝に接続している地域
			劣る	7.0	4.0	0	劣	る	くみ取りで処理している地域
		下水道（管理施設）	基準地域\対象地域	有		無	下水道の管理施設の状態について、次により分類を行う。	
			有	0		-1.0	有		画地内に汚水桝があり、かつ道路内にマンホールがある地域
			無	1.0		0	無		上記以外の地域
		都市ガス等	基準地域\対象地域	優る	普通	劣る	都市ガス施設等の整備の状態について、次により分類し比較を行う。	
			優る	0	-1.0	-2.0	優	る	都市ガスである地域
			普通	1.0	0	-1.0	普	通	集中プロパンである地域
			劣る	2.0	1.0	0	劣	る	上記以外の地域
	変電所・汚水処理場等の危険施設・処理施設等の有無	変電所、ガスタンク、汚水処理場、焼却場等	基準地域\対象地域	無	有			
					小さい	やや小さい	やや大きい	大きい	危険施設又は処理施設等の有無及びそれらの配置の状態等にもとづく危険性あるいは悪影響の度合について、次により分類し比較を行う。
			無	0	-1.0	-2.5	-4.0	-5.0	無 危険施設、処理施設等及び危険性、悪影響ともに皆無もしくは皆無に等しい地域
			有 小さい	1.0	0	-1.5	-3.0	-4.0	危険施設、処理施設等がある場合 小 さ い 危険あるいは悪影響を感じる程度が一般的に小さい地域
			有 やや小さい	2.5	1.5	0	-1.5	-2.5	やや小さい 危険あるいは悪影響を感じる程度が一般的にやや小さい地域
			有 やや大きい	4.0	3.0	1.5	0	-1.0	やや大きい 危険あるいは悪影響を感じる程度が一般的にやや大きい地域
			有 大きい	5.0	4.0	2.5	1.0	0	大 き い 危険あるいは悪影響を感じる程度が一般的に大きい地域

（造宅．地）

条件	項目	細項目	格差の内訳						備考
環境条件	洪水、地すべり等の災害発生の危険性	洪水、地すべり、高潮、崖くずれ等	基準地域＼対象地域	無	有				災害の種類、発生の頻度及びその規模等にもとづく危険性について、次により分類し比較を行う。なお、特に津波の危険性、土砂災害の危険性については土地価格への影響が大きい場合があるので、これら地域における格差率については、慎重に調査のうえ、適用することに留意すること。
					小さい	やや小さい	やや大きい	大きい	
			無	0	−1.0	−2.5	−4.0	−5.0	
			小さい	1.0	0	−1.5	−3.0	−4.0	無　災害の発生の危険性が一般的に殆どない地域
			やや小さい	2.5	1.5	0	−1.5	−2.5	小さい　災害の発生の危険性が一般的に小さい地域
			やや大きい	4.0	3.0	1.5	0	−1.0	やや小さい　災害の発生の危険性が一般的にやや小さい地域
			大きい	5.0	4.0	2.5	1.0	0	やや大きい　災害の発生の危険性が一般的にやや大きい地域／大きい　災害の発生の危険性が一般的に大きい地域
	騒音・大気汚染等の公害発生の程度	騒音、振動、大気汚染、じんあい、悪臭等	対象地域の格差	基準地の属する地域と比較して					公害の種類、発生の頻度及びその広がり等を総合的に考慮して、次により分類し比較を行う。
				小さい	やや小さい	ほぼ同じ	やや大きい	大きい	小さい　基準地の属する地域と比較し、一般的に小さい地域／やや小さい　基準地の属する地域と比較し、一般的にやや小さい地域／やや大きい　基準地の属する地域と比較し、一般的にやや大きい地域／大きい　基準地の属する地域と比較し、一般的に大きい地域
			格差率	5.0	2.5	0	−2.5	−5.0	
行政的条件	土地の利用に関する公法上の規制の程度	用途地域及びその他の地域、地区等	基準地域＼対象地域	弱い	やや弱い	普通	やや強い	強い	用途地域及びその他の地域、地区等による土地の利用方法に関する公法上の規制の程度について、次により分類し比較を行う。
			弱い	0	−1.5	−3.0	−4.5	−6.0	
			やや弱い	1.5	0	−1.5	−3.0	−4.5	弱い　一般的に規制の影響が弱い地域／やや弱い　一般的に規制の影響がやや弱い地域
			普通	3.0	1.5	0	−1.5	−3.0	普通　一般的に規制の影響が通常である地域
			やや強い	4.5	3.0	1.5	0	−1.5	やや強い　一般的に規制の影響がやや強い地域
			強い	6.0	4.5	3.0	1.5	0	強い　一般的に規制の影響が強い地域
		その他の規制	基準地域＼対象地域	弱い		普通		強い	
			弱い	0		−α′		−α″	
			普通	α′		0		−α′	
			強い	α″		α′		0	
その他	その他	将来の動向	基準地域＼対象地域	優る	やや優る	普通	やや劣る	劣る	街路条件、交通・接近条件、環境条件、行政的条件の動向を総合的に考慮して地域の将来の動向について、次により分類し比較を行う。
			優る	0	−2.5	−5.0	−7.5	−10.0	
			やや優る	2.5	0	−2.5	−5.0	−7.5	優る　発展的に推移すると認められる地域／やや優る　やや発展的に推移すると認められる地域
			普通	5.0	2.5	0	−2.5	−5.0	普通　現状で推移すると認められる地域
			やや劣る	7.5	5.0	2.5	0	−2.5	やや劣る　やや衰退的に推移すると認められる地域
			劣る	10.0	7.5	5.0	2.5	0	劣る　衰退的に推移すると認められる地域

(造宅．地)

条件	項目	細項目	格差の内訳				備考
			基準地域＼対象地域	優 る	普 通	劣 る	街路条件、交通・接近条件、環境条件、行政的条件で掲げる項目及びその他将来の動向のほか、比較すべき特別の項目があると認められるときは、その項目に応じて適正に格差率を求めるものとする。
その他	その他	その他	優 る				
			普 通				
			劣 る				

注：（　）内は、三大圏（埼玉県、千葉県、東京都、神奈川県、京都府、大阪府、兵庫県、愛知県及び三重県）と地方圏（三大圏に属さない道、県）の格差率が異なる場合における地方圏の格差率である。

別表第8

造成宅地の品等検証格差率表

比較項目		上		中		下	
		細項目等	格差率	細項目等	格差率	細項目等	格差率
1 街路							
イ 歩道又はガードレールの有無（幹線街路）		歩道又はガードレールのある地域	+1.0	歩道又はガードレールのない地域	0		
ロ 構造 電柱の位置		画地内にあり、歩行者の支障とならない地域	+1.0	道路敷にある地域	0		
角切		角切のある地域	+1.0	角切のない地域	0		
ハ 排水施設		L字溝と管渠であり平坦地で20mに1か所の街渠桝がある地域	+2.0	有蓋U字溝である地域	0	無蓋U字溝である地域	−2.0
ニ 街路樹の有無		街路樹、花壇等がある地域	+1.0	街路樹、花壇等がない地域	0		
ホ 勾配 団地内縦横断勾配		縦断勾配3％未満、横断勾配2％程度である地域	+1.5	縦断勾配3％以上、10％未満で横断勾配2％程度以外の地域	0	縦断勾配10％以上で横断勾配2％程度以外の凹凸のある地域	−3.0
2 雨水排水							
イ 排水方式		管渠又は開渠である地域	+2.0 (+1.5)	U字溝等による簡易排水である地域	0 (0)	U字溝等が不十分である地域	−2.0 (−2.0)
ロ 排水能力		地域確率雨量に基づく設備である地域	+1.0	地域確率雨量を根拠としない設備である地域	0		
ハ 排水設備		画地内に雨水桝があり排水が良くかつ道路内にマンホールが適切に整備されて勾配道路がグレーチング処理である地域	+2.0	画地内に雨水桝がなく勾配道路対策が未処理である地域	0	画地内の雨水排水が不良である地域	−2.0
3 画地仕上げ							
イ 前面道路との関係		画地が20cm以上1m未満高い地域	+2.0 (+2.0)	画地が20cm未満又は1m以上2m未満である地域	0 (0)	画地が低く又は2m以上高い地域	−6.0 (−5.0)
ロ 擁壁 材料		自然石又は人工自然石である地域	+2.0	コンクリート間知石である地域	0	ブロックである地域	−1.5
構造		技術基準による安全構造である地域	+2.0	安全構造にやや欠ける地域	0		
施工		傾斜が一定で笠石があり目地も揃っている地域	+1.0	普通な仕上げで笠石がない地域	0		
ハ 改良を要する地盤		改良の済んだ地域	+1.0		0		
ニ 土質		排水性が優れ岩石が少なく植栽適性土質である地域	+1.5 (+1.5)	排水性が普通である地域	0 (0)	排水性の劣る地域	−1.5 (−2.0)
ホ 駐車設備		画地内に設置している地域	+2.0	画地内に設置していない地域	0		
4 公園、緑地							
イ 規模		開発面積の3％以上3,000㎡程度の公園で運動広場として機能を果たしている地域	+2.0 (+2.0)	開発面積の3％程度の小規模な公園で団地内に散在している地域	0 (0)	開発面積の3％未満で宅地造成等の技術基準以下である地域	−1.5 (−2.0)
ロ 内容		緑化施設が十分で景観配慮がある地域	+1.0	緑化施設は普通で景観配慮が特にない地域	0		

比較項目	品等	上		中		下	
		細項目等	格差率	細項目等	格差率	細項目等	格差率
5 諸施設(予定を含む)							
イ 街 灯		街灯施設が完備している地域	+1.0	街灯施設が普通である地域	0	街灯施設がない地域	−1.0
ロ ゴミ集積施設		ゴミ集積施設がある地域	+1.0	ゴミ集積施設がない地域	0		
ハ 集 会 所		集会所のある地域	+1.0	集会所のない地域	0		
ニ 医 療 施 設		医療施設がある地域	+2.0	医療施設が付近にある地域	0	医療施設が付近にもない地域	−3.0
ホ バス停留所		団地内に設置している地域	+2.0 (+2.5)	既存近隣停留所を利用している地域	0 (0)	団地内及び近隣にもない地域	−3.0 (−4.0)
ヘ 幼稚園、保育園		団地内に設置している地域	+2.0	既存近隣施設を利用している地域	0	団地内及び近隣にもない地域	−2.5
ト 消火栓、防火水槽等		消火栓等が適切に整備されている地域	+1.0	消火栓等が整備されている地域	0	消火栓等がほとんどない地域	−1.0
6 団地管理体制		将来に亘って安定した管理体制が整備されている地域	+1.0 (+3.0)		0 (0)		
7 そ の 他							
立 地 条 件		高台地、南系傾斜地である地域	+4.0 (+2.0)	平坦地である地域	0 (0)	埋立地、北系傾斜地である地域	−4.5 (−3.0)

注:( )内は、三大圏(埼玉県、千葉県、東京都、神奈川県、京都府、大阪府、兵庫県、愛知県及び三重県)と地方圏(三大圏に属さない道、県)の格差率が異なる場合における地方圏の格差率である。

別表第9　　　　　　　　　　　地域要因比準表　　　　　　　　　　（農家集落地域）

条件	項目	細項目	格差の内訳							備考
街路条件	街路の幅員・構造等の状態	幅員	基準地域＼対象地域	優る	普通	劣る				地域内の標準的な街路の幅員について、次により分類し比較を行う。
			優る	0	−2.0	−4.0				優る　快適性及び利便性において、街路の幅員が一般的に優る地域
			普通	2.0	0	−2.0				普通　街路の幅員が一般的に中庸である地域
			劣る	4.0	2.0	0				劣る　街路の幅員が一般的に劣る地域
		舗装	基準地域＼対象地域	優る	普通	劣る				舗装の種別、舗装率、維持補修の程度等について、次により分類し比較を行う。
			優る	0	−2.0	−4.0				優る　舗装の質が優れており、舗装率の高い地域
			普通	2.0	0	−2.0				普通　舗装の質、舗装率が通常である地域
			劣る	4.0	2.0	0				劣る　舗装の質が悪く舗装率の低い地域
		配置	基準地域＼対象地域	優る	普通	劣る				街路の配置の状態について、次により分類し比較を行う。
			優る	0	−1.0	−2.0				優る　街路が放射状又は碁盤目状等に配置されて一般的に均衡のとれている地域
			普通	1.0	0	−1.0				普通　街路の配置が比較的均衡のとれている地域
			劣る	2.0	1.0	0				劣る　街路の大まかな整備はされているが、行き止まり路やT字路などの街路が一部にある地域
		系統及び連続性	基準地域＼対象地域	優る	普通	劣る				幹線街路との系統及び連続性について、次により分類し比較を行う。
			優る	0	−1.0	−2.0				優る　幹線街路との系統、連続性が一般的に優れている街路の地域
			普通	1.0	0	−1.0				普通　幹線街路との系統、連続性が一般的に通常である街路の地域
			劣る	2.0	1.0	0				劣る　幹線街路との系統、連続性が一般的に劣っている街路の地域
交通・接近条件	都心との距離及び交通施設の状態	最寄駅への接近性	基準地域＼対象地域	優る	やや優る	普通	やや劣る	劣る		地域の標準的な社会経済的最寄駅への接近性について、次により分類し比較を行う。なお、接近性については、道路に沿った最短距離、バス路線の有無、バス運行回数等を総合的に考慮して判定するものとする。
			優る	0	−1.0	−2.5	−4.0	−5.0		
			やや優る	1.0	0	−1.5	−3.0	−4.0		
			普通	2.5	1.5	0	−1.5	−2.5		優る　最寄駅に近接する地域 やや優る　最寄駅にやや近い地域
			やや劣る	4.0	3.0	1.5	0	−1.0		普通　最寄駅への時間、距離等が通常である地域 やや劣る　最寄駅にやや遠い地域
			劣る	5.0	4.0	2.5	1.0	0		劣る　最寄駅に遠い地域
		最寄駅から中心都市への接近性	基準地域＼対象地域	優る	やや優る	普通	やや劣る	劣る		最寄駅から地域の居住者の文化活動、レジャーの中心地又は勤務する事務所、商店、工場等が立地する経済中心地である都市への接近性について、次により分類し比較を行う。なお、接近性については、鉄道、道路、バス等により時間的距離に重点をおき、最寄駅の性格（急行停車駅、乗換駅、始発駅、運行回数）をも勘案し総合的に考慮して判定するものとする。
			優る	0	−1.5	−3.0	−4.5	−6.0		
			やや優る	1.5	0	−1.5	−3.0	−4.5		
			普通	3.0	1.5	0	−1.5	−3.0		優る　中心都市に近接する地域 やや優る　中心都市にやや近い地域
			やや劣る	4.5	3.0	1.5	0	−1.5		普通　中心都市への時間・距離等が通常である地域 やや劣る　中心都市にやや遠い地域
			劣る	6.0	4.5	3.0	1.5	0		劣る　中心都市に遠い地域

（農集．地）

条件	項目	細項目	格差の内訳						備考	
交通・接近条件	商業施設の配置の状態	最寄商業施設への接近性	基準地域＼対象地域	優る	やや優る	普通	やや劣る	劣る	通常、一般的に利用されている日常生活の需要を満たすに足りる最寄商業施設への接近性について、次により分類し比較を行う。なお、接近性については、道路に沿った最短距離、バス運行回数等を総合的に考慮して判定するものとする。	
			優る	0	-1.5	-3.0	-4.5	-6.0		
			やや優る	1.5	0	-1.5	-3.0	-4.5	優　る	最寄商業施設に接近する地域
			普通	3.0	1.5	0	-1.5	-3.0	やや優る	最寄商業施設にやや近い地域
			やや劣る	4.5	3.0	1.5	0	-1.5	普　通	最寄商業施設への時間、距離等が通常と判断される地域
			劣る	6.0	4.5	3.0	1.5	0	やや劣る	最寄商業施設にやや遠い地域
									劣　る	最寄商業施設に遠い地域
		最寄商業施設の性格	基準地域＼対象地域	優る		普通		劣る	最寄商業施設の性格について、次により分類し比較を行う。	
			優る	0		-1.0		-2.0	優　る	日用品店舗のほか、専門店もある商業施設
			普通	1.0		0		-1.0	普　通	日用品店舗を主とする商業施設
			劣る	2.0		1.0		0	劣　る	極めて小規模な日用品店舗等、利便性が低い商業施設
	学校・公園・病院等の配置の状態	幼稚園、小学校、公園、病院、官公署等	基準地域＼対象地域	優る	やや優る	普通	やや劣る	劣る	公共利便施設の配置の状態について、次により分類し比較を行う。なお、配置の状態については、各施設の位置関係、集中の度合及び日常の利便性等について総合的に考慮して判定するものとする。	
			優る	0	-2.0	-4.0	-6.0	-8.0	優　る	各種の施設に近接して利便性が高い地域
			やや優る	2.0	0	-2.0	-4.0	-6.0	やや優る	各種の施設にやや近く、利便性がやや高い地域
			普通	4.0	2.0	0	-2.0	-4.0	普　通	各種の施設に標準的な位置にあって、利便性が通常である地域
			やや劣る	6.0	4.0	2.0	0	-2.0	やや劣る	各種の施設にやや遠く、利便性がやや低い地域
			劣る	8.0	6.0	4.0	2.0	0	劣　る	各種の施設に遠く、利便性が低い地域
環境条件	日照・温度・湿度・風向等の気象の状態	日照、温度、湿度、風向、通風等	基準地域＼対象地域	優る		普通		劣る	日照の確保、温度、湿度、通風等の良否等の自然的条件について、次により分類し比較を行う。	
			優る	0		-2.0		-4.0	優　る	日照、通風等を阻害するものが殆どなく自然的条件が優れている地域
			普通	2.0		0		-2.0	普　通	日照、通風等も普通で自然的条件も通常である地域
			劣る	4.0		2.0		0	劣　る	日照、通風等が悪く自然的条件が劣っている地域
	眺望・景観等の自然的環境の良否	眺望、景観、地勢、地盤等	基準地域＼対象地域	優る		普通		劣る	眺望、景観、地勢、地盤等の自然的環境の良否について、次により分類し比較を行う。	
			優る	0		-2.0		-4.0	優　る	眺望がひらけ、景観、地勢が優れ、地質、地盤が強固な環境に恵まれた地域
			普通	2.0		0		-2.0	普　通	眺望、景観とも通常で、地勢は平坦、地質、地盤が普通である地域
			劣る	4.0		2.0		0	劣　る	眺望、景観が優れず、地勢、地盤が劣る地域
	居住者の移動及び家族構成等の状態	居住者の移動、増減、家族構成等	基準地域＼対象地域	優る		普通		劣る	居住者の移動及び増減並びに世帯分離の状態等について、次により分類し比較を行う。	
			優る	0		-2.5		-5.0	優　る	居住者及び世帯分離の状態が高まっている地域
			普通	2.5		0		-2.5	普　通	居住者の移動や流出が殆どなく、一般的に通常の状態にある地域
			劣る	5.0		2.5		0	劣　る	居住者の流出等があり又家族構成が老齢化している地域

（農集．地）

条件	項目	細項目	格差の内訳				備考		
環境条件	居住者の近隣関係等の社会的環境の良否	居住者の近隣関係等の社会的環境の良否	基準地域＼対象地域	優る	普通	劣る	居住者の近隣関係、住まい方等の社会的環境を形成する要因等について、次により分類し比較を行う。		
			優る	0	−2.5	−5.0			
			普通	2.5	0	−2.5	優　る	社会的環境がやや優れている地域	
			劣る	5.0	2.5	0	普　通	社会的環境が中級である地域	
							劣　る	社会的環境が普通である地域	
	各画地の面積・配置及び利用の状態	画地の標準的面積	基準地域＼対象地域	優る	普通	劣る	画地の標準的な面積について、次により分類し比較を行う。		
			優る	0	−1.5	−3.0	優　る	画地の標準的な面積が一般的に500㎡を超える地域	
			普通	1.5	0	−1.5	普　通	画地の標準的な面積が一般的に300㎡を超え500㎡以下の地域	
			劣る	3.0	1.5	0	劣　る	画地の標準的な面積が一般的に300㎡以下の地域	
							なお、各分類における画地の標準的な面積が、地域の実態と合わない場合があるので留意すること。		
		各画地の配置の状態	基準地域＼対象地域	優る	普通	劣る	各画地の配置の状態について、次により分類し比較を行う。		
			優る	0	−1.0	−2.0	優　る	各画地の地積、形状等の均衡がとれ、配置が整然としている地域	
			普通	1.0	0	−1.0	普　通	各画地の地積、形状等がやや不均衡であるが配置がやや整然としている地域	
			劣る	2.0	1.0	0	劣　る	各画地の地積、形状等が不均衡で配置に統一性がない地域	
		土地の利用度	基準地域＼対象地域	優る	普通	劣る	建築物の疎密度等の各画地の利用の度合について、次により分類し比較を行う。		
			優る	0	−1.0	−2.0	優　る	有効に利用されている画地が大部分を占める地域	
			普通	1.0	0	−1.0	普　通	有効に利用されている画地が半数程度である地域	
			劣る	2.0	1.0	0	劣　る	有効に利用されている画地が少数である地域	
		周辺の利用状態	基準地域＼対象地域	優る	普通	劣る	各画地の利用の状態について、次により分類し比較を行う。		
			優る	0	−2.0	−4.0	優　る	農家住宅のほか一般住宅も混在する地域	
			普通	2.0	0	−2.0	普　通	大部分が農家住宅である地域	
			劣る	4.0	2.0	0	劣　る	農地又は雑種地が多く農家が散在する地域	
	上下水道・ガス等の供給処理施設の状態	上水道	基準地域＼対象地域	有	可能	無	上水道（簡易水道を含む。）等飲料水施設の整備の状態について、次により分類し比較を行う。		
			有	0	−2.0	−4.0	有	上水道施設の完備された地域	
			可能	2.0	0	−2.0	可　能	上水道の整備事業が進んでいる地域又は飲料水に不足しない地域	
			無	4.0	2.0	0	無	飲料水が不足する地域	
		都市ガス等	基準地域＼対象地域	有	可能	無	都市ガス施設等の整備の状態について、次により分類し比較を行う。		
			有	0	−2.0	−4.0	有	都市ガス施設の完備された地域	
			可能	2.0	0	−2.0	可　能	大半の地域について都市ガスの整備事業が進んでいる地域もしくは簡易ガスの施設のある地域	
			無	4.0	2.0	0	無	都市ガス施設もしくは簡易ガス施設のない地域	

(農集．地)

条件	項目	細項目	格差の内訳							備考
環境条件	変電所・汚水処理場等の危険施設・処理施設等の有無	変電所、ガスタンク、汚水処理場、焼却場等	対象地域＼基準地域	無	有					危険施設又は処理施設等の有無及びそれらの配置の状態等にもとづく危険性あるいは悪影響の度合について、次により分類し比較を行う。 無　　　　危険施設、処理施設等及び危険性、悪影響ともに皆無もしくは皆無に等しい地域 危険施設、処理施設等がある場合 小　さ　い　危険あるいは悪影響を感じる程度が一般的に小さい地域 やや小さい　危険あるいは悪影響を感じる程度が一般的にやや小さい地域 やや大きい　危険あるいは悪影響を感じる程度が一般的にやや大きい地域 大　き　い　危険あるいは悪影響を感じる程度が一般的に大きい地域
					小さい	やや小さい	やや大きい	大きい		
			無	0	-1.0	-2.0	-3.0	-4.0		
			有	小さい	1.0	0	-1.0	-2.0	-3.0	
				やや小さい	2.0	1.0	0	-1.0	-2.0	
				やや大きい	3.0	2.0	1.0	0	-1.0	
				大きい	4.0	3.0	2.0	1.0	0	
	洪水・地すべり等の災害発生の危険	洪水、地すべり、高潮、崖くずれ等	対象地域＼基準地域	無	有					災害の種類、発生の頻度及びその規模等にもとづく危険性について、次により分類し比較を行う。 なお、特に津波の危険性、土砂災害の危険性については土地価格への影響が大きい場合があるので、これら地域における格差率については、慎重に調査のうえ適用することに留意すること。 無　　　　災害の発生の危険性が一般的に殆どない地域 小　さ　い　災害の発生の危険性が一般的に小さい地域 やや小さい　災害の発生の危険性が一般的にやや小さい地域 やや大きい　災害の発生の危険性が一般的にやや大きい地域 大　き　い　災害の発生の危険性が一般的に大きい地域
					小さい	やや小さい	やや大きい	大きい		
			無	0	-1.0	-2.0	-3.0	-4.0		
			有	小さい	1.0	0	-1.0	-2.0	-3.0	
				やや小さい	2.0	1.0	0	-1.0	-2.0	
				やや大きい	3.0	2.0	1.0	0	-1.0	
				大きい	4.0	3.0	2.0	1.0	0	
	騒音・大気汚染等の公害発生の程度	騒音、振動、大気汚染、じんあい、悪臭等	対象地域の格差	基準地の属する地域と比較して						公害の種類、発生の頻度及びその広がり等を総合的に考慮して、次により分類し比較を行う。 小　さ　い　基準地の属する地域と比較し一般的に小さい地域 やや小さい　基準地の属する地域と比較し一般的にやや小さい地域 やや大きい　基準地の属する地域と比較し一般的にやや大きい地域 大　き　い　基準地の属する地域と比較し一般的に大きい地域
				小さい	やや小さい	ほぼ同じ	やや大きい	大きい		
			格差率	4.0	2.0	0	-2.0	-4.0		
行政的条件	土地の利用に関する公法上の規制の程度	用途地域及びその他の地域、地区等	対象地域＼基準地域	弱い	やや弱い	普通	やや強い	強い		用途地域及びその他の地域、地区等による土地の利用方法に関する公法上の規制の程度について、次により分類し比較を行う。 弱　　　い　一般的に規制の影響が弱い地域 やや弱い　一般的に規制の影響がやや弱い地域 普　　　通　一般的に規制の影響が通常である地域 やや強い　一般的に規制の影響がやや強い地域 強　　　い　一般的に規制の影響が強い地域
			弱い	0	-1.0	-2.0	-3.0	-4.0		
			やや弱い	1.0	0	-1.0	-2.0	-3.0		
			普通	2.0	1.0	0	-1.0	-2.0		
			やや強い	3.0	2.0	1.0	0	-1.0		
			強い	4.0	3.0	2.0	1.0	0		

（農集．地）

条件	項目	細項目	格差の内訳					備考
行政的条件	土地の利用に関する公法上の規制の程度	その他の規制	基準地域＼対象地域	弱い	普通		強い	
			弱い	0	$-\alpha'$		$-\alpha''$	
			普通	α'	0		$-\alpha'$	
			強い	α''	α'		0	
その他	その他	将来の動向	基準地域＼対象地域	優る	やや優る	普通	やや劣る	劣る	街路条件、交通・接近条件、環境条件、行政的条件の動向を総合的に考慮して地域の将来の動向を次により分類し比較を行う。
			優る	0	-2.5	-5.0	-7.5	-10.0	優　る　発展的に推移すると認められる地域
			やや優る	2.5	0	-2.5	-5.0	-7.5	やや優る　やや発展的に推移すると認められる地域
			普通	5.0	2.5	0	-2.5	-5.0	普　通　現状で推移すると認められる地域
			やや劣る	7.5	5.0	2.5	0	-2.5	やや劣る　やや衰退的に推移すると認められる地域
			劣る	10.0	7.5	5.0	2.5	0	劣　る　衰退的に推移すると認められる地域
		その他	基準地域＼対象地域	優る		普通		劣る	街路条件、交通・接近条件、環境条件、行政的条件で掲げる項目及び将来の動向のほか、比較すべき特別の項目があると認められるときは、その項目に応じて適正に格差率を求めるものとする。
			優る						
			普通						
			劣る						

別表第10　　　　　　　　　　個別的要因比準表　　　　　　　　　　（農家集落地域）

条件	項目	細項目	格差の内訳					備考
街路条件	接面街路の系統・構造等の状態	系統及び連続性	基準地＼対象地	優る	普通	劣る		接面する街路の系統及び連続性について、次により分類し比較を行う。
			優る	0	-1.0	-2.0		優る　標準的な画地の街路より系統、連続性が良い街路
			普通	1.0	0	-1.0		普通　標準的な画地の街路と、系統、連続性が同程度の街路
			劣る	2.0	1.0	0		劣る　標準的な画地の街路より系統、連続性が悪い街路
		幅員	基準地＼対象地	優る	普通	劣る		接面する街路の幅員の状態について、次により分類し比較を行う。
			優る	0	-2.0	-4.0		優る　標準的な画地に接面する街路の幅員より良い幅員
			普通	2.0	0	-2.0		普通　標準的な画地に接面する街路の幅員と同程度の幅員
			劣る	4.0	2.0	0		劣る　標準的な画地に接面する街路の幅員より悪い幅員
		舗装	基準地＼対象地	優る	普通	劣る		接面する街路の舗装の状態について、次により分類し比較を行う。
			優る	0	-2.0	-4.0		優る　標準的な画地が接面する街路の舗装の状態より良い舗装
			普通	2.0	0	-2.0		普通　標準的な画地が接面する街路の舗装の状態と同程度の舗装
			劣る	4.0	2.0	0		劣る　標準的な画地が接面する街路の舗装の状態より悪い舗装又は未舗装
交通・接近条件	交通施設との距離	最寄駅への接近性	基準地＼対象地	優る	やや優る	普通	やや劣る	劣る	社会、経済的最寄駅への接近性について、次により分類し比較を行う。なお、接近性については、道路に沿った最短距離、バス路線の有無、バス停までの距離、バス運行表等を総合的に考慮して判定するものとする。
			優る	0	-2.5	-5.0	-7.5	-10.0	
			やや優る	2.5	0	-2.5	-5.0	-7.5	優る　最寄駅に近接する画地
			普通	5.0	2.5	0	-2.5	-5.0	やや優る　最寄駅にやや近い画地
			やや劣る	7.5	5.0	2.5	0	-2.5	普通　地域において標準的な位置関係にあると認められる画地
			劣る	10.0	7.5	5.0	2.5	0	やや劣る　最寄駅にやや遠い画地 / 劣る　最寄駅に遠い画地
	商業施設との接近の程度	最寄商業施設への接近性	基準地＼対象地	優る	やや優る	普通	やや劣る	劣る	通常、一般的に利用されており、日常生活の需要を満たすに足りる最寄商業施設への接近性について、次により分類し比較を行う。
			優る	0	-1.5	-3.0	-4.5	-6.0	
			やや優る	1.5	0	-1.5	-3.0	-4.5	優る　最寄商業施設に近接する画地
			普通	3.0	1.5	0	-1.5	-3.0	やや優る　最寄商業施設にやや近い画地 / 普通　地域において標準的な位置関係にあると認められる画地
			やや劣る	4.5	3.0	1.5	0	-1.5	やや劣る　最寄商業施設にやや遠い画地
			劣る	6.0	4.5	3.0	1.5	0	劣る　最寄商業施設に遠い画地
	公共施設等との接近の程度	幼稚園、小学校、公園、病院、官公署等への接近性	基準地＼対象地	優る	やや優る	普通	やや劣る	劣る	公共利便施設への接近性について、次により分類し比較を行う。なお、接近性については、各施設の位置関係、集中の度合及び日常の利便性等について総合的に考慮して判定するものとする。
			優る	0	-1.5	-3.0	-4.5	-6.0	優る　各種の施設に近接し、利便性が高い画地
			やや優る	1.5	0	-1.5	-3.0	-4.5	

（農集．個）

条件	項目	細項目	格差の内訳							備考	
交通・接近条件	公共施設等との接近の程度	幼稚園、小学校、公園、病院、官公署等への接近性	普通	3.0	1.5	0	-1.5	-3.0		やや優る	各種の施設にやや近く利便性がやや高い画地
			やや劣る	4.5	3.0	1.5	0	-1.5		普通	地域において標準的な位置関係にあると認められる画地
			劣る	6.0	4.5	3.0	1.5	0		やや劣る	各種の施設にやや遠く、利便性がやや低い画地
										劣る	各種の施設には遠く、利便性の低い画地
環境条件	日照・通風・乾湿等の良否	日照、温度、通風、乾湿等	基準地＼対象地	優る		普通		劣る			日照の確保、温度、湿度、通風等の良否等自然的条件について、次により分類し比較を行う。
			優る	0		-1.5		-3.0		優る	日照、通風等自然的条件が通常より優れている画地
			普通	1.5		0		-1.5		普通	日照、通風等自然的条件が地域において通常である画地
			劣る	3.0		1.5		0		劣る	日照、通風等が通常以下であって自然的条件が劣っている画地
	地勢・地質・地盤等の良否	地勢、地質、地盤等	基準地＼対象地	優る		普通		劣る			地勢、地質、地盤等の自然的環境の良否について、次により分類し比較を行う。
			優る	0		-2.0		-4.0		優る	地勢、地質、地盤等が通常より優れている画地
			普通	2.0		0		-2.0		普通	地勢、地質、地盤等が地域において通常である画地
			劣る	4.0		2.0		0		劣る	地勢、地質、地盤等が通常以下である画地
	隣接不動産等周囲の状態	隣接地の利用状況	基準地＼対象地	普通	やや劣る	劣る	相当に劣る	極端に劣る			隣接地の利用状態について、次により分類し比較を行う。
			普通	0	-1.0	-2.0	-3.0	-4.0		普通	特に環境上問題のない画地
			やや劣る	1.0	0	-1.0	-2.0	-3.0		やや劣る	北西に工場等のある場合又は隣接しないが、環境上影響のある画地
			劣る	2.0	1.0	0	-1.0	-2.0		劣る	北東に工場等のある場合等で環境が劣る画地
			相当に劣る	3.0	2.0	1.0	0	-1.0		相当に劣る	南に工場等のある場合等で環境が相当に劣る画地
			極端に劣る	4.0	3.0	2.0	1.0	0		極端に劣る	工場等に周りを囲まれている場合で環境が極端に劣る画地
	供給処理施設の状態	上水道	基準地＼対象地	優る		普通		劣る			上水道（簡易水道を含む。）施設の状態について、次により分類し比較を行う。
			優る	0		-2.0		-4.0		優る	標準的な画地の整備の状態より良い画地
			普通	2.0		0		-2.0		普通	標準的な画地の整備の状態と同程度の画地
			劣る	4.0		2.0		0		劣る	標準的な画地の整備の状態より悪い画地
		都市ガス等	基準地＼対象地	優る		普通		劣る			都市ガス施設等の整備の状態について、次により分類し比較を行う。
			優る	0		-2.0		-4.0		優る	標準的な画地の整備の状態より良い画地
			普通	2.0		0		-2.0		普通	標準的な画地の整備の状態と同程度の画地
			劣る	4.0		2.0		0		劣る	標準的な画地の整備の状態より悪い画地
	変電所・汚水処理場等の危険施設・処理施設等との接近の程度	変電所、ガスタンク、汚水処理場、焼却場等	基準地＼対象地	無	有							危険施設又は処理施設等の有無及びそれらの配置の状態等にもとづく危険性あるいは悪影響の度合について、次により分類し比較を行う。
					小	やや小	通常	やや大	大		
			無	0	-1.5	-3.0	-4.5	-6.0	-7.5	無	危険施設、処理施設等及び危険性、悪影響ともに皆無もしくは皆無に等しい画地
			有 小	1.5	0	-1.5	-3.0	-4.5	-6.0		

(農集．個)

条件	項目	細項目		格差の内訳					備考	
環境条件	変電所・汚水処理場等の危険施設・処理施設等との接近の程度	変電所、ガスタンク、汚水処理場、焼却場等	有	やや小	3.0	1.5	0	−1.5	−3.0	−4.5	危険施設、処理施設等がある場合 小　　危険等が標準的な画地より小さい画地 やや小　危険等が標準的な画地よりやや小さい画地 通常　危険等が標準的な画地と同程度の画地 やや大　危険等が標準的な画地よりやや大きい画地 大　危険等が標準的な画地より大きい画地
				通常	4.5	3.0	1.5	0	−1.5	−3.0	
				やや大	6.0	4.5	3.0	1.5	0	−1.5	
				大	7.5	6.0	4.5	3.0	1.5	0	
画地条件	地積・間口・奥行・形状等	地積	基準地＼対象地	普通		やや劣る		劣る			地積の過大又は過小の程度について、次により分類し比較を行う。 普通　標準的な画地の地積と同程度の画地 やや劣る　標準的な画地の地積より過大又は過小であるため、画地利用上の阻害の程度が大きい画地 劣る　標準的な画地の地積より過大又は過小であるため、画地利用上の阻害の程度が相当に大きい画地
			普通	1.00		0.93		0.85			
			やや劣る	1.08		1.00		0.92			
			劣る	1.18		1.09		1.00			
		間口狭小	基準地＼対象地	普通		やや劣る		劣る			間口狭小の程度について、次により分類し比較を行う。 普通　標準的な画地とほぼ同じ間口の画地 やや劣る　標準的な画地の間口の0.3以上0.6未満の画地 劣る　標準的な画地の間口の0.3未満の画地
			普通	1.00		0.93		0.83			
			やや劣る	1.08		1.00		0.89			
			劣る	1.20		1.12		1.00			
		奥行逓減	基準地＼対象地	普通		やや劣る		劣る			奥行逓減の程度について、次により分類し比較を行う。 普通　標準的な画地とほぼ同じ奥行の画地 やや劣る　標準的な画地の奥行の1.5以上3.0未満の画地 劣る　標準的な画地の奥行の3.0以上の画地
			普通	1.00		0.95		0.85			
			やや劣る	1.05		1.00		0.89			
			劣る	1.18		1.12		1.00			
		奥行短小	基準地＼対象地	普通		やや劣る		劣る			奥行短小の程度について、次により分類し比較を行う。 普通　標準的な画地とほぼ同じ奥行の画地 やや劣る　標準的な画地の奥行の0.3以上0.6未満の画地 劣る　標準的な画地の奥行の0.3未満の画地
			普通	1.00		0.94		0.88			
			やや劣る	1.06		1.00		0.94			
			劣る	1.14		1.07		1.00			
		奥行長大	基準地＼対象地	普通		やや劣る		劣る			奥行長大の程度について、次により分類し比較を行う。 普通　標準的な画地の奥行と間口の比（奥行／間口）とほぼ同じ画地 やや劣る　標準的な画地の奥行と間口の比の2.0以上4.0未満の画地 劣る　標準的な画地の奥行と間口の比の4.0以上の画地
			普通	1.00		0.94		0.88			
			やや劣る	1.06		1.00		0.94			
			劣る	1.14		1.07		1.00			
		不整形地	基準地＼対象地	普通		やや劣る		劣る			不整形の程度について、次により分類し比較を行う。 普通　標準的な画地の形状とほぼ同じ形状の画地 やや劣る　不整形な画地 劣る　相当に不整形な画地
			普通	1.00		0.93		0.85			
			やや劣る	1.08		1.00		0.91			
			劣る	1.18		1.09		1.00			

(農集．個)

条件	項目	細項目	格差の内訳					備考	
画地条件	地積・間口・奥行・形状等	三角地	基準地＼対象地	普通	やや劣る	劣る		三角地の画地利用上の阻害の程度について、次により分類し比較を行う。	
			普通	1.00	0.93	0.85		普通	標準的な画地の形状とほぼ同じ形状の画地
			やや劣る	1.08	1.00	0.91		やや劣る	利用上の阻害の程度がやや大きい画地
			劣る	1.18	1.09	1.00		劣る	利用上の阻害の程度が相当に大きい画地
	高低・角地・その他接面街路との関係	高低	基準地＼対象地	優る	やや優る	普通	やや劣る	劣る	接面街路の高低差による快適性及び利便性の程度について、次により分類し比較を行う。
			優る	1.00	0.93	0.87	0.80	0.74	優る 高低差により快適性及び利便性を受ける度合が高い画地
			やや優る	1.08	1.00	0.93	0.86	0.79	やや優る 高低差により快適性及び利便性を受ける度合がやや高い画地
			普通	1.15	1.08	1.00	0.93	0.85	普通 地域における標準的な画地の高低差と同程度の画地
			やや劣る	1.24	1.16	1.08	1.00	0.92	やや劣る 高低差により不快及び不便を受ける度合がやや高い画地
			劣る	1.35	1.26	1.18	1.09	1.00	劣る 高低差により不快及び不便を受ける度合が高い画地
		角地（正面及び一方の側面が街路に接する画地）	基準地＼対象地	普通	やや優る	優る		角地による快適性及び利便性の程度について、次により分類し比較を行う。	
			普通	1.00	1.02	1.04		普通	中間画地（一方が街路に接する画地）
			やや優る	0.98	1.00	1.02		やや優る	角地の方位及び側道の広さから勘案して快適性及び利便性がやや高い画地
			優る	0.96	0.98	1.00		優る	角地の方位及び側道の広さから勘案して快適性及び利便性が高い画地
		準角地（一系統の街路の屈曲部の内側に接する画地）	基準地＼対象地	普通	やや優る	優る		準角地による快適性及び利便性の程度について、次により分類し比較を行う。	
			普通	1.00	1.01	1.02		普通	中間画地（一方が街路に接する画地）
			やや優る	0.99	1.00	1.01		やや優る	準角地の方位及び前面道路の広さから勘案して快適性及び利便性がやや高い画地
			優る	0.98	0.99	1.00		優る	準角地の方位及び前面道路の広さから勘案して快適性及び利便性が高い画地
		二方路（正面及び裏面が街路に接する画地）	対象地が二方路である場合において中間画地に比較して快適性及び利便性が優る場合で必要があるときはその相違を考慮し、準角地の例に準じ実情に応じて適正に格差率を求めるものとする。						
		三方路（三方が街路に接する画地）	対象地が三方路である場合において中間画地に比較して快適性及び利便性が優る場合で、必要があるときはその相違を考慮し、角地の例に準じ実情に応じて適正に格差率を求めるものとする。						

（農集．個）

条件	項目	細項目	格差の内訳	備考
画地条件	高低・角地・その他接面街路との関係	袋地	(イ) 有効宅地部分の減価率 | 路地状部分の奥行	最高減価率
---	---
10m 未満の場合	10%
10m 以上20m 未満の場合	15%
20m 以上の場合	20%	 (ロ) 路地状部分の減価率 　　30%〜50%	袋地の価格は袋地が路地状部分（進入路）と有効宅地部分によって構成されているので、これらの部分の価格をそれぞれ評価して得た額を加えて求めるものとする。 (イ) 有効宅地部分の価格は、袋地が接する道路に当該有効宅地部分が直接接面するものとして評価した当該有効宅地部分の価格（標準価格）に路地状部分の奥行を基準とした左欄の率を限度として減価を行って求める。 (ロ) 路地状部分の価格は、上記(イ)の有効宅地部分の標準価格に、路地状部分の間口、奥行等を考慮して、左欄の率の範囲内で減価を行って求める。 なお、有効宅地部分及び路地状部分に係る左欄の率が、土地の利用状況や地域の状況等により適正と認められない場合があるので留意すること。
		無道路地	現実の利用に最も適した道路等に至る距離等の状況を考慮し、取付道路の取得の可否及びその費用を勘案して適正に定めた率をもって補正するものとする。	
		崖地等	崖地等で通常の用途に供することができないものと認められる部分を有する画地の場合は、別表第30に基づき適正に定めた率をもって補正するものとする。	
		私道減価	私道敷を含む画地の場合は、その私道部分の幅員、面積及び利用の状況等を考慮し、適正に定めた率をもって補正するものとする。	
	その他	高圧線下地	高圧線下地を含む画地の場合は、その高圧線の電圧の種別、線下地部分の面積及び画地に占める位置等を考慮し、適正に定めた率をもって補正するものとする。	

条件	項目	細項目	格差の内訳	備考
行政的条件	公法上の規制の程度	用途地域及びその他の地域、地区等	<table><tr><td rowspan="2">基準地</td><td>対象地</td><td colspan="5">規制の程度</td></tr><tr><td></td><td>弱い</td><td>やや弱い</td><td>普通</td><td>やや強い</td><td>強い</td></tr><tr><td rowspan="5">規制の程度</td><td>弱い</td><td>0</td><td>-1.0</td><td>-2.0</td><td>-3.0</td><td>-4.0</td></tr><tr><td>やや弱い</td><td>1.0</td><td>0</td><td>-1.0</td><td>-2.0</td><td>-3.0</td></tr><tr><td>普通</td><td>2.0</td><td>1.0</td><td>0</td><td>-1.0</td><td>-2.0</td></tr><tr><td>やや強い</td><td>3.0</td><td>2.0</td><td>1.0</td><td>0</td><td>-1.0</td></tr><tr><td>強い</td><td>4.0</td><td>3.0</td><td>2.0</td><td>1.0</td><td>0</td></tr></table>	用途地域及びその他の地域、地区等による土地の利用方法に関する公法上の規制の態様について、次により分類し比較を行う。 弱　い　標準的な画地より影響が弱い画地 やや弱い　標準的な画地より影響がやや弱い画地 普　通　標準的な画地と同程度の影響を受ける画地 やや強い　標準的な画地より影響がやや強い画地 強　い　標準的な画地より影響が強い画地
その他	その他		<table><tr><td rowspan="2">基準地</td><td>対象地</td><td>優る</td><td>普通</td><td>劣る</td></tr><tr><td></td><td></td><td></td><td></td></tr><tr><td colspan="2">優る</td><td></td><td></td><td></td></tr><tr><td colspan="2">普通</td><td></td><td></td><td></td></tr><tr><td colspan="2">劣る</td><td></td><td></td><td></td></tr></table>	街路条件、交通・接近条件、環境条件、画地条件、行政的条件で掲げる項目のほか、比較すべき特別の項目があると認められるときは、その項目に応じて適正に格差率を求めるものとする。

別表第11　　　　　　　　　　　地域要因比準表　　　　　　　　　　　（別荘地域）

条件	項目	細項目	格差の内訳					備考
街路条件	街路の幅員・構造等の状態	幅員、構造等	基準地域＼対象地域	優る	普通	劣る		地域内の街路について、幅員、舗装、勾配、配置等から判定し、比較を行う。
			優る	0	-3.0	-6.0		
			普通	3.0	0	-3.0		
			劣る	6.0	3.0	0		
		系統及び連続性	基準地域＼対象地域	優る	普通	劣る		幹線道路から地域までの道路の状態から判定し比較を行う。
			優る	0	-5.0	-10.0		
			普通	5.0	0	-5.0		
			劣る	10.0	5.0	0		
交通・接近条件	都心との距離及び交通施設の状態	交通施設との関係位置	基準地域＼対象地域	優る	やや優る	普通	やや劣る	劣る	鉄道駅、高速道路インターチェンジ等からの距離に基づき比較を行う。この場合、鉄道駅、高速道路インターチェンジ等の性格についても考慮し、総合的に判定するものとする。
			優る	0	-6.5	-13.0	-19.5	-26.0	
			やや優る	7.0	0	-7.0	-14.0	-21.0	
			普通	15.0	7.5	0	-7.5	-15.0	
			やや劣る	24.5	16.0	8.0	0	-8.0	
			劣る	35.5	26.5	17.5	9.0	0	
	都心への接近性		基準地域＼対象地域	優る	普通	劣る		当該地域が対象とする需要者が居住する地方の都心からの接近性について、時間距離に基づき比較を行う。
			優る	0	-6.5	-13.0		
			普通	7.0	0	-7.0		
			劣る	15.0	7.5	0		
	観光資源の配置の状態	観光資源の配置の状態	基準地域＼対象地域	優る	普通	劣る		周辺の名所、旧跡、自然公園等の配置の状態について比較を行う。
			優る	0	-5.0	-10.0		
			普通	5.0	0	-5.0		
			劣る	10.0	5.0	0		
	利便施設・レクリエーション施設の配置の状態	利便施設・レクリエーション施設の配置の状態	基準地域＼対象地域	優る	普通	劣る		地域内又は周辺に存する購買施設等及びゴルフ場、テニスコート、プール等のレクリエーション施設の配置の状態について比較を行う。
			優る	0	-5.0	-10.0		
			普通	5.0	0	-5.0		
			劣る	10.0	5.0	0		

(別荘　地)

条件	項目	細項目	格差の内訳							備考
環境条件	景観の良否	景観の良否	基準地域＼対象地域	優る	やや優る	普通	やや劣る	劣る		地域から眺望出来る景観について、次により分類し比較を行う。
			優る	0	−8.5	−16.5	−25.0	−33.5		優　る　特に著名な景観が存する
			やや優る	9.0	0	−9.0	−18.0	−27.5		やや優る　著名な景観が存する
			普通	20.0	10.0	0	−10.0	−20.0		普　通　優れた景観が存する
			やや劣る	33.5	22.0	11.0	0	−11.0		やや劣る　優れた景観が存しない
			劣る	50.0	37.5	25.0	12.5	0		劣　る　見るべき景観が存しない
	日照・温度等の気象の状態	日照、温度等の気象の状態	基準地域＼対象地域	優る		普通		劣る		日照、気温、降雨、降霧、風の強弱等の自然的条件について、標高、地形の方向等から判定し比較を行う。
			優る	0		−5.0		−10.0		
			普通	5.0		0		−5.0		
			劣る	10.0		5.0		0		
	傾斜等の地勢の状態	傾斜等の地勢の状態	基準地域＼対象地域	優る	やや優る	普通	やや劣る	劣る		地域全体の平均的斜度等から判定し、おおむね次により比較を行う。
			優る	0	−6.5	−13.0	−19.5	−26.0		優　る　0°以上5°未満
			やや優る	7.0	0	−7.0	−14.0	−21.0		やや優る　5°以上10°未満
			普通	15.0	7.5	0	−7.5	−15.0		普　通　10°以上20°未満
			やや劣る	24.5	16.0	8.0	0	−8.0		やや劣る　20°以上25°未満
			劣る	35.5	26.5	17.5	9.0	0		劣　る　25°以上
	樹木等自然環境の良否	樹木等自然環境の良否	基準地域＼対象地域	優る	やや優る	普通	やや劣る	劣る		樹木等自然環境の良否について、地域内の植生の状態及び周辺との適合の状態から判定し比較を行う。
			優る	0	−6.5	−13.0	−19.5	−26.0		
			やや優る	7.0	0	−7.0	−14.0	−21.0		
			普通	15.0	7.5	0	−7.5	−15.0		
			やや劣る	24.5	16.0	8.0	0	−8.0		
			劣る	35.5	26.5	17.5	9.0	0		
	地域の名声・知名度等	地域の名声、知名度等	基準地域＼対象地域	特に優る	相当に優る	優る	普通	劣る		社会的環境、自然環境による別荘地の適地としての社会的評価から判定し比較を行う。
			特に優る	0	−8.5	−16.5	−25.0	−33.5		
			相当に優る	9.0	0	−9.0	−18.0	−27.5		
			優る	20.0	10.0	0	−10.0	−20.0		
			普通	33.5	22.0	11.0	0	−11.0		
			劣る	50.0	37.5	25.0	12.5	0		

（別荘．地）

条件	項　目	細項目	格差の内訳			備　考
環境条件	各画地の面積・配置・周辺の利用の状態	各画地の面積、配置の状態	基準地域＼対象地域	優　る	普　通	劣　る	次により分類し比較を行う。 優　る　各画地の面積、配置の状態が均衡がとれ、統一性のある地域 普　通　各画地の面積、配置の状態がやや不均衡である地域 劣　る　各画地の面積、配置の状態が不均衡で統一性のない地域
			優　る	0	−3.0	−6.0	
			普　通	3.0	0	−3.0	
			劣　る	6.0	3.0	0	
		周辺の利用状態	基準地域＼対象地域	優　る	普　通	劣　る	別荘地としての熟成の程度を判定し比較を行う。
			優　る	0	−5.0	−10.0	
			普　通	5.0	0	−5.0	
			劣　る	10.0	5.0	0	
	供給処理施設の状態	上水道	基準地域＼対象地域	優　る	普　通	劣　る	次により分類し比較を行う。 優　る　簡易水道又は専用水道が完備され、質、量共不安がない 普　通　簡易水道又は専用水道又は共同の給水施設が完備されているが、質又は量的に不安がある 劣　る　簡易水道又は専用水道又は共同の給水施設が完備されているが質、量共に不安がある
			優　る	0	−3.0	−6.0	
			普　通	3.0	0	−3.0	
			劣　る	6.0	3.0	0	
		下水道	基準地域＼対象地域	優　る	普　通	劣　る	次により分類し比較を行う。 優　る　集中処理施設があり、排水施設完備 普　通　自家処理後排水出来る 劣　る　排水施設が不十分
			優　る	0	−3.0	−6.0	
			普　通	3.0	0	−3.0	
			劣　る	6.0	3.0	0	
		温泉　A	基準地域＼対象地域	優　る	普　通	劣　る	通常の別荘地域に適用し、次により分類し比較を行う。 優　る　温泉の質、量共に優れている 普　通　温泉の質、量に不安がある 劣　る　温泉の引込が不可能
			優　る	0	−5.0	−10.0	
			普　通	5.0	0	−5.0	
			劣　る	10.0	5.0	0	
		温泉　B	基準地域＼対象地域	有		無	地域に眺望出来る勝れた景観がなく、温泉の有無が決定的な要因となる地域に適用する。
			有	0		−25.0	
			無	33.5		0	
	危険・処理施設への接近の程度	危険、処理施設への接近の程度	基準地域＼対象地域	優　る	普　通	劣　る	次により分類し比較を行う。 優　る　地域、周辺に危険、処理施設等がない 普　通　危険、処理施設等からの影響が少ない 劣　る　危険、処理施設等からの影響がある
			優　る	0	−2.5	−5.0	
			普　通	2.5	0	−2.5	
			劣　る	5.0	2.5	0	

(別荘．地)

条件	項目	細項目	格差の内訳					備考
環境条件	災害発生の危険性	洪水、地すべり等災害発生の危険性	基準地域＼対象地域	優 る	普 通	劣 る		災害の種類、発生の頻度及びその規模等について、総合的に判定し比較を行う。なお、特に津波の危険性、土砂災害の危険性については土地価格への影響が大きい場合があるので、これら地域における格差率については、慎重に調査のうえ適用することに留意すること。
			優 る	0	−5.0	−10.0		
			普 通	5.0	0	−5.0		
			劣 る	10.0	5.0	0		
	公害発生の程度	騒音、振動等の公害発生の程度	基準地域＼対象地域	優 る	普 通	劣 る		次により分類し比較を行う。 優 る　周辺に公害の発生源がない 普 通　公害の影響が少ない 劣 る　公害の影響がある
			優 る	0	−2.5	−5.0		
			普 通	2.5	0	−2.5		
			劣 る	5.0	2.5	0		
行政的条件	公法上の規制の程度	公法上の規制の程度	基準地域＼対象地域	弱 い	普 通	強 い		
			弱 い	0	$-\alpha'$	$-\alpha''$		
			普 通	α'	0	$-\alpha'$		
			強 い	α''	α'	0		
その他	その他	管理体制の整備の状態	基準地域＼対象地域	優 る	普 通	劣 る		管理施設の有無、管理組織の良否を総合的に判定し比較を行う。なお、地域が別荘地域として熟成し、管理施設等が不要の地域については、「優る」と判定するものとする。
			優 る	0	−6.5	−13.0		
			普 通	7.0	0	−7.0		
			劣 る	15.0	7.5	0		
		将来の動向	基準地域＼対象地域	優る	やや優る	普通	やや劣る	劣る	街路条件、交通・接近条件、環境条件、行政的条件の動向を総合的に判断し、次により分類し比較を行う。 優　る　発展的に推移すると認められる地域 やや優る　やや発展的に推移すると認められる地域 普　通　現状で推移すると認められる地域 やや劣る　やや衰退的に推移すると認められる地域 劣　る　衰退的に推移すると認められる地域
			優 る	0	−4.5	−9.0	−13.5	−18.0	
			やや優る	5.0	0	−5.0	−9.5	−14.5	
			普 通	10.0	5.0	0	−5.0	−10.0	
			やや劣る	16.0	10.5	5.5	0	−5.5	
			劣 る	22.0	16.5	11.0	5.5	0	
		その他	基準地域＼対象地域	優 る	普 通	劣 る		街路条件、交通・接近条件、環境条件、行政的条件で掲げる項目及びその他将来の動向のほか、比較すべき特別の項目があると認められるときは、その項目に応じて適正に格差率を求めるものとする。
			優 る					
			普 通					
			劣 る					

別表第12　　　　　　　　　　　個別的要因比準表　　　　　　　　　　　（別荘地域）

条件	項目	細項目	格差の内訳					備考
街路条件	接面道路の系統・構造等の状態	接面道路の系統、構造等の状態	基準地＼対象地	優る	普通	劣る		接面する道路の系統及び連続性、幅員、舗装等の状態について、総合的に判定し比較を行う。
			優る	0	-2.0	-4.0		
			普通	2.0	0	-2.0		
			劣る	4.0	2.0	0		
交通・接近条件	交通施設との距離	交通施設への接近性	基準地＼対象地	優る	普通	劣る		最寄バス停留所等への接近性について比較を行う。この場合、交通施設の性格から判断し、価格に影響を与えない地域については適用しない。
			優る	0	-3.0	-6.0		
			普通	3.0	0	-3.0		
			劣る	6.0	3.0	0		
	利便施設等との接近の程度	利便施設、レクリエーション施設等への接近性	基準地＼対象地	優る	普通	劣る		利便施設、レクリエーション施設等への接近性について比較を行う。この場合、利便施設等が当該地域内に存しないとき、又は影響が少ない地域については適用しない。
			優る	0	-2.0	-4.0		
			普通	2.0	0	-2.0		
			劣る	4.0	2.0	0		
環境条件	眺望の良否	眺望の良否	基準地＼対象地	特に優る	優る	普通	劣る	特に劣る	眺望の良否について、次により分類し比較を行う。 特に優る　特に著名な景観が眺望出来る 優　る　眺望が勝れている 普　通　眺望が通常である 劣　る　眺望が悪い 特に劣る　眺望が極めて悪い
			特に優る	0	-10.0	-20.0	-30.0	-40.0	
			優る	11.0	0	-11.0	-22.0	-33.5	
			普通	25.0	12.5	0	-12.5	-25.0	
			劣る	43.0	28.5	14.5	0	-14.5	
			特に劣る	66.5	50.0	33.5	16.5	0	
	日照・通風・乾湿等の良否	日照、通風、乾湿等の良否	基準地＼対象地	優る	普通	劣る		日照、通風、乾湿等気象の状態について、地形等から判定し比較を行う。
			優る	0	-2.0	-4.0		
			普通	2.0	0	-2.0		
			劣る	4.0	2.0	0		
	地質・地盤等の良否	地質、地盤等の良否	基準地＼対象地	優る	普通	劣る		地質、地盤等による基礎工事への影響を判定し比較を行う。
			優る	0	-3.0	-6.0		
			普通	3.0	0	-3.0		
			劣る	6.0	3.0	0		

(別荘．個)

条件	項目	細項目	格差の内訳						備　考
環境条件	樹木等自然環境の良否	樹木等自然環境の良否	基準地＼対象地	優る	やや優る	普通	やや劣る	劣る	画地内の樹木を含み、周囲の植生、環境を総合的に判定し比較を行う。
			優る	0	−4.5	−9.0	−13.5	−18.0	
			やや優る	5.0	0	−5.0	−9.5	−14.5	
			普通	10.0	5.0	0	−5.0	−10.0	
			やや劣る	16.0	10.5	5.5	0	−5.5	
			劣る	22.0	16.5	11.0	5.5	0	
	供給処理施設の状態	上水道	基準地＼対象地	優る		普通		劣る	標準的画地の水道等の整備の状態を基準として判定し比較を行う。この場合、量的不安の程度により判定するものとする。
			優る	0		−1.5		−3.0	
			普通	1.5		0		−1.5	
			劣る	3.0		1.5		0	
		下水道	基準地＼対象地	優る		普通		劣る	標準的画地の下水道の整備の状態を基準として判定し比較を行う。
			優る	0		−3.0		−6.0	
			普通	3.0		0		−3.0	
			劣る	6.0		3.0		0	
		温泉	基準地＼対象地	優る		普通		劣る	標準的画地の温泉設備の状態を基準として判定し比較を行う。この場合、温泉引込の可能性の有無及び温泉の質、量により判定するものとする。
			優る	0		−5.0		−10.0	
			普通	5.0		0		−5.0	
			劣る	10.0		5.0		0	
	危険・処理施設への接近の程度	危険、処理施設への接近の程度	基準地＼対象地	優る		普通		劣る	処理施設等への接近の程度について比較を行う。
			優る	0		−2.5		−5.0	
			普通	2.5		0		−2.5	
			劣る	5.0		2.5		0	
	災害発生の危険性	洪水、地すべり、崖くずれ等の災害発生の危険性	基準地＼対象地	優る		普通		劣る	災害の種類、発生の可能性とその規模等について、総合的に判定し比較を行う。なお、特に津波の危険性、土砂災害の危険性については土地価格への影響が大きい場合があるので、これら地域における格差率については、慎重に調査のうえ適用することに留意すること。
			優る	0		−5.0		−10.0	
			普通	5.0		0		−5.0	
			劣る	10.0		5.0		0	

(別荘．個)

条件	項目	細項目	格差の内訳					備考
環境条件	公害発生の程度	騒音、振動等の公害発生の程度	基準地＼対象地	優る	普通	劣る		公害の発生源の有無、その影響の程度を判定し比較を行う。
			優る	0	－2.5	－5.0		
			普通	2.5	0	－2.5		
			劣る	5.0	2.5	0		
画地条件	傾斜の程度	傾斜の程度	基準地＼対象地	優る	やや優る	普通	やや劣る	劣る	画地の傾斜がその有効利用度及び建物建築費に与える影響度合について比較を行う。
			優る	1.00	0.95	0.91	0.86	0.82	
			やや優る	1.05	1.00	0.95	0.90	0.86	
			普通	1.10	1.05	1.00	0.95	0.90	
			やや劣る	1.16	1.11	1.05	1.00	0.95	
			劣る	1.22	1.17	1.11	1.06	1.00	
	地積・形状	地積	基準地＼対象地	優る	普通	劣る		標準的な画地に比し、地積過大、地積過小等の程度を判定し比較を行う。
			優る	1.00	0.95	0.90		
			普通	1.05	1.00	0.95		
			劣る	1.11	1.05	1.00		
		形状	基準地＼対象地	優る	やや優る	普通	やや劣る	劣る	画地の未利用部分の生じる割合について比較を行う。
			優る	1.00	0.95	0.91	0.86	0.82	
			やや優る	1.05	1.00	0.95	0.90	0.86	
			普通	1.10	1.05	1.00	0.95	0.90	
			やや劣る	1.16	1.11	1.05	1.00	0.95	
			劣る	1.22	1.17	1.11	1.06	1.00	
	接面道路との関係	接面道路との関係	基準地＼対象地	優る	やや優る	普通	やや劣る	劣る	接面道路との高低差等について、次により分類し比較を行う。
			優る	1.00	0.95	0.91	0.86	0.82	優　る　接面道路によって画地の利用について影響を受けない
			やや優る	1.05	1.00	0.95	0.90	0.86	やや優る　接面道路によって画地の利用についてやや影響を受ける
			普通	1.10	1.05	1.00	0.95	0.90	普　通　接面道路によって画地の利用についてかなり影響を受ける
			やや劣る	1.16	1.11	1.05	1.00	0.95	やや劣る　接面道路からのアプローチにかなり費用が必要
			劣る	1.22	1.17	1.11	1.06	1.00	劣　る　接面道路からのアプローチに相当な費用が必要

（別荘、個）

条件	項目	細項目	格差の内訳				備　考
行政的条件	公法上の規制の程度	自然公園法、自然環境保全法等による規制の程度	基準地＼対象地	弱　い	普　通	強　い	次により分類し比較を行う。 弱　い　建築物の建築、立木の伐採について許可、届出が不要 普　通　建築物の建築、立木の伐採について届出を要する 強　い　建築物の建築、立木の伐採について許可を要する
			弱　い	0	−2.0	−4.0	
			普　通	2.0	0	−2.0	
			強　い	4.0	2.0	0	
		その他の規制	基準地＼対象地	弱い	普通	強い	
			弱　い	0	−α′	−α″	
			普　通	α′	0	−α′	
			強　い	α″	α′	0	
その他	その他	その他	基準地＼対象地	優る	普通	劣る	街路条件、交通・接近条件、環境条件、画地条件、行政的条件で掲げる項目のほか、比較すべき特別の項目があると認められるときは、その項目に応じて適正に格差率を求めるものとする。
			優　る				
			普　通				
			劣　る				

別表第13　　　　　　　　　　地域要因比準表　　　　　　　　　　（高度商業地域）

条件	項目	細項目	格差の内訳							備　考		
街路条件	街路の状態	幅員	基準地域＼対象地域	優る	普通	劣る				地域別、規模別、業種別等の特性により街路の幅員が異なるので、これらの特性をもつ地域に要請される幅員との適合の程度について、次により分類し比較を行う。		
			優る	0	-1.0	-2.0				優る	地域における主要な街路の幅員の適合性が高い地域	
			普通	1.0	0	-1.0				普通	地域における主要な街路の幅員の適合性が通常の地域	
			劣る	2.0	1.0	0				劣る	地域における主要な街路の幅員の適合性が低い地域	
		歩道	基準地域＼対象地域	優る	普通	劣る				街路の歩道の幅員等について、次により分類し比較を行う。		
			優る	0	-1.0	-2.0				優る	幅員2m以上又はバリアフリー施工等がされている地域	
			普通	1.0	0	-1.0				普通	幅員2m未満の地域	
			劣る	2.0	1.0	0				劣る	歩道が設置されていない地域	
										なお、各分類における幅員、バリアフリー施工等が、地域の実態と合わない場合があるので留意すること。		
		勾配	基準地域＼対象地域	普通	やや劣る	劣る				街路の勾配とこれによる客足の流れ等に与える減価の程度について、次により分類し比較を行う。		
			普通	0	-0.5	-1.0				普通	街路の勾配が殆どない地域	
			やや劣る	0.5	0	-0.5				やや劣る	街路の勾配があり減価の程度がやや高い地域	
			劣る	1.0	0.5	0				劣る	街路の勾配があり減価の程度が高い地域	
		系統及び連続性	基準地域＼対象地域	優る	やや優る	やや劣る	普通	やや劣る	劣る	背後地、交通施設等との関連から客足の流れの性格及び商品等の搬出入に関する便否等の程度について、次により分類し比較を行う。		
			優る	0	-2.0	-4.0	-6.0		-8.0			
			やや優る	2.0	0	-2.0	-4.0		-6.0	優る	客足の流れの性格及び搬出入の利便性が高い地域	
			普通	4.0	2.0	0	-2.0		-4.0	やや優る	〃	やや高い地域
			やや劣る	6.0	4.0	2.0	0		-2.0	普通	〃	通常の地域
										やや劣る	〃	やや低い地域
			劣る	8.0	6.0	4.0	2.0		0	劣る	〃	低い地域
	街区の状態	街区の整然性	基準地域＼対象地域	優る	普通	劣る				街区の配置、規模等商業の集団的機能が効率的に発揮できる態様の程度について、次により分類し比較を行う。		
			優る	0	-1.0	-2.0						
			普通	1.0	0	-1.0				優る	効率的な整備の状態にある地域	
										普通	整備の状態が通常の地域	
			劣る	2.0	1.0	0				劣る	未整備の状態にある地域	
		街区の施設の状態	基準地域＼対象地域	優る	普通	劣る				小公園、街路樹、街灯、植栽、公衆便所等の都市施設の整備の状態について、次により分類し比較を行う。		
			優る	0	-0.5	-1.0						
			普通	0.5	0	-0.5				優る	施設の整備が良好な状態にある地域	
										普通	施設の整備が通常の状態にある地域	
			劣る	1.0	0.5	0				劣る	施設の整備が不良な状態にある地域	
	顧客の交通手段の状態等	最寄駅の乗降客数	対象地域との格差	基準地の属する地域と比較して						最寄駅の乗降客数とそれの対象地域への流入量の状態について、分類し比較を行う。		

（高商．地）

条件	項目	細項目	格差の内訳					備考	
交通・接近条件	顧客の交通手段の状態等	最寄駅の乗降客の数	対象地域との格差	多い	やや多い	ほぼ同じ	やや少ない	少ない	
			格差率	6.0	4.0	0	-4.0	-6.0	
		最寄駅への接近性	基準地域＼対象地域	優る	やや優る	普通	やや劣る	劣る	商業地域の中心地と最寄駅との接近の程度について、次により分類し比較を行う。
			優る	0	-1.5	-3.0	-4.5	-6.0	優る　最寄駅に近接し、客足の便が良い地域
			やや優る	1.5	0	-1.5	-3.0	-4.5	やや優る　最寄駅に近く、客足の便がやや良い地域
			普通	3.0	1.5	0	-1.5	-3.0	普通　客足の便が通常の地域
			やや劣る	4.5	3.0	1.5	0	-1.5	やや劣る　最寄駅に遠く、客足の便がやや悪い地域
			劣る	6.0	4.5	3.0	1.5	0	劣る　〃　悪い地域
		官公署との接近性	基準地域＼対象地域	優る		やや優る		普通	官公署との接近の程度について、次により分類し比較を行う。
			優る	0		-1.0		-2.0	優る　官公署に近く、収益性に相当に良い影響を受けている地域
			やや優る	1.0		0		-1.0	やや優る　官公署に近く、収益性に良い影響を受けている地域
			普通	2.0		1.0		0	普通　官公署への遠近による影響を受けていない地域
		駐車場の整備の状態	基準地域＼対象地域	優る		普通		劣る	路上駐車場又は路外駐車場の整備の状態により駐車の便否の程度について、次により分類し比較を行う。
			優る	0		-2.0		-4.0	優る　駐車場が整備され、駐車の便が良い地域
			普通	2.0		0		-2.0	普通　駐車場の整備及び駐車の便が通常の地域
			劣る	4.0		2.0		0	劣る　駐車場が未整備で、駐車の便が悪い地域
		交通規制の状態	基準地域＼対象地域	優る		普通		劣る	一方通行、停車（駐車）を禁止する場所、駐車時間の制限等による客足又は商品の搬出入に対する利便性の程度について、次により分類し比較を行う。
			優る	0		-1.0		-2.0	優る　交通規制により利便性が助長されている地域
			普通	1.0		0		-1.0	普通　交通規制による利便性の影響を受けていない地域
			劣る	2.0		1.0		0	劣る　交通規制により利便性が阻害されている地域
環境条件	経済施設の配置	デパート、大型店の数、延面積	基準地域＼対象地域	優る	やや優る	普通	やや劣る	劣る	デパート、大型店の数及びその延面積の比較を基本に、販売品の種類、品等、販売方法、顧客数等店舗の性格を考慮し収益性の優劣を判断するものとし、次により分類し比較を行う。
			優る	0	-3.0	-5.5	-8.5	-11.5	優る　店舗の数、延面積が多く、収益性が高い地域
			やや優る	3.0	0	-3.0	-6.0	-8.5	やや優る　〃　やや高い地域
			普通	6.0	3.0	0	-3.0	-6.0	普通　店舗の数、延面積の状態が通常の地域
			やや劣る	9.5	6.0	3.0	0	-3.0	やや劣る　店舗の数、延面積が少なく、収益性がやや低い地域
			劣る	13.0	9.5	6.5	3.0	0	劣る　〃　低い地域
									[留意事項]　主として行政機関、企業、金融機関等の事務所が高度に集積している業務高度商業を中心とする地域では適用しなくてもよい。
		全国的規模の店舗、事務所の数、延面積	基準地域＼対象地域	優る	やや優る	普通	やや劣る	劣る	全国的な規模の金融機関等の店舗、商社、メーカー等の事務所の数、延面積の多少の程度について、次により分類し比較を行う。
			優る	0	-3.0	-5.5	-8.5	-11.5	優る　事務所、店舗等の数、延面積が多い地域

（高商．地）

条件	項目	細項目	格差の内容					備考	
環境条件	経済施設の配置	全国的規模の店舗、事務所の数、延面積	やや優	やや劣				やや優	事務所、店舗等の数、延面積がやや多い地域
			3.0	0	-3.0	-6.0	-8.5		
			普通					普通 〃 通常の地域	
			6.0	3.0	0	-3.0	-6.0		
			やや劣					やや劣る 〃 やや少ない地域	
			9.5	6.0	3.0	0	-3.0		
			劣る					劣る 〃 少ない地域	
			13.0	9.5	6.5	3.0	0		
		娯楽施設の状態	基準地域＼対象地域	優る	普通	劣る		劇場、映画館、遊技場等の顧客を誘引する施設の状態による顧客の誘引力の程度について、次により分類し比較を行う。	
			優る	0	-1.0	-2.0		優る 施設との相互関係が良く、顧客の誘引に対する寄与の程度が高い地域 普通 〃 通常の地域 劣る 〃 低い地域	
			普通	1.0	0	-1.0		〔留意事項〕 主として行政機関、企業、金融機関等の事務所が高度に集積している業務高度商業を中心とする地域では適用しなくてもよい。	
			劣る	2.0	1.0	0			
		不適合な施設の状態	基準地域＼対象地域	普通	やや劣る	劣る		工場、倉庫、住宅等地域の標準的使用からかけ離れた用途の施設による店舗の連たん性、客足の流れの阻害の程度又は営業時間に影響を及ぼす施設とその程度等について、次により分類し比較を行う。	
			普通	0	-1.0	-2.0		普通 不適合な施設がない地域又は施設があってもその影響を受けていない地域 やや劣る 不適合な施設による影響がやや大きい地域 劣る 〃 大きい地域	
			やや劣る	1.0	0	-1.0			
			劣る	2.0	1.0	0			
	背後地及び顧客の購買力等	背後地の人口の状態	基準地域＼対象地域	優る	やや優	普通	やや劣	劣る	背後地の人口の数について、次により分類し比較を行う。
			優る	0	-3.5	-6.5	-10.0	-13.0	
			やや優	3.5	0	-3.5	-7.0	-10.0	優る 背後地の人口が多い地域 やや優る 〃 やや多い地域 普通 〃 通常の地域 やや劣る 〃 やや少ない地域 劣る 〃 少ない地域
			普通	7.0	3.5	0	-3.5	-7.0	
			やや劣	11.0	7.5	3.5	0	-3.5	
			劣る	15.0	11.5	7.5	4.0	0	
		背後地の範囲	基準地域＼対象地域	優る	やや優	普通	やや劣	劣る	交通機関の利用時間、経費その他の便益性と競合商業地域の商業施設等の整備状況等により背後地の地域的範囲の広さの程度について、次により分類し比較を行う。
			優る	0	-3.5	-6.5	-10.0	-13.0	
			やや優	3.5	0	-3.5	-7.0	-10.0	優る 背後地の地域的な範囲が広い地域 やや優る 〃 やや広い地域 普通 〃 通常の地域 やや劣る 〃 やや狭い地域 劣る 〃 狭い地域
			普通	7.0	3.5	0	-3.5	-7.0	
			やや劣	11.0	7.5	3.5	0	-3.5	
			劣る	15.0	11.5	7.5	4.0	0	
		顧客の購買力等	基準地域＼対象地域	優る	やや優	普通	やや劣	劣る	背後地の人口構成、所得の状態及び販売商品の品等等による顧客の購買力等の程度について、次により分類し比較を行う。
			優る	0	-1.5	-3.0	-4.5	-6.0	
			やや優	1.5	0	-1.5	-3.0	-4.5	優る 顧客の購買力等が強い地域 やや優る 〃 やや強い地域 普通 〃 通常の地域
			普通	3.0	1.5	0	-1.5	-3.0	

(高商．地)

条件	項目	細項目	格差の内容					備考
環境条件	背後地及び顧客の購買力等	顧客の購買力等	やや劣 4.5	3.0	1.5	0	-1.5	やや劣る　顧客の購買力等がやや弱い地域 劣　る　　〃　　　　　　　弱い地域
			劣る 6.0	4.5	3.0	1.5	0	
	競争の状態と経営者の創意と資力	店舗の協業化の状態	基準地域＼対象地域　優る／やや優／普通／やや劣／劣る					共同ビル、アーケード街等の建設又は仕入、販売方法等の協業化による優位の程度について、次により分類し比較を行う。 優　る　協業化が進んでいる地域 やや優る　〃　　やや進んでいる地域 普　通　協業化の状態が通常の地域 やや劣る　協業化がやや遅れている地域 劣　る　　〃　　遅れている地域 〔留意事項〕 主として行政機関、企業、金融機関等の事務所が高度に集積している業務高度商業を中心とする地域では適用しなくてもよい。
			優る 0	-0.5	-1.0	-1.5	-2.0	
			やや優 0.5	0	-0.5	-1.0	-1.5	
			普通 1.0	0.5	0	-0.5	-1.0	
			やや劣 1.5	1.0	0.5	0	-0.5	
			劣る 2.0	1.5	1.0	0.5	0	
		高度利用の状態	基準地域＼対象地域　優る／やや優／普通／やや劣／劣る					建物の高層化、店舗の拡張等の程度について、次により分類し比較を行う。 優　る　建物の高層化等高度利用が進んでいる地域 やや優る　〃　　やや進んでいる地域 普　通　建物の高層化等高度利用の状態が通常の地域 やや劣る　建物の高層化等高度利用がやや遅れている地域 劣　る　　〃　　遅れている地域
			優る 0	-1.0	-2.0	-3.0	-4.0	
			やや優 1.0	0	-1.0	-2.0	-3.0	
			普通 2.0	1.0	0	-1.0	-2.0	
			やや劣 3.0	2.0	1.0	0	-1.0	
			劣る 4.0	3.0	2.0	1.0	0	
	繁華性の程度	顧客の通行量	基準地域＼対象地域　優る／やや優／普通／やや劣／劣る					接面街路の徒歩客の1日の全通行量、時間帯別の通行量及びその増減の幅、傾向等による顧客の通行の状況等について、次により分類し比較を行う。 優　る　通行量が多く、そのうちの顧客の占める割合が高い地域 やや優る　通行量がやや多く、そのうちの顧客の占める割合がやや高い地域 普　通　通行量の状態が通常の地域 やや劣る　通行量がやや少なく、そのうちの顧客の占める割合がやや低い地域 劣　る　通行量が少なく、そのうちの顧客の占める割合が低い地域
			優る 0	-5.5	-10.5	-16.0	-21.5	
			やや優 5.5	0	-5.5	-11.5	-17.0	
			普通 12.0	6.0	0	-6.0	-12.0	
			やや劣 19.0	13.0	6.5	0	-6.5	
			劣る 27.5	20.5	13.5	7.0	0	
		店舗の連たん性	基準地域＼対象地域　優る／やや優／普通／やや劣／劣る					店舗の連たんの程度について、次により分類し比較を行う。 優　る　店舗が連たんし集積の程度が高い地域 やや優る　〃　　やや高い地域 普　通　店舗の連たん度、集積の程度が通常の地域 やや劣る　店舗以外の建物の混在の度合がやや高く、集積の程度がやや低い地域 劣　る　店舗以外の建物の混在の度合が高く集積の程度が低い地域 〔留意事項〕 主として行政機関、企業、金融機関等の事務所が高度に集積している業務高度商業を中心とする地域では適用しなくてもよい。
			優る 0	-1.5	-3.0	-4.5	-6.0	
			やや優 1.5	0	-1.5	-3.0	-4.5	
			普通 3.0	1.5	0	-1.5	-3.0	
			やや劣 4.5	3.0	1.5	0	-1.5	
			劣る 6.0	4.5	3.0	1.5	0	
		営業時間の長短	基準地域＼対象地域　優る／普通／劣る					営業時間の長短による顧客の量等に与える影響の程度について、次により分類し比較を行う。 優　る　営業時間が長く、顧客の通行量が多い地域 普　通　営業時間が通常の地域
			優る 0		-2.0		-4.0	

（高商．地）

条件	項目	細項目	格差の内容					備考	
環境条件	繁華性の程度	営業時間の長短	普通 2.0	0	-2.0			劣る	営業時間が短く、顧客の通行量が少ない地域
			劣る 4.0	2.0	0			〔留意事項〕主として行政機関、企業、金融機関等の事務所が高度に集積している業務高度商業を中心とする地域では適用しなくてもよい。	
	自然的環境	地盤、地質等	基準地域＼対象地域	優る	普通	劣る		地質、地盤等自然的環境の良否の程度について、次により分類し比較を行う。	
			優る	0	-2.0	-4.0		優る	地質、地盤等の自然的環境が良い地域
			普通	2.0	0	-2.0		普通	〃 普通の地域
			劣る	4.0	2.0	0		劣る	〃 悪い地域
	洪水・地すべり等の災害発生の危険性	洪水、地すべり、高潮、崖くずれ等	基準地域＼対象地域	無	有				災害の種類、発生の頻度及びその規模等にもとづく危険性について、次により分類し比較を行う。なお、特に津波の危険性、土砂災害の危険性については土地価格への影響が大きい場合があるので、これら地域における格差率については、慎重に調査のうえ適用することに留意すること。
					小さい	やや小さい	やや大きい	大きい	
			無	0	-1.0	-2.5	-4.0	-5.0	
			有 小さい	1.0	0	-1.5	-3.0	-4.0	無 災害の発生の危険性が一般的に殆どない地域
			やや小さい	2.5	1.5	0	-1.5	-2.5	小さい 災害の発生の危険性が一般的に小さい地域
			やや大きい	4.0	3.0	1.5	0	-1.0	やや小さい 災害の発生の危険性が一般的にやや小さい地域
			大きい	5.0	4.0	2.5	1.0	0	やや大きい 災害の発生の危険性が一般的にやや大きい地域
									大きい 災害の発生の危険性が一般的に大きい地域
行政的条件	公法上の規制	容積制限による規制	基準地域＼対象地域	優る	やや優る	普通	やや劣る	劣る	容積率の差及び当該容積率と地域の標準的使用の容積率の程度について、次により分類し比較を行う。
			優る	0	-8.5	-17.5	-26.0	-34.5	優る 容積率が高く、当該容積率と地域の標準的使用の容積率がほぼ同じとなっている地域
			やや優る	9.5	0	-9.5	-19.0	-28.5	やや優る 容積率が高く、当該容積率に比較して地域の標準的使用の容積率が低くなっている地域
			普通	21.0	10.5	0	-10.5	-21.0	普通 容積率が70/10～80/10程度で、当該地域の標準的使用の容積率ともほぼ一致している地域
			やや劣る	35.0	23.5	11.5	0	-11.5	やや劣る 容積率が低く、当該容積率と地域の標準的使用の容積率とがほぼ同じとなっている地域
			劣る	53.0	40.0	26.5	13.5	0	劣る 容積率が低く、当該容積率に比較して地域の標準的使用の容積率が低くなっている地域
		高さ制限による規制	基準地域＼対象地域	優る	やや優る	普通	やや劣る	劣る	都市計画で定められた高さの制限により建物の利用に与える影響の程度について、次により分類し比較を行う。
			優る	0	-1.5	-3.0	-4.5	-6.0	優る 高さ制限による規制により建物の高度利用等土地利用の増進の程度が高い地域
			やや優る	1.5	0	-1.5	-3.0	-4.5	やや優る 〃 やや高い地域
			普通	3.0	1.5	0	-1.5	-3.0	普通 高さ制限のない地域
			やや劣る	4.5	3.0	1.5	0	-1.5	やや劣る 高さ制限による規制により建物の高度利用等土地利用の増進の制限の程度がやや高い地域
			劣る	6.0	4.5	3.0	1.5	0	劣る 〃 高い地域
		防火地域等の指定に伴う制限	基準地域＼対象地域	優る	やや優る	普通	やや劣る	劣る	防火地域又は準防火地域の指定により地域の建物の不燃化、ビル化の程度について、次により分類し比較を行う。
			優る	0	-1.5	-3.0	-4.5	-6.0	優る 防火地域の指定があり不燃化、ビル化が進んでいる地域
			やや優る	1.5	0	-1.5	-3.0	-4.5	やや優る 防火地域又は準防火地域の指定があり、不燃化、ビル化がやや進んでいる地域
			普通	3.0	1.5	0	-1.5	-3.0	普通 防火地域又は準防火地域の指定があり、不燃化、ビル化が通常の地域
			やや劣る	4.5	3.0	1.5	0	-1.5	やや劣る 防火地域又は準防火地域の指定があり、不燃化、ビル化がやや遅れている地域
			劣る	6.0	4.5	3.0	1.5	0	劣る 準防火地域の指定又は未指定であり、不燃化、ビル化が遅れている地域
		その他の地域、地区の規制による制限	基準地域＼対象地域	優る	やや優る	普通	やや劣る	劣る	その他の地域、地区の規制による商業の利便の増減の程度について、次により分類し比較を行う。
			優る	0	-1.5	-3.0	-4.5	-6.0	優る その他の地域、地区の規制により商業の利便の増進の程度が高い地域
			やや優る	1.5	0	-1.5	-3.0	-4.5	やや優る 〃 やや高い地域
			普通	3.0	1.5	0	-1.5	-3.0	普通 その他の地域、地区の規制により商業の利便の増減が殆どない地域

（高商．地）

条件	項目	細項目	格差の内容					備考
行政的条件	公法上の規制	その他の地域、地区による規制	やや劣る	4.5	3.0	1.5	0	-1.5	やや劣る　その他の地域、地区の規制により商業の利便の減退の程度がやや高い地域
			劣る	6.0	4.5	3.0	1.5	0	劣　る　〃　高い地域
		その他の規制	基準地域＼対象地域	弱い	普通	強い			
			弱　い	0	$-\alpha'$	$-\alpha''$			
			普　通	α'	0	$-\alpha'$			
			強　い	α''	α'	0			
その他	その他	将来の動向	基準地域＼対象地域	優る	やや優る	普通	やや劣る	劣る	街路条件、交通・接近条件、環境条件、行政的条件の動向を総合的に考慮して地域の将来の動向について、次により分類し比較を行う。
			優　る	0	-4.5	-9.0	-13.5	-18.0	
			やや優る	5.0	0	-5.0	-9.5	-14.5	優　る　発展的に推移すると認められる地域
			普　通	10.0	5.0	0	-5.0	-10.0	やや優る　やや発展的に　〃
			やや劣る	16.0	10.5	5.5	0	-5.5	普　通　現状で　〃
			劣　る	22.0	16.5	11.0	5.5	0	やや劣る　やや衰退的に　〃
									劣　る　衰退的に　〃
		その他	基準地域＼対象地域	優る	普通	劣る			街路条件、交通・接近条件、環境条件、行政的条件で掲げる項目及びその他将来の動向のほか、比較すべき項目があると認められるときは、その項目に応じて適正に格差率を求めるものとする。
			優　る						
			普　通						
			劣　る						

別表第14　　　　　　　　　　　　個別的要因比準表　　　　　　　　　　（高度商業地域）

条件	項目	細項目	格差の内容					備考
街路条件	接面街路の系統・構造等の状態	系統及び連続性	基準地＼対象地	優る	普通	劣る		接面街路の地域の中心への客足の流れの性格等地域の中心との連絡の程度について、次により分類し比較を行う。 優　る　地域の中心との連絡の程度が良い街路 普　通　標準的な画地に接面する街路 劣　る　地域の中心との連絡の程度が悪い街路
			優る	0	-2.0	-4.0		
			普通	2.0	0	-2.0		
			劣る	4.0	2.0	0		
		幅員	基準地＼対象地	優る	やや優る	普通	やや劣る	劣る	地域における標準的な画地が接面する街路の幅員との広狭の格差により顧客の通行量、商品の搬出入等に与える影響の程度について、次により分類し比較を行う。 優　る　標準的な画地の接面街路より適合性が高い街路の幅員 やや優る　〃　やや高い街路の幅員 普　通　標準的な画地に接面する街路の幅員 やや劣る　標準的な画地の接面街路より適合性がやや低い街路の幅員 劣　る　〃　低い街路の幅員
			優る	0	-3.5	-6.5	-10.0	-13.0
			やや優る	3.5	0	-3.5	-7.0	-10.0
			普通	7.0	3.5	0	-3.5	-7.0
			やや劣る	11.0	7.5	3.5	0	-3.5
			劣る	15.0	11.5	7.5	4.0	0
		歩道	基準地＼対象地	優る	普通	劣る		地域における標準的な画地が接面する街路の歩道の状態とその幅員について、次により分類し比較を行う。 優　る　標準的な画地の接面街路の歩道より幅員が広く、バリアフリー施工等の程度が良い歩道 普　通　標準的な画地に接面する歩道と幅員、バリアフリー施工等の程度がほぼ同じ歩道 劣　る　標準的な画地の接面街路の歩道より幅員が狭く、バリアフリー施工等の程度が悪い歩道
			優る	0	-1.0	-2.0		
			普通	1.0	0	-1.0		
			劣る	2.0	1.0	0		
交通・接近条件	商業地域の中心への接近性等	商業地域の中心への接近性	基準地＼対象地	優る	やや優る	普通	やや劣る	劣る	地域における中心との位置関係の状態について、次により分類し比較を行う。 優　る　地域の中心に近く、中心との関連性が強い画地 やや優る　〃　やや強い画地 普　通　地域において標準的な位置関係にあると認められる画地 やや劣る　地域の中心に遠く、中心との関連性がやや弱い画地 劣　る　〃　弱い画地
			優る	0	-9.0	-18.5	-27.5	-36.5
			やや優る	10.0	0	-10.0	-20.0	-30.5
			普通	22.5	11.5	0	-11.5	-22.5
			やや劣る	38.0	25.5	12.5	0	-12.5
			劣る	58.0	43.5	29.0	14.5	0
	最寄駅への接近性		基準地＼対象地	優る	やや優る	普通	やや劣る	劣る	商業地域の中心地と最寄駅との接近の程度について、次により分類し比較を行う。 優　る　最寄駅に近く、客足の便等が良い画地 やや優る　〃　やや良い画地 普　通　地域において標準的な位置関係にあると認められる画地 やや劣る　最寄駅に遠く、客足の便等がやや悪い画地 劣　る　〃　悪い画地
			優る	0	-3.5	-7.0	-10.5	-14.0
			やや優る	3.5	0	-3.5	-7.0	-11.0
			普通	7.5	4.0	0	-4.0	-7.5
			やや劣る	11.5	8.0	4.0	0	-4.0
			劣る	16.0	12.0	8.0	4.0	0
	客足の流動性		基準地＼対象地	優る	やや優る	普通	やや劣る	劣る	客足の流動の状態と画地のそれとの適合性の程度について、次により分類し比較を行う。

(高商. 個)

条件	項目	細項目	格差の内訳					備考		
環境条件	客足の流動の状態との適合性	客足の流動性	優る	0	-3.0	-5.5	-8.5	-11.5	優る	客足の流動の状態との適合性が高い画地
			やや優	3.0	0	-3.0	-6.0	-8.5	やや優る	〃 やや高い画地
			普通	6.0	3.0	0	-3.0	-6.0	普通	地域において客足の流動の状態との適合性が通常の画地
			やや劣る	9.5	6.0	3.0	0	-3.0	やや劣る	客足の流動の状態との適合性がやや低い画地
			劣る	13.0	9.5	6.5	3.0	0	劣る	〃 低い画地
	隣接不動産等周囲の状態	隣接不動産等周囲の状態	基準地\対象地	優る	やや優る	普通	やや劣る	劣る		画地の周囲に価格形成要因となる施設等の有無及びその影響の程度について、次により分類し比較を行う。
			優る	0	-1.5	-3.0	-4.5	-6.0	優る	増価要因となる施設等があり、その影響が大きい画地
			やや優る	1.5	0	-1.5	-3.0	-4.5	やや優る	〃 その影響が小さい画地
			普通	3.0	1.5	0	-1.5	-3.0	普通	価格形成要因となる施設等の影響を受けていない画地
			やや劣る	4.5	3.0	1.5	0	-1.5	やや劣る	減価要因となる施設等があり、その影響がやや大きい画地
			劣る	6.0	4.5	3.0	1.5	0	劣る	〃 その影響が大きい画地
	自然的環境	地盤	基準地\対象地	優る	やや優る	普通	やや劣る	劣る		地盤の軟弱等の程度について、次により分類し比較を行う。
			優る	0	-1.0	-2.0	-3.0	-4.0	優る	地盤が強硬な画地
			やや優る	1.0	0	-1.0	-2.0	-3.0	やや優る	〃 やや強硬な画地
			普通	2.0	1.0	0	-1.0	-2.0	普通	〃 通常の画地
			やや劣る	3.0	2.0	1.0	0	-1.0	やや劣る	〃 やや軟弱な画地
			劣る	4.0	3.0	2.0	1.0	0	劣る	〃 軟弱な画地
画地条件	間口・形状及び地積	間口狭小	基準地\対象地	普通	やや劣る	劣る	相当に劣る	極端に劣る		間口狭小の程度について、次により分類し比較を行う。
			普通	1.00	0.96	0.92	0.87	0.83	普通	標準的な画地とほぼ同じ間口の画地
			やや劣る	1.04	1.00	0.96	0.91	0.86	やや劣る	標準的な画地の間口の0.6以上0.9未満の画地
			劣る	1.09	1.04	1.00	0.95	0.90	劣る	〃 0.4以上0.6未満の画地
			相当に劣る	1.15	1.10	1.06	1.00	0.95	相当に劣る	〃 0.2以上0.4未満の画地
			極端に劣る	1.20	1.16	1.11	1.05	1.00	極端に劣る	〃 0.2未満の画地
		奥行逓減	基準地\対象地	普通	やや劣る	劣る	相当に劣る	極端に劣る		奥行逓減の程度について、次により分類し比較を行う。
			普通	1.00	0.99	0.97	0.96	0.94	普通	標準的な画地とほぼ同じ奥行の画地
			やや劣る	1.02	1.00	0.99	0.97	0.96	やや劣る	標準的な画地の奥行の1.3以上1.5未満の画地
			劣る	1.03	1.02	1.00	0.99	0.97	劣る	〃 1.5以上2.0未満の画地
			相当に劣る	1.05	1.03	1.02	1.00	0.99	相当に劣る	〃 2.0以上3.0未満の画地

(高商．個)

条件	項目	細項目	格差の内訳					備考
画地条件	間口・形状及び地積	奥行逓減	極端に劣る	1.07	1.05	1.03	1.02	1.00	極端に劣る　標準的な画地の奥行の3.0以上の画地 〔留意事項〕 「面大増価」の細項目を適用する場合には、本項は適用しないこと。
		奥行短小	基準地＼対象地	普通	やや劣る	劣る	相当に劣る	極端に劣る	奥行短小の程度について、次により分類し比較を行う。 普　通　標準的な画地の奥行とほぼ同じ奥行の画地 やや劣る　標準的な画地の奥行の0.6以上0.8未満の画地 劣　る　　〃　　　　0.4以上0.6未満の画地 相当に劣る　〃　　　　0.2以上0.4未満の画地 極端に劣る　〃　　　　0.2未満の画地
			普通	1.00	0.97	0.94	0.91	0.89	
			やや劣る	1.03	1.00	0.97	0.94	0.92	
			劣る	1.06	1.03	1.00	0.97	0.95	
			相当に劣る	1.10	1.07	1.03	1.00	0.98	
			極端に劣る	1.12	1.09	1.06	1.02	1.00	
		奥行長大	基準地＼対象地	普通	やや劣る	劣る	相当に劣る	極端に劣る	奥行長大の程度について、次により分類し比較を行う。 普　通　標準的な画地の間口と奥行の比（奥行／間口）とほぼ同じ画地 やや劣る　標準的な画地の間口と奥行の比の1.5以上2.0未満の画地 劣　る　　〃　　　　2.0以上3.0未満の画地 相当に劣る　〃　　　　3.0以上4.0未満の画地 極端に劣る　〃　　　　4.0以上の画地
			普通	1.00	0.97	0.94	0.91	0.89	
			やや劣る	1.03	1.00	0.97	0.94	0.92	
			劣る	1.06	1.03	1.00	0.97	0.95	
			相当に劣る	1.10	1.07	1.03	1.00	0.98	
			極端に劣る	1.12	1.09	1.06	1.02	1.00	
		不整形地	基準地＼対象地	普通	やや劣る	劣る	相当に劣る	極端に劣る	不整形の程度について、次により分類し比較を行う。 普　通　標準的な画地の形状とほぼ同じ形状の画地 やや劣る　長方形又は台形に近い形状で、有効利用度が高い画地 劣　る　　　　　　　〃　　　　　　　　低い画地 相当に劣る　その他の形状で、面積が大きく有効利用度が高い画地 極端に劣る　その他の形状で、有効利用度が低い画地
			普通	1.00	0.98	0.96	0.94	0.91	
			やや劣る	1.02	1.00	0.98	0.96	0.93	
			劣る	1.04	1.02	1.00	0.98	0.95	
			相当に劣る	1.06	1.04	1.02	1.00	0.97	
			極端に劣る	1.10	1.08	1.05	1.03	1.00	
		三角地	基準地＼対象地	普通	やや劣る	劣る	相当に劣る	極端に劣る	三角地の画地利用上の阻害の程度について、次により分類し比較を行う。 普　通　標準的な画地の形状とほぼ同じ形状の画地 やや劣る　面積が大きく、角度の小さいものがない画地 劣　る　　　　　〃　　　　　　　　　　ある画地 相当に劣る　面積がやや小さく、　　〃 極端に劣る　面積が小さく、角度の小さいものがある画地
			普通	1.00	0.98	0.96	0.94	0.91	
			やや劣る	1.02	1.00	0.98	0.96	0.93	
			劣る	1.04	1.02	1.00	0.98	0.95	
			相当に劣る	1.06	1.04	1.02	1.00	0.97	
			極端に劣る	1.10	1.08	1.05	1.03	1.00	
		地積過大	基準地＼対象地	普通	やや劣る	劣る	相当に劣る	極端に劣る	地域における標準的な画地の地積との地積過大の程度について、次により分類し比較を行う。 普　通　標準的な画地の地積とほぼ同じ地積の画地
			普通	1.00	0.98	0.95	0.92	0.90	

(高商．個)

条件	項目	細項目	格差の内訳					備考	
画地条件	間口・形状及び地積	地積過大	やや劣る	1.02	1.00	0.97	0.94	0.92	やや劣る　標準的な画地の地積より過大であるため画地利用上の阻害の程度がやや大きい画地
			劣る	1.05	1.03	1.00	0.97	0.95	劣る　標準的な画地の地積より大きい画地
			相当に劣る	1.09	1.07	1.03	1.00	0.98	相当に劣る　〃　相当に大きい画地 極端に劣る　〃　極端に大きい画地
			極端に劣る	1.11	1.09	1.06	1.02	1.00	〔留意事項〕「面大増価」の細項目を適用する場合には、本項は適用しないこと。
		面大増価	基準地＼対象地	普通	やや優る	優る	相当に優る	特に優る	地域における標準的な画地の地積より対象地の地積が大きく、収益が増加する場合、面大増価の程度について、次により分類し比較を行う。
			普通	1.00	1.03	1.05	1.08	1.10	普通　標準的な画地の地積とほぼ同じ地積の画地
			やや優る	0.97	1.00	1.02	1.05	1.07	やや優る　標準的な画地の地積より大きいため収益性がやや高い画地 優る　〃　高い画地
			優る	0.95	0.98	1.00	1.03	1.05	相当に優る　〃　相当に高い画地 特に優る　〃　特に高い画地
			相当に優る	0.93	0.95	0.97	1.00	1.02	〔留意事項〕対象地の一体利用が可能であり、かつ収益の増加が明らかであることを条件として適用すること。
			特に優る	0.91	0.94	0.95	0.98	1.00	なお、この場合「地積過大」及び「奥行逓減」の項は適用しないこと。
		地積過小	基準地＼対象地	普通	やや劣る	劣る	相当に劣る	極端に劣る	地域における標準的な画地の地積との地積過小の程度について、次により分類し比較を行う。
			普通	1.00	0.98	0.95	0.92	0.90	普通　標準的な画地の地積とほぼ同じ地積の画地
			やや劣る	1.02	1.00	0.97	0.94	0.92	やや劣る　標準的な画地の地積より過小であるため画地利用上の阻害の程度がやや大きい画地
			劣る	1.05	1.03	1.00	0.97	0.95	劣る　〃　大きい画地
			相当に劣る	1.09	1.07	1.03	1.00	0.98	相当に劣る　相当に大きい画地 極端に劣る　極端に大きい画地
			極端に劣る	1.11	1.09	1.06	1.02	1.00	
	接面街路との関係	高低	基準地＼対象地	優る	やや優る	普通	やや劣る	劣る	接面街路の高低差による利便性の程度について、次により分類し比較を行う。
			優る	1.00	0.99	0.97	0.96	0.94	優る　高低差により利便性が高い画地
			やや優る	1.02	1.00	0.99	0.97	0.96	やや優る　高低差により利便性がやや高い画地
			普通	1.03	1.02	1.00	0.99	0.97	普通　高低差がない画地又は高低差があっても利便性が変わらない画地
			やや劣る	1.05	1.03	1.02	1.00	0.99	やや劣る　高低差により利便性がやや低い画地
			劣る	1.06	1.05	1.03	1.02	1.00	劣る　高低差により利便性が低い画地
		角地（正面及び一方の側面が街路に接する画地）	基準地＼対象地	普通	やや優る	優る	相当に優る	特に優る	角地による顧客の出入の便、商品宣伝の効果等の程度について、次により分類し比較を行う。
			普通	1.00	1.03	1.07	1.11	1.15	普通　中間画地（一方が街路に接する画地） やや優る　側面道路の系統、連続性等が前面道路より相当に劣る画地
			やや優る	0.97	1.00	1.04	1.08	1.11	優る　側面道路の系統、連続性等が前面道路より劣る画地
			優る	0.93	0.96	1.00	1.04	1.07	相当に優る　側面道路の系統、連続性等が前面道路よりやや劣る画地
			相当に優る	0.90	0.93	0.96	1.00	1.04	特に優る　側面道路の系統、連続性等が前面道路とほぼ同じ画地
			特に優る	0.87	0.90	0.93	0.97	1.00	

（高商．個）

条件	項目	細項目	格差の内訳					備考
画地条件	接面街路との関係	二方路（正面及び裏面が街路に接する画地）	基準地＼対象地	普通	やや優る	優る	相当に優る	特に優る	二方路による顧客の出入の便、商品宣伝の効果等の程度について、次により分類し比較を行う。 普　通　　中間画地（一方が街路に接する画地） やや優る　背面道路の系統、連続性等が前面道路より相当に劣る画地 優　る　　背面道路の系統、連続性等が前面道路より劣る画地 相当に優る　背面道路の系統、連続性等が前面道路よりやや劣る画地 特に優る　背面道路の系統、連続性等が前面道路とほぼ同じ画地
			普通	1.00	1.03	1.05	1.08	1.10	
			やや優る	0.97	1.00	1.02	1.05	1.07	
			優る	0.95	0.98	1.00	1.03	1.05	
			相当に優る	0.93	0.95	0.97	1.00	1.02	
			特に優る	0.91	0.94	0.95	0.98	1.00	
		三方路（三方が街路に接する画地）	基準地＼対象地	普通	やや優る	優る	相当に優る	特に優る	三方路による顧客の出入の便、商品宣伝の効果等の程度について、次により分類し比較を行う。 普　通　　中間画地（一方が街路に接する画地） やや優る　前面道路以外の道路の系統、連続性等が前面道路より劣る画地 優　る　　前面道路以外の道路のうち一つは前面道路とほぼ同じの系統、連続性等を有し、他は前面道路より劣る画地 相当に優る　前面道路以外の道路のうち一つは道路の系統、連続性等が前面道路とほぼ同じであり、他は前面道路よりやや劣る画地 特に優る　接面道路のすべてがほぼ同じ道路の系統、連続性等を有する画地
			普通	1.00	1.05	1.10	1.15	1.20	
			やや優る	0.95	1.00	1.05	1.10	1.14	
			優る	0.91	0.95	1.00	1.05	1.09	
			相当に優る	0.87	0.91	0.96	1.00	1.04	
			特に優る	0.83	0.88	0.92	0.96	1.00	
		四方路（四方が街路に接する画地）	基準地＼対象地	普通	やや優る	優る	相当に優る	特に優る	四方路による顧客の出入の便、商品宣伝の効果等の程度について、次により分類し比較を行う。 普　通　　中間画地（一方が街路に接する画地） やや優る　前面道路以外の道路の系統、連続性等が前面道路より劣る画地 優　る　　前面道路以外の道路のうち１～２は道路の系統、連続性等が前面道路とほぼ同じで、他は前面道路より劣る画地 相当に優る　前面道路以外の道路のうち２～３は道路の系統、連続性等が前面道路とほぼ同じで、他は前面道路より劣る画地 特に優る　接面道路のすべてがほぼ同じ道路の系統、連続性等を有する画地
			普通	1.00	1.06	1.12	1.18	1.25	
			やや優る	0.94	1.00	1.06	1.11	1.18	
			優る	0.89	0.95	1.00	1.05	1.12	
			相当に優る	0.85	0.90	0.95	1.00	1.04	
			特に優る	0.80	0.85	0.90	0.94	1.00	
	その他	袋地	対象地の間口と奥行、路地状（進入路）部分の奥行の関係及び対象地の地形を考慮して間口狭小及び奥行長大等の率を準用して補正するものとする。					
		無道路地	現実の利用に最も適した道路等に至る距離等の状況を考慮し取付道路の取得の可否及びその費用を勘案して適正に定めた率をもって補正するものとする。					
		崖地等	崖地等で通常の用途に供することができないものと認められる部分を有する画地の場合はその崖地部分の面積及び傾斜角度等を考慮し適正に定めた率をもって補正するものとする。					
		その他							

(高商．個)

条件	項目	細項目	格差の内訳							備考
			基準地\対象地	優る	やや優	普通	やや劣	劣る		
行政的条件	公法上の規制の程度	用途地域等の地域、地区等	優る	0	−4.5	−9.0	−13.5	−18.0		地域における標準的な画地が受ける公法上の規制の状態との差異による規制の程度について、次により分類し比較を行う。
			やや優る	5.0	0	−5.0	−9.5	−14.5		優　る　標準的な画地より規制の程度が弱く、大きな増価要因を受けている画地 やや優る　〃　やや大きな増価要因を受けている画地
			普通	10.0	5.0	0	−5.0	−10.0		普　通　標準的な画地と同程度の規制を受けている画地又は増減の要因を受けていない画地
			やや劣る	16.0	10.5	5.5	0	−5.5		やや劣る　標準的な画地より規制の程度が強く、やや大きな減価要因を受けている画地
			劣る	22.0	16.5	11.0	5.5	0		劣　る　〃　大きな減価要因を受けている画地
その他	その他	その他	基準地\対象地	優る		普通		劣る		街路条件、交通・接近条件、環境条件、画地条件、行政的条件で掲げる項目のほか、比較すべき特別の項目があると認められるときは、その項目に応じて適正に格差率を求めるものとする。
			優る							
			普通							
			劣る							

別表第15　　　　　　　　　　地域要因比準表　　　　　　　　　（準高度商業地域）

条件	項目	細項目	格差の内訳					備考
街路条件	街路の状態	幅員	基準地域＼対象地域	優る	普通	劣る		地域別、規模別、業種別等の特性により街路の幅員が異なるのでこれらの特性をもつ地域に要請される幅員との適合の程度について、次により分類し比較を行う。
			優る	0	-1.0	-2.0		優る　地域における主要な街路の幅員の適合性が高い地域
			普通	1.0	0	-1.0		普通　地域における主要な街路の幅員の適合性が通常の地域
			劣る	2.0	1.0	0		劣る　地域における主要な街路の幅員の適合性が低い地域
		歩道	基準地域＼対象地域	優る	普通	劣る		街路の歩道の幅員等について、次により分類し比較を行う。
			優る	0	-1.0	-2.0		優る　幅員2m以上又はバリアフリー施工等がされている地域
			普通	1.0	0	-1.0		普通　幅員2m未満の地域 劣る　歩道が設置されていない地域
			劣る	2.0	1.0	0		なお、各分類における幅員、バリアフリー施工等が、地域の実態と合わない場合があるので留意すること。
		勾配	基準地域＼対象地域	普通	やや劣る	劣る		街路の勾配とこれによる客足の流れ等に与える減価の程度について、次により分類し比較を行う。
			普通	0	-0.5	-1.0		普通　街路の勾配が殆どない地域
			やや劣る	0.5	0	-0.5		やや劣る　街路の勾配があり減価の程度がやや高い地域
			劣る	1.0	0.5	0		劣る　街路の勾配があり減価の程度が高い地域
		系統及び連続性	基準地域＼対象地域	優る	やや優る	普通	やや劣る	劣る	背後地、交通施設等との関連から客足の流れの性格及び商品等の搬出入に関する便否等の程度について、次により分類し比較を行う。
			優る	0	-2.0	-4.0	-6.0	-8.0	
			やや優る	2.0	0	-2.0	-4.0	-6.0	優る　客足の流れの性格及び搬出入の利便性が高い地域
			普通	4.0	2.0	0	-2.0	-4.0	やや優る　〃　やや高い地域 普通　〃　通常の地域
			やや劣る	6.0	4.0	2.0	0	-2.0	やや劣る　〃　やや低い地域
			劣る	8.0	6.0	4.0	2.0	0	劣る　〃　低い地域
	街区の状態	街区の整然性	基準地域＼対象地域	優る	普通	劣る		街区の配置、規模等商業の集団的機能が効率的に発揮できる様態の程度について、次により分類し比較を行う。
			優る	0	-2.0	-4.0		
			普通	2.0	0	-2.0		優る　効率的な整備の状態にある地域 普通　整備の状態が通常の地域
			劣る	4.0	2.0	0		劣る　未整備の状態にある地域
		街区の施設の状態	基準地域＼対象地域	優る	普通	劣る		小公園、街路樹、街灯、植栽、公衆便所等の都市施設の整備の状態について、次により分類し比較を行う。
			優る	0	-1.0	-2.0		優る　施設の整備が良好な状態にある地域
			普通	1.0	0	-1.0		普通　施設の整備が通常の状態にある地域
			劣る	2.0	1.0	0		劣る　施設の整備が不良な状態にある地域

(準商．地)

条件	項　目	細項目	格　差　の　内　訳					備　　　　考
			対象地域との格差	基準地の属する地域と比較して				
				多い	やや多い	ほぼ同じ	やや少ない	少ない
交通・接近条件	顧客の交通手段の状態等	最寄駅の乗降客の数	格差率	6.0	4.0	0	−4.0	−6.0	最寄駅の乗降客数とそれの対象地域への流入量の状態について、分類し比較を行う。
		最寄駅への接近性	対象地域／基準地域	優る	やや優る	普通	やや劣る	劣る	商業地域の中心地と最寄駅との接近の程度について、次により分類し比較を行う。 優　る　最寄駅に近接し、客足の便が良い地域 やや優る　最寄駅に近く、客足の便がやや良い地域 普　通　客足の便が通常の地域 やや劣る　最寄駅に遠く、客足の便がやや悪い地域 劣　る　　〃　　　悪い地域
			優る	0	−1.5	−3.0	−4.5	−6.0	
			やや優る	1.5	0	−1.5	−3.0	−4.5	
			普通	3.0	1.5	0	−1.5	−3.0	
			やや劣る	4.5	3.0	1.5	0	−1.5	
			劣る	6.0	4.5	3.0	1.5	0	
		官公署との接近性	対象地域／基準地域	優る		やや優る		普通	官公署との接近の程度について、次により分類し比較を行う。 優　る　官公署に近く、収益性に相当に良い影響を受けている地域 やや優る　官公署に近く、収益性に良い影響を受けている地域 普　通　官公署への遠近による影響を受けていない地域
			優る	0		−2.0		−4.0	
			やや優る	2.0		0		−2.0	
			普通	4.0		2.0		0	
		駐車場の整備の状態	対象地域／基準地域	優る		普通		劣る	路上駐車場又は路外駐車場の整備の状態により駐車の便否の程度について、次により分類し比較を行う。 優　る　駐車場が整備され、駐車の便が良い地域 普　通　駐車場の整備及び駐車の便が通常の地域 劣　る　駐車場が未整備で、駐車の便が悪い地域
			優る	0		−2.0		−4.0	
			普通	2.0		0		−2.0	
			劣る	4.0		2.0		0	
		交通規制の状態	対象地域／基準地域	優る		普通		劣る	一方通行、停車（駐車）を禁止する場所、駐車時間の制限等による客足又は商品の搬出入に対する利便性の程度について、次により分類し比較を行う。 優　る　交通規制により利便性が助長されている地域 普　通　交通規制による利便性の影響を受けていない地域 劣　る　交通規制により利便性が阻害されている地域
			優る	0		−1.0		−2.0	
			普通	1.0		0		−1.0	
			劣る	2.0		1.0		0	
環境条件	経済施設の配置	デパート大型店の数、延面積	対象地域／基準地域	優る	やや優る	普通	やや劣る	劣る	デパート、大型店の数及びその延面積の比較を基本に、販売商品の種類、品等、販売方法、顧客数等店舗の性格を考慮し、収益性の優劣を判断するものとし、次により分類し比較を行う。 優　る　店舗の数、延面積が多く、収益性が高い地域 やや優る　〃　　　やや高い地域 普　通　店舗の数、延面積の状態が通常の地域 やや劣る　店舗の数、延面積が少なく、収益性がやや低い地域 劣　る　店舗の数、延面積が少なく、収益性が低い地域
			優る	0	−3.0	−5.5	−8.5	−11.5	
			やや優る	3.0	0	−3.0	−6.0	−8.5	
			普通	6.0	3.0	0	−3.0	−6.0	
			やや劣る	9.5	6.0	3.0	0	−3.0	
			劣る	13.0	9.5	6.5	3.0	0	

(準商．地)

条件	項目	細項目	格差の内訳					備考
環境条件	経済施設の配置	全国的規模の店舗、事務所の数、延面積	基準地域＼対象地域	優る	やや優る	普通	やや劣る	劣る	全国的な規模の金融機関等の店舗、商社、メーカー等の事務所の数、延面積の多少の程度について、次により分類し比較を行う。
			優る	0	-3.0	-5.5	-8.5	-11.5	優る　事務所、店舗等の数、延面積が多い地域
			やや優る	3.0	0	-3.0	-6.0	-8.5	やや優る　〃　やや多い地域
			普通	6.0	3.0	0	-3.0	-6.0	普通　〃　通常の地域
			やや劣る	9.5	6.0	3.0	0	-3.0	やや劣る　〃　やや少ない地域
			劣る	13.0	9.5	6.5	3.0	0	劣る　〃　少ない地域
		娯楽施設の状態	基準地域＼対象地域	優る		普通		劣る	劇場、映画館、遊技場等の顧客を誘引する施設の状態による顧客の誘引力の程度について、次により分類し比較を行う。
			優る	0		-1.0		-2.0	優る　施設との相互関係が良く、顧客の誘引に対する寄与の程度が高い地域
			普通	1.0		0		-1.0	普通　〃　通常の地域
			劣る	2.0		1.0		0	劣る　〃　低い地域
		不適合な施設の状態	基準地域＼対象地域	普通		やや劣る		劣る	工場、倉庫、住宅等地域の標準的使用からかけ離れた用途の施設による店舗の連たん性、客足の流れの阻害の程度又は営業時間に影響を及ぼす施設とその程度等について、次により分類し比較を行う。
			普通	0		-1.0		-2.0	普通　不適合な施設がない地域又は施設があってもその影響を受けていない地域
			やや劣る	1.0		0		-1.0	やや劣る　不適合な施設により影響がやや大きい地域
			劣る	2.0		1.0		0	劣る　〃　大きい地域
	背後地及び顧客の購買力等	背後地の人口の状態	基準地域＼対象地域	優る	やや優る	普通	やや劣る	劣る	背後地の人口の数について、次により分類し比較を行う。
			優る	0	-3.5	-6.5	-10.0	-13.0	優る　背後地の人口が多い地域
			やや優る	3.5	0	-3.5	-7.0	-10.0	やや優る　〃　やや多い地域
			普通	7.0	3.5	0	-3.5	-7.0	普通　〃　通常の地域
			やや劣る	11.0	7.5	3.5	0	-3.5	やや劣る　〃　やや少ない地域
			劣る	15.0	11.5	7.5	4.0	0	劣る　〃　少ない地域
		背後地の範囲	基準地域＼対象地域	優る	やや優る	普通	やや劣る	劣る	交通機関の利用時間、経費その他の便益性と競合商業地域の商業施設等の整備状況等により背後地の地域の範囲の広さの程度について、次により分類し比較を行う。
			優る	0	-3.5	-6.5	-10.0	-13.0	
			やや優る	3.5	0	-3.5	-7.0	-10.0	優る　背後地の地域的な範囲が広い地域
			普通	7.0	3.5	0	-3.5	-7.0	やや優る　〃　やや広い地域
			やや劣る	11.0	7.5	3.5	0	-3.5	普通　〃　通常の地域 やや劣る　〃　やや狭い地域
			劣る	15.0	11.5	7.5	4.0	0	劣る　〃　狭い地域
		顧客の購買力等	基準地域＼対象地域	優る	やや優る	普通	やや劣る	劣る	背後地の人口構成、所得の状態及び販売商品の品等による顧客の購買力の程度について、次により分類し比較を行う。
			優る	0	-2.0	-4.0	-6.0	-8.0	

(準商．地)

条件	項目	細項目	格差の内訳					備考	
環境条件	背後地及び顧客の購買力等	顧客の購買力等	やや優					優る	顧客の購買力等が強い地域
			2.0	0	-2.0	-4.0	-6.0	やや優る	〃 やや強い地域
			普通					普通	顧客の購買力等が通常の地域
			4.0	2.0	0	-2.0	-4.0	やや劣る	〃 やや弱い地域
			やや劣					劣る	〃 弱い地域
			6.0	4.0	2.0	0	-2.0		
			劣る						
			8.0	6.0	4.0	2.0	0		
	競争の状態と経営者の創意と資力	店舗の協業化の状態	基準地域＼対象地域	優る	やや優る	普通	やや劣る	劣る	共同ビル、アーケード街等の建設又は仕入、販売方法等の協業化による優位の程度について、次により分類し比較を行う。
			優る	0	-1.5	-3.0	-4.5	-6.0	優る 協業化が進んでいる地域
			やや優	1.5	0	-1.5	-3.0	-4.5	やや優る 〃 やや進んでいる地域
			普通	3.0	1.5	0	-1.5	-3.0	普通 協業化の状態が通常の地域
			やや劣	4.5	3.0	1.5	0	-1.5	やや劣る 協業化がやや遅れている地域
			劣る	6.0	4.5	3.0	1.5	0	劣る 〃 遅れている地域
		高度利用の状態	基準地域＼対象地域	優る	やや優る	普通	やや劣る	劣る	建物の高層化、店舗の拡張等の程度について、次により分類し比較を行う。
			優る	0	-1.5	-3.0	-4.5	-6.0	優る 建物の高層化等高度利用が進んでいる地域
			やや優	1.5	0	-1.5	-3.0	-4.5	やや優る 〃 やや進んでいる地域
			普通	3.0	1.5	0	-1.5	-3.0	普通 建物の高層化等高度利用の状態が通常の地域
			やや劣	4.5	3.0	1.5	0	-1.5	やや劣る 建物の高層化等高度利用がやや遅れている地域
			劣る	6.0	4.5	3.0	1.5	0	劣る 〃 遅れている地域
	繁華性の程度	顧客の通行量	基準地域＼対象地域	優る	やや優る	普通	やや劣る	劣る	接面街路の徒歩者の1日の全通行量、時間帯別の通行量及びその増減の幅、傾向等による顧客の通行の状態等について、次により分類し比較を行う。
			優る	0	-5.5	-10.5	-16.0	-21.5	優る 通行量が多く、そのうちの顧客の占める割合が高い地域
			やや優	5.5	0	-5.5	-11.5	-17.0	やや優る 通行量がやや多く、そのうちの顧客の占める割合がやや高い地域
			普通	12.0	6.0	0	-6.0	-12.0	普通 通行量の状態が通常の地域
			やや劣	19.0	13.0	6.5	0	-6.5	やや劣る 通行量がやや少なく、そのうちの顧客の占める割合がやや低い地域
			劣る	27.5	20.5	13.5	7.0	0	劣る 通行量が少なく、そのうちの顧客の占める割合が低い地域
		店舗の連たん性	基準地域＼対象地域	優る	やや優る	普通	やや劣る	劣る	店舗の連たんの程度について、次により分類し比較を行う。
			優る	0	-1.5	-3.0	-4.5	-6.0	優る 店舗が連たんし集積の程度が高い地域
			やや優	1.5	0	-1.5	-3.0	-4.5	やや優る 〃 やや高い地域
			普通	3.0	1.5	0	-1.5	-3.0	普通 店舗の連たん度、集積の程度が通常の地域
			やや劣	4.5	3.0	1.5	0	-1.5	やや劣る 店舗以外の建物の混在の度合がやや高く、集積の程度がやや低い地域
			劣る	6.0	4.5	3.0	1.5	0	劣る 店舗以外の建物の混在の度合が高く、集積の程度が低い地域

(準商. 地)

条件	項目	細項目	格差の内訳					備考
環境条件	繁華性の程度	営業時間の長短	基準地域＼対象地域	優る	普通	劣る		営業時間の長短による顧客の量等に与える影響の程度について、次により分類し比較を行う。
			優る	0	−2.0	−4.0		優る 営業時間が長く、顧客の通行量が多い地域
			普通	2.0	0	−2.0		普通 営業時間帯が通常の地域
			劣る	4.0	2.0	0		劣る 営業時間が短く、顧客の通行量が少ない地域
	自然的環境	地盤、地質等	基準地域＼対象地域	優る	普通	劣る		地盤、地質等自然的環境の良否の程度について、次により分類し比較を行う。
			優る	0	−2.0	−4.0		優る 地盤、地質等の自然的環境が良い地域
			普通	2.0	0	−2.0		普通 〃 普通の地域
			劣る	4.0	2.0	0		劣る 〃 悪い地域
	洪水・地すべり等の災害発生の危険性	洪水、地すべり、高潮、崖くずれ等	基準地域＼対象地域	無	有				災害の種類、発生の頻度及びその規模等にもとづく危険性について、次により分類し比較を行う。なお、特に津波の危険性、土砂災害の危険性については土地価格への影響が大きい場合があるので、これら地域における格差率については、慎重に調査のうえ適用することに留意すること。
					小さい	やや小さい	やや大きい	大きい
			無	0	−1.0	−2.5	−4.0	−5.0
			有 小さい	1.0	0	−1.5	−3.0	−4.0	無 災害の発生の危険性が一般的に殆どない地域
			やや小さい	2.5	1.5	0	−1.5	−2.5	小さい 災害の発生の危険性が一般的に小さい地域 やや小さい 災害の発生の危険性が一般的にやや小さい地域
			やや大きい	4.0	3.0	1.5	0	−1.0	やや大きい 災害の発生の危険性が一般的にやや大きい地域
			大きい	5.0	4.0	2.5	1.0	0	大きい 災害の発生の危険性が一般的に大きい地域
行政的条件	公法上の規制の程度	容積制限による規制	基準地域＼対象地域	優る	やや優る	普通	やや劣る	劣る	容積率の差及び当該容積率と地域の標準的使用の容積率の程度について、次により分類し比較を行う。
			優る	0	−7.5	−15.5	−23.0	−30.5	優る 容積率が高く、当該容積率と地域の標準的使用の容積率がほぼ同じとなっている地域
			やや優る	8.5	0	−8.5	−16.5	−25.0	やや優る 容積率が高く、当該容積率に比較して、地域の標準的使用の容積率が低くなっている地域
			普通	18.0	9.0	0	−9.0	−18.0	普通 容積率が60/10前後で、当該地域の標準的使用の容積率ともほぼ一致している。
			やや劣る	29.5	20.0	10.0	0	−10.0	やや劣る 容積率が低く、当該容積率と地域の標準的使用の容積率とがほぼ同じとなっている地域
			劣る	44.0	33.0	22.0	11.0	0	劣る 容積率が低く、当該容積率に比較して地域の標準的使用の容積率が低くなっている地域
		高さ制限による規制	基準地域＼対象地域	優る	やや優る	普通	やや劣る	劣る	都市計画で定められた高さの制限により建物の利用に与える影響の程度について、次により分類し比較を行う。
			優る	0	−1.5	−3.0	−4.5	−6.0	優る 高さ制限による規制により建物の高度利用等土地利用の増進の程度が高い地域
			やや優る	1.5	0	−1.5	−3.0	−4.5	やや優る 〃 やや高い地域
			普通	3.0	1.5	0	−1.5	−3.0	普通 高さ制限のない地域
			やや劣る	4.5	3.0	1.5	0	−1.5	やや劣る 高さ制限による規制により建物の高度利用等土地利用の制限の程度がやや高い地域
			劣る	6.0	4.5	3.0	1.5	0	劣る 〃 高い地域
		防火地域等の指定に伴う制限	基準地域＼対象地域	優る	やや優る	普通	やや劣る	劣る	防火地域又は準防火地域の指定により地域の建物の不燃化、ビル化の程度について、次により分類し比較を行う。
			優る	0	−1.5	−3.0	−4.5	−6.0	優る 防火地域の指定があり不燃化、ビル化が進んでいる地域
			やや優る	1.5	0	−1.5	−3.0	−4.5	やや優る 防火地域又は準防火地域の指定があり、不燃化、ビル化がやや進んでいる地域
			普通	3.0	1.5	0	−1.5	−3.0	普通 通常の地域
			やや劣る	4.5	3.0	1.5	0	−1.5	やや劣る やや遅れている地域
			劣る	6.0	4.5	3.0	1.5	0	劣る 準防火地域の指定又は未指定であり、不燃化、ビル化が遅れている地域

(準商．地)

条件	項目	細項目	格差の内訳							備考
行政的条件	公法上の規制の程度	その他の地域、地区による規制	基準地域＼対象地域	優る	やや優る	普通	やや劣る	劣る		その他の地域、地区の規制による商業の利便の増減の程度について、次により分類し比較を行う。
			優る	0	-1.5	-3.0	-4.5	-6.0		優る その他の地域、地区の規制により商業の利便の増進の程度が高い地域
			やや優る	1.5	0	-1.5	-3.0	-4.5		やや優る その他の地域、地区の規制により商業の利便の増進の程度がやや高い地域
			普通	3.0	1.5	0	-1.5	-3.0		普通 その他の地域、地区の規制により商業の利便の増減が殆どない地域
			やや劣る	4.5	3.0	1.5	0	-1.5		やや劣る その他の地域、地区の規制により商業の利便の減退の程度がやや高い地域
			劣る	6.0	4.5	3.0	1.5	0		劣る その他の地域、地区の規制により商業の利便の減退の程度が高い地域
		その他の規制	基準地域＼対象地域	弱い		普通		強い		
			弱い	0		$-\alpha'$		$-\alpha''$		
			普通	α'		0		$-\alpha'$		
			強い	α''		α'		0		
その他	その他	将来の動向	基準地域＼対象地域	優る	やや優る	普通	やや劣る	劣る		街路条件、交通・接近条件、環境条件、行政的条件の動向を総合的に考慮して地域の将来の動向について、次により分類し比較を行う。
			優る	0	-4.5	-9.0	-13.5	-18.0		優る 発展的に推移すると認められる地域
			やや優る	5.0	0	-5.0	-9.5	-14.5		やや優る やや発展的に推移すると認められる地域
			普通	10.0	5.0	0	-5.0	-10.0		普通 現状で推移すると認められる地域
			やや劣る	16.0	10.5	5.5	0	-5.5		やや劣る やや衰退的に推移すると認められる地域
			劣る	22.0	16.5	11.0	5.5	0		劣る 衰退的に推移すると認められる地域
		その他	基準地域＼対象地域	優る		普通		劣る		街路条件、交通・接近条件、環境条件、行政的条件で掲げる項目及びその他将来の動向のほか、比較すべき特別の項目があると認められるときは、その項目に応じて適正に格差率を求めるものとする。
			優る							
			普通							
			劣る							

別表第16　　　　　　　　　　　　個別的要因比準表　　　　　　　　　　（準高度商業地域）

条件	項目	細項目	格差の内訳					備考
街路条件	接面街路の系統・構造等の状態	系統及び連続性	基準地＼対象地	優る	普通	劣る		接面街路の地域の中心への客足の流れの性格等地域の中心との連絡の程度について、次により分類し比較を行う。
			優る	0	-2.0	-4.0		
			普通	2.0	0	-2.0		優る　地域の中心との連絡の程度が良い街路
			劣る	4.0	2.0	0		普通　標準的な画地に接面する街路
								劣る　地域の中心との連絡の程度が悪い街路
		幅員	基準地＼対象地	優る	やや優る	普通	やや劣る	劣る
			優る	0	-2.5	-5.0	-7.5	-10.0
			やや優る	2.5	0	-2.5	-5.0	-7.5
			普通	5.0	2.5	0	-2.5	-5.0
			やや劣る	7.5	5.0	2.5	0	-2.5
			劣る	10.0	7.5	5.0	2.5	0

地域における標準的な画地が接面する街路の幅員との広狭の格差により顧客の通行量、商品の搬出入等に与える影響の程度について、次により分類し比較を行う。

優　る　標準的な画地の接面街路より適合性が高い街路の幅員
やや優る　〃　　　　　　　やや高い街路の幅員
普　通　標準的な画地に接面する街路の幅員
やや劣る　標準的な画地の接面街路より適合性がやや低い街路の幅員
劣　る　〃　　　　　　　低い街路の幅員

街路条件		歩道	基準地＼対象地	優る	普通	劣る	地域における標準的な画地が接面する街路の歩道の状態とその幅員について、次により分類し比較を行う。
			優る	0	-2.0	-4.0	優る　標準的な画地の接面街路の歩道より幅員が広く、バリアフリー施工等の程度が良い歩道
			普通	2.0	0	-2.0	普通　標準的な画地が接面する歩道と幅員、バリアフリー施工等の程度がほぼ同じ歩道
			劣る	4.0	2.0	0	劣る　標準的な画地の接面街路の歩道より幅員が狭く、バリアフリー施工等の程度が悪い歩道

条件	項目	細項目	基準地＼対象地	優る	やや優る	普通	やや劣る	劣る	備考
交通・接近条件	商業地域の中心への接近性等	商業地域の中心への接近性	優る	0	-9.0	-18.5	-27.5	-36.5	地域における中心との位置関係の状態について、次により分類し比較を行う。
			やや優る	10.0	0	-10.0	-20.0	-30.5	優る　地域の中心に近く、中心との関連性が強い画地
			普通	22.5	11.5	0	-11.5	-22.5	やや優る　〃　中心との関連性がやや強い画地
			やや劣る	38.0	25.5	12.5	0	-12.5	普通　地域において標準的な位置関係にあると認められる画地
			劣る	58.0	43.5	29.0	14.5	0	やや劣る　地域の中心に遠く、中心との関連性がやや弱い画地
									劣る　〃　中心との関連性が弱い画地
	最寄駅への接近性		基準地＼対象地	優る	やや優る	普通	やや劣る	劣る	商業地域の中心地と最寄駅との接近の程度について、次により分類し比較を行う。
			優る	0	-3.5	-7.0	-10.5	-14.0	優る　最寄駅に近く、客足の便等が良い画地
			やや優る	3.5	0	-3.5	-7.0	-11.0	やや優る　〃　やや良い画地
			普通	7.5	4.0	0	-4.0	-7.5	普通　地域において標準的な位置関係にあると認められる画地
			やや劣る	11.5	8.0	4.0	0	-4.0	やや劣る　最寄駅に遠く、客足の便等がやや悪い画地
			劣る	16.0	12.0	8.0	4.0	0	劣る　〃　悪い画地

(準商.個)

条件	項目	細項目	格差の内訳						備考	
環境条件	客足の流動の状態との適合性	客足の流動性	基準地＼対象地	優る	やや優る	普通	やや劣る	劣る		客足の流動の状態と画地のそれとの適合性の程度について、次により分類し比較を行う。
			優る	0	−3.0	−5.5	−8.5	−11.5	優　る	客足の流動の状態との適合性が高い画地
			やや優る	3.0	0	−3.0	−6.0	−8.5	やや優る	〃　やや高い画地
			普通	6.0	3.0	0	−3.0	−6.0	普　通	地域において客足の流動の状態との適合性が通常の画地
			やや劣る	9.5	6.0	3.0	0	−3.0	やや劣る	客足の流動の状態との適合性がやや低い画地
			劣る	13.0	9.5	6.5	3.0	0	劣　る	〃　低い画地
	隣接不動産等周囲の状態	隣接不動産等周囲の状態	基準地＼対象地	優る	やや優る	普通	やや劣る	劣る		画地の周囲に価格形成要因となる施設等の有無及びその影響の程度について、次により分類し比較を行う。
			優る	0	−1.5	−3.0	−4.5	−6.0	優　る	増価要因となる施設等があり、その影響が大きい画地
			やや優る	1.5	0	−1.5	−3.0	−4.5	やや優る	〃　その影響が小さい画地
			普通	3.0	1.5	0	−1.5	−3.0	普　通	価格形成要因となる施設等の影響を受けていない画地
			やや劣る	4.5	3.0	1.5	0	−1.5	やや劣る	減価要因となる施設等があり、その影響がやや大きい画地
			劣る	6.0	4.5	3.0	1.5	0	劣　る	〃　その影響が大きい画地
	自然的環境	地盤	基準地＼対象地	優る	やや優る	普通	やや劣る	劣る		地盤の軟弱等の程度について、次により分類し比較を行う。
			優る	0	−1.0	−2.0	−3.0	−4.0	優　る	地盤が強硬な画地
			やや優る	1.0	0	−1.0	−2.0	−3.0	やや優る	〃　やや強硬な画地
			普通	2.0	1.0	0	−1.0	−2.0	普　通	〃　通常の画地
			やや劣る	3.0	2.0	1.0	0	−1.0	やや劣る	〃　やや軟弱な画地
			劣る	4.0	3.0	2.0	1.0	0	劣　る	〃　軟弱な画地
画地条件	間口・形状及び地積	間口狭小	基準地＼対象地	普通	やや劣る	劣る	相当に劣る	極端に劣る		間口狭小の程度について、次により分類し比較を行う。
			普通	1.00	0.96	0.92	0.87	0.83	普　通	標準的な画地とほぼ同じ間口の画地
			やや劣る	1.04	1.00	0.96	0.91	0.86	やや劣る	標準的な画地の間口の0.6以上0.9未満の画地
			劣る	1.09	1.04	1.00	0.95	0.90	劣　る	〃　0.4以上0.6未満の画地
			相当に劣る	1.15	1.10	1.06	1.00	0.95	相当に劣る	〃　0.2以上0.4未満の画地
			極端に劣る	1.20	1.16	1.11	1.05	1.00	極端に劣る	〃　0.2未満の画地
		奥行逓減	基準地＼対象地	普通	やや劣る	劣る	相当に劣る	極端に劣る		奥行逓減の程度について、次により分類し比較を行う。
			普通	1.00	0.99	0.97	0.96	0.94	普　通	標準的な画地とほぼ同じ奥行の画地
			やや劣る	1.02	1.00	0.99	0.97	0.96	やや劣る	標準的な画地の奥行の1.3以上1.5未満の画地
									劣　る	〃　1.5以上2.0未満の画地

(準商．個)

条件	項目	細項目	格差の内訳					備考
画地条件	間口・形状及び地積	奥行逓減	劣る	1.03	1.02	1.00	0.99	0.97	相当に劣る 標準的な画地の奥行の2.0以上3.0未満の画地 極端に劣る 〃 3.0以上の画地 〔留意事項〕 「面大増価」の細項目を適用する場合には、本項は適用しないこと。
			相当に劣る	1.05	1.03	1.02	1.00	0.99	
			極端に劣る	1.07	1.05	1.03	1.02	1.00	
		奥行短小	基準地＼対象地	普通	やや劣る	劣る	相当に劣る	極端に劣る	奥行短小の程度について、次により分類し比較を行う。 普　通　標準的な画地の奥行とほぼ同じ奥行の画地 やや劣る　標準的な画地の奥行の0.6以上0.8未満の画地 劣　る　　〃　　0.4以上0.6未満の画地 相当に劣る　〃　　0.2以上0.4未満の画地 極端に劣る　〃　　0.2未満の画地
			普通	1.00	0.97	0.94	0.91	0.89	
			やや劣る	1.03	1.00	0.97	0.94	0.92	
			劣る	1.06	1.03	1.00	0.97	0.95	
			相当に劣る	1.10	1.07	1.03	1.00	0.98	
			極端に劣る	1.12	1.09	1.06	1.02	1.00	
		奥行長大	基準地＼対象地	普通	やや劣る	劣る	相当に劣る	極端に劣る	奥行長大の程度について、次により分類し比較を行う。 普　通　標準的な画地の間口と奥行の比（奥行／間口）とほぼ同じ画地 やや劣る　標準的な画地の間口と奥行の比の1.5以上2.0未満の画地 劣　る　　〃　　2.0以上3.0未満の画地 相当に劣る　〃　　3.0以上4.0未満の画地 極端に劣る　〃　　4.0以上の画地
			普通	1.00	0.97	0.94	0.91	0.89	
			やや劣る	1.03	1.00	0.97	0.94	0.92	
			劣る	1.06	1.03	1.00	0.97	0.95	
			相当に劣る	1.10	1.07	1.03	1.00	0.98	
			極端に劣る	1.12	1.09	1.06	1.02	1.00	
		不整形地	基準地＼対象地	普通	やや劣る	劣る	相当に劣る	極端に劣る	不整形の程度について、次により分類し比較を行う。 普　通　標準的な画地の形状とほぼ同じ画地 やや劣る　長方形又は台形に近い形状で有効利用度が高い画地 劣　る　　〃　　有効利用度が低い画地 相当に劣る　その他の形状で、面積が大きく有効利用度が高い画地 極端に劣る　その他の形状で、有効利用度が低い画地
			普通	1.00	0.98	0.96	0.94	0.91	
			やや劣る	1.02	1.00	0.98	0.96	0.93	
			劣る	1.04	1.02	1.00	0.98	0.95	
			相当に劣る	1.06	1.04	1.02	1.00	0.97	
			極端に劣る	1.10	1.08	1.05	1.03	1.00	
		三角地	基準地＼対象地	普通	やや劣る	劣る	相当に劣る	極端に劣る	三角地の画地利用上の阻害の程度について、次により分類し比較を行う。 普　通　標準的な画地の形状とほぼ同じ形状の画地 やや劣る　面積が大きく、角度の小さいものがない画地 劣　る　　〃　　角度の小さいものがある画地 相当に劣る　面積がやや小さく　　〃 極端に劣る　面積が小さく、角度の小さいものがある画地
			普通	1.00	0.98	0.96	0.94	0.91	
			やや劣る	1.02	1.00	0.98	0.96	0.93	
			劣る	1.04	1.02	1.00	0.98	0.95	
			相当に劣る	1.06	1.04	1.02	1.00	0.97	
			極端に劣る	1.10	1.08	1.05	1.03	1.00	

(準商,個)

条件	項目	細項目	格差の内訳						備考
画地条件	間口・形状及び地積	地積過大	基準地＼対象地	普通	やや劣る	劣る	相当に劣る	極端に劣る	地域における標準的な画地の地積との地積過大の程度について、次により分類し比較を行う。 普　通　標準的な画地の地積とほぼ同じ地積の画地 やや劣る　標準的な画地の地積より過大であるため画地利用上の阻害の程度がやや大きい画地 劣　る　標準的な画地の地積より大きい画地 相当に劣る　〃　　相当に大きい画地 極端に劣る　〃　　極端に大きい画地 〔留意事項〕 「面大増価」の細項目を適用する場合には、本項は適用しないこと。
			普　通	1.00	0.98	0.95	0.92	0.90	
			やや劣る	1.02	1.00	0.97	0.94	0.92	
			劣　る	1.05	1.03	1.00	0.97	0.95	
			相当に劣る	1.09	1.07	1.03	1.00	0.98	
			極端に劣る	1.11	1.09	1.06	1.02	1.00	
		面大増価	基準地＼対象地	普通	やや優る	優る	相当に優る	特に優る	地域における標準的な画地の地積より対象地の地積が大きく、収益が増加する場合、面大増価の程度について、次により分類し比較を行う。 普　通　標準的な画地の地積とほぼ同じ地積の画地 やや優る　標準的な画地の地積より大きいため収益性がやや高い画地 優　る　〃　　高い画地 相当に優る　〃　　相当に高い画地 特に優る　〃　　特に高い画地 〔留意事項〕 対象地の一体利用が可能であり、かつ効用又は収益の増加が明らかであることを条件として適用すること。 なお、この場合「地積過大」及び「奥行逓減」の項は適用しないこと。
			普　通	1.00	1.03	1.07	1.11	1.15	
			やや優る	0.97	1.00	1.04	1.08	1.11	
			優　る	0.93	0.96	1.00	1.04	1.07	
			相当に優る	0.90	0.93	0.96	1.00	1.04	
			特に優る	0.87	0.90	0.93	0.97	1.00	
		地積過小	基準地＼対象地	普通	やや劣る	劣る	相当に劣る	極端に劣る	地域における標準的な画地の地積との地積過小の程度について、次により分類し比較を行う。 普　通　標準的な画地の地積とほぼ同じ地積の画地 やや劣る　標準的な画地の地積より過小であるため画地利用上の阻害の程度がやや大きい画地 劣　る　〃　　大きい画地 相当に劣る　〃　　相当に大きい画地 極端に劣る　〃　　極端に大きい画地
			普　通	1.00	0.98	0.95	0.92	0.90	
			やや劣る	1.02	1.00	0.97	0.94	0.92	
			劣　る	1.05	1.03	1.00	0.97	0.95	
			相当に劣る	1.09	1.07	1.03	1.00	0.98	
			極端に劣る	1.11	1.09	1.06	1.02	1.00	
	接面街路との関係	高　低	基準地＼対象地	優る	やや優る	普通	やや劣る	劣る	接面街路の高低差による利便性の程度について、次により分類し比較を行う。 優　る　高低差により利便性が高い画地 やや優る　高低差により利便性がやや高い画地 普　通　高低差がない画地又は高低差があっても利便性が変わらない画地 やや劣る　高低差により利便性がやや低い画地 劣　る　高低差により利便性が低い画地
			優　る	1.00	0.99	0.97	0.96	0.94	
			やや優る	1.02	1.00	0.99	0.97	0.96	
			普　通	1.03	1.02	1.00	0.99	0.97	
			やや劣る	1.05	1.03	1.02	1.00	0.99	
			劣　る	1.06	1.05	1.03	1.02	1.00	
		角地（正面及び一方の側面が街路に接する画地）	基準地＼対象地	普通	やや優る	優る	相当に優る	特に優る	角地による顧客の出入の便、商品宣伝の効果等の程度について、次により分類し比較を行う。 普　通　中間画地（一方が街路に接する画地） やや優る　側面道路の系統、連続性等が前面道路より相当に劣る画地 優　る　側面道路の系統、連続性等が前面道路より劣る画地
			普　通	1.00	1.03	1.07	1.11	1.15	
			やや優る	0.97	1.00	1.04	1.08	1.11	
			優　る	0.93	0.96	1.00	1.04	1.07	

(準商．個)

条件	項目	細項目	格差の内訳					備考	
画地条件	接面街路との関係	角地（正面及び一方の側面が街路に接する画地）	相当に優る	0.90	0.93	0.96	1.00	1.04	相当に優る	側面道路の系統、連続性等が前面道路よりやや劣る画地
			特に優る	0.87	0.90	0.93	0.97	1.00	特に優る	側面道路の系統、連続性等が前面道路とほぼ同じ画地
		二方路（正面及び裏面が街路に接する画地）	基準地＼対象地	普通	やや優る	優る	相当に優る	特に優る	二方路による顧客の出入の便、商品宣伝の効果等の程度について、次により分類し比較を行う。	
			普通	1.00	1.03	1.05	1.08	1.10	普通	中間画地（一方が街路に接する画地）
			やや優る	0.97	1.00	1.02	1.05	1.07	やや優る	背面道路の系統、連続性等が前面道路より相当に劣る画地
			優る	0.95	0.98	1.00	1.03	1.05	優る	背面道路の系統、連続性等が前面道路より劣る画地
			相当に優る	0.93	0.95	0.97	1.00	1.02	相当に優る	背面道路の系統、連続性等が前面道路よりやや劣る画地
			特に優る	0.91	0.94	0.95	0.98	1.00	特に優る	背面道路の系統、連続性等が前面道路とほぼ同じ画地
		三方路（三方が街路に接する画地）	基準地＼対象地	普通	やや優る	優る	相当に優る	特に優る	三方路による顧客の出入の便、商品宣伝の効果等の程度について、次により分類し比較を行う。	
			普通	1.00	1.05	1.10	1.15	1.20	普通	中間画地（一方が街路に接する画地）
			やや優る	0.95	1.00	1.05	1.10	1.14	やや優る	前面道路以外の道路の系統、連続性等が前面道路より劣る画地
			優る	0.91	0.95	1.00	1.05	1.09	優る	前面道路以外の道路のうち一つは前面道路とほぼ同じ道路の系統、連続性等を有し、他は前面道路より劣る画地
			相当に優る	0.87	0.91	0.96	1.00	1.04	相当に優る	前面道路以外の道路のうち一つは道路の系統、連続性等が前面道路とほぼ同じであり、他は前面道路よりやや劣る画地
			特に優る	0.83	0.88	0.92	0.96	1.00	特に優る	接面道路の全てがほぼ同じ道路の系統、連続性等を有する画地
		四方路（四方が街路に接する画地）	基準地＼対象地	普通	やや優る	優る	相当に優る	特に優る	四方路による顧客の出入の便、商品宣伝の効果等の程度について、次により分類し比較を行う。	
			普通	1.00	1.06	1.12	1.18	1.25	普通	中間画地（一方が街路に接する画地）
			やや優る	0.94	1.00	1.06	1.11	1.18	やや優る	前面道路以外の道路の系統、連続性等が前面道路より劣る画地
			優る	0.89	0.95	1.00	1.05	1.12	優る	前面道路以外の道路のうち1～2は道路の系統、連続性等が前面道路とほぼ同じで、他は前面道路より劣る画地
			相当に優る	0.85	0.90	0.95	1.00	1.06	相当に優る	前面道路以外の道路のうち2～3は道路の系統、連続性等が前面道路とほぼ同じで、他は前面道路より劣る画地
			特に優る	0.80	0.85	0.90	0.94	1.00	特に優る	接面道路のすべてがほぼ同じ道路の系統、連続性等を有する画地
	その他	袋地	対象地の間口と奥行、路地状（進入路）部分の奥行の関係及び対象地の地形を考慮して間口狭小及び奥行長大等の率を準用して補正するものとする。							
		無道路地	現実の利用に最も適した道路等に至る距離等の状況を考慮し取付道路の取得の可否及びその費用を勘案して適正に定めた率をもって補正するものとする。							

(準商. 個)

条件	項目	細項目	格差の内訳							備　　考
画地条件	その他	崖地等	崖地等で通常の用途に供することができないものと認められる部分を有する画地の場合はその崖地部分の面積及び傾斜角度等を考慮し適正に定めた率をもって補正するものとする。							
		その他								
行政的条件	公法上の規制の程度	用途地域等の地域、地区等	基準地＼対象地	優る	やや優	普通	やや劣る	劣る		地域における標準的な画地が受ける公法上の規制の状態との差異による規制の程度について、次により分類し比較を行う。 優　　る　標準的な画地より規制の程度が弱く、大きな増価要因を受けている画地 やや優る　　〃　やや大きな増価要因を受けている画地 普　　通　標準的な画地と同程度の規制を受けている画地又は増減の要因を受けていない画地 やや劣る　標準的な画地より規制の程度が強く、やや大きな減価要因を受けている画地 劣　　る　　〃　大きな減価要因を受けている画地
			優る	0	-4.5	-9.0	-13.5	-18.0		
			やや優	5.0	0	-5.0	-9.5	-14.5		
			普通	10.0	5	0	-5.0	-10.0		
			やや劣	16.0	10.5	5.5	0	-5.5		
			劣る	22.0	16.5	11.0	5.5	0		
その他	その他	その他	基準地＼対象地	優る		普通		劣る		街路条件、交通・接近条件、環境条件、画地条件、行政的条件で掲げる項目のほか、比較すべき特別の項目があると認められるときは、その項目に応じて適正に格差率を求めるものとする。
			優る							
			普通							
			劣る							

別表第17　　　　　　　　　　地域要因比準表　　　　　　　　　　（普通商業地域）

条件	項目	細項目	格差の内訳						備　考
街路条件	街路の状態	幅員	基準地域＼対象地域	優る	普通	劣る			地域別、規模別、業種別等の特性により街路の幅員が異なるので、これらの特性をもつ地域に要請される幅員との適合の程度について、次により分類し比較を行う。 優　る　地域における主要な街路の幅員の適合性が高い地域 普　通　地域における主要な街路の幅員の適合性が通常の地域 劣　る　地域における主要な街路の幅員の適合性が低い地域
			優る	0	-1.0	-2.0			
			普通	1.0	0	-1.0			
			劣る	2.0	1.0	0			
		舗装	基準地域＼対象地域	優る	普通	劣る			舗装の種別、維持補修の程度等について、次により分類し比較を行う。 優　る　普通の状態のほか、敷石、木煉瓦、タイル等の特殊の舗装等で程度が高い地域 普　通　コンクリート舗装で維持補修が良好な地域 劣　る　簡易舗装の地域又はコンクリート舗装で維持補修の程度が低い地域
			優る	0	-0.5	-1.0			
			普通	0.5	0	-0.5			
			劣る	1.0	0.5	0			
		歩道	基準地域＼対象地域	優る	普通	劣る			街路の歩道の幅員等について、次により分類し比較を行う。 優　る　幅員2ｍ以上又はバリアフリー施工等がされている地域 普　通　幅員2ｍ未満の地域 劣　る　歩道が設置されていない地域 なお、各分類における幅員、バリアフリー施工等が、地域の実態と合わない場合があるので留意すること。
			優る	0	-1.5	-3.0			
			普通	1.5	0	-1.5			
			劣る	3.0	1.5	0			
		勾配	基準地域＼対象地域	普通	やや劣る	劣る			街路の勾配とこれによる客足の流れ等に与える減価の程度について、次により分類し比較を行う。 普　通　街路の勾配が殆どない地域 やや劣る　街路の勾配があり減価の程度がやや高い地域 劣　る　街路の勾配があり減価の程度が高い地域
			普通	0	-1.0	-2.0			
			やや劣る	1.0	0	-1.0			
			劣る	2.0	1.0	0			
		系統及び連続性	基準地域＼対象地域	優る	やや優る	普通	やや劣る	劣る	背後地、交通施設等との関連から客足の流れの性格及び商品等の搬出入に関する便否等の程度について、次により分類し比較を行う。 優　る　客足の流れの性格及び搬出入の利便性が高い地域 やや優る　〃　やや高い地域 普　通　〃　通常の地域 やや劣る　〃　やや低い地域 劣　る　〃　低い地域
			優る	0	-1.5	-3.0	-4.5	-6.0	
			やや優る	1.5	0	-1.5	-3.0	-4.5	
			普通	3.0	1.5	0	-1.5	-3.0	
			やや劣る	4.5	3.0	1.5	0	-1.5	
			劣る	6.0	4.5	3.0	1.5	0	
	街区の状態	街区の整然性	基準地域＼対象地域	優る	普通	劣る			街区の配置、規模等商業の集団的機能が効率的に発揮できる態様の程度について、次により分類し比較を行う。 優　る　効率的な整備の状態にある地域 普　通　整備の状態が通常の地域 劣　る　未整備の状態にある地域
			優る	0	-1.0	-2.0			
			普通	1.0	0	-1.0			
			劣る	2.0	1.0	0			

(普商．地)

条件	項目	細項目	格差の内訳						備　考
街路条件	街区の状態	街区の施設の状態	基準地域＼対象地域	優る		普通		劣る	小公園、街路樹、街灯、植栽、公衆便所等の都市施設の整備の状態について、次により分類し比較を行う。
			優る		0		-0.5		-1.0	優　る　施設の整備が良好な状態にある地域
			普通		0.5		0		-0.5	普　通　施設の整備が通常の状態にある地域
			劣る		1.0		0.5		0	劣　る　施設の整備が不良な状態にある地域
交通・接近条件	顧客の交通手段の状態等	最寄駅の乗降客の数	基準地域＼対象地域との格差	多い	やや多い	ほぼ同じ	やや少ない	少ない	最寄駅の乗降客数とそれの対象地域への流入量の状態について、分類し比較を行う。
			格差率	8.0	4.0	0	-4.0	-8.0	
		最寄駅への接近性	基準地域＼対象地域	優る	やや優る	普通	やや劣る	劣る	商業地域の中心地と最寄駅との接近について、次により分類し比較を行う。
			優る	0	-1.5	-3.0	-4.5	-6.0	優　る　最寄駅に近接し、客足の便が良い地域
			やや優る	1.5	0	-1.5	-3.0	-4.5	やや優る　最寄駅に近く、客足の便がやや良い地域
			普通	3.0	1.5	0	-1.5	-3.0	普　通　客足の便が通常の地域
			やや劣る	4.5	3.0	1.5	0	-1.5	やや劣る　最寄駅に遠く、客足の便がやや悪い地域
			劣る	6.0	4.5	3.0	1.5	0	劣　る　　〃　　悪い地域
		官公署との接近性	基準地域＼対象地域	優る		やや優る		普通	官公署との接近の程度について、次により分類し比較を行う。
			優る		0		-2.0		-4.0	優　る　官公署に近く、収益性に相当に良い影響を受けている地域
			やや優る		2.0		0		-2.0	やや優る　官公署に近く、収益性に良い影響を受けている地域
			普通		4.0		2.0		0	普　通　官公署への遠近による影響を受けていない地域
		駐車場の整備の状態	基準地域＼対象地域	優る		普通		劣る	路上駐車場又は路外駐車場の整備の状態等により駐車の便否の程度について、次により分類し比較を行う。
			優る		0		-2.0		-4.0	優　る　駐車場が整備され駐車の便が良い地域
			普通		2.0		0		-2.0	普　通　駐車場の整備及び駐車の便が通常の地域
			劣る		4.0		2.0		0	劣　る　駐車場が未整備で駐車の便が悪い地域
		交通規制の状態	基準地域＼対象地域	優る		普通		劣る	一方通行、停車（駐車）を禁止する場所、駐車時間の制限等による客足又は商品の搬出入に対する利便性の程度について、次により分類し比較を行う。
			優る		0		-0.5		-1.0	優　る　交通規制により利便性が助長されている地域
			普通		0.5		0		-0.5	普　通　交通規制による利便性の影響を受けていない地域
			劣る		1.0		0.5		0	劣　る　交通規制により利便性が阻害されている地域
環境条件	経済施設の配置	デパート、大型店の数、延面積	基準地域＼対象地域	優る	やや優る	普通	やや劣る	劣る	デパート、大型店の数及びその延面積の比較を基本に、販売商品の種類、品目、販売方法、顧客数等店舗の性格を考慮し、収益性の優劣を判断するものとし、次により分類して比較を行う。
			優る	0	-2.5	-5.0	-7.5	-10.0	優　る　店舗の数、延面積が多く、収益性が高い地域
			やや優る	2.5	0	-2.5	-5.0	-7.5	やや優る　〃　やや高い地域
			普通	5.0	2.5	0	-2.5	-5.0	普　通　店舗の数、延面積の状態が通常の地域

(普商．地)

条件	項目	細項目	格差の内訳					備考
環境条件	経済施設の配置	デパート、大型店の数、延面積	やや劣	やる				やや劣る 店舗の数、延面積が少なく、収益性がやや低い地域
			7.5	5.0	2.5	0	-2.5	
			劣る					劣る 〃 低い地域
			10.0	7.5	5.0	2.5	0	
		全国的規模の店舗、事務所の数、延面積	基準地域＼対象地域	優る	やや優	普通	やや劣	劣る	全国的な規模の金融機関等の店舗、商社、メーカー等の事務所の数、延面積の多少の程度について、次により分類し比較を行う。
			優る	0	-1.5	-3.0	-4.5	-6.0	
			やや優	1.5	0	-1.5	-3.0	-4.5	優る 事務所、店舗等の数、延面積が多い地域
			普通	3.0	1.5	0	-1.5	-3.0	やや優る 〃 やや多い地域
			やや劣	4.5	3.0	1.5	0	-1.5	普通 〃 通常の地域
			劣る	6.0	4.5	3.0	1.5	0	やや劣る 〃 やや少ない地域
									劣る 〃 少ない地域
		娯楽施設の状態	基準地域＼対象地域	優る	普通	劣る			劇場、映画館、遊技場等の施設の状態による顧客の誘引力の程度について、次により分類し比較を行う。
			優る	0	-1.0	-2.0			
			普通	1.0	0	-1.0			優る 施設との相互関係が良く、顧客の誘引に対する寄与の程度が高い地域
			劣る	2.0	1.0	0			普通 〃 通常の地域
									劣る 〃 低い地域
		不適合な施設の状態	基準地域＼対象地域	普通	やや劣る	劣る			工場、倉庫、住宅等地域の標準的使用からかけ離れた用途の施設の連たん性、客足の流れの阻害の程度又は営業時間に影響を及ぼす施設とその程度等について、次により分類し比較を行う。
			普通	0	-1.0	-2.0			
			やや劣						普通 不適合な施設がない地域又は施設があってもその影響を受けていない地域
			劣る	2.0	1.0	0			やや劣る 不適合な施設による影響がやや大きい地域
									劣る 〃 大きい地域
		その他の客等を誘引する施設の状態	基準地域＼対象地域	優る	普通	劣る			その他の客等を誘引する施設による顧客の誘引力の格差の程度について、次により分類し比較を行う。
			優る	0	-1.0	-2.0			
			普通	1.0	0	-1.0			優る 施設との相互関係が良く、顧客の誘引に対する寄与の程度が高い地域
			劣る	2.0	1.0	0			普通 〃 通常の地域
									劣る 施設との相互関係が悪く、顧客の誘引に対する寄与の程度が低い地域
	背後地及び顧客の購買力等	背後地の人口の状態	基準地域＼対象地域	優る	やや優	普通	やや劣	劣る	背後地の人口の数について、次により分類し比較を行う。
			優る	0	-3.5	-6.5	-10.0	-13.0	
			やや優	3.5	0	-3.5	-7.0	-10.0	優る 背後地の人口が多い地域
			普通	7.0	3.5	0	-3.5	-7.0	やや優る 〃 やや多い地域
			やや劣	11.0	7.5	3.5	0	-3.5	普通 〃 通常の地域
			劣る	15.0	11.5	7.5	4.0	0	やや劣る 〃 やや少ない地域
									劣る 〃 少ない地域
		背後地の範囲	基準地域＼対象地域	優る	やや優	普通	やや劣	劣る	交通機関の利用時間、経費その他の便益性と競合商業地域の商業施設等の整備状況等により背後地の地域の範囲の広さの程度について、次により分類し比較を行う。
			優る	0	-3.5	-6.5	-10.0	-13.0	
			やや優	3.5	0	-3.5	-7.0	-10.0	優る 背後地の地域的な範囲が広い地域
									やや優る 〃 やや広い地域

— 110 —

(普商．地)

条件	項目	細項目	格差の内訳					備考
環境条件	背後地及び顧客の購買力等	背後地の範囲	普通	7.0	3.5	0	-3.5	-7.0	普 通　背後地の地域的な範囲が通常の地域 やや劣る　〃　やや狭い地域 劣　る　〃　狭い地域
			やや劣る	11.0	7.5	3.5	0	-3.5	
			劣る	15.0	11.5	7.5	4.0	0	
		顧客の購買力等	基準地域＼対象地域	優る	やや優る	普通	やや劣る	劣る	背後地の人口構成、所得の状態及び販売商品の品等等による顧客の購買力等について、次により分類し比較を行う。
			優る	0	-2.5	-5.0	-7.5	-10.0	
			やや優る	2.5	0	-2.5	-5.0	-7.5	優　る　顧客の購買力等が強い地域 やや優る　〃　やや強い地域 普　通　〃　通常の地域 やや劣る　〃　やや弱い地域 劣　る　〃　弱い地域
			普通	5.0	2.5	0	-2.5	-5.0	
			やや劣る	7.5	5.0	2.5	0	-2.5	
			劣る	10.0	7.5	5.0	2.5	0	
	競争の状態と経営者の創意と資力	店舗の協業化の状態	基準地域＼対象地域	優る	やや優る	普通	やや劣る	劣る	共同ビル、アーケード街等の建設又は仕入、販売方法等の協業化による優位の程度について、次により分類し比較を行う。
			優る	0	-1.5	-3.0	-4.5	-6.0	
			やや優る	1.5	0	-1.5	-3.0	-4.5	優　る　協業化が進んでいる地域 やや優る　〃　やや進んでいる地域 普　通　協業化の状態が通常の地域 やや劣る　協業化がやや遅れている地域 劣　る　〃　遅れている地域
			普通	3.0	1.5	0	-1.5	-3.0	
			やや劣る	4.5	3.0	1.5	0	-1.5	
			劣る	6.0	4.5	3.0	1.5	0	
		高度利用の状態	基準地域＼対象地域	優る	やや優る	普通	やや劣る	劣る	建物の高層化、店舗の拡張等の程度について、次により分類し比較を行う。
			優る	0	-1.5	-3.0	-4.5	-6.0	
			やや優る	1.5	0	-1.5	-3.0	-4.5	優　る　建物の高層化等高度利用が進んでいる地域 やや優る　〃　やや進んでいる地域 普　通　建物の高層化等高度利用の状態が通常の地域 やや劣る　建物の高層化等高度利用がやや遅れている地域 劣　る　〃　遅れている地域
			普通	3.0	1.5	0	-1.5	-3.0	
			やや劣る	4.5	3.0	1.5	0	-1.5	
			劣る	6.0	4.5	3.0	1.5	0	
	繁華性の程度	顧客の通行量	基準地域＼対象地域	優る	やや優る	普通	やや劣る	劣る	接面街路の徒歩客の1日の全通行量、時間帯別の通行量及びその増減の幅、傾向等による顧客の通行の状態等について、次により分類し比較を行う。
			優る	0	-5.5	-10.5	-16.0	-21.5	
			やや優る	5.5	0	-5.5	-11.5	-17.0	優　る　通行量が多く、そのうちの顧客の占める割合が高い地域 やや優る　通行量がやや多く、そのうちの顧客の占める割合がやや高い地域 普　通　通行量の状態が通常の地域 やや劣る　通行量がやや少なく、そのうちの顧客の占める割合がやや低い地域 劣　る　通行量が少なく、そのうちの顧客の占める割合が低い地域
			普通	12.0	6.0	0	-6.0	-12.0	
			やや劣る	19.0	13.0	6.5	0	-6.5	
			劣る	27.5	20.5	13.5	7.0	0	

(普商.地)

条件	項目	細項目	格差の内訳						備考
環境条件	繁華性の程度	店舗の連たん性	基準地域＼対象地域	優る	やや優る	普通	やや劣る	劣る	店舗の連たんの程度について、次により分類し比較を行う。 優　る　店舗が連たんし集積の程度が高い地域 やや優る　〃　やや高い地域 普　通　店舗の連たん度、集積の程度が通常の地域 やや劣る　店舗以外の建物の混在の度合がやや高く、集積の程度がやや低い地域 劣　る　店舗以外の建物の混在の度合が高く、集積の程度が低い地域
			優る	0	-1.5	-3.0	-4.5	-6.0	
			やや優る	1.5	0	-1.5	-3.0	-4.5	
			普通	3.0	1.5	0	-1.5	-3.0	
			やや劣る	4.5	3.0	1.5	0	-1.5	
			劣る	6.0	4.5	3.0	1.5	0	
		営業時間の長短	基準地域＼対象地域	優る		普通		劣る	営業時間の長短による顧客の量等に与える影響の程度について、次により分類し比較を行う。 優　る　営業時間が長く、顧客の通行量が多い地域 普　通　営業時間帯が通常の地域 劣　る　営業時間が短く、顧客の通行量が少ない地域
			優る	0		-2.0		-4.0	
			普通	2.0		0		-2.0	
			劣る	4.0		2.0		0	
		犯罪の発生等の状態	基準地域＼対象地域	普通		やや劣る		劣る	犯罪の発生及びその危険性等により顧客の誘引力を阻害し、客足に与える影響の程度について、次により分類し比較を行う。 普　通　犯罪の発生及びその危険性がなく客足に影響がない地域 やや劣る　犯罪の発生及びその危険性等により客足にやや悪い影響を受けている地域 劣　る　〃　相当に悪い影響を受けている地域
			普通	0		-2.0		-4.0	
			やや劣る	2.0		0		-2.0	
			劣る	4.0		2.0		0	
	自然的環境	地質、地盤等	基準地域＼対象地域	優る		普通		劣る	地質、地盤等自然的環境条件の良否の程度について、次により分類し比較を行う。 優　る　地質、地盤等の自然的条件が良い地域 普　通　〃　通常の地域 劣　る　〃　悪い地域
			優る	0		-2.0		-4.0	
			普通	2.0		0		-2.0	
			劣る	4.0		2.0		0	
	洪水・地すべり等の災害発生の危険性	洪水、地すべり、高潮、崖くずれ等	基準地域＼対象地域	無	有 小さい	やや小さい	やや大きい	大きい	災害の種類、発生の頻度及びその規模等にもとづく危険性について、次により分類し比較を行う。なお、特に津波の危険性、土砂災害の危険性については土地価格への影響が大きい場合があるので、これら地域における格差率については、慎重に調査のうえ適用することに留意する。 無　　　災害の発生の危険性が一般的に殆どない地域 小さい　災害の発生の危険性が一般的に小さい地域 やや小さい　災害の発生の危険性が一般的にやや小さい地域 やや大きい　災害の発生の危険性が一般的にやや大きい地域 大きい　災害の発生の危険性が一般的に大きい地域
			無	0	-1.0	-2.5	-4.0	-5.0	
			有 小さい	1.0	0	-1.5	-3.0	-4.0	
			やや小さい	2.5	1.5	0	-1.5	-2.5	
			やや大きい	4.0	3.0	1.5	0	-1.0	
			大きい	5.0	4.0	2.5	1.0	0	
行政的条件	公法上の規制の程度	容積制限による規制	基準地域＼対象地域	優る	やや優る	普通	やや劣る	劣る	容積率の差及び当容積率と地域の標準的使用の容積率の程度について、次により分類し比較を行う。 優　る　容積率が高く、当該容積率と地域の標準的使用の容積率がほぼ同じとなっている地域 やや優る　容積率が高く、当該容積率に比較して地域の標準的使用の容積率が低くなっている地域 普　通　容積率40/10〜50/10程度で、当該地域の標準的使用の容積率ともほぼ一致している地域 やや劣る　容積率が低く、当該容積率と地域の標準的使用の容積率とがほぼ同じとなっている地域 劣　る　容積率が低く、当該容積率に比較して地域の標準的使用の容積率が低くなっている地域
			優る	0	-4.5	-9.0	-13.5	-18.0	
			やや優る	5.0	0	-5.0	-9.5	-14.5	
			普通	10.0	5.0	0	-5.0	-10.0	
			やや劣る	16.0	10.5	5.5	0	-5.5	
			劣る	22.0	16.5	11.0	5.5	0	
		高さ制限による規制	基準地域＼対象地域	優る	やや優る	普通	やや劣る	劣る	都市計画で定められた高さの制限により建物の利用に与える影響の程度について、次により分類し比較を行う。 優　る　高さ制限による規制により建物の高度利用等土地利用の増進の程度が高い地域 やや優る　〃　やや高い地域 普　通　高さ制限のない地域 やや劣る　高さ制限による規制により建物の高度利用等土地利用の制限の程度がやや高い地域 劣　る　〃　高い地域
			優る	0	-1.5	-3.0	-4.5	-6.0	
			やや優る	1.5	0	-1.5	-3.0	-4.5	
			普通	3.0	1.5	0	-1.5	-3.0	
			やや劣る	4.5	3.0	1.5	0	-1.5	
			劣る	6.0	4.5	3.0	1.5	0	

（普商．地）

条件	項目	細項目	格差の内訳							備　考
行政的条件	公法上の規制の程度	防火地域等の指定に伴う制限	基準地域＼対象地域	優る	やや優	普通	やや劣	劣る		防火地域又は準防火地域の指定により地域の建物の不燃化、ビル化の程度について、次により分類し比較を行う。
			優る	0	-1.5	-3.0	-4.5	-6.0		優　る　防火地域の指定があり不燃化、ビル化が進んでいる地域
			やや優	1.5	0	-1.5	-3.0	-4.5		やや優る　防火地域又は準防火地域の指定があり、不燃化、ビル化がやや進んでいる地域
			普通	3.0	1.5	0	-1.5	-3.0		普　通　防火地域又は準防火地域の指定があり、不燃化、ビル化が通常の地域
			やや劣	4.5	3.0	1.5	0	-1.5		やや劣る　防火地域又は準防火地域の指定があり、不燃化、ビル化がやや遅れている地域
			劣る	6.0	4.5	3.0	1.5	0		劣　る　準防火地域の指定又は未指定であり、不燃化、ビル化が遅れている地域
		その他の地域、地区による規制	基準地域＼対象地域	優る	やや優	普通	やや劣	劣る		その他の地域、地区の規制による商業の利便の増減の程度について、次により分類し比較を行う。
			優る	0	-1.5	-3.0	-4.5	-6.0		優　る　その他の地域、地区の規制により商業の利便の増減の程度が高い地域
			やや優	1.5	0	-1.5	-3.0	-4.5		やや優る　〃　　　　　やや高い地域
			普通	3.0	1.5	0	-1.5	-3.0		普　通　その他の地域、地区の規制により商業の利便の増減が殆どない地域
			やや劣	4.5	3.0	1.5	0	-1.5		やや劣る　その他の地域、地区の規制により商業の利便の減退の程度がやや高い地域
			劣る	6.0	4.5	3.0	1.5	0		劣　る　〃　　　　　　　　高い地域
		その他の規制	基準地域＼対象地域	弱い		普通		強い			
			弱い	0		$-\alpha'$		$-\alpha''$			
			普通	α'		0		$-\alpha'$			
			強い	α''		α'		0			
その他	その他	将来の動向	基準地域＼対象地域	優る	やや優	普通	やや劣	劣る		街路条件、交通・接近条件、環境条件、行政的条件の動向を総合的に考慮して地域の将来の動向について、次により分類し比較を行う。
			優る	0	-5.0	-9.0	-13.5	-18.0		
			やや優	5.0	0	-5.0	-9.5	-14.5		優　る　発展的に推移すると認められる地域
			普通	10.0	5.0	0	-5.0	-10.0		やや優る　やや発展的に　〃 普　通　現状で　〃
			やや劣	16.0	10.5	5.5	0	-5.5		やや劣る　やや衰退的に　〃
			劣る	22.0	16.5	11.0	5.5	0		劣　る　衰退的に　〃
		その他	基準地域＼対象地域	優る		普通		劣る		街路条件、交通・接近条件、環境条件、行政的条件で掲げる項目及びぴて将来の動向のほか、比較すべき特別の項目があると認められるときは、その項目に応じて適正に格差率を求めるものとする。
			優る						
			普通						
			劣る						

別表第18　　　　　　　　　　　個別的要因比準表　　　　　　　　（普通商業地域）

条件	項目	細項目	格差の内訳							備考
街路条件	接面街路の系統・構造等の状態	系統及び連続性	基準地＼対象地	優る		普通		劣る		接面街路の地域の中心への客足の流れの性格等地域の中心との連絡の程度について、次により分類し比較を行う。 優　る　地域の中心との連絡の程度が良い街路 普　通　標準的な画地に接面する街路 劣　る　地域の中心との連絡の程度が悪い街路
			優る	0		-2.0		-4.0		
			普通	2.0		0		-2.0		
			劣る	4.0		2.0		0		
		幅員	基準地＼対象地	優る	やや優	やや	普通	やや劣	劣る	地域における標準的な画地が接面する街路の幅員との広狭の格差により顧客の通行量、商品の搬出入等に与える影響の程度について、次により分類し比較を行う。 優　　　る　標準的な画地の接面街路より適合性が高い街路の幅員 やや優る　〃　　　　　　　　　　やや高い街路の幅員 普　　　通　標準的な画地に接面する街路の幅員 やや劣る　標準的な画地の接面街路より適合性がやや低い街路の幅員 劣　　　る　　　　　　　　　　　　低い街路の幅員
			優る	0	-2.5	-5.0		-7.5	-10.0	
			やや優	2.5	0	-2.5		-5.0	-7.5	
			普通	5.0	2.5	0		-2.5	-5.0	
			やや劣	7.5	5.0	2.5		0	-2.5	
			劣る	10.0	7.5	5.0		2.5	0	
		舗装	基準地＼対象地	優る		普通		劣る		地域における標準的な画地が接面する街路の舗装の状態と舗装の種別、維持補修の程度について、次により分類し比較を行う。 優　る　標準的な画地の接面街路より良い舗装 普　通　標準的な画地に接面する街路とほぼ同程度の舗装 劣　る　標準的な画地の接面街路より悪い舗装又は未舗装
			優る	0		-1.0		-2.0		
			普通	1.0		0		-1.0		
			劣る	2.0		1.0		0		
		歩道	基準地＼対象地	優る		普通		劣る		地域における標準的な画地が接面する街路の歩道の状態とその幅員について、次により分類し比較を行う。 優　る　標準的な画地の接面街路の歩道より幅員が広く、バリアフリー施工等の程度が良い歩道 普　通　標準的な画地が接面する歩道と幅員、バリアフリー施工等の程度がほぼ同じ歩道 劣　る　標準的な画地の接面街路の歩道より幅員が狭く、バリアフリー施工等の程度が悪い歩道
			優る	0		-2.0		-4.0		
			普通	2.0		0		-2.0		
			劣る	4.0		2.0		0		
交通・接近条件	商業地域の中心への接近性等	商業地域の中心への接近性	基準地＼対象地	優る	やや優	やや	普通	やや劣	劣る	地域における中心との位置関係の状態について、次により分類し比較を行う。 優　　　る　地域の中心に近く、中心との関連性が強い画地 やや優る　〃　　中心との関連性がやや強い画地 普　　　通　地域において標準的な位置関係にあると認められる画地 やや劣る　地域の中心に遠く、中心との関連性がやや弱い画地 劣　　　る　中心との関連性が弱い画地
			優る	0	-5.5	-10.5		-16.0	-21.5	
			やや優	5.5	0	-5.5		-11.5	-17.0	
			普通	12.0	6.0	0		-6.0	-12.0	
			やや劣	19.0	13.0	6.5		0	-6.5	
			劣る	27.5	20.5	13.5		7.0	0	
		最寄駅への接近性	基準地＼対象地	優る	やや優	やや	普通	やや劣	劣る	商業地域の中心地と最寄駅との接近の程度について、次により分類し比較を行う。 優　　　る　最寄駅に近く、客足の便等が良い画地 やや優る　〃　　　　　　　　　　やや良い画地
			優る	0	-3.5	-7.5		-11.0	-15.0	
			やや優	4.0	0	-4.0		-7.5	-11.5	

(普商．個)

条件	項目	細項目	格差の内訳							備考	
交通・接近条件	商業地域の中心への接近性等	最寄駅への接近性	基準地＼対象地	優る	やや優	普通	やや劣	劣る			普通	地域において標準的な位置関係にあると認められる画地
			普通	8.0	4.0	0	-4.0	-8.0			やや劣る	最寄駅に遠く、客足の便等がやや悪い画地
			やや劣	12.5	8.5	4.0	0	-4.0			劣る	〃　悪い画地
			劣る	17.5	13.0	8.5	4.5	0				
環境条件	客足の流動の状態との適合性	客足の流動性	基準地＼対象地	優る	やや優	普通	やや劣	劣る				客足の流動の状態と画地のそれとの適合性の程度について、次により分類し比較を行う。
			優る	0	-2.5	-5.0	-7.5	-10.0			優る	客足の流動の状態との適合性が高い画地
			やや優	2.5	0	-2.5	-5.0	-7.5			やや優る	〃　やや高い画地
			普通	5.0	2.5	0	-2.5	-5.0			普通	地域において客足の流動の状態との適合性が通常の画地
			やや劣	7.5	5.0	2.5	0	-2.5			やや劣る	〃　客足の流動の状態との適合性がやや低い画地
			劣る	10.0	7.5	5.0	2.5	0			劣る	〃　低い画地
	隣接不動産等周囲の状態	隣接不動産等周囲の状態	基準地＼対象地	優る	やや優	普通	やや劣	劣る				画地の周囲に価格形成要因となる施設等の有無及びその影響の程度について、次により分類し比較を行う。
			優る	0	-1.5	-3.0	-4.5	-6.0			優る	増価要因となる施設等があり、その影響が大きい画地
			やや優	1.5	0	-1.5	-3.0	-4.5			やや優る	〃　その影響が小さい画地
			普通	3.0	1.5	0	-1.5	-3.0			普通	価格形成要因となる施設等の影響を受けていない画地
			やや劣	4.5	3.0	1.5	0	-1.5			やや劣る	減価要因となる施設等があり、その影響がやや大きい画地
			劣る	6.0	4.5	3.0	1.5	0			劣る	〃　その影響が大きい画地
	自然的環境	地盤	基準地＼対象地	優る		普通		劣る				地盤の軟弱等の程度について、次により分類し比較を行う。
			優る	0		-2.0		-4.0			優る	地盤が強硬な画地
			普通	2.0		0		-2.0			普通	〃　通常の画地
			劣る	4.0		2.0		0			劣る	〃　軟弱な画地
画地条件	間口・形状及び地積	間口狭小	基準地＼対象地	普通	やや劣	劣る	相当に劣る	極端に劣る				間口狭小の程度について、次により分類し比較を行う。
			普通	1.00	0.97	0.93	0.90	0.87			普通	標準的な画地とほぼ同じ間口の画地
			やや劣	1.03	1.00	0.96	0.93	0.90			やや劣	標準的な画地の間口の広さの0.6以上0.9未満の画地
			劣る	1.08	1.04	1.00	0.97	0.94			劣る	〃　0.4以上0.6未満の画地
			相当に劣る	1.11	1.08	1.03	1.00	0.97			相当に劣る	〃　0.2以上0.4未満の画地
			極端に劣る	1.15	1.11	1.07	1.03	1.00			極端に劣る	〃　0.2未満の画地
		奥行逓減	基準地＼対象地	普通	やや劣	劣る	相当に劣る	極端に劣る				奥行逓減の程度について、次により分類し比較を行う。
			普通	1.00	0.97	0.93	0.90	0.87			普通	標準的な画地とほぼ同じ奥行の画地

(普商．個)

条件	項目	細項目	格差の内訳					備考
画地条件	間口・形状及び地積	奥行逓減	やや劣る	1.03	1.00	0.96	0.93	0.90	やや劣る 標準的な画地の奥行の1.3以上1.5未満の画地
			劣る	1.08	1.04	1.00	0.97	0.94	劣る 〃 1.5以上2.0未満 〃 相当に劣る 〃 2.0以上3.0未満 〃 極端に劣る 〃 3.0以上 〃
			相当に劣る	1.11	1.08	1.03	1.00	0.97	〔留意事項〕 「面大増価」の細項目を適用する場合には、本項は適用しないこと。
			極端に劣る	1.15	1.11	1.07	1.03	1.00	
		奥行短小	基準地＼対象地	普通	やや劣る	劣る	相当に劣る	極端に劣る	奥行短小の程度について、次により分類し比較を行う。
			普通	1.00	0.97	0.93	0.90	0.87	普通 標準的な画地の奥行とほぼ同じ奥行の画地
			やや劣る	1.03	1.00	0.96	0.93	0.90	やや劣る 標準的な画地の奥行の0.6以上0.8未満の画地
			劣る	1.08	1.04	1.00	0.97	0.94	劣る 〃 0.4以上0.6未満 〃 相当に劣る 〃 0.2以上0.4未満 〃 極端に劣る 〃 0.2未満 〃
			相当に劣る	1.11	1.08	1.03	1.00	0.97	
			極端に劣る	1.15	1.11	1.07	1.03	1.00	
		奥行長大	基準地＼対象地	普通	やや劣る	劣る	相当に劣る	極端に劣る	奥行長大の程度について、次により分類し比較を行う。
			普通	1.00	0.97	0.93	0.90	0.87	普通 標準的な画地の間口と奥行の比（奥行／間口）とほぼ同じ画地
			やや劣る	1.03	1.00	0.96	0.93	0.90	やや劣る 標準的な画地の間口と奥行の比の1.5以上2.0未満の画地
			劣る	1.08	1.04	1.00	0.97	0.94	劣る 〃 2.0以上3.0未満の画地 相当に劣る 〃 3.0以上4.0未満の画地 極端に劣る 〃 4.0以上の画地
			相当に劣る	1.11	1.08	1.03	1.00	0.97	
			極端に劣る	1.15	1.11	1.07	1.03	1.00	
		不整形地	基準地＼対象地	普通	やや劣る	劣る	相当に劣る	極端に劣る	不整形の程度について、次により分類し比較を行う。
			普通	1.00	0.97	0.93	0.90	0.87	普通 標準的な画地の形状とほぼ同じ画地
			やや劣る	1.03	1.00	0.96	0.93	0.90	やや劣る 長方形又は台形に近い形状で、有効利用度が高い画地
			劣る	1.08	1.04	1.00	0.97	0.94	劣る 有効利用度が低い画地 相当に劣る その他の形状で、面積が大きく有効利用度が高い画地 極端に劣る その他の形状で、有効利用度が低い画地
			相当に劣る	1.11	1.08	1.03	1.00	0.97	
			極端に劣る	1.15	1.11	1.07	1.03	1.00	
		三角地	基準地＼対象地	普通	やや劣る	劣る	相当に劣る	極端に劣る	三角地の画地利用上の阻害の程度について、次により分類し比較を行う。
			普通	1.00	0.97	0.93	0.90	0.87	普通 標準的な画地の形状とほぼ同じ形状の画地
			やや劣る	1.03	1.00	0.96	0.93	0.90	やや劣る 面積が大きく、角度の小さいものがない画地
			劣る	1.08	1.04	1.00	0.97	0.94	劣る 〃 角度の小さいものがある画地 相当に劣る 面積がやや小さく、 〃
			相当に劣る	1.11	1.08	1.03	1.00	0.97	極端に劣る 面積が小さく、角度の小さいものがある画地

(普商．個)

条件	項目	細項目	格差の内訳					備考
画地条件	間口・形状及び地積	三角地	極端に劣る	1.15	1.11	1.07	1.03	1.00	
		地積過大	基準地＼対象地	普通	やや劣る	劣る	相当に劣る	極端に劣る	地域における標準的な画地の地積との地積過大の程度について、次により分類し比較を行う。 普　通　　標準的な画地の地積とほぼ同じ地積の画地 やや劣る　標準的な画地の地積より過大であるため画地利用上の阻害の程度がやや大きい画地 劣　る　　〃　　　大きい画地 相当に劣る　〃　　　相当に大きい画地 極端に劣る　〃　　　極端に大きい画地 〔留意事項〕 「面大増価」の細項目を適用する場合には、本項は適用しないこと。
			普通	1.00	0.98	0.95	0.92	0.90	
			やや劣る	1.02	1.00	0.97	0.94	0.92	
			劣る	1.05	1.03	1.00	0.97	0.95	
			相当に劣る	1.09	1.07	1.03	1.00	0.98	
			極端に劣る	1.11	1.09	1.06	1.02	1.00	
		面大増価	基準地＼対象地	普通	やや優る	優る	相当に優る	特に優る	地域における標準的な画地の地積より対象地の地積が大きく、収益が増加する場合、面大増価の程度について、次により分類し比較を行う。 普　通　　標準的な画地の地積とほぼ同じ地積の画地 やや優る　標準的な画地の地積より大きいため収益性がやや高い画地 優　る　　〃　　　高い画地 相当に優る　〃　　　相当に高い画地 特に優る　〃　　　特に高い画地 〔留意事項〕 対象地の一体利用が可能であり、かつ収益の増加が明らかであることを条件として適用すること。 なお、この場合「地積過大」及び「奥行逓減」の項は適用しないこと。
			普通	1.00	1.01	1.02	1.03	1.05	
			やや優る	0.99	1.00	1.01	1.02	1.04	
			優る	0.98	0.99	1.00	1.01	1.03	
			相当に優る	0.97	0.98	0.99	1.00	1.02	
			特に優る	0.95	0.96	0.97	0.98	1.00	
		地積過小	基準地＼対象地	普通	やや劣る	劣る	相当に劣る	極端に劣る	地域における標準的な画地の地積との地積過小の程度について、次により分類し比較を行う。 普　通　　標準的な画地の地積とほぼ同じ地積の画地 やや劣る　標準的な画地の地積より過小であるため画地利用上の阻害の程度がやや大きい画地 劣　る　　〃　　　大きい画地 相当に劣る　〃　　　相当に大きい画地 極端に劣る　〃　　　極端に大きい画地
			普通	1.00	0.98	0.95	0.92	0.90	
			やや劣る	1.02	1.00	0.97	0.94	0.92	
			劣る	1.05	1.03	1.00	0.97	0.95	
			相当に劣る	1.09	1.07	1.03	1.00	0.98	
			極端に劣る	1.11	1.09	1.06	1.02	1.00	
	接面街路との関係	高低	基準地＼対象地	優る	やや優る	普通	やや劣る	劣る	接面街路の高低差による利便性の程度について、次により分類し比較を行う。 優　る　　高低差により利便性が高い画地 やや優る　高低差により利便性がやや高い画地 普　通　　高低差がない画地又は高低差があっても利便性が変わらない画地 やや劣る　高低差により利便性がやや低い画地 劣　る　　高低差により利便性が低い画地
			優る	1.00	0.97	0.94	0.90	0.87	
			やや優る	1.04	1.00	0.97	0.93	0.90	
			普通	1.07	1.04	1.00	0.97	0.93	
			やや劣る	1.11	1.08	1.04	1.00	0.97	
			劣る	1.15	1.12	1.08	1.04	1.00	
		角地（正面及び一方の側面が街路に接する画地）	基準地＼対象地	普通	やや優る	優る	相当に優る	特に優る	角地による顧客の出入の便、商品宣伝の効果等の程度について、次により分類し比較を行う。 普　通　　中間画地（一方が街路に接する画地） やや優る　側面道路の系統、連続性等が正面道路より相当に劣る画地
			普通	1.00	1.03	1.05	1.08	1.10	
			やや優る	0.97	1.00	1.02	1.05	1.07	

(普商．個)

条件	項目	細項目	格差の内訳					備考	
画地条件	接面街路との関係	角地（正面及び一方の側面が街路に接する画地）	優る	0.95	0.98	1.00	1.03	1.05	優る	側面道路の系統、連続性等が正面道路より劣る画地
			相当に優る	0.93	0.95	0.97	1.00	1.02	相当に優る	側面道路の系統、連続性等が正面道路よりやや劣る画地
			特に優る	0.91	0.94	0.95	0.98	1.00	特に優る	側面道路の系統、連続性等が正面道路とほぼ同じ画地
		二方路（正面及び裏面が街路に接する画地）	基準地＼対象地	普通	やや優る	優る	相当に優る	特に優る		二方路による顧客の出入の便、商品宣伝の効果等の程度について、次により分類し比較を行う。
			普通	1.00	1.02	1.04	1.06	1.08	普通	中間画地（一方が街路に接する画地）
			やや優る	0.98	1.00	1.02	1.04	1.06	やや優る	裏面道路の系統、連続性等が正面道路より相当に劣る画地
			優る	0.96	0.98	1.00	1.02	1.04	優る	裏面道路の系統、連続性等が正面道路より劣る画地
			相当に優る	0.94	0.96	0.98	1.00	1.02	相当に優る	裏面道路の系統、連続性等が正面道路よりやや劣る画地
			特に優る	0.93	0.94	0.96	0.98	1.00	特に優る	裏面道路の系統、連続性等が正面道路とほぼ同じ画地
		三方路（三方が街路に接する画地）	基準地＼対象地	普通	やや優る	優る	相当に優る	特に優る		三方路による顧客の出入の便、商品宣伝の効果等の程度について、次により分類し比較を行う。
			普通	1.00	1.03	1.07	1.11	1.15	普通	中間画地（一方が街路に接する画地）
			やや優る	0.97	1.00	1.04	1.08	1.11	やや優る	正面道路以外の道路の系統、連続性等が正面道路より劣る画地
			優る	0.93	0.96	1.00	1.04	1.07	優る	正面道路以外の道路のうち一つは正面道路とほぼ同じ道路の系統、連続性等を有し、他は正面道路より劣る画地
			相当に優る	0.90	0.93	0.96	1.00	1.04	相当に優る	正面道路以外の道路のうち一つは道路の系統、連続性等が正面道路とほぼ同じであり、他は正面道路よりやや劣る画地
			特に優る	0.87	0.90	0.93	0.97	1.00	特に優る	接面道路の全てがほぼ同じ道路の系統、連続性等を有する画地
		四方路（四方が街路に接する画地）	基準地＼対象地	普通	やや優る	優る	相当に優る	特に優る		四方路による顧客の出入の便、商品宣伝効果等の利便性の程度について、次により分類し比較を行う。
			普通	1.00	1.05	1.10	1.15	1.20	普通	中間画地（一方が街路に接する画地）
			やや優る	0.95	1.00	1.05	1.10	1.14	やや優る	前面道路以外の道路の系統、連続性等が前面道路より劣る画地
			優る	0.91	0.95	1.00	1.05	1.09	優る	前面道路以外の道路のうち1～2は道路の系統、連続性等が前面道路とほぼ同じで、他は前面道路より劣る画地
			相当に優る	0.87	0.91	0.96	1.00	1.04	相当に優る	前面道路以外の道路のうち2～3は道路の系統、連続性等が前面道路とほぼ同じで、他は前面道路より劣る画地
			特に優る	0.83	0.88	0.92	0.95	1.00	特に優る	接面道路の全てがほぼ同じ道路の系統、連続性等を有する画地
	その他	袋地	対象地の間口と奥行、路地状（進入路）部分の奥行の関係及び対象地の地形を考慮して間口狭小及び奥行長大等の率を準用して補正するものとする。							
		無道路地	現実の利用に最も適した道路等に至る距離等の状況を考慮し取付道路の取得の可否及びその費用を勘案して適正に定めた率をもって補正するものとする。							

(普商.個)

条件	項目	細項目	格差の内訳							備考
画地条件	その他	崖地等	崖地等で通常の用途に供することができないものと認められる部分を有する画地の場合はその崖地部分の面積及び傾斜角度等を考慮し適正に定めた率をもって補正するものとする。							
		その他								
行政的条件	公法上の規制の程度	用途地域等の地域、地区等	基準地＼対象地	優る	やや優	普通	やや劣	劣る		地域における標準的な画地が受ける公法上の規制の状態との差異による規制の程度について、次により分類し比較を行う。
			優る	0	−4.5	−9.0	−13.5	−18.0		優　る　標準的な画地より規制の程度が弱く、大きな増価要因を受けている画地
			やや優	5.0	0	−5.0	−9.5	−14.5		やや優る　〃　やや大きな増価要因を受けている画地
			普通	10.0	5.0	0	−5.0	−10.0		普　通　標準的な画地と同程度の規制を受けている画地又は増減の要因を受けていない画地
			やや劣	16.0	10.5	5.5	0	−5.5		やや劣る　標準的な画地より規制の程度が強く、やや大きな減価要因を受けている画地
			劣る	22.0	16.5	11.0	5.5	0		劣　る　〃　大きな減価要因を受けている画地
その他	その他	その他	基準地＼対象地	優る		普通		劣る		街路条件、交通・接近条件、環境条件、画地条件、行政的条件で掲げる項目のほか、比較すべき特別の項目があると認められるときは、その項目に応じて適正に格差率を求めるものとする。
			優る							
			普通							
			劣る							

別表第19　　　　　　　　　　地域要因比準表　　　　　　　　　（近隣商業地域）

条件	項目	細項目	格差の内訳					備考
街路条件	街路の状態	幅員	基準地域＼対象地域	優る	普通	劣る		地域別、規模別、業種別等の特性により街路の幅員が異なるので、これらの特性をもつ地域に要請される幅員との適合の程度について、次により比較し分類を行う。 優　る　地域における主要な街路の幅員の適合性が高い地域 普　通　地域における主要な街路の幅員の適合性が通常の地域 劣　る　地域における主要な街路の幅員の適合性が低い地域
			優る	0	-1.0	-2.0		
			普通	1.0	0	-1.0		
			劣る	2.0	1.0	0		
		舗装	基準地域＼対象地域	優る	普通	劣る		舗装の種別、維持補修の程度等について、次により分類し比較を行う。 優　る　普通の状態のほか、敷石、木煉瓦、タイル等の特殊の舗装等で程度が高い地域 普　通　コンクリート舗装で維持補修が良好な地域 劣　る　簡易舗装の地域又はコンクリート舗装で維持補修の程度が低い地域
			優る	0	-1.0	-2.0		
			普通	1.0	0	-1.0		
			劣る	2.0	1.0	0		
		歩道	基準地域＼対象地域	優る	普通	劣る		街路の歩道の幅員等について、次により分類し比較を行う。 優　る　幅員2m以上又はバリアフリー施工等がされている地域 普　通　幅員2m未満の地域 劣　る　歩道が設置されていない地域 なお、各分類における幅員、バリアフリー施工等が、地域の実態と合わない場合があるので留意すること。
			優る	0	-3.0	-5.0		
			普通	3.0	0	-3.0		
			劣る	5.0	3.0	0		
		勾配	基準地域＼対象地域	普通	やや劣る	劣る		街路の勾配とこれによる客足の流れ等に与える減価の程度について、次により分類し比較を行う。 普　通　街路の勾配が殆どない地域 やや劣る　街路の勾配があり減価の程度がやや高い地域 劣　る　街路の勾配があり減価の程度が高い地域
			普通	0	-1.0	-2.0		
			やや劣る	1.0	0	-1.0		
			劣る	2.0	1.0	0		
		系統及び連続性	基準地域＼対象地域	優る	やや優る	普通	やや劣る	劣る	背後地、交通施設等との関連から客足の流れの性格及び商品等の搬出入に関する便否等の程度について、次により分類し比較を行う。 優　る　客足の流れの性格及び搬出入の利便性が高い地域 やや優る　〃　やや高い地域 普　通　〃　通常の地域 やや劣る　〃　やや低い地域 劣　る　〃　低い地域
			優る	0	-1.0	-2.0	-3.0	-4.0
			やや優る	1.0	0	-1.0	-2.0	-3.0
			普通	2.0	1.0	0	-1.0	-2.0
			やや劣る	3.0	2.0	1.0	0	-1.0
			劣る	4.0	3.0	2.0	1.0	0
	街区の状態	街区の整然性	基準地域＼対象地域	優る	普通	劣る		街区の配置、規模等商業の集団的機能が効率的に発揮できる態様の程度について、次により分類し比較を行う。 優　る　効率的な整備の状態にある地域 普　通　整備の状態が通常の地域 劣　る　未整備の状態にある地域
			優る	0	-1.0	-2.0		
			普通	1.0	0	-1.0		
			劣る	2.0	1.0	0		

(近商．地)

条件	項目	細項目	格差の内訳							備考
街路条件	街区の状態	街区の施設の状態	基準地域＼対象地域	優る		普通		劣る		小公園、街路樹、街灯、植栽、公衆便所等の都市施設の整備の状態について、次により分類し比較を行う。
			優る	0		−0.5		−1.0		優る　施設の整備が良好な状態にある地域
			普通	0.5		0		−0.5		普通　施設の整備が通常の状態にある地域
			劣る	1.0		0.5		0		劣る　施設の整備が不良な状態にある地域
交通・接近条件	顧客の交通手段の状態等	最寄駅の乗降客の数	対象地域との格差	基準地の属する地域と比較して						最寄駅の乗降客数とそれの対象地域への流入量の状態について、分類し比較を行う。
				多い	やや多い	ほぼ同じ	やや少ない	少ない		
			格差率	4.0	2.0	0	−2.0	−4.0		
		最寄駅への接近性	基準地域＼対象地域	優る	やや優る	普通	やや劣る	劣る		商業地域の中心地と最寄駅との接近の程度について、次により分類し比較を行う。
			優る	0	−1.5	−3.0	−4.5	−6.0		優る　　最寄駅に近接し、客足の便が良い地域
			やや優る	1.5	0	−1.5	−3.0	−4.5		やや優る　最寄駅に近く、客足の便がやや良い地域
			普通	3.0	1.5	0	−1.5	−3.0		普通　　客足の便が通常の地域
			やや劣る	4.5	3.0	1.5	0	−1.5		やや劣る　最寄駅に遠く客足の便がやや悪い地域
			劣る	6.0	4.5	3.0	1.5	0		劣る　　　〃　　　悪い地域
		官公署との接近性	基準地域＼対象地域	優る		やや優る		普通		官公署との接近の程度について、次により分類し比較を行う。
			優る	0		−2.0		−4.0		優る　　官公署に近く、収益性に相当に良い影響を受けている地域
			やや優る	2.0		0		−2.0		やや優る　官公署に近く、収益性に良い影響を受けている地域
			普通	4.0		2.0		0		普通　　官公署への遠近による影響を受けていない地域
		駐車場の整備の状態	基準地域＼対象地域	優る		普通		劣る		駐車場整備地区の指定の有無、路上駐車場又は路外駐車場の整備の状態等により駐車の便否の程度について、次により分類し比較を行う。
			優る	0		−1.0		−2.0		優る　　駐車場が整備され駐車の便が良い地域
			普通	1.0		0		−1.0		普通　　駐車場の整備及び駐車の便が通常の地域
			劣る	2.0		1.0		0		劣る　　駐車場が未整備で駐車の便が悪い地域
		交通規制の状態	基準地域＼対象地域	優る		普通		劣る		一方通行、停車（駐車）を禁止する場所、駐車時間の制限等による客足又は商品の搬出入に対する利便性の程度について、次により分類し比較を行う。
			優る	0		−0.5		−1.0		優る　　交通規制により利便性が助長されている地域
			普通	0.5		0		−0.5		普通　　交通規制による利便性の影響を受けていない地域
			劣る	1.0		0.5		0		劣る　　交通規制により利便性が阻害されている地域
環境条件	経済施設の配置	デパート、大型店の数、延面積	基準地域＼対象地域	優る	やや優る	普通	やや劣る	劣る		デパート、大型店の数及びその延面積の比較を基本に、販売商品の種類、品等、販売方法、顧客数等店舗の性格を考慮し、利益性の優劣を判断するものとし、次により分類し比較を行う。
			優る	0	−1.5	−3.0	−4.5	−6.0		優る　　店舗の数、延面積が多く、収益性が高い地域
			やや優る	1.5	0	−1.5	−3.0	−4.5		

（近商．地）

条件	項目	細項目	格差の内訳					備考
環境条件	経済施設の配置	デパート、大型店の数、延面積	普通	3.0	1.5	0	-1.5	-3.0	やや優る　店舗の数、延面積が多く、収益性がやや高い地域
			やや劣る	4.5	3.0	1.5	0	-1.5	普　通　店舗の数、延面積の状態が通常の地域 やや劣る　店舗の数、延面積が少なく、収益性がやや低い地域
			劣る	6.0	4.5	3.0	1.5	0	劣　る　〃　　　　　　　　低い地域
	全国的規模の店舗、事務所の数、延面積	基準地域＼対象地域	優る	やや優	普通	やや劣	劣る		全国的な規模の金融機関等の店舗、商社、メーカー等の事務所の数、延面積の多少の程度について、次により分類し比較を行う。
			優る	0	-0.5	-1.0	-1.5	-2.0	優　る　事務所、店舗等の数、延面積が多い地域
			やや優	0.5	0	-0.5	-1.0	-1.5	やや優る　〃　　　　　やや多い地域
			普通	1.0	0.5	0	-0.5	-1.0	普　通　〃　　　　　通常の地域
			やや劣	1.5	1.0	0.5	0	-0.5	やや劣る　〃　　　　　やや少ない地域
			劣る	2.0	1.5	1.0	0.5	0	劣　る　〃　　　　　少ない地域
	娯楽施設の状態	基準地域＼対象地域	優る		普通		劣る		劇場、映画館、遊技場等の施設の状態による顧客の誘引力の程度について、次により分類し比較を行う。
			優る	0		-2.0		-4.0	優　る　施設との相互関係が良く、顧客の誘引に対する寄与の程度が高い地域
			普通	2.0		0		-2.0	普　通　〃　　　　　通常の地域
			劣る	4.0		2.0		0	劣　る　施設との相互関係が悪く、顧客の誘引に対する寄与の程度が低い地域
	不適合な施設の状態	基準地域＼対象地域	普通		やや劣る		劣る		工場、倉庫、住宅等地域の標準的使用目的からかけ離れた用途の施設による店舗の連たん性、客足の流れの阻害の程度又は営業時間に影響を及ぼす施設とその程度等について、次により分類し比較を行う。
			普通	0		-1.0		-2.0	普　通　不適合な施設がない地域又は施設があってもその影響を受けていない地域
			やや劣る	1.0		0		-1.0	やや劣る　不適合な施設による影響がやや大きい地域
			劣る	2.0		1.0		0	劣　る　〃　　　　　大きい地域
	その他の客等を誘引する施設の状態	基準地域＼対象地域	優る		普通		劣る		その他の客等の誘引施設による顧客の誘引力の格差の程度について、次により分類し比較を行う。
			優る	0		-2.0		-4.0	優　る　施設との相互関係が良く、顧客の誘引に対する寄与の程度が高い地域
			普通	2.0		0		-2.0	普　通　〃　　　　　通常の地域
			劣る	4.0		2.0		0	劣　る　施設との相互関係が悪く、顧客の誘引に対する寄与の程度が低い地域
	背後地及び顧客の購買力等	背後地の人口の状態	基準地域＼対象地域	優る	やや優	普通	やや劣	劣る	背後地の人口の数について、次により分類し比較を行う。
			優る	0	-2.5	-5.0	-7.5	-10.0	優　る　背後地の人口が多い地域
			やや優る	2.5	0	-2.5	-5.0	-7.5	やや優る　〃　　　　　やや多い地域
			普通	5.0	2.5	0	-2.5	-5.0	普　通　〃　　　　　通常の地域
			やや劣る	7.5	5.0	2.5	0	-2.5	やや劣る　〃　　　　　やや少ない地域
			劣る	10.0	7.5	5.0	2.5	0	劣　る　〃　　　　　少ない地域

(近商.地)

条件	項目	細項目	基準地域＼対象地域	優る	やや優	普通	やや劣る	劣る	備考
環境条件	背後地及び顧客の購買力等	背後地の範囲	優る	0	−2.5	−5.0	−7.5	−10.0	交通機関の利用時間、経費その他の便益性と競合商業地域の商業施設等の整備状況等により背後地の地域的範囲の広さの程度について、次により分類し比較を行う。
			やや優る	2.5	0	−2.5	−5.0	−7.5	優　る　背後地の地域的な範囲が広い地域
			普通	5.0	2.5	0	−2.5	−5.0	やや優る　〃　やや広い地域
			やや劣る	7.5	5.0	2.5	0	−2.5	普　通　〃　通常の地域／やや劣る　〃　やや狭い地域
			劣る	10.0	7.5	5.0	2.5	0	劣　る　〃　狭い地域
		顧客の購買力等	優る	0	−1.5	−3.0	−4.5	−6.0	背後地の人口構成、所得の状態及び販売商品の品等等による顧客の購買力等の程度について、次により分類し比較を行う。
			やや優る	1.5	0	−1.5	−3.0	−4.5	優　る　顧客の購買力等が強い地域
			普通	3.0	1.5	0	−1.5	−3.0	やや優る　〃　やや強い地域／普　通　〃　通常の地域
			やや劣る	4.5	3.0	1.5	0	−1.5	やや劣る　〃　やや弱い地域
			劣る	6.0	4.5	3.0	1.5	0	劣　る　〃　弱い地域
	競争の状態と経営者の創意と資力	店舗の協業化の状態	優る	0	−2.0	−4.0	−6.0	−8.0	共同ビル、アーケード街等の建設又は仕入、販売方法等の協業化による優位の程度について、次により分類し比較を行う。
			やや優る	2.0	0	−2.0	−4.0	−6.0	優　る　協業化が進んでいる地域
			普通	4.0	2.0	0	−2.0	−4.0	やや優る　〃　やや進んでいる地域／普　通　協業化の状態が通常の地域
			やや劣る	6.0	4.0	2.0	0	−2.0	やや劣る　協業化がやや遅れている地域
			劣る	8.0	6.0	4.0	2.0	0	劣　る　〃　遅れている地域
		高度利用の状態	優る	0	−1.5	−3.0	−4.5	−6.0	建物の高層化、店舗の拡張等の程度について、次により分類し比較を行う。／優　る　建物の高層化等高度利用が進んでいる地域
			やや優る	1.5	0	−1.5	−3.0	−4.5	やや優る　〃　やや進んでいる地域
			普通	3.0	1.5	0	−1.5	−3.0	普　通　建物の高層化等高度利用の状態が通常の地域
			やや劣る	4.5	3.0	1.5	0	−1.5	やや劣る　建物の高層化等高度利用がやや遅れている地域
			劣る	6.0	4.5	3.0	1.5	0	劣　る　〃　遅れている地域
	繁華性の程度	顧客の通行量	優る	0	−6.0	−11.5	−17.5	−23.0	接面街路の徒歩客の1日の全通行量、時間帯別の通行量及びその増減の幅、傾向等による顧客の通行状態等について、次により分類し比較を行う。／優　る　通行量が多く、そのうちの顧客の占める割合が高い地域
			やや優る	6.0	0	−6.0	−12.0	−18.5	やや優る　通行量がやや多く、そのうちの顧客の占める割合がやや高い地域
			普通	13.0	6.5	0	−6.5	−13.0	普　通　通行量の状態が通常の地域

(近商．地)

条件	項目	細項目	格差の内訳					備　考
環境条件	繁華性の程度	顧客の通行量	やや劣る	21.0	14.0	7.0	0	-7.0	やや劣る　通行量がやや少なく、そのうちの顧客の占める割合がやや低い地域 劣　　る　通行量が少なくそのうちの顧客の占める割合が低い地域
			劣　る	30.0	22.5	15.0	7.5	0	
		店舗の連たん性	基準地域＼対象地域	優る	やや優る	普通	やや劣る	劣る	店舗の連たんの程度について、次により分類し比較を行う。 優　　る　店舗が連たんし集積の程度が高い地域 やや優る　　〃　　　　　　　　　　　　　　　　　やや高い地域 普　　通　店舗の連たん度、集積の程度が通常の地域 やや劣る　店舗以外の建物の混在の度合がやや高く、集積の程度がやや低い地域 劣　　る　店舗以外の建物の混在の度合が高く、集積の程度が低い地域
			優　る	0	-2.5	-5.0	-7.5	-10.0	
			やや優る	2.5	0	-2.5	-5.0	-7.5	
			普　通	5.0	2.5	0	-2.5	-5.0	
			やや劣る	7.5	5.0	2.5	0	-2.5	
			劣　る	10.0	7.5	5.0	2.5	0	
		営業時間の長短	基準地域＼対象地域	優る	普通	劣る			営業時間の長短による顧客の量等に与える影響の程度について、次により分類し比較を行う。 優　　る　営業時間が長く、顧客の通行量が多い地域 普　　通　営業時間帯が通常の地域 劣　　る　営業時間が短く、顧客の通行量が少ない地域
			優　る	0	-2.0	-4.0			
			普　通	2.0	0	-2.0			
			劣　る	4.0	2.0	0			
		犯罪の発生等の状態	基準地域＼対象地域	普通	やや劣る	劣る			犯罪の発生及びその危険性等により顧客の誘引力を阻害し、客足に与える影響の程度について、次により分類し比較を行う。 普　　通　犯罪の発生及びその危険性等がなく客足に影響がない地域 やや劣る　犯罪の発生及びその危険性等により客足にやや悪い影響を受けている地域 劣　　る　犯罪の発生及びその危険性等により客足に相当に悪い影響を受けている地域
			普　通	0	-2.0	-4.0			
			やや劣る	2.0	0	-2.0			
			劣　る	4.0	2.0	0			
	自然的環境	地質、地盤等	基準地域＼対象地域	優る	普通	劣る			地質、地盤等自然的環境条件の良否の程度について、次により分類し比較を行う。 優　　る　地質、地盤等の自然的条件が良い地域 普　　通　　〃　　　　　　　　　　　通常の地域 劣　　る　　〃　　　　　　　　　　　悪い地域
			優　る	0	-2.0	-4.0			
			普　通	2.0	0	-2.0			
			劣　る	4.0	2.0	0			
	洪水・地すべり等の災害発生の危険性	洪水、地すべり、高潮、崖くずれ等	基準地域＼対象地域	無	有				災害の種類、発生の頻度及びその規模等にもとづく危険性について、次により分類し比較を行う。なお、特に津波の危険性、土砂災害の危険性については土地価格への影響が大きい場合があるので、これら地域における格差率については、慎重に調査のうえ適用することに留意すること。 無　　　　災害の発生の危険性が一般的に殆どない地域 小さ　い　災害の発生の危険性が一般的に小さい地域 やや小さい　災害の発生の危険性が一般的にやや小さい地域 やや大きい　災害の発生の危険性が一般的にやや大きい地域 大き　い　災害の発生の危険性が一般的に大きい地域
					小さい	やや小さい	やや大きい	大きい	
			無	0	-1.0	-2.5	-4.0	-5.0	
			小さい	1.0	0	-1.5	-3.0	-4.0	
			やや小さい	2.5	1.5	0	-1.5	-2.5	
			やや大きい	4.0	3.0	1.5	0	-1.0	
			大きい	5.0	4.0	2.5	1.0	0	
行政的条件	公法上の規制の程度	容積制限による規制	基準地域＼対象地域	優る	やや優る	普通	やや劣る	劣る	容積率の差及び当該容積率と地域の標準的使用の容積率の程度について、次により分類し比較を行う。 優　　る　容積率が高く、当該容積率と地域の標準的使用の容積率がほぼ同じとなっている地域 やや優る　容積率が高く、当該容積率に比較して地域の標準的使用の容積率が低くなっている地域 普　　通　容積率が30/10前後で、当該地域の標準的使用の容積率とがほぼ一致している地域 やや劣る　容積率が低く、当該容積率と地域の標準的使用の容積率がほぼ同じとなっている地域 劣　　る　容積率が低く、当該容積率に比較して地域の標準的使用の容積率が低くなっている地域
			優　る	0	-1.5	-3.0	-4.5	-6.0	
			やや優る	1.5	0	-1.5	-3.0	-4.5	
			普　通	3.0	1.5	0	-1.5	-3.0	
			やや劣る	4.5	3.0	1.5	0	-1.5	
			劣　る	6.0	4.5	3.0	1.5	0	
		高さ制限による規制	基準地域＼対象地域	優る	やや優る	普通	やや劣る	劣る	都市計画で定められた高さの制限による建物の利用に与える影響の程度について、次により分類し比較を行う。
			優　る	0	-0.5	-1.0	-1.5	-2.0	

（近商．地）

条件	項目	細項目	格差の内訳					備考	
行政的条件	公法上の規制の程度	高さ制限による規制	やや優	0.5	0	-0.5	-1.0	-1.5	優　る　高さ制限による規制により建物の高度利用等土地利用の増進の程度が高い地域
			普通	1.0	0.5	0	-0.5	-1.0	やや優　　〃　　　　　やや高い地域 普　通　高さ制限のない地域
			やや劣	1.5	1.0	0.5	0	-0.5	やや劣　高さ制限による規制により建物の高度利用等土地利用の制限の程度がやや高い地域
			劣　る	2.0	1.5	1.0	0.5	0	劣　る　　〃　　　　　高い地域
		防火地域等の指定に伴う制限	基準地域＼対象地域	優る	やや優	普通	やや劣	劣る	防火地域又は準防火地域の指定により地域の建物の不燃化、ビル化の程度について、次により分類し比較を行う。
			優　る	0	-1.0	-2.0	-3.0	-4.0	優　る　防火地域の指定があり、不燃化、ビル化が進んでいる地域
			やや優	1.0	0	-1.0	-2.0	-3.0	やや優　防火地域又は準防火地域の指定があり、不燃化、ビル化がやや進んでいる地域
			普　通	2.0	1.0	0	-1.0	-2.0	普　通　防火地域又は準防火地域の指定があり、不燃化、ビル化が通常の地域
			やや劣	3.0	2.0	1.0	0	-1.0	やや劣　防火地域又は準防火地域の指定があり、不燃化、ビル化がやや遅れている地域
			劣　る	4.0	3.0	2.0	1.0	0	劣　る　準防火地域の指定又は未指定であり、不燃化、ビル化が遅れている地域
		その他の地域、地区による規制	基準地域＼対象地域	優る	やや優	普通	やや劣	劣る	その他の地域、地区の規制による商業の利便の増減の程度について、次により分類し比較を行う。
			優　る	0	-2.5	-5.0	-7.5	-10.0	優　る　その他の地域、地区の規制により商業の利便の増進の程度が高い地域
			やや優	2.5	0	-2.5	-5.0	-7.5	やや優　　〃　　　　　やや高い地域
			普　通	5.0	2.5	0	-2.5	-5.0	普　通　その他の地域、地区の規制により商業の利便の増減が殆どない地域
			やや劣	7.5	5.0	2.5	0	-2.5	やや劣　その他の地域、地区の規制により商業の利便の減退の程度がやや高い地域
			劣　る	10.0	7.5	5.0	2.5	0	劣　る　　〃　　　　　高い地域
		その他の規制	基準地域＼対象地域	弱い		普通		強い	
			弱　い	0		$-\alpha'$		$-\alpha''$	
			普　通	α'		0		$-\alpha'$	
			強　い	α''		α'		0	
その他	その他	将来の動向	基準地域＼対象地域	優る	やや優	普通	やや劣	劣る	街路条件、交通・接近条件、環境条件、行政的条件の動向を総合的に考慮して地域の将来の動向について、次により分類し比較を行う。
			優　る	0	-4.5	-9.0	-13.5	-18.0	
			やや優	5.0	0	-5.0	-9.5	-14.5	優　る　発展的に推移すると認められる地域
			普　通	10.0	5.0	0	-5.0	-10.0	やや優　やや発展的に　〃 普　通　現状で　〃
			やや劣	16.0	10.5	5.5	0	-5.5	やや劣　やや衰退的に　〃
			劣　る	22.0	16.5	11.0	5.5	0	劣　る　衰退的に　〃
		その他	基準地域＼対象地域	優る		普通		劣る	街路条件、交通・接近条件、環境条件、行政的条件で掲げる項目及びその他将来の動向のほか、比較すべき特別の項目があると認められるときは、その項目に応じて適正に格差率を求めるものとする。
			優　る						
			普　通						
			劣　る						

別表第20　　　　　　　　　　　個別的要因比準表　　　　　　　　　　（近隣商業地域）

条件	項目	細項目	格差の内訳						備考
街路条件	接面街路の系統・構造等の状態	系統及び連続性	基準地＼対象地	優る		普通		劣る	接面街路の地域の中心への客足の流れの性格等地域の中心との連絡の程度について、次により分類し比較を行う。 優　る　地域の中心との連絡の程度が良い街路 普　通　標準的な画地に接面する街路 劣　る　地域の中心との連絡の程度が悪い街路
			優る	0		－2.0		－4.0	
			普通	2.0		0		－2.0	
			劣る	4.0		2.0		0	
		幅員	基準地＼対象地	優る	やや優	普通	やや劣	劣る	地域における標準的な画地が接面する街路の幅員との広狭の格差により顧客の通行量、商品の搬入等に与える影響の程度について、次により分類し比較を行う。 優　る　標準的な画地の接面街路より適合性が高い街路の幅員 やや優る　〃　やや高い街路の幅員 普　通　標準的な画地に接面する街路の幅員 やや劣る　標準的な画地の接面街路より適合性がやや低い街路の幅員 劣　る　〃　低い街路の幅員
			優る	0	－2.0	－4.0	－6.0	－8.0	
			やや優	2.0	0	－2.0	－4.0	－6.0	
			普通	4.0	2.0	0	－2.0	－4.0	
			やや劣	6.0	4.0	2.0	0	－2.0	
			劣る	8.0	6.0	4.0	2.0	0	
		舗装	基準地＼対象地	優る		普通		劣る	地域における標準的な画地が接面する街路の舗装の状態と舗装の種別、維持補修の程度について、次により分類し比較を行う。 優　る　標準的な画地の接面街路より良い舗装 普　通　標準的な画地に接面する街路とほぼ同程度の舗装 劣　る　標準的な画地の接面街路より悪い舗装又は未舗装
			優る	0		－2.0		－4.0	
			普通	2.0		0		－2.0	
			劣る	4.0		2.0		0	
		歩道	基準地＼対象地	優る		普通		劣る	地域における標準的な画地が接面する街路の歩道の状態とその幅員について、次により分類し比較を行う。 優　る　標準的な画地の接面街路の歩道より幅員が広く、バリアフリー施工等の程度が良い歩道 普　通　標準的な画地が接面する歩道と幅員、バリアフリー施工等の程度がほぼ同じ歩道 劣　る　標準的な画地の接面街路の歩道より幅員が狭く、バリアフリー施工等の程度が悪い歩道
			優る	0		－2.0		－4.0	
			普通	2.0		0		－2.0	
			劣る	4.0		2.0		0	
交通・接近条件	商業地域の中心への接近性等	商業地域の中心への接近性	基準地＼対象地	優る	やや優	普通	やや劣	劣る	地域における中心との位置関係の状態について、次により分類し比較を行う。 優　る　地域の中心に近く、中心との関連性が強い画地 やや優る　〃　やや強い画地 普　通　地域において標準的な位置関係にあると認められる画地 やや劣る　地域の中心に遠く、中心との関連性がやや弱い画地 劣　る　〃　中心との関連性が弱い画地
			優る	0	－5.5	－10.5	－16.0	－21.5	
			やや優	5.5	0	－5.5	－11.5	－17.0	
			普通	12.0	6.0	0	－6.0	－12.0	
			やや劣	19.0	13.0	6.5	0	－6.5	
			劣る	27.5	20.5	13.5	7.0	0	
		最寄駅への接近性	基準地＼対象地	優る	やや優	普通	やや劣	劣る	商業地域の中心地と最寄駅との接近の程度について、次により分類し比較を行う。 優　る　最寄駅に近く、客足の便等が良い画地
			優る	0	－3.5	－6.5	－10.0	－13.0	

(近商.個)

条件	項目	細項目	格差の内訳					備考	
交通・接近条件	商業地域の中心への接近性等	最寄駅への接近性	やや優	やる				やや優	最寄駅に近く、客足の便等がやや良い画地
			3.5	0	-3.5	-7.0	-10.0		
			普通					普通	地域において標準的な位置関係にあると認められる画地
			7.0	3.5	0	-3.5	-7.0		
			やや劣る					やや劣	最寄駅に遠く、客足の便等がやや悪い画地
			11.0	7.5	3.5	0	-3.5		
			劣る					劣る	〃　悪い画地
			15.0	11.5	7.5	4.0	0		
環境条件	客足の流動の状態との適合性	客足の流動性	基準地＼対象地	優る	やや優	普通	やや劣	劣る	客足の流動の状態と画地のそれとの適合性の程度について、次により分類し比較を行う。
			優る	0	-2.5	-5.0	-7.5	-10.0	優る　客足の流動の状態との適合性が高い画地
			やや優	2.5	0	-2.5	-5.0	-7.5	やや優　〃　やや高い画地
			普通	5.0	2.5	0	-2.5	-5.0	普通　地域において客足の流動の状態との適合性が通常の画地
			やや劣	7.5	5.0	2.5	0	-2.5	やや劣　客足の流動の状態との適合性がやや低い画地
			劣る	10.0	7.5	5.0	2.5	0	劣る　〃　低い画地
	隣接不動産等周囲の状態	隣接不動産等周囲の状態	基準地＼対象地	優る	やや優	普通	やや劣	劣る	画地の周囲に価格形成要因となる施設等の有無及びその影響の程度について、次により分類し比較を行う。
			優る	0	-1.5	-3.0	-4.5	-6.0	優る　増価要因となる施設等があり、その影響が大きい画地
			やや優	1.5	0	-1.5	-3.0	-4.5	やや優　〃　その影響が小さい画地
			普通	3.0	1.5	0	-1.5	-3.0	普通　価格形成要因となる施設等の影響を受けていない画地
			やや劣	4.5	3.0	1.5	0	-1.5	やや劣　減価要因となる施設等があり、その影響がやや大きい画地
			劣る	6.0	4.5	1.5	0		劣る　〃　その影響が大きい画地
	自然的環境	地盤	基準地＼対象地	優る		普通		劣る	地盤の軟弱等の程度について、次により分類し比較を行う。
			優る	0		-2.0		-4.0	優る　地盤が強硬な画地
			普通	2.0		0		-2.0	普通　〃　通常の画地
			劣る	4.0		2.0		0	劣る　〃　軟弱な画地
画地条件	間口・形状及び地積	間口狭小	基準地＼対象地	普通	やや劣	劣る	相当に劣る	極端に劣る	間口狭小の程度について、次により分類し比較を行う。
			普通	1.00	0.97	0.93	0.90	0.87	普通　標準的な画地とほぼ同じ間口の画地
			やや劣	1.03	1.00	0.96	0.93	0.90	やや劣　標準的な画地の間口の0.6以上0.9未満の画地
			劣る	1.08	1.04	1.00	0.97	0.94	劣る　〃　0.4以上0.6未満の画地
			相当に劣る	1.11	1.08	1.03	1.00	0.97	相当に劣る　〃　0.2以上0.4未満の画地
			極端に劣る	1.15	1.11	1.07	1.03	1.00	極端に劣る　〃　0.2未満の画地
		奥行逓減	基準地＼対象地	普通	やや劣	劣る	相当に劣る	極端に劣る	奥行逓減の程度について、次により分類し比較を行う。
			普通	1.00	0.97	0.93	0.90	0.87	普通　標準的な画地とほぼ同じ奥行の画地
			やや劣	1.03	1.00	0.96	0.93	0.90	やや劣　標準的な画地の奥行の1.3以上1.5未満の画地

(近商．個)

条件	項目	細項目	格差の内訳					備考	
画地条件	間口・形状及び地積	奥行逓減	劣 る	1.08	1.04	1.00	0.97	0.94	劣　　る　標準的な画地の奥行の1.5以上2.0未満の画地
			相当に劣る	1.11	1.08	1.03	1.00	0.97	相当に劣る　　　〃　　　2.0以上3.0未満の画地
			極端に劣る	1.15	1.11	1.07	1.03	1.00	極端に劣る　　　〃　　　3.0以上の画地
		奥行短小	基準地＼対象地	普通	やや劣る	劣る	相当に劣る	極端に劣る	奥行短小の程度について、次により分類し比較を行う。
			普 通	1.00	0.97	0.93	0.90	0.87	普　　通　標準的な画地の奥行とほぼ同じ奥行の画地
			やや劣る	1.03	1.00	0.96	0.93	0.90	やや劣る　標準的な画地の奥行の0.6以上0.8未満の画地
			劣 る	1.08	1.04	1.00	0.97	0.94	劣　　る　　　〃　　　0.4以上0.6未満の画地
			相当に劣る	1.11	1.08	1.03	1.00	0.97	相当に劣る　　　〃　　　0.2以上0.4未満の画地
			極端に劣る	1.15	1.11	1.07	1.03	1.00	極端に劣る　　　〃　　　0.2未満の画地
		奥行長大	基準地＼対象地	普通	やや劣る	劣る	相当に劣る	極端に劣る	奥行長大の程度について、次により分類し比較を行う。
			普 通	1.00	0.97	0.93	0.90	0.87	普　　通　標準的な画地の間口と奥行の比（奥行／間口）とほぼ同じ画地
			やや劣る	1.03	1.00	0.96	0.93	0.90	やや劣る　標準的な画地の間口と奥行の比の1.5以上2.0未満の画地
			劣 る	1.08	1.04	1.00	0.97	0.94	劣　　る　　　〃　　　2.0以上3.0未満の画地
			相当に劣る	1.11	1.08	1.03	1.00	0.97	相当に劣る　　　〃　　　3.0以上4.0未満の画地
			極端に劣る	1.15	1.11	1.07	1.03	1.00	極端に劣る　　　〃　　　4.0以上の画地
		不整形地	基準地＼対象地	普通	やや劣る	劣る	相当に劣る	極端に劣る	不整形の程度について、次により分類し比較を行う。
			普 通	1.00	0.97	0.93	0.90	0.87	普　　通　標準的な画地の形状とほぼ同じ画地
			やや劣る	1.03	1.00	0.96	0.93	0.90	やや劣る　長方形又は台形に近い形状で、有効利用度が高い画地
			劣 る	1.08	1.04	1.00	0.97	0.94	劣　　る　　　〃　　　有効利用度が低い画地
			相当に劣る	1.11	1.08	1.03	1.00	0.97	相当に劣る　その他の形状で、面積が大きく有効利用度が高い画地
			極端に劣る	1.15	1.11	1.07	1.03	1.00	極端に劣る　その他の形状で、有効利用度が低い画地
		三角地	基準地＼対象地	普通	やや劣る	劣る	相当に劣る	極端に劣る	三角地の画地利用上の阻害の程度について、次により分類し比較を行う。
			普 通	1.00	0.97	0.93	0.90	0.87	普　　通　標準的な画地の形状とほぼ同じ形状の画地
			やや劣る	1.03	1.00	0.96	0.93	0.90	やや劣る　面積が大きく、角度の小さいものがない画地
			劣 る	1.08	1.04	1.00	0.97	0.94	劣　　る　　　〃　　　角度の小さいものがある画地
			相当に劣る	1.11	1.08	1.03	1.00	0.97	相当に劣る　面積がやや小さく、　〃
			極端に劣る	1.15	1.11	1.07	1.03	1.00	極端に劣る　面積が小さく、角度の小さいものがある画地

(近商. 個)

条件	項目	細項目	格差の内訳							備考	
画地条件	間口・形状及び地積	地積過大	基準地＼対象地	普通	やや劣る	劣る	相当に劣る	極端に劣る	地域における標準的な画地の地積との地積過大の程度について、次により分類し比較を行う。	
			普通	1.00	0.98	0.95	0.92	0.90	普通	標準的な画地の地積とほぼ同じ地積の画地
			やや劣る	1.02	1.00	0.97	0.94	0.92	やや劣る	標準的な画地の地積より過大であるため画地利用上の阻害の程度がやや大きい画地
			劣る	1.05	1.03	1.00	0.97	0.95		
			相当に劣る	1.09	1.07	1.03	1.00	0.98	劣る	〃 大きい画地
			極端に劣る	1.11	1.09	1.06	1.02	1.00	相当に劣る	〃 相当に大きい画地
									極端に劣る	〃 極端に大きい画地
		地積過小	基準地＼対象地	普通	やや劣る	劣る	相当に劣る	極端に劣る	地域における標準的な画地の地積との地積過小の程度について、次により分類し比較を行う。	
			普通	1.00	0.98	0.95	0.92	0.90	普通	標準的な画地の地積とほぼ同じ地積の画地
			やや劣る	1.02	1.00	0.97	0.94	0.92	やや劣る	標準的な画地の地積より過小であるため画地利用上の阻害の程度がやや大きい画地
			劣る	1.05	1.03	1.00	0.97	0.95		
			相当に劣る	1.09	1.07	1.03	1.00	0.98	劣る	〃 大きい画地
			極端に劣る	1.11	1.09	1.06	1.02	1.00	相当に劣る	〃 相当に大きい画地
									極端に劣る	〃 極端に大きい画地
	接面街路との関係	高低	基準地＼対象地	優る	やや優る	普通	やや劣る	劣る	接面街路の高低差による利便性の程度について、次により分類し比較を行う。	
			優る	1.00	0.97	0.93	0.89	0.85	優る	高低差により利便性が高い画地
			やや優る	1.04	1.00	0.96	0.93	0.89	やや優る	高低差により利便性がやや高い画地
			普通	1.08	1.04	1.00	0.96	0.92	普通	高低差がない画地又は高低差があっても利便性の程度が変わらない画地
			やや劣る	1.13	1.09	1.04	1.00	0.96	やや劣る	高低差により利便性がやや低い画地
			劣る	1.18	1.13	1.09	1.05	1.00	劣る	高低差により利便性が低い画地
		角地（正面及び一方の側面が街路に接する画地）	基準地＼対象地	普通	やや優る	優る	相当に優る	特に優る	角地による顧客の出入の便、商品宣伝の効果等の程度について、次により分類し比較を行う。	
			普通	1.00	1.03	1.05	1.08	1.10	普通	中間画地（一方が街路に接する画地）
			やや優る	0.97	1.00	1.02	1.05	1.07	やや優る	側面道路の系統、連続性等が正面道路より相当に劣る画地
			優る	0.95	0.98	1.00	1.03	1.05	優る	側面道路の系統、連続性等が正面道路より劣る画地
			相当に優る	0.93	0.95	0.97	1.00	1.02	相当に優る	側面道路の系統、連続性等が正面道路よりやや劣る画地
			特に優る	0.91	0.94	0.95	0.98	1.00	特に優る	側面道路の系統、連続性等が正面道路とほぼ同じ画地
		二方路（正面及び裏面が街路に接する画地）	基準地＼対象地	普通	やや優る	優る	相当に優る	特に優る	二方路による顧客の出入の便、商品宣伝の効果等の程度について、次により分類し比較を行う。	
			普通	1.00	1.02	1.04	1.06	1.08	普通	中間画地（一方が街路に接する画地）
			やや優る	0.98	1.00	1.02	1.04	1.06	やや優る	裏面道路の系統、連続性等が正面道路より相当に劣る画地
			優る	0.96	0.98	1.00	1.02	1.04	優る	裏面道路の系統、連続性等が正面道路より劣る画地

（近商．個）

条件	項目	細項目	格差の内訳					備考	
画地条件	接面街路との関係	二方路（正面及び裏面が街路に接する画地）	相当に優る	0.94	0.96	0.98	1.00	1.02	相当に優る	裏面道路の系統、連続性等が正面道路よりやや劣る画地
			特に優る	0.93	0.94	0.96	0.98	1.00	特に優る	裏面道路の系統、連続性等が正面道路とほぼ同じ画地
		三方路（三方が街路に接する画地）	基準地＼対象地	普通	やや優る	優る	相当に優る	特に優る		三方路による顧客の出入の便、商品宣伝の効果等の程度について、次により分類し比較を行う。
			普通	1.00	1.03	1.07	1.11	1.15	普通	中間画地（一方が街路に接する画地）
									やや優る	正面道路以外の道路の系統、連続性等が正面道路より劣る画地
			やや優る	0.97	1.00	1.04	1.08	1.11	優る	正面道路以外の道路のうち一つは正面道路とほぼ同じ道路の系統、連続性等を有し、他は正面道路より劣る画地
			優る	0.93	0.96	1.00	1.04	1.07		
			相当に優る	0.90	0.93	0.96	1.00	1.04	相当に優る	正面道路以外の道路のうち一つは道路の系統、連続性等が正面道路とほぼ同じであり、他は正面道路よりやや劣る画地
			特に優る	0.87	0.90	0.93	0.97	1.00	特に優る	接面道路のすべてがほぼ同じ道路の系統、連続性等を有する画地
		四方路（四方が街路に接する画地）	基準地＼対象地	普通	やや優る	優る	相当に優る	特に優る		四方路による顧客の出入の便、商品宣伝効果等の利便性の程度について、次により分類し比較を行う。
			普通	1.00	1.05	1.10	1.15	1.20	普通	中間画地（一方が街路に接する画地）
									やや優る	前面道路以外の道路の系統、連続性等が前面道路より劣る画地
			やや優る	0.95	1.00	1.05	1.10	1.14	優る	前面道路以外の道路のうち1～2は道路の系統、連続性等が前面道路とほぼ同じで、他は前面道路より劣る画地
			優る	0.91	0.95	1.00	1.05	1.09		
			相当に優る	0.87	0.91	0.96	1.00	1.04	相当に優る	前面道路以外の道路のうち2～3は道路の系統、連続性等が前面道路とほぼ同じで、他は前面道路より劣る画地
			特に優る	0.83	0.88	0.92	0.96	1.00	特に優る	接面道路のすべてがほぼ同じ道路の系統、連続性等を有する画地
	その他	袋地	対象地の間口と奥行、路地状（進入路）部分の奥行の関係及び対象地の地形を考慮して間口狭小及び奥行長大等の率を準用して補正するものとする。							
		無道路地	現実の利用に最も適した道路等に至る距離等の状況を考慮し取付道路の取得の可否及びその費用を勘案して適正に定めた率をもって補正するものとする。							
		崖地等	崖地等で通常の用途に供することができないものと認められる部分を有する画地の場合はその崖地部分の面積及び傾斜角度等を考慮し適正に定めた率をもって補正するものとする。							
		その他								

(近商．個)

条件	項　目	細項目	格　差　の　内　訳							備　　　考
行政的条件	公法上の規制の程度	用途地域等の地域地区等	基準地＼対象地	優　る	やや優	やる	普　通	やや劣	やる	地域における標準的な画地が受ける公法上の規制の状態との差異による規制の程度について、次により分類し比較を行う。
			優　る	0	−4.5		−9.0	−13.5	−18.0	優　る　標準的な画地より規制の程度が弱く、大きな増価要因を受けている画地
			やや優	5.0	0		−5.0	−9.5	−14.5	やや優　標準的な画地より規制の程度が弱く、やや大きな増価要因を受けている画地
			普　通	10.0	5.0		0	−5.0	−10.0	普　通　標準的な画地と同程度の規制を受けている画地又は増減の要因を受けていない画地
			やや劣	16.0	10.5		5.5	0	−5.5	やや劣　標準的な画地より規制の程度が強く、やや大きな減価要因を受けている画地
			劣　る	22.0	16.5		11.0	5.5	0	劣　る　標準的な画地より規制の程度が強く、大きな減価要因を受けている画地
その他	その他	その他	基準地＼対象地	優　る		普　通		劣　る		街路条件、交通・接近条件、環境条件、画地条件、行政的条件で掲げる項目のほか、比較すべき特別の項目があると認められるときは、その項目に応じて適正に格差率を求めるものとする。
			優　る							
			普　通							
			劣　る							

別表第21　　　　　　　　　　地域要因比準表　　　　　　　　（郊外路線商業地域）

条件	項目	細項目	格差の内訳							備考

街路条件

街路の状態

幅員

基準地域＼対象地域	優る	やや優	普通	やや劣	劣る
優る	0	-2.0	-4.0	-6.0	-8.0
やや優	2.0	0	-2.0	-4.0	-6.0
普通	4.0	2.0	0	-2.0	-4.0
やや劣	6.0	4.0	2.0	0	-2.0
劣る	8.0	6.0	4.0	2.0	0

備考：地域の街路幅員の程度について、次により分類し比較を行う。
- 優る　幅員が25m以上又は4車線以上の地域
- やや優る　幅員が20m以上25m未満の地域
- 普通　幅員が15m以上20m未満の地域
- やや劣る　幅員が10m以上15m未満の地域
- 劣る　幅員が10m未満の地域

歩道

基準地域＼対象地域	優る	普通	劣る
優る	0	-1.0	-2.0
普通	1.0	0	-1.0
劣る	2.0	1.0	0

備考：歩道の有無、幅員等について、次により分類し比較を行う。
- 優る　幅員2m以上又は車道と縁石等により明確に区分されている地域
- 普通　幅員2m未満の地域
- 劣る　歩道が設置されていない地域

なお、各分類における幅員等が、地域の実態と合わない場合があるので留意すること。

勾配

基準地域＼対象地域	普通	やや劣る	劣る
普通	0	-1.0	-2.0
やや劣る	1.0	0	-1.0
劣る	2.0	1.0	0

備考：街路の勾配とこれによる客足の流れ等に与える減価の程度について、次により分類し比較を行う。
- 普通　街路の勾配が殆どない地域
- やや劣る　街路の勾配があり減価の程度がやや高い地域
- 劣る　街路の勾配があり減価の程度が高い地域

構造

基準地域＼対象地域	優る	普通	劣る
優る	0	-1.5	-3.0
普通	1.5	0	-1.5
劣る	3.0	1.5	0

備考：街路の構造（中央帯、植樹帯、車線区分、緩速車線、舗装）の良否を次により分類し比較を行う。
- 優る　街路構造等が優る地域
- 普通　〃　通常の地域
- 劣る　〃　やや劣る地域

系統及び連続性

基準地域＼対象地域	優る	やや優	普通	やや劣	劣る
優る	0	-4.5	-9.0	-13.5	-18.0
やや優	5.0	0	-5.0	-9.5	-14.5
普通	10.0	5.0	0	-5.0	-10.0
やや劣	16.0	10.5	5.5	0	-5.5
劣る	22.0	16.5	11.0	5.5	0

備考：他の幹線道路、高速道路の系統、都心への連続性の良否の程度により分類し比較を行う。
- 優る　系統・連続性が優る地域
- やや優る　〃　やや優る地域
- 普通　〃　普通の地域
- やや劣る　〃　やや劣る地域
- 劣る　〃　劣る地域

交通・接近条件

顧客の交通手段の状態等

最寄駅への接近性

基準地域＼対象地域	優る	やや優	普通	やや劣	劣る
優る	0	-1.0	-2.0	-3.0	-4.0
やや優	1.0	0	-1.0	-2.0	-3.0
普通	2.0	1.0	0	-1.0	-2.0

備考：商業地域の中心地と最寄駅との接近の程度について、次により分類し比較を行う。
- 優る　最寄駅に近接し、客足の便が良い地域
- やや優る　最寄駅に近く、客足の便がやや良い地域
- 普通　客足の便が通常の地域
- やや劣る　最寄駅に遠く、客足の便がやや悪い地域
- 劣る　最寄駅に遠く、客足の便が悪い地域

(郊商．地)

条件	項目	細項目	格差の内訳							備考

条件	項目	細項目								備考
交通・接近条件	顧客の交通手段の状態等	最寄駅への接近性	やや劣る	3.0	2.0	1.0	0	-1.0		〔留意事項〕鉄道が敷設されていない市町村にあって、バスターミナル等が交通の要所として位置付を有している場合には、当該施設をもって駅とみなす。
			劣る	4.0	3.0	2.0	1.0	0		
		都市中心部への接近性	基準地域＼対象地域	優る	やや優	普通	やや劣	劣る		都市中心部とは、対象地域に顧客の量、流れ等に影響を及ぼす繁華性の高い地点をいい、接近性の程度について、次により分類し比較を行う。
			優る	0	-2.0	-4.0	-6.0	-8.0		
			やや優る	2.0	0	-2.0	-4.0	-6.0		優る　都市中心部への接近性が優る地域
			普通	4.0	2.0	0	-2.0	-4.0		やや優る　〃　やや優る地域 普通　〃　通常の地域
			やや劣る	6.0	4.0	2.0	0	-2.0		やや劣る　〃　やや劣る地域
			劣る	8.0	6.0	4.0	2.0	0		劣る　〃　劣る地域
		公共公益施設への接近性	基準地域＼対象地域	優る	やや優	普通	やや劣	劣る		公共公益施設（官公署、公民館、病院、図書館等）への遠近による影響度を次により分類し比較を行う。
			優る	0	-1.0	-2.0	-3.0	-4.0		
			やや優る	1.0	0	-1.0	-2.0	-3.0		優る　公共施設等への接近性が優る地域 やや優る　〃　やや優る地域
			普通	2.0	1.0	0	-1.0	-2.0		普通　〃　通常の地域 やや劣る　〃　やや劣る地域
			やや劣る	3.0	2.0	1.0	0	-1.0		劣る　〃　劣る地域
			劣る	4.0	3.0	2.0	1.0	0		
		主要幹線道路等との接近性	基準地域＼対象地域	優る	やや優	普通	やや劣	劣る		主要幹線道路との接近性又は高速道路の出入口への遠近によって、車両の集まりやすさ、移動の利便性、知名度等を総合的に判断し比較を行う。
			優る	0	-2.5	-5.0	-7.5	-10.0		
			やや優る	2.5	0	-2.5	-5.0	-7.5		優る　主要道路・インターチェンジへの接近性が優る地域
			普通	5.0	2.5	0	-2.5	-5.0		やや優る　〃　やや優る地域
			やや劣る	7.5	5.0	2.5	0	-2.5		普通　〃　通常の地域 やや劣る　〃　やや劣る地域
			劣る	10.0	7.5	5.0	2.5	0		劣る　〃　劣る地域
環境条件	交通の量	交通量	基準地域＼対象地域	優る	やや優	普通	やや劣	劣る		自動車通行台数等の程度を次により分類し比較を行う。
			優る	0	-4.0	-7.5	-11.0	-15.0		優る　自動車通行台数の多い地域 やや優る　〃　やや多い地域
			やや優る	4.0	0	-4.0	-7.5	-11.0		普通　〃　通常の地域 やや劣る　〃　やや少ない地域
			普通	8.0	4.0	0	-4.0	-8.0		劣る　〃　少ない地域
			やや劣る	12.5	8.0	4.0	0	-4.0		〔留意事項〕
			劣る	17.5	13.0	8.5	4.5	0		渋滞が生じている場合には、その程度を勘案して分類を1～2下げて適用する。
	沿道の状況	店舗の種類	基準地域＼対象地域	優る	やや優	普通	やや劣	劣る		沿道の状況、店舗化の程度を次により分類し比較を行う。
			優る	0	-2.0	-4.0	-6.0	-8.0		優る　一般の飲食店、物販店のほか各種専門店もみられる地域

（郊商．地）

条件	項目	細項目	格差の内訳					備考	
環境条件	沿道の状況	店舗の種類	やや優 2.0	0	-2.0	-4.0	-6.0	やや優	物販店、専門店もみられる地域
			普通 4.0	2.0	0	-2.0	-4.0	普通	飲食店、ガソリンスタンド、カーショップ等がみられる地域
			やや劣 6.0	4.0	2.0	0	-2.0	やや劣	ガソリンスタンド、飲食店等の店舗が散見される地域
			劣る 8.0	6.0	4.0	2.0	0	劣る	農地等が多くガソリンスタンド程度がみられる地域
		店舗等の連たん性	基準地域＼対象地域 優る	やや優	普通	やや劣	劣る		店舗の連たんの程度について、次により分類し比較を行う。
			優る 0	-2.0	-4.0	-6.0	-8.0	優る	店舗が連たんし、集積の程度が高い地域
			やや優 2.0	0	-2.0	-4.0	-6.0	やや優	店舗が連たんし、集積の程度がやや高い地域
			普通 4.0	2.0	0	-2.0	-4.0	普通	店舗が連たんし、集積の程度が通常の地域
			やや劣 6.0	4.0	2.0	0	-2.0	やや劣	店舗以外の建物の混在の度合がやや高く、集積の程度がやや低い地域
			劣る 8.0	6.0	4.0	2.0	0	劣る	農地等が多く店舗の集積の程度が低い地域
	経済施設の配置	大型店等の有無、進出の程度	基準地域＼対象地域 優る	やや優	普通	やや劣	劣る		大型店の有無、顧客数等店舗の性格を考慮し収益性の優劣を判断するものとし、次により分類し比較を行う。
			優る 0	-2.5	-5.0	-7.5	-10.0	優る	大型店舗の進出度が高く、収益性が高い地域
			やや優 2.5	0	-2.5	-5.0	-7.5	やや優	大型店舗が進出し、収益性がやや高い地域
			普通 5.0	2.5	0	-2.5	-5.0	普通	大型店舗は少ないが中型店舗は多く、通常の収益性が見込める地域
			やや劣 7.5	5.0	2.5	0	-2.5	やや劣	大型店舗がなく、また中型店舗も少なく収益性がやや低い地域
			劣る 10.0	7.5	5.0	2.5	0	劣る	大型店舗がなく、また中型店舗も少なく収益性が低い地域
		営業時間の長短	基準地域＼対象地域 優る	普通	劣る				営業時間の長短による顧客の量等に与える影響の程度について、次により分類し比較を行う。
			優る 0	-1.0	-2.0			優る	営業時間が長く、顧客の通行量が多い地域
			普通 1.0	0	-1.0			普通	〃 通常の地域
			劣る 2.0	1.0	0			劣る	〃 が短く、顧客の通行量が少ない地域
		その他の顧客を誘引する施設の有・無状態	基準地域＼対象地域 優る	普通	劣る				その他の顧客を誘引する施設による顧客の誘引力の格差の程度について、次により分類し比較を行う。
			優る 0	-2.5	-5.0			優る	施設との相互関係が良く、顧客の誘引に対する寄与の程度が高い地域
			普通 2.5	0	-2.5			普通	〃 通常の地域
			劣る 5.0	2.5	0			劣る	顧客を誘引する施設がない地域
	背後地及び顧客の購買力等	背後地の状態	基準地域＼対象地域 優る	普通	劣る				背後地の状態により、幹線道路沿道地域の収益性に与える影響を考慮し比較を行う。
			優る 0	-2.5	-5.0			優る	背後地の状態により収益性が高い地域
			普通 2.5	0	-2.5			普通	〃 収益性が通常の地域
			劣る 5.0	2.5	0			劣る	〃 収益性が低い地域

(郊商．地)

条件	項　目	細項目	格差の内訳					備　考
環境条件	背後地及び顧客の購買力等	顧客の購買力等	基準地域＼対象地域	優る	普通		劣る	背後地の人口構成、所得の状態及び販売商品の品等等による顧客の購買力等の程度について、次により分類し比較を行う。 優　る　顧客の購買力等が強い地域 普　通　　〃　　通常の地域 劣　る　　〃　　弱い地域
			優る	0	-1.5		-3.0	
			普通	1.5	0		-1.5	
			劣る	3.0	1.5		0	
	洪水・地すべり等の災害発生の危険性	洪水、地すべり、高潮、崖くずれ等	基準地域＼対象地域	無	有					災害の種類、発生の頻度及びその規模等にもとづく危険性について、次により分類し比較を行う。なお、特に津波の危険性、土砂災害の危険性については土地価格への影響が大きい場合があるので、これら地域における格差率については、慎重に調査のうえ適用することに留意すること。 無　　　災害の発生の危険性が一般的に殆どない地域 小さい　災害の発生の危険性が一般的に小さい地域 やや小さい　災害の発生の危険性が一般的にやや小さい地域 やや大きい　災害の発生の危険性が一般的にやや大きい地域 大きい　災害の発生の危険性が一般的に大きい地域
					小さい	やや小さい	やや大きい	大きい	
			無	0	-1.0	-2.5	-4.0	-5.0	
			有	小さい	1.0	0	-1.5	-3.0	-4.0	
				やや小さい	2.5	1.5	0	-1.5	-2.5	
				やや大きい	4.0	3.0	1.5	0	-1.0	
				大きい	5.0	4.0	2.5	1.0	0	
行政的条件	公法上の規制の程度	地域・地区の規制	基準地域＼対象地域	優る	やや優る	普通	やや劣る	劣る	都市計画法、建築基準法等公法規制の種類及びその程度と地域の状況との適合の程度により分類し比較を行う。(なお、市街化調整区域については、次の「その他」の細項目で自治体の実状に応じて比較を行う。) 優　る　　規制の程度が弱く土地利用の推進が優る地域 やや優る　　〃　　　やや弱くやや優る地域 普　通　　〃　　　通常で通常の地域 やや劣る　　〃　　　やや強くやや劣る地域 劣　る　　〃　　　強く劣る地域
			優る	0	-3.0	-6.0	-9.0	-12.0	
			やや優る	3.0	0	-3.0	-6.0	-9.0	
			普通	6.0	3.0	0	-3.0	-6.0	
			やや劣る	10.0	6.0	3.0	0	-3.0	
			劣る	13.5	10.0	6.0	3.0	0	
		その他	基準地域＼対象地域	弱い	普通		強い	
			弱い					
			普通					
			強い					
その他	その他	将来の動向	基準地域＼対象地域	優る	やや優る	普通	やや劣る	劣る	街路条件、交通・接近条件、環境条件、行政的条件の動向を総合的に考慮して地域の将来の動向について、次により分類し比較を行う。 優　る　　発展的に推移すると認められる地域 やや優る　やや発展的に推移すると認められる地域 普　通　　現状で推移すると認められる地域 やや劣る　やや衰退的に推移すると認められる地域 劣　る　　衰退的に推移すると認められる地域
			優る	0	-4.5	-9.0	-13.5	-18.0	
			やや優る	5.0	0	-5.0	-9.5	-14.5	
			普通	10.0	5.0	0	-5.0	-10.0	
			やや劣る	16.0	10.5	5.5	0	-5.5	
			劣る	22.0	16.5	11.0	5.5	0	
		その他	基準地域＼対象地域	優る	普通		劣る	街路条件、交通・接近条件、環境条件、行政的条件で掲げる項目及びその他将来の動向のほか、比較すべき特別の項目があると認められるときには、その項目に応じて適正に格差率を求めるものとする。
			優る					
			普通					
			劣る					

別表第22 個別的要因比準表 （郊外路線商業地域）

条件	項目	細項目	格差の内訳						備　考
街路条件	接面街路の系統・構造等の状態	系統及び連続性	基準地＼対象地	優る	普通	劣る			接面街路の地域の中心への客足の流れの性格等地域の中心との連絡の程度について、次により分類し比較を行う。 優　る　地域の中心との連絡の程度が良い街路 普　通　標準的な画地に接面する街路 劣　る　地域の中心との連絡の程度が悪い街路
			優る	0	-2.0	-4.0			
			普通	2.0	0	-2.0			
			劣る	4.0	2.0	0			
		幅員	基準地＼対象地	優る	やや優る	普通	やや劣る	劣る	地域における標準的な画地が接面する街路の幅員との広狭の格差により顧客の通行量、商品の搬出入等に与える影響の程度について、次により分類し比較を行う。 優　る　標準的な画地の接面街路より適合性が高い街路の幅員 やや優る　〃　やや高い街路の幅員 普　通　標準的な画地に接面する街路の幅員 やや劣る　標準的な画地の接面街路より適合性がやや低い街路の幅員 劣　る　〃　低い街路の幅員
			優る	0	-2.0	-4.0	-6.0	-8.0	
			やや優る	2.0	0	-2.0	-4.0	-6.0	
			普通	4.0	2.0	0	-2.0	-4.0	
			やや劣る	6.0	4.0	2.0	0	-2.0	
			劣る	8.0	6.0	4.0	2.0	0	
		歩道	基準地＼対象地	優る	普通	劣る			地域における標準的な画地が接面する街路の歩道の状態とその幅員について、次により分類し比較を行う。 優　る　標準的な画地の接面街路の歩道より幅員が広くバリアフリー施工等の程度が良い歩道 普　通　標準的な画地の接面街路の歩道と幅員が同じでバリアフリー施工等の程度がほぼ同じ歩道 劣　る　標準的な画地の接面街路の歩道より幅員が狭くバリアフリー施工等の程度が悪い歩道
			優る	0	-2.0	-4.0			
			普通	2.0	0	-2.0			
			劣る	4.0	2.0	0			
		構造	基準地＼対象地	優る	普通	劣る			街路の構造（中央帯・植樹帯・車線区分・舗装等）の良否を次により分類し比較を行う。 優　る　接面街路の構造から店舗への進入が容易な画地 普　通　〃　通常な画地 劣　る　〃　困難な画地
			優る	0	-1.5	-3.0			
			普通	1.5	0	-1.5			
			劣る	3.0	1.5	0			
		勾配・カーブ	基準地＼対象地	優る	普通	劣る			街路の勾配・カーブによる店舗への進入の難易・衝突の危険性の有無等について、次により分類し比較を行う。 優　る　見通しが良く店舗への進入が容易な画地 普　通　見通し、進入の程度が通常の画地 劣　る　見通しが悪く店舗への進入が困難な画地
			優る	0	-2.5	-5.0			
			普通	2.5	0	-2.5			
			劣る	5.0	2.5	0			
交通・接近条件	地域内商業施設との関係	中心商業施設への接近性	基準地＼対象地	優る	普通	劣る			地域における中心との位置関係の状態について、次により分類し比較を行う。 優　る　地域の中心に近く、中心との関連性が強い画地 普　通　地域において、標準的な位置関係にあると認められる画地 劣　る　地域の中心に遠く、中心との関連性が弱い画地
			優る	0	-2.0	-4.0			
			普通	2.0	0	-2.0			
			劣る	4.0	2.0	0			
環境条件	客足の流動の状態との適合性	客足の流動	基準地＼対象地	優る	普通	劣る			客足の流動の状態と画地のそれとの適合性の程度について、次により分類し比較を行う。 優　る　客足の流動の状態との適合性が高い画地
			優る	0	-1.5	-3.0			

(郊商．個)

条件	項目	細項目	格差の内訳					備考
環境条件	客足の流動の状態との適合性	客足の流動性	普通	1.5	0	−1.5		普通 地域において客足の流動の状態との適合性が通常の画地
			劣る	3.0	1.5	0		劣る 〃 低い画地
	隣接不動産等周囲の状態	隣接不動産等周囲の状態	基準地＼対象地	優る	やや優	普通	やや劣	劣る	画地の周囲に価格形成要因となる施設等の有無及びその影響の程度について、次により比較を行う。
			優る	0	−1.5	−3.0	−4.5	−6.0	優る 増価要因となる施設等があり、その影響が大きい画地
			やや優	1.5	0	−1.5	−3.0	−4.5	やや優 〃 その影響が小さい画地
			普通	3.0	1.5	0	−1.5	−3.0	普通 価格形成要因となる施設等の影響を受けていない画地
			やや劣	4.5	3.0	1.5	0	−1.5	やや劣 減価要因となる施設等があり、その影響がやや大きい画地
			劣る	6.0	4.5	3.0	1.5	0	劣る 〃 その影響が大きい画地
	自然的環境	地盤	基準地＼対象地	優る		普通		劣る	地盤の軟弱等の程度について、次により分類し比較を行う。
			優る	0		−2.0		−4.0	優る 地盤が堅固な画地
			普通	2.0		0		−2.0	普通 〃 通常の画地
			劣る	4.0		2.0		0	劣る 〃 軟弱な画地
画地条件	間口・形状及び地積	間口狭小	基準地＼対象地	普通	やや劣	劣る	相当に劣る	極端に劣る	間口狭小の程度について、次により分類し比較を行う。
			普通	1.00	0.95	0.90	0.85	0.80	普通 標準的な画地とほぼ同じ画地
			やや劣	1.05	1.00	0.95	0.89	0.84	やや劣 〃 よりやや劣る画地
			劣る	1.11	1.06	1.00	0.94	0.89	劣る 〃 より劣る画地
			相当に劣る	1.18	1.12	1.06	1.00	0.94	相当に劣る 〃 より相当に劣る画地
			極端に劣る	1.25	1.19	1.13	1.06	1.00	極端に劣る 〃 より極端に劣る画地
		奥行逓減	基準地＼対象地	普通	やや劣	劣る	相当に劣る	極端に劣る	奥行逓減の程度について、次により分類し比較を行う。
			普通	1.00	0.97	0.93	0.90	0.87	普通 標準的な画地とほぼ同じ奥行の画地
			やや劣	1.03	1.00	0.96	0.93	0.90	やや劣 標準的な画地の奥行の1.5以上2.0未満の画地
			劣る	1.08	1.04	1.00	0.97	0.94	劣る 〃 2.0以上3.0未満の画地
			相当に劣る	1.11	1.08	1.03	1.00	0.97	相当に劣る 〃 3.0以上4.0未満の画地
			極端に劣る	1.15	1.11	1.07	1.03	1.00	極端に劣る 〃 4.0以上の画地
		奥行短小	基準地＼対象地	普通	やや劣	劣る	相当に劣る	極端に劣る	奥行短小の程度について、次により分類し比較を行う。
			普通	1.00	0.97	0.93	0.90	0.87	普通 標準的な画地とほぼ同じ奥行の画地
			やや劣	1.03	1.00	0.96	0.93	0.90	やや劣 標準的な画地の奥行の0.6以上0.8未満の画地
			劣る	1.08	1.04	1.00	0.97	0.94	劣る 〃 0.4以上0.6未満の画地

(郊商．個)

条件	項目	細項目	格差の内訳					備考	
画地条件	間口・形状及び地積	奥行短小	相当に劣る	1.11	1.08	1.03	1.00	0.97	相当に劣る	標準的な画地の奥行の0.2以上0.4未満の画地
			極端に劣る	1.15	1.11	1.07	1.03	1.00	極端に劣る	〃　0.2未満の画地
		奥行長大	基準地＼対象地	普通	やや劣る	劣る	相当に劣る	極端に劣る	奥行長大の程度について、次により分類し比較を行う。	
			普通	1.00	0.97	0.93	0.90	0.87	普　通	標準的な画地の間口と奥行の比（奥行／間口）とほぼ同じ画地
			やや劣る	1.03	1.00	0.96	0.93	0.90	やや劣る	標準的な画地の間口と奥行の比 1.5以上2.0未満の画地
			劣る	1.08	1.04	1.00	0.97	0.94	劣　る	標準的な画地の間口と奥行の比 2.0以上3.0未満の画地
			相当に劣る	1.11	1.08	1.04	1.00	0.97	相当に劣る	標準的な画地の間口と奥行の比 3.0以上4.0未満の画地
			極端に劣る	1.15	1.11	1.07	1.03	1.00	極端に劣る	標準的な画地の間口と奥行の比 4.0以上の画地
		不整形地	基準地＼対象地	普通	やや劣る	劣る	相当に劣る	極端に劣る	不整形の程度について、次により分類し比較を行う。	
			普通	1.00	0.97	0.93	0.90	0.87	普　通	標準的な画地の形状とほぼ同じ画地
			やや劣る	1.03	1.00	0.96	0.93	0.90	やや劣る	長方形又は台形に近い形状で、有効利用度が高い画地
			劣る	1.08	1.04	1.00	0.97	0.94	劣　る	〃　有効利用度が低い画地
			相当に劣る	1.11	1.08	1.04	1.00	0.97	相当に劣る	その他の形状で、面積が大きく有効利用度が高い画地
			極端に劣る	1.15	1.11	1.07	1.03	1.00	極端に劣る	その他の形状で、有効利用度が低い画地
		三角地	基準地＼対象地	普通	やや劣る	劣る	相当に劣る	極端に劣る	三角地の画地利用上の阻害の程度について、次により分類し比較を行う。	
			普通	1.00	0.97	0.93	0.90	0.87	普　通	標準的な画地の形状とほぼ同じ形状の画地
			やや劣る	1.03	1.00	0.96	0.93	0.90	やや劣る	画積が大きく、角度の小さいものがない画地
			劣る	1.08	1.04	1.00	0.97	0.94	劣　る	画積が大きく、角度の小さいものがある画地
			相当に劣る	1.11	1.08	1.04	1.00	0.97	相当に劣る	面積がやや小さく、角度の小さいものがある画地
			極端に劣る	1.15	1.11	1.07	1.03	1.00	極端に劣る	面積が小さく、角度の小さいものがある画地
		地積	基準地＼対象地	普通		やや劣る		劣る	地積の過大又は過小の程度について、次により分類し比較を行う。	
			普通	1.00		0.95		0.90	普　通	標準的な画地の地積と同程度の画地
									やや劣る	標準的な画地の地積より過大又は過小であるため、画地利用上の阻害の程度が大きい画地
			やや劣る	1.05		1.00		0.95	劣　る	標準的な画地の地積より過大又は過小であるため、画地利用上の阻害の程度が相当に大きい画地
			劣る	1.11		1.06		1.00	〔留意事項〕但し、地積過大と判定される画地にあっても、必ずしも減価要因とはならないことに留意すべきである。	
	接面街路との関係	高低	基準地＼対象地	優る	やや優る	普通	やや劣る	劣る	接面街路の高低差による利便性の程度について、次により分類し比較を行う。	
			優る	1.00	0.97	0.93	0.89	0.85	優　る	高低差により利便性が高い画地
			やや優る	1.04	1.00	0.96	0.93	0.89	やや優る	高低差により利便性がやや高い画地
			普通	1.08	1.04	1.00	0.96	0.92	普　通	高低差がない画地又は高低差があっても利便性の程度が変わらない画地

(郊商．個)

条件	項目	細項目	格差の内訳					備考
画地条件	接面街路との関係	高低	やや劣	1.13	1.09	1.04	1.00	0.96	やや劣る　高低差により利便性がやや低い画地
			劣る	1.18	1.13	1.09	1.05	1.00	劣る　　　高低差により利便性が低い画地
		角地（正面及び一方の側面が街路に接する画地）	基準地＼対象地	普通	やや優	やる	相当に優る	特に優る	角地による顧客の出入の便、商品宣伝の効果等について、次により分類し比較を行う。 普　通　中間画地（一方が街路に接する画地） やや優る　側面道路の系統、連続性等が正面道路より相当に劣る画地 優　る　　側面道路の系統、連続性等が正面道路より劣る画地 相当に優る　側面道路の系統、連続性等が正面道路よりやや劣る画地 特に優る　側面道路の系統、連続性等が正面道路とほぼ同じ画地
			普通	1.00	1.03	1.05	1.08	1.10	
			やや優	0.97	1.00	1.02	1.05	1.07	
			優る	0.95	0.98	1.00	1.03	1.05	
			相当に優る	0.93	0.95	0.97	1.00	1.02	
			特に優る	0.91	0.94	0.95	0.98	1.00	
		二方路（正面及び裏面が街路に接する画地）	基準地＼対象地	普通	やや優	やる	相当に優る	特に優る	二方路による顧客の出入の便、商品宣伝の効果等について、次により分類し比較を行う。 普　通　中間画地（一方が街路に接する画地） やや優る　裏面道路の系統、連続性等が正面道路より相当に劣る画地 優　る　　裏面道路の系統、連続性等が正面道路より劣る画地 相当に優る　裏面道路の系統、連続性等が正面道路よりやや劣る画地 特に優る　裏面道路の系統、連続性等が正面道路とほぼ同じ画地
			普通	1.00	1.02	1.04	1.06	1.08	
			やや優	0.98	1.00	1.02	1.04	1.06	
			優る	0.96	0.98	1.00	1.02	1.04	
			相当に優る	0.94	0.96	0.98	1.00	1.02	
			特に優る	0.93	0.94	0.96	0.98	1.00	
		三方路（三方が街路に接する画地）	基準地＼対象地	普通	やや優	優る	相当に優る	特に優る	三方路による顧客の出入の便、商品宣伝の効果等の程度について、次により分類し比較を行う。 普　通　中間画地（一方が街路に接する画地） やや優る　正面道路以外の道路の系統、連続性等が正面道路より相当に劣る画地 優　る　　正面道路以外の道路のうち一つは正面道路とほぼ同じ道路の系統、連続性等を有し、他は正面道路より劣る画地 相当に優る　正面道路以外の道路のうち一つは道路の系統、連続性等が、正面道路とほぼ同じであり、他は正面道路よりやや劣る画地 特に優る　接面道路のすべてがほぼ同じ道路の系統、連続性等を有する画地
			普通	1.00	1.03	1.07	1.11	1.15	
			やや優	0.97	1.00	1.04	1.08	1.11	
			優る	0.93	0.96	1.00	1.04	1.07	
			相当に優る	0.90	0.93	0.96	1.00	1.04	
			特に優る	0.87	0.90	0.93	0.97	1.00	
		四方路（四方が街路に接する画地）	基準地＼対象地	普通	やや優	優る	相当に優る	特に優る	四方路による顧客の出入の便、商品宣伝効果等の利便性の程度について、次により分類し比較を行う。 普　通　中間画地（一方が街路に接する画地） やや優る　前面道路以外の道路の系統、連続性等が前面道路より相当に劣る画地 優　る　　前面道路以外の道路のうち1〜2は前面道路とほぼ同じ道路の系統、連続性等を有し、他は正面道路より劣る画地 相当に優る　前面道路以外の道路のうち2〜3は道路の系統、連続性等が、正面道路とほぼ同じであり、他は正面道路よりやや劣る画地 特に優る　接面道路のすべてがほぼ同じ道路の系統、連続性等を有する画地
			普通	1.00	1.05	1.10	1.15	1.20	
			やや優	0.95	1.00	1.05	1.10	1.14	
			優る	0.91	0.95	1.00	1.05	1.09	
			相当に優る	0.87	0.91	0.96	1.00	1.04	
			特に優る	0.83	0.88	0.92	0.96	1.00	
行政的条件	公法上の規制の程度	用途地域等の地域、地区等	基準地＼対象地	優る	やや優	普通	やや劣	劣る	地域における標準的な画地が受ける公法上の規制の状態との差異による規制の程度について、次により分類し比較を行う。 優　る　標準的な画地より規制の程度が弱く、大きな増価要因を受けている画地
			優る	0	-4.5	-9.0	-13.5	-18.0	

(郊商．個)

条件	項　目	細項目	格差の内訳					備　考	
行政的条件	公法上の規制の程度	用途地域等の地域、地区等	やや優	5.0	0	-5.0	-9.5	-14.5	やや優	標準的な画地より規制の程度が弱く、やや大きな増価要因を受けている画地
			普通	10.0	5.0	0	-5.0	-10.0	普通	標準的な画地と同程度の規制を受けている画地又は増減の要因を受けていない画地
			やや劣	16.0	10.5	5.5	0	-5.5	やや劣	標準的な画地より規制の程度が強く、やや大きな減価要因を受けている画地
			劣る	22.0	16.5	11.0	5.5	0	劣る	〃　　大きな減価要因を受けている画地
その他	その他	その他	基準地＼対象地	優る		普通		劣る	街路条件、交通・接近条件、環境条件、画地条件、行政的条件で掲げる項目のほか、比較すべき特別の項目があると認められるときは、その項目に応じて適正に格差率を求めるものとする。	
			優る							
			普通							
			劣る							

別表第23　　　　　　　　　　地域要因比準表　　　　　　　　　　　（大工場地域）

条件	項目	細項目	格差の内訳							備考	
街路条件	街路の幅員・構造等の状態	幅員	基準地域＼対象地域	優る	やや優る	普通	やや劣る	劣る			地域内の標準的な街路の幅員の状態について、次により分類し比較を行う。
			優る	0	-3.5	-7.0	-10.0	-13.0 || 優る	街路の幅員が当該地域において一般的に優る地域
			やや優る	3.5	0	-3.5	-7.0	-10.0 || やや優る	街路の幅員が当該地域において一般的にやや優る地域
			普通	7.0	3.5	0	-3.5	-7.0 || 普通	街路の幅員が当該地域において標準的と認められる地域
			やや劣る	11.0	7.5	3.5	0	-3.5 || やや劣る	街路の幅員が当該地域において一般的にやや劣る地域
			劣る	15.0	11.5	7.5	4.0	0 || 劣る	街路の幅員が当該地域において一般的に劣る地域
		舗装	基準地域＼対象地域	優る	やや優る	普通	やや劣る	劣る			舗装の種別、舗装率、維持補修の程度について、次により分類し比較を行う。
			優る	0	-2.0	-4.0	-6.0	-8.0 || 優る	舗装の質が優れており、舗装率の高い地域
			やや優る	2.0	0	-2.0	-4.0	-6.0 || やや優る	舗装の程度が良く、舗装率も高い地域
			普通	4.0	2.0	0	-2.0	-4.0 || 普通	舗装の状態が通常である地域
			やや劣る	6.0	4.0	2.0	0	-2.0 || やや劣る	舗装の程度、舗装率のやや悪い地域
			劣る	8.0	6.0	4.0	2.0	0 || 劣る	舗装率が低く、不完全な舗装の多い地域
		配置	基準地域＼対象地域	優る			普通			劣る	街路の配置の状態について、次により分類し比較を行う。
			優る	0			-2.0			-4.0	優る	街路の配置も均衡がとれ整然とした街区の地域
			普通	2.0			0			-2.0	普通	街路の配置が比較的に均衡のとれている地域
			劣る	4.0			2.0			0	劣る	街路の配置の状態が悪い地域
		系統及び連続性	基準地域＼対象地域	優る	やや優る	普通	やや劣る	劣る			主要幹線街路への系統及び連続性について、次により分類し比較を行う。
			優る	0	-2.0	-4.0	-6.0	-8.0 || 優る	整備された幹線街路のある地域
			やや優る	2.0	0	-2.0	-4.0	-6.0 || やや優る	主要幹線街路に近接する地域
			普通	4.0	2.0	0	-2.0	-4.0 || 普通	標準的な位置関係にある地域
			やや劣る	6.0	4.0	2.0	0	-2.0 || やや劣る	未改良の幹線街路に近接する地域
			劣る	8.0	6.0	4.0	2.0	0 || 劣る	幹線街路のない地域
交通・接近条件	製品販売市場及び原材料仕入市場との関係位置	都心への接近性	基準地域＼対象地域	優る	やや優る	普通	やや劣る	劣る			地域内の標準的な最寄駅の都心及び副都心への接近性等を鉄道、道路について、次により分類し比較を行う。
			優る	0	-10.0	-20.0	-30.0	-40.0 || 優る	通勤時間、距離等から判断して近接する地域
			やや優る	11.0	0	-11.0	-22.0	-33.5 || やや優る	通勤時間、距離等から判断してやや近い地域
			普通	25.0	12.5	0	-12.5	-25.0 || 普通	標準的な通勤時間、距離の位置にある地域
			やや劣る	43.0	28.5	14.5	0	-14.5 || やや劣る	やや遠方の地域
			劣る	66.5	50.0	33.5	16.5	0 || 劣る	通勤時間、距離等から判断して遠方であり、不便な地域

(大工．地)

条件	項目	細項目	格差の内訳					備考
交通・接近条件	輸送施設の整備の状況	公共岸壁	基準地域＼対象地域	優る	普通	劣る		岸壁等海運の整備の状況について、次により分類し比較を行う。
			優る	0	−9.0	−18.0		優る　岸壁との位置関係が良好な地域
			普通	10.0	0	−10.0		普通　岸壁のある地域
			劣る	22.0	11.0	0		劣る　岸壁のない地域
		空港との接近性	基準地域＼対象地域	優る	普通	劣る		空輸施設としての空港との接近性を次により分類し比較を行う。
			優る	0	−9.0	−18.0		優る　空港との位置関係が良好な地域
			普通	10.0	0	−10.0		普通　空港の利用が可能な地域
			劣る	22.0	11.0	0		劣る　空港のない地域
		高速道路I.C.への接近性	基準地域＼対象地域	優る	やや優る	普通	やや劣る	劣る	高速道路I.C.への接近性を次により分類し比較を行う。
			優る	0	−8.5	−16.5	−25.0	−33.5	優る　I.C.に5km以内
			やや優る	9.0	0	−9.0	−18.0	−27.5	やや優る　I.C.に10km以内
			普通	20.0	10.0	0	−10.0	−20.0	普通　I.C.に15km以内
			やや劣る	33.5	22.0	11.0	0	−11.0	やや劣る　I.C.に20km未満
			劣る	50.0	37.5	25.0	12.5	0	劣る　I.C.に20km以上
	労働力の確保の難易	主要交通機関との接近性等	基準地域＼対象地域	優る	やや優る	普通	やや劣る	劣る	従業員の通勤等主要交通機関との接近性及び労働力の確保の難易等について、次により分類し比較を行う。
			優る	0	−11.5	−23.0	−34.5	−46.0	優る　鉄道駅に近接する地域
			やや優る	13.0	0	−13.0	−26.0	−39.0	やや優る　鉄道駅から徒歩可能であり、他の交通機関に近接する地域
			普通	30.0	15.0	0	−15.0	−30.0	普通　標準的な位置関係にあり、バス便良好な地域
			やや劣る	53.0	35.5	17.5	0	−17.5	やや劣る　交通機関にやや遠く、不便な地域
			劣る	85.5	64.5	43.0	21.5	0	劣る　交通機関のない地域
	関連産業との関係位置	関連産業との関係位置	基準地域＼対象地域	優る	やや優る	普通	やや劣る	劣る	関連産業との位置関係について、次により分類し比較を行う。
			優る	0	−2.5	−5.0	−7.5	−10.0	優る　関連産業との位置関係、接近性が良好な地域
			やや優る	2.5	0	−2.5	−5.0	−7.5	やや優る　関連産業との位置関係、接近性がやや良好な地域
			普通	5.0	2.5	0	−2.5	−5.0	普通　関連産業との位置関係、接近性の標準的な地域
			やや劣る	7.5	5.0	2.5	0	−2.5	やや劣る　関連産業との位置関係、接近性がやや悪い地域
			劣る	10.0	7.5	5.0	2.5	0	劣る　関連産業へ遠い地域
環境条件	動力資源及び用排水に関する費用等	動力資源	基準地域＼対象地域	優る	普通	劣る		電力の許容限度、重油等資源の入手の状態を判定し、次により分類し比較を行う。
			優る	0	−5.0	−10.0		優る　整備の状態が特に良好な地域

(大工．地)

条件	項目	細項目	格差の内訳					備考	
環境条件	動力資源及び用排水に関する費用等	動力資源	普通 5.0	0	−5.0			普通	通常の費用で入手可能な地域
			劣る 10.0	5.0	0			劣る	通常以上に費用のかかる地域
		工業用水	基準地域＼対象地域	優る	普通	劣る			工業用水（地下水を含む。）の供給の状態を判定し、次により分類し比較を行う。
			優る	0	−5.0	−10.0		優る	水量が豊富で質の良い用水が確保できる地域
			普通	5.0	0	−5.0		普通	通常の状態と思われる地域
			劣る	10.0	5.0	0		劣る	水量と水質の劣る地域
		工場排水	基準地域＼対象地域	優る	普通	劣る			工場排水施設の整備の状態を判定し、次により分類し比較を行う。
			優る	0	−5.0	−10.0		優る	工業用専用下水道のある地域
			普通	5.0	0	−5.0		普通	公共用下水道のある地域
			劣る	10.0	5.0	0		劣る	公共用下水道のない地域
	公害発生の危険性	水質の汚濁、大気の汚染等	基準地域＼対象地域	優る	やや優	普通	やや劣る	劣る	水質の汚濁、大気の汚染等公害発生の危険性について、次により分類し比較を行う。
			優る	0	−2.5	−5.0	−7.5	−10.0	優る　公害発生の危険性の全くない地域
			やや優る	2.5	0	−2.5	−5.0	−7.5	やや優る　公害発生の危険性の少ない地域
			普通	5.0	2.5	0	−2.5	−5.0	普通　通常の状態にある地域
			やや劣る	7.5	5.0	2.5	0	−2.5	やや劣る　公害発生の危険性のある地域
			劣る	10.0	7.5	5.0	2.5	0	劣る　公害が発生している地域
	洪水・地すべり等の災害発生の危険性	洪水・地すべり、高潮、崖くずれ等	基準地域＼対象地域	無	有 小さい	有 やや小さい	有 やや大きい	有 大きい	災害の種類、発生の頻度及びその規模等にもとづく危険性について、次により分類し比較を行う。なお、特に津波の危険性、土砂災害の危険性については土地価格への影響が大きい場合があるので、これら地域における格差率については、慎重に調査のうえ適用することに留意すること。
			無	0	−1.0	−2.5	−4.0	−5.0	無　災害発生の危険性が一般的に殆どない地域
			有 小さい	1.0	0	−1.5	−3.0	−4.0	小さい　災害発生の危険性が一般的に小さい地域
			有 やや小さい	2.5	1.5	0	−1.5	−2.5	やや小さい　災害発生の危険性が一般的にやや小さい地域
			有 やや大きい	4.0	3.0	1.5	0	−1.0	やや大きい　災害発生の危険性が一般的にやや大きい地域
			有 大きい	5.0	4.0	2.5	1.0	0	大きい　災害発生の危険性が一般的に大きい地域
	自然的環境	地盤、地質等	基準地域＼対象地域	優る	普通	劣る			地盤、地質等自然的環境の良否の程度について、次により分類し比較を行う。
			優る	0	−3.0	−6.0			優る　地盤、地質等の自然的環境が良い地域
			普通	3.0	0	−3.0			普通　地盤、地質等の自然的環境が普通の地域
			劣る	6.0	3.0	0			劣る　地盤、地質等の自然的環境が悪い地域
行政的条件	行政上の助成及び規制の程度	助成	基準地域＼対象地域	優る	普通	劣る			行政上の助成、工場誘致のための特典等について判定し、次により分類し比較を行う。
			優る	0	−2.0	−4.0			優る　助成または誘致等の良い影響下にある地域
			普通	2.0	0	−2.0			普通　通常と思われる地域
			劣る	4.0	2.0	0			劣る　助成または誘致等の全くない地域

(大工．地)

条件	項目	細項目	格差の内訳							備考
行政的条件	行政上の助成及び規制の程度	規制	基準地域＼対象地域	弱い	やや弱い	普通	やや強い	強い		用途地域及びその他の地域、地区等による土地の利用方法に関する公法上の規制の程度について、次により分類し比較を行う。 弱　　い　規制の影響が弱い地域 やや弱い　規制の影響がやや弱い地域 普　　通　規制の影響が通常である地域 やや強い　規制の影響がやや強い地域 強　　い　規制の影響が強い地域
^	^	^	弱い	0	−4.5	−9.0	−13.5	−18.0		^
^	^	^	やや弱い	5.0	0	−5.0	−9.5	−14.5		^
^	^	^	普通	10.0	5.0	0	−5.0	−10.0		^
^	^	^	やや強い	16.0	10.5	5.5	0	−5.5		^
^	^	^	強い	22.0	16.5	11.0	5.5	0		^
^	^	その他の規制	基準地域＼対象地域	弱い		普通		強い		
^	^	^	弱い	0		$-\alpha'$		$-\alpha''$		
^	^	^	普通	α'		0		$-\alpha'$		
^	^	^	強い	α''		α'		0		
その他	その他	工場進出の動向	基準地域＼対象地域	優る	やや優る	普通	やや劣る	劣る		工場進出の動向、工業地としての熟成度等、交通・接近条件、環境条件、行政的条件の動向を総合的に考慮して、次により分類し比較を行う。 優　　る　発展的に推移すると認められる地域 やや優る　やや発展的に推移すると認められる地域 普　　通　ほぼ現状で推移すると認められる地域 やや劣る　やや衰退的に推移すると認められる地域 劣　　る　衰退的に推移すると認められる地域
^	^	^	優る	0	−2.5	−5.0	−7.5	−10.0		^
^	^	^	やや優る	2.5	0	−2.5	−5.0	−7.5		^
^	^	^	普通	5.0	2.5	0	−2.5	−5.0		^
^	^	^	やや劣る	7.5	5.0	2.5	0	−2.5		^
^	^	^	劣る	10.0	7.5	5.0	2.5	0		^
^	^	その他	基準地域＼対象地域	優る		普通		劣る		街路条件、交通・接近条件、環境条件、行政的条件で掲げる項目及びその他工場進出の動向のほか、比較すべき特別の項目があると認められるときは、その項目に応じて適正に格差率を求めるものとする。
^	^	^	優る								^
^	^	^	普通								^
^	^	^	劣る								^

別表第24　　　　　　　　　　個別的要因比準表　　　　　　　　　　（大工場地域）

条件	項目	細項目	格差の内訳						備考	
街路条件	接面街路の系統・構造等の状態	系統及び連続性	基準地＼対象地	優る	やや優	普通	やや劣	劣る	正面街路の系統及び連続性について、次により分類し比較を行う。	
			優る	0	-2.0	-4.0	-6.0	-8.0	優る	標準的な画地の街路より系統及び連続性が良い街路
			やや優	2.0	0	-2.0	-4.0	-6.0	やや優る	標準的な画地の街路より系統及び連続性がやや良い街路
			普通	4.0	2.0	0	-2.0	-4.0	普通	標準的な画地の街路と系統及び連続性が同程度の街路
			やや劣	6.0	4.0	2.0	0	-2.0	やや劣る	標準的な画地の街路より系統及び連続性がやや悪い街路
			劣る	8.0	6.0	4.0	2.0	0	劣る	標準的な画地の街路より系統及び連続性が悪い街路
		幅員	基準地＼対象地	優る	やや優	普通	やや劣	劣る	正面街路の幅員の状態について、次により分類し比較を行う。	
			優る	0	-2.5	-5.0	-7.5	-10.0	優る	標準的な画地に接面する街路の幅員より良い幅員
			やや優	2.5	0	-2.5	-5.0	-7.5	やや優る	標準的な画地に接面する街路の幅員よりやや良い幅員
			普通	5.0	2.5	0	-2.5	-5.0	普通	標準的な画地に接面する街路の幅員と同程度の幅員
			やや劣	7.5	5.0	2.5	0	-2.5	やや劣る	標準的な画地に接面する街路の幅員よりやや悪い幅員
			劣る	10.0	7.5	5.0	2.5	0	劣る	標準的な画地に接面する街略の幅員より悪い幅員
		舗装	基準地＼対象地	優る	やや優	普通	やや劣	劣る	正面街路の舗装の状態について、次により分類し比較を行う。	
			優る	0	-2.0	-4.0	-6.0	-8.0	優る	標準的な画地の正面街路の舗装の状態より良い舗装
			やや優	2.0	0	-2.0	-4.0	-6.0	やや優る	標準的な画地の正面街路の舗装の状態よりやや良い舗装
			普通	4.0	2.0	0	-2.0	-4.0	普通	標準的な画地の正面街路の舗装の状態と同程度の舗装
			やや劣	6.0	4.0	2.0	0	-2.0	やや劣る	標準的な画地の正面街路の舗装の状態よりやや悪い舗装
			劣る	8.0	6.0	4.0	2.0	0	劣る	標準的な画地の正面街路の舗装の状態より悪い舗装又は未舗装
交通・接近条件	主要交通機関との距離	最寄交通機関との接近性	基準地＼対象地	優る	やや優	普通	やや劣	劣る	社会経済的最寄駅への接近性について、従業員の通勤等の利便性等を考慮して、次により分類し比較を行う。なお、接近性については、道路距離、バス路線の有無、バス停までの距離、運行回数等を総合的に考慮して判定するものとする。	
			優る	0	-4.5	-9.0	-14.0	-18.0		
			やや優	5.0	0	-5.0	-9.5	-14.5	優る	鉄道駅に近接する画地
			普通	10.0	5.0	0	-5.0	-10.0	やや優る	鉄道駅から徒歩可能、他の交通機関に近接する画地
			やや劣	16.0	10.5	5.5	0	-5.5	普通	地域において標準的な位置関係にあると認められる画地
			劣る	22.0	16.5	11.0	5.5	0	やや劣る	交通機関にやや遠い画地
									劣る	交通機関に遠い画地
	輸送施設との位置	地域内における関係位置	基準地＼対象地	優る	やや優	普通	やや劣	劣る	地域内の位置の良否を幹線道路、鉄道、港湾、空港等の輸送施設との接近性について、次により分類し比較を行う。	
			優る	0	-2.5	-5.0	-7.5	-10.0	優る	位置関係が良好な画地
			やや優	2.5	0	-2.5	-5.0	-7.5	やや優る	位置関係がやや良い画地
			普通	5.0	2.5	0	-2.5	-5.0	普通	地域において標準的な位置関係にあると認められる画地

（大工．個）

条件	項目	細項目	格差の内訳					備考	
交通・接近条件	輸送施設との位置	地域内における関係位置	やや劣る	7.5	5.0	2.5	0	-2.5	やや劣る　位置関係がやや悪い画地
			劣る	10.0	7.5	5.0	2.5	0	劣　る　位置関係が悪い画地
		鉄道専用引込線	基準地＼対象地	有			無		鉄道専用引込線の有無について比較を行う。
			有	0			-5.0		
			無	5.0			0		
		専用岸壁	基準地＼対象地	有			無		専用岸壁の有無及び規模等について、次により分類し比較を行う。
				優る	普通	劣る			
			有 / 優る	0	-5.0	-9.5	-19.0		優　る　外航路及び内航路
			有 / 普通	5.0	0	-5.0	-15.0		普　通　内航路及び舟運
			有 / 劣る	10.5	5.5	0	-10.5		劣　る　舟運
			無	23.5	17.5	12.0	0		
環境条件	用排水等の供給処理施設の整備の必要性	工業用水	基準地＼対象地	有			無		工業用水の有無について比較を行う。
			有	0			-5.0		
			無	5.0			0		
		工場排水	基準地＼対象地	優る	普通	劣る			工場排水施設の程度について、次により分類し比較を行う。
			優る	0	-5.0	-10.0			優　る　整備済若しくはより少ない経費で整備できる画地
			普通	5.0	0	-5.0			普　通　通常の経費で整備できる画地
			劣る	10.0	5.0	0			劣　る　整備に多額の経費がかかる画地
		電力等の動力資源	基準地＼対象地	優る	普通	劣る			電力、重油等動力資源の入手の状態及び引込の難易について、次により分類し比較を行う。
			優る	0	-5.0	-10.0			優　る　動力資源が十分にある画地
			普通	5.0	0	-5.0			普　通　通常の費用で引込が可能な画地
			劣る	10.0	5.0	0			劣　る　引込に多額の費用がかかる画地
		上下水道、ガス等	基準地＼対象地	優る	普通	劣る			上下水道、ガス等の供給、処理施設の有無及びその利用の難易について、次により分類し比較を行う。
			優る	0	-2.0	-4.0			優　る　上下水道、ガス等がある画地
			普通	2.0	0	-2.0			普　通　通常の費用で引込が可能な画地
			劣る	4.0	2.0	0			劣　る　引込に多額の費用がかかる画地
	地盤の良否	地勢、地質、地盤等	基準地＼対象地	優る	やや優る	普通	やや劣る	劣る	地勢、地質、地盤等の良否について、次により分類し比較を行う。
			優る	0	-2.5	-5.0	-7.5	-10.0	優　る　工場敷地として優れていると認められる画地

(大工．個)

条件	項目	細項目	格差の内訳					備考	
環境条件	地盤の良否	地勢、地質、地盤等	やや優	2.5	0	-2.5	-5.0	-7.5	やや優る 工場敷地としてやや良いと認められる画地
			普通	5.0	2.5	0	-2.5	-5.0	普 通 通常の工場敷地と認められる画地
			やや劣る	7.5	5.0	2.5	0	-2.5	やや劣る 工場敷地としてやや悪いと認められる画地
			劣る	10.0	7.5	5.0	2.5	0	劣 る 工場敷地として地盤改良に多額の基礎工事費等が必要と認められる画地

条件	項目	細項目	基準地＼対象地	普通	やや劣る	劣る	備考
画地条件	地積及び形状の良否	地積	普通	1.00	0.95	0.90	地積の過大又は過小の程度について、次により分類し比較を行う。 普 通 標準的な画地の地積と同程度の画地 やや劣る 標準的な画地の地積より過大又は過小であるため、画地利用上の阻害がある画地 劣 る 標準的な画地の地積より過大又は過小であるため、画地利用上の阻害の程度が大きい画地
			やや劣る	1.05	1.00	0.95	
			劣る	1.11	1.06	1.00	

		形状	基準地＼対象地	優る	やや優	普通	やや劣	劣る	備考
			優る	1.00	0.95	0.91	0.86	0.82	画地の形状について、次により分類し比較を行う。 優 る 標準的な画地より優れた形状と認められる画地 やや優る 標準的な画地よりやや良い形状である画地 普 通 標準的な画地と同程度と認められる画地 やや劣る 標準的な画地よりやや悪い形状である画地 劣 る 標準的な画地に比較して三角形などの変形部分を有する画地
			やや優	1.05	1.00	0.95	0.90	0.86	
			普通	1.10	1.05	1.00	0.95	0.90	
			やや劣	1.16	1.10	1.05	1.00	0.95	
			劣る	1.22	1.17	1.11	1.06	1.00	

条件	項目	細項目	基準地＼対象地	弱い	普通	強い	備考
行政的条件	行政上の規制の程度	行政上の規制	弱い	0	-3.0	-6.0	行政上の規制の程度、用途地域及びその他の地域、地区等による土地の利用方法に関する公法上の規制の態様等について、次により分類し比較を行う。 弱 い 標準的な画地より影響が弱い画地 普 通 標準的な画地と同程度の影響を受ける画地 強 い 標準的な画地より影響が強い画地
			普通	3.0	0	-3.0	
			強い	6.0	3.0	0	

条件	項目	細項目	基準地＼対象地	優る	普通	劣る	備考
その他	その他	その他	優る				街路条件、交通・接近条件、環境条件、画地条件、行政的条件で掲げる項目のほか、比較すべき特別の項目があると認められるときは、その項目に応じて適正に格差率を求めるものとする。
			普通				
			劣る				

別表第25 地域要因比準表 (中小工場地域)

条件	項目	細項目	格差の内訳						備考	
街路条件	街路の幅員・構造等の状態	幅員	基準地域\対象地域	優る	やや優る	普通	やや劣る	劣る	地域内の標準的な街路の幅員の状態について、次により分類し比較を行う。	
			優る	0	-3.5	-7.0	-10.0	-13.0	優る	街路の幅員が当該地域において一般的に優る地域
			やや優る	3.5	0	-3.5	-7.0	-10.0	やや優る	街路の幅員が当該地域において一般的にやや優る地域
			普通	7.0	3.5	0	-3.5	-7.0	普通	街路の幅員が当該地域において標準的と認められる地域
			やや劣る	11.0	7.5	3.5	0	-3.5	やや劣る	街路の幅員が当該地域において一般的にやや劣る地域
			劣る	15.0	11.5	7.5	4.0	0	劣る	街路の幅員が当該地域において一般的に劣る地域
		舗装	基準地域\対象地域	優る	やや優る	普通	やや劣る	劣る	舗装の種別、舗装率、維持補修の程度について、次により分類し比較を行う。	
			優る	0	-2.0	-4.0	-6.0	-8.0	優る	舗装の質が優れており、舗装率の高い地域
			やや優る	2.0	0	-2.0	-4.0	-6.0	やや優る	舗装の程度が良く、舗装率も高い地域
			普通	4.0	2.0	0	-2.0	-4.0	普通	舗装の状態が通常である地域
			やや劣る	6.0	4.0	2.0	0	-2.0	やや劣る	舗装の程度、舗装率のやや悪い地域
			劣る	8.0	6.0	4.0	2.0	0	劣る	舗装率が低く、不完全な舗装の多い地域
		配置	基準地域\対象地域	優る		普通		劣る	街路の配置の状態について、次により分類し比較を行う。	
			優る	0		-2.0		-4.0	優る	街路の配置も均衡がとれ整然とした街区の地域
			普通	2.0		0		-2.0	普通	街路の配置が比較的均衡のとれている地域
			劣る	4.0		2.0		0	劣る	街路の配置の状態が悪い地域
		系統及び連続性	基準地域\対象地域	優る	やや優る	普通	やや劣る	劣る	主要幹線街路への系統及び連続性について、次により分類し比較を行う。	
			優る	0	-2.0	-4.0	-6.0	-8.0	優る	整備された幹線街路のある地域
			やや優る	2.0	0	-2.0	-4.0	-6.0	やや優る	主要幹線街路に近接する地域
			普通	4.0	2.0	0	-2.0	-4.0	普通	標準的な位置関係にある地域
			やや劣る	6.0	4.0	2.0	0	-2.0	やや劣る	未改良の幹線街路に近接する地域
			劣る	8.0	6.0	4.0	2.0	0	劣る	幹線街路のない地域
交通・接近条件	製品販売市場及び原材料仕入市場との関係位置	都心への接近性	基準地域\対象地域	優る	やや優る	普通	やや劣る	劣る	地域内の標準的な最寄駅の都心及び副都心への接近性等を鉄道、道路について、次により分類し比較を行う。	
			優る	0	-10.0	-20.0	-30.0	-40.0	優る	通勤時間、距離等から判断して近接する地域
			やや優る	11.0	0	-11.0	-22.0	-33.5	やや優る	通勤時間、距離等から判断してやや近い地域
			普通	25.0	12.5	0	-12.5	-25.0	普通	標準的な通勤時間、距離的位置にある地域
			やや劣る	43.0	28.5	14.5	0	-14.5	やや劣る	通勤時間、距離等から判断してやや遠方の地域
			劣る	66.5	50.0	33.5	16.5	0	劣る	通勤時間、距離等から判断して遠方であり、不便な地域

（中小工．地）

条件	項目	細項目	格差の内訳							備考
交通・接近条件	輸送施設の整備の状況	空港との接近性	基準地域＼対象地域	優る		普通		劣る		空輸施設としての空港との接近性を次により分類し比較を行う。
			優　る	0		-9.0		-18.0		優　る　空港との位置関係が良好な地域
			普　通	10.0		0		-10.0		普　通　空港の利用が可能な地域
			劣　る	22.0		11.0		0		劣　る　空港のない地域
		高速道路I.C.及び幹線道路への接近性	基準地域＼対象地域	優る	やや優る	普通	やや劣る	劣る		高速道路I.C.及び国道等幹線道路への接近性を次により分類して行う。
			優　る	0	-5.0	-10.0	-15.0	-20.0		優　る　I.C.に5km以内
			やや優る	5.0	0	-5.0	-10.5	-15.5		やや優る　I.C.に15km以内
			普　通	11.0	5.5	0	-5.5	-11.0		普　通　I.C.に25km以内又は国道に近接
			やや劣る	17.5	11.5	6.0	0	-6.0		やや劣る　国道に5km未満
			劣　る	24.5	18.5	12.5	6.0	0		劣　る　国道に5km以上
	労働力の確保の難易	主要交通機関との接近性	基準地域＼対象地域	優る	やや優る	普通	やや劣る	劣る		従業員の通勤等主要交通機関との接近性及び労働力の確保の難易等について、次により分類し比較を行う。
			優　る	0	-11.5	-23.0	-34.5	-46.0		
			やや優る	13.0	0	-13.0	-26.0	-39.0		優　る　鉄道駅に近接する地域 やや優る　鉄道駅から徒歩可能であり、他の交通機関に近接する地域
			普　通	30.0	15.0	0	-15.0	-30.0		普　通　標準的な位置関係にあり、バス便の良好な地域
			やや劣る	53.0	35.5	17.5	0	-17.5		やや劣る　交通機関にやや遠く、不便な地域
			劣　る	85.5	64.5	43.0	21.5	0		劣　る　交通機関のない地域
	関連産業との関係位置	関連産業との関係位置	基準地域＼対象地域	優る	やや優る	普通	やや劣る	劣る		関連産業との位置関係について、次により分類し比較を行う。
			優　る	0	-2.5	-5.0	-7.5	-10.0		優　る　関連産業との位置関係、接近性が良好な地域
			やや優る	2.5	0	-2.5	-5.0	-7.5		やや優る　やや良好な地域
			普　通	5.0	2.5	0	-2.5	-5.0		普　通　位置関係、接近性の標準的な地域
			やや劣る	7.5	5.0	2.5	0	-2.5		やや劣る　やや悪い地域
			劣　る	10.0	7.5	5.0	2.5	0		劣　る　関連産業へ遠い地域
環境条件	動力資源及び用排水に関する費用等	動力資源	基準地域＼対象地域	優る		普通		劣る		電力の許容限度、重油等資源の入手の状態を判定し、次により分類し比較を行う。
			優　る	0		-3.0		-6.0		優　る　整備の状態が特に良好な地域
			普　通	3.0		0		-3.0		普　通　通常の費用で入手可能な地域
			劣　る	6.0		3.0		0		劣　る　通常以上に費用のかかる地域
		工業用水	基準地域＼対象地域	優る		普通		劣る		工業用水（地下水を含む。）の供給の状態を判定し、次により分類し比較を行う。
			優　る	0		-5.0		-10.0		優　る　水量が豊富で質の良い用水が確保できる地域

(中小工．地)

条件	項目	細項目	格差の内訳							備考	
環境条件	動力資源及び用排水に関する費用等	工業用水	普通	5.0	0	−5.0				普通	通常の状態と思われる地域
			劣る	10.0	5.0	0				劣る	水質と水量の劣る地域
		工場排水	基準地域＼対象地域	優る	普通	劣る				工場排水施設の整備の状態を判定し、次により分類し比較を行う。	
			優る	0	−5.0	−10.0				優る	工業用専用下水道のある地域
			普通	5.0	0	−5.0				普通	公共用下水道のある地域
			劣る	10.0	5.0	0				劣る	公共用下水道のない地域
	公害発生の危険性	水質の汚濁、大気の汚染等	基準地域＼対象地域	優る	やや優る	普通	やや劣る	劣る		水質の汚濁、大気の汚染等公害発生の危険性について、次により分類し比較を行う。	
			優る	0	−4.5	−9.0	−13.5	−18.0		優る	公害の発生の危険性が全くない地域
			やや優る	5.0	0	−5.0	−9.5	−14.5		やや優る	公害の発生の危険性の少ない地域
			普通	10.0	5.0	0	−5.0	−10.0		普通	通常の状態にある地域
			やや劣る	16.0	10.5	5.5	0	−5.5		やや劣る	公害発生の危険性のある地域
			劣る	22.0	16.5	11.0	5.5	0		劣る	公害が発生している地域
	洪水・地すべり等の災害発生の危険性	洪水・地すべり、高潮、崖くずれ等	基準地域＼対象地域	無	有					災害の種類、発生の頻度及びその規模等にもとづく危険性について、次により分類し比較を行う。なお、特に津波の危険性、土砂災害の危険性については土地価格への影響が大きい場合があるので、これら地域における格差率については、慎重に調査のうえ適用することに留意すること。	
					小さい	やや小さい	やや大きい	大きい			
			無	0	−1.0	−2.5	−4.0	−5.0		無	災害発生の危険性が一般的に殆どない地域
			有	小さい	1.0	0	−1.5	−3.0	−4.0	小さい	災害発生の危険性が一般的に小さい地域
				やや小さい	2.5	1.5	0	−1.5	−2.5	やや小さい	災害発生の危険性が一般的にやや小さい地域
				やや大きい	4.0	3.0	1.5	0	−1.0	やや大きい	災害発生の危険性が一般的にやや大きい地域
				大きい	5.0	4.0	2.5	1.0	0	大きい	災害発生の危険性が一般的に大きい地域
	自然的環境	地盤、地質等	基準地域＼対象地域	優る	普通	劣る				地盤、地質等自然的環境の良否の程度について、次により分類し比較を行う。	
			優る	0	−3.0	−6.0				優る	地盤、地質等の自然的環境が良い地域
			普通	3.0	0	−3.0				普通	地盤、地質等の自然的環境が普通の地域
			劣る	6.0	3.0	0				劣る	地盤、地質等の自然的環境が悪い地域
行政的条件	行政上の助成及び規制の程度	助成	基準地域＼対象地域	優る	普通	劣る				行政上の助成、工場誘致のための特典等について判定し、次により分類し比較を行う。	
			優る	0	−5.5	−11.5				優る	助成または誘致等の良い影響下にある地域
			普通	6.0	0	−6.0				普通	通常と思われる地域
			劣る	13.0	6.5	0				劣る	助成または誘致等の全くない地域

(中小工．地)

条件	項目	細項目	格差の内訳							備考
行政的条件	行政上の助成及び規制の程度	規制	基準地域＼対象地域	弱い	やや弱い	普通	やや強い	強い	用途地域及びその他の地域、地区等による土地の利用方法に関する公法上の規制の程度について、次により分類し比較を行う。
			弱　　い	0	−4.5	−9.0	−13.5	−18.0	
			やや弱い	5.0	0	−5.0	−9.5	−14.5	弱　　い　規制の影響が弱い地域 やや弱い　規制の影響がやや弱い地域
			普　　通	10.0	5.0	0	−5.0	−10.0	普　　通　規制の影響が通常である地域 やや強い　規制の影響がやや強い地域
			やや強い	16.0	10.5	5.5	0	−5.5	強　　い　規制の影響が強い地域
			強　　い	22.0	16.5	10.0	5.5	0	
		その他の規制	基準地域＼対象地域	弱い		普通		強い	
			弱　　い	0		$-\alpha'$		$-\alpha''$	
			普　　通	α'		0		$-\alpha'$	
			強　　い	α''		α'		0	
その他	工場進出の動向		基準地域＼対象地域	優る	やや優る	普通	やや劣る	劣る	工場進出の動向、工業地としての熟成度等、交通・接近条件、環境条件、行政の条件の動向を総合的に考慮して、次により分類し比較を行う。
			優　　る	0	−2.5	−5.0	−7.5	−10.0	
			やや優る	2.5	0	−2.5	−5.0	−7.5	優　　る　発展的に推移すると認められる地域 やや優る　やや発展的に推移すると認められる地域
			普　　通	5.0	2.5	0	−2.5	−5.0	普　　通　ほぼ現状で推移すると認められる地域 やや劣る　やや衰退的に推移すると認められる地域
			やや劣る	7.5	5.0	2.5	0	−2.5	
			劣　　る	10.0	7.5	5.0	2.5	0	劣　　る　衰退的に推移すると認められる地域
		その他	基準地域＼対象地域	優る		普通		劣る	
			優　　る						
			普　　通						
			劣　　る						

別表第26　　　　　　　　　　　個別的要因比準表　　　　　　　　（中小工場地域）

条件	項目	細項目	格差の内訳						備考	
街路条件	接面街路の系統・構造等の状態	系統及び連続性	基準地＼対象地	優る	やや優る	普通	やや劣る	劣る	正面街路の系統及び連続性について、次により分類し比較を行う。	
			優る	0	-2.0	-4.0	-6.0	-8.0	優る	標準的な画地の街路より系統及び連続性が良い街路
			やや優る	2.0	0	-2.0	-4.0	-6.0	やや優る	標準的な画地の街路より系統及び連続性がやや良い街路
			普通	4.0	2.0	0	-2.0	-4.0	普通	標準的な画地の街路と系統及び連続性が同程度の街路
			やや劣る	6.0	4.0	2.0	0	-2.0	やや劣る	標準的な画地の街路より系統及び連続性がやや悪い街路
			劣る	8.0	6.0	4.0	2.0	0	劣る	標準的な画地の街路より系統及び連続性が悪い街路
		幅員	基準地＼対象地	優る	やや優る	普通	やや劣る	劣る	正面街路の幅員の状態について、次により分類し比較を行う。	
			優る	0	-2.5	-5.0	-7.5	-10.0	優る	標準的な画地に接面する街路の幅員より良い幅員
			やや優る	2.5	0	-2.5	-5.0	-7.5	やや優る	標準的な画地に接面する街路の幅員よりやや良い幅員
			普通	5.0	2.5	0	-2.5	-5.0	普通	標準的な画地に接面する街路の幅員と同程度の幅員
			やや劣る	7.5	5.0	2.5	0	-2.5	やや劣る	標準的な画地に接面する街路の幅員よりやや悪い幅員
			劣る	10.0	7.5	5.0	2.5	0	劣る	標準的な画地に接面する街路の幅員より悪い幅員
		舗装	基準地＼対象地	優る	やや優る	普通	やや劣る	劣る	正面街路の舗装の状態について、次により分類し比較を行う。	
			優る	0	-2.0	-4.0	-6.0	-8.0	優る	標準的な画地の街路の舗装の状態より良い舗装
			やや優る	2.0	0	-2.0	-4.0	-6.0	やや優る	標準的な画地の街路の舗装の状態よりやや良い舗装
			普通	4.0	2.0	0	-2.0	-4.0	普通	標準的な画地の街路の舗装の状態と同程度の舗装
			やや劣る	6.0	4.0	2.0	0	-2.0	やや劣る	標準的な画地の街路の舗装の状態よりやや悪い舗装
			劣る	8.0	6.0	4.0	2.0	0	劣る	標準的な画地の街路の舗装の状態より悪い舗装又は未舗装
交通・接近条件	主要交通機関との距離	最寄交通機関との接近性	基準地＼対象地	優る	やや優る	普通	やや劣る	劣る	社会経済的最寄駅への接近性について、従業員の通勤等の利便性等を考慮して、次により分類し比較を行う。なお、接近性については、道路距離、バス路線の有無、バス停までの距離、運行回数等を総合的に考慮して判定するものとする。	
			優る	0	-4.5	-9.0	-13.5	-18.0	優る	鉄道駅に近接する画地
			やや優る	5.0	0	-5.0	-9.5	-14.5	やや優る	鉄道駅から徒歩可能、他の交通機関に近接する画地
			普通	10.0	5.0	0	-5.0	-10.0	普通	地域において標準的な位置関係にあると認められる画地
			やや劣る	16.0	10.5	5.5	0	-5.5	やや劣る	交通機関にやや遠い画地
			劣る	22.0	16.5	11.0	5.5	0	劣る	交通機関に遠い画地
	輸送施設との位置	地域内における関係位置	基準地＼対象地	優る	やや優る	普通	やや劣る	劣る	地域内の位置の良否を幹線道路、鉄道、港湾、空港等の輸送施設との接近性について、次により分類し比較を行う。	
			優る	0	-2.5	-5.0	-7.5	-10.0	優る	位置関係が良好な画地
			やや優る	2.5	0	-2.5	-5.0	-7.5	やや優る	位置関係がやや良い画地
			普通	5.0	2.5	0	-2.5	-5.0	普通	地域において標準的な位置関係にあると認められる画地

（中小工．個）

条件	項目	細項目	格差の内訳					備考
交通・接近条件	輸送施設との位置	地域内における関係位置	やや劣る	やる	7.5	5.0	2.5	0	−2.5	やや劣る 位置関係がやや悪い画地 劣 る 位置関係が悪い画地
			劣 る	10.0	7.5	5.0	2.5	0	
環境条件	用排水等の供給処理施設の整備の必要性	工業用水	基準地／対象地	優 る	普 通	劣 る		工業用水の供給（地下水を含む。）の状態について、次により分類し比較を行う。
			優 る	0	−5.0	−10.0		優 る 整備済若しくはより少ない経費で整備できる画地
			普 通	5.0	0	−5.0		普 通 通常の経費で整備できる画地
			劣 る	10.0	5.0	0		劣 る 通常以上に整備に費用がかかる画地
		工場排水	基準地／対象地	優 る	普 通	劣 る		工場用排水施設の程度について、次により分類し比較を行う。
			優 る	0	−5.0	−10.0		優 る 整備済若しくはより少ない経費で整備できる画地
			普 通	5.0	0	−5.0		普 通 通常の経費で整備できる画地
			劣 る	10.0	5.0	0		劣 る 整備に多額の経費がかかる画地
		電力等の動力資源	基準地／対象地	優 る	普 通	劣 る		電力、重油等動力資源の入手の状態及び引込の難易について、次により分類し比較を行う。
			優 る	0	−3.0	−6.0		優 る 動力資源が十分にある画地
			普 通	3.0	0	−3.0		普 通 通常の費用で引込が可能な画地
			劣 る	6.0	3.0	0		劣 る 引込に多額の費用がかかる画地
		上下水道、ガス等	基準地／対象地	優 る	普 通	劣 る		上下水道、ガス等の供給、処理施設の有無及びその利用の難易について、次により分類し比較を行う。
			優 る	0	−2.0	−4.0		優 る 上下水道、ガス等がある画地
			普 通	2.0	0	−2.0		普 通 通常の費用で引込が可能な画地
			劣 る	4.0	2.0	0		劣 る 引込に多額の費用がかかる画地
	地盤及び造成の程度	地勢、地質、地盤等	基準地／対象地	優 る	普 通	劣 る		地勢、地質、地盤等の良否について、次により分類し比較を行う。
			優 る	0	−5.0	−10.0		優 る 工場敷地として優れていると認められる画地
			普 通	5.0	0	−5.0		普 通 通常の工場敷地と認められる画地
			劣 る	10.0	5.0	0		劣 る 工場敷地として悪いと認められる画地
		造成の程度	基準地／対象地	優 る	普 通	劣 る		造成の程度について、次により分類し比較を行う。
			優 る	0	−5.0	−10.0		優 る 造成の程度が良好な画地
			普 通	5.0	0	−5.0		普 通 通常の程度と認められる画地
			劣 る	10.0	5.0	0		劣 る 造成の程度が悪い画地
画地条件	地積及び形状の良否	地積	基準地／対象地	普 通	やや劣る	劣 る		地積の過大又は過小の程度について、次により分類し比較を行う。
			普 通	1.00	0.90	0.80		普 通 標準的な画地の地積と同程度の画地

（中小工．個）

条件	項　目	細項目	格　差　の　内　訳					備　　　考
画地条件	地積及び形状の良否	地　積	やや劣る	1.11		1.00	0.89	やや劣る　標準的な画地の地積より過大又は過小であるため、画地利用上の阻害がある画地
			劣　る	1.25		1.13	1.00	劣　る　標準的な画地の地積より過大又は過小であるため、画地利用上の阻害の程度が大きい画地
		形　状	基準地＼対象地	優る	やや優る	普通	やや劣る	劣る	画地の形状について、次により分類し比較を行う。
			優　る	1.00	0.96	0.87	0.78	0.74	優　る　標準的な画地より優れた形状と認められる画地
			やや優る	1.05	1.00	0.91	0.82	0.77	やや優る　標準的な画地よりやや良い形状である画地
			普　通	1.15	1.10	1.00	0.90	0.85	普　通　標準的な画地と同程度と認められる画地
			やや劣る	1.28	1.22	1.11	1.00	0.94	やや劣る　標準的な画地よりやや悪い形状である画地
			劣　る	1.35	1.29	1.18	1.06	1.00	劣　る　標準的な画地に比較して三角形などの変形部分を有する画地
	その他	接面街路との関係	基準地＼対象地	四方路	三方路	二方路	一方路		接面街路の状態について、次により分類し比較を行う。なお、利用可能な道路または街路としての効用のある道路を比較するものとし、赤線道等は対象としないものとする。
			四方路	1.00	0.97	0.93	0.90		
			三方路	1.03	1.00	0.96	0.93		
			二方路	1.08	1.04	1.00	0.98		
			一方路	1.11	1.08	1.03	1.00		
行政的条件	行政上の規制の程度	行政上の規制	基準地＼対象地	弱い	普通	強い			行政上の規制の程度、用途地域及びその他の地域、地区等による土地の利用方法に関する公法上の規制の態様等について、次により分類し比較を行う。
			弱　い	0	−5.5	−11.5			弱　い　標準的な画地より影響が弱い画地
			普　通	6.0	0	−6.0			普　通　標準的な画地と同程度の影響を受ける画地
			強　い	13.0	6.5	0			強　い　標準的な画地より影響が強い画地
その他	その他	その他	基準地＼対象地	優る	普通	劣る			
			優　る						
			普　通						
			劣　る						

別表第27   地域要因比準表   （宅地見込地域）

条件	項目	細項目	格差の内訳							備考
交通・接近条件	都心との距離及び交通施設の状態	最寄駅への接近性	基準地域＼対象地域	優る	やや優	普通	やや劣る	劣る		地域の標準的な社会経済的最寄駅への接近性について、次により分類し比較を行う。接近性については、道路に沿った最短距離、バス路線の有無、バス停までの距離、バス運行回数等を総合的に考慮して判定するものとする。なお、本格差率は政令指定都市以外の地方の県庁所在市を念頭に作成しているため、各分類における格差率が、地域の実態と合わない場合があるので留意すること。 優る　最寄駅に近接する地域 やや優る　最寄駅にやや近い地域 普通　最寄駅への時間、距離等が通常である地域 やや劣る　最寄駅にやや遠い地域 劣る　最寄駅に遠い地域
			優る	0	−2.0	−4.0	−6.0	−7.5		
			やや優	2.0	0	−2.0	−4.0	−6.0		
			普通	4.0	2.0	0	−2.0	−4.0		
			やや劣	6.0	4.0	2.0	0	−2.0		
			劣る	8.5	6.5	4.0	2.0	0		
		最寄駅の性格	基準地域＼対象地域	優る		普通		劣る		最寄駅について、次により分類し比較を行う。 優る　本線の始発駅、乗換駅、急行、快速等の停車駅 普通　本線の上記以外の駅、支線の始発駅、急行、快速等の停車駅 劣る　支線の急行・快速等停車駅以外の駅
			優る	0		−1.5		−3.0		
			普通	1.5		0		−1.5		
			劣る	3.0		1.5		0		
		最寄駅から都心への接近性	基準地域＼対象地域	優る		普通		劣る		最寄駅から居住者が勤務する事業所、商店、工場等が立地する経済中心地たる都心への接近性について、次により分類し比較を行う。接近性については、鉄道、道路、バス等による時間的な距離に重点をおいて判定するものとする。なお、本格差率は政令指定都市以外の地方の県庁所在市を念頭に作成しているため、各分類における格差率が、地域の実態と合わない場合があるので留意すること。 優る　通勤時間、距離等から判断して近接する地域 普通　通勤時間、距離等から判断して通常と判断される地域 劣る　通勤時間、距離等から判断して遠い地域
			優る	0		−1.0		−2.0		
			普通	1.0		0		−1.0		
			劣る	2.0		1.0		0		
	商業施設の配置の状態	最寄商業施設への接近性	基準地域＼対象地域	優る		普通		劣る		通常一般的に利用されている日常生活の需要を満たすに足りる最寄商業施設への接近性について、次により分類し比較を行う。なお、接近性については、道路に沿った最短距離、バス路線の有無、バス停までの距離、バス運行回数等を総合的に考慮して判定するものとする。 優る、普通、劣る…最寄駅から都心への接近性に準ずる。
			優る	0		−1.0		−2.0		
			普通	1.0		0		−1.0		
			劣る	2.0		1.0		0		
		最寄商業施設の性格	基準地域＼対象地域	優る		普通		劣る		最寄商業施設の性格について、次により分類し比較を行う。 優る　規模が大きく、百貨店、総合スーパー等、繁華性の高い商業施設 普通　食料品等を扱うスーパー等が存在し、周辺に一部専門店も存する商業施設 劣る　食料品等を扱うスーパー等で、周辺に専門店の存しない商業施設
			優る	0		−0.5		−1.0		
			普通	0.5		0		−0.5		
			劣る	1.0		0.5		0		

（宅見．地）

条件	項目	細項目	基準地域＼対象地域	格差の内訳			備考
				優る	普通	劣る	
交通・接近条件	学校・公園・病院等の配置の状態	幼稚園、小学校、公園、病院、官公署等	優る	0	−1.0	−2.0	公共公益施設の状態について、次により分類し比較を行う。なお、配置の状態については、各施設の位置関係、集中の度合及び日常の利便性等について総合的に考慮して判定するものとする。
			普通	1.0	0	−1.0	優る　各種の施設に近接して利便性が高い地域
			劣る	2.0	1.0	0	普通　各種の施設が標準的位置にあって利便性が通常である地域 劣る　各種の施設から遠く利便性の低い地域
	周辺街路等の状態	周辺幹線街路への接近性及び周辺街路の状態	優る	0	−1.5	−3.0	幹線街路への接近性、周辺街路の配置、系統、構造等の周辺街路等の状態の良否について、次により分類し比較を行う。
			普通	1.5	0	−1.5	優る　周辺街路等の状態の優れている地域 普通　周辺街路等の状態が通常と判断される地域
			劣る	3.0	1.5	0	劣る　周辺街路等の状態が劣っている地域
環境条件	日照・温度・湿度・風向等の気象の状態	日照、温度、湿度、風向、通風等	優る	0	−1.5	−2.5	日照の確保、温度、湿度、風向、通風等の良否等の自然的条件について、次により分類し比較を行う。
			普通	1.5	0	−1.5	優る　日照、通風等を阻害するものが殆どなく自然的条件が優れている地域 普通　日照、通風等も普通で自然的条件も通常である地域
			劣る	2.5	1.5	0	劣る　日照、通風等が悪く自然的条件が劣っている地域
	眺望・景観等の自然的環境の良否	眺望、景観、地勢、地盤等	優る	0	−1.5	−2.5	眺望、景観、地勢、地盤等の自然的環境の良否について、次により分類し比較を行う。
			普通	1.5	0	−1.5	優る　眺望がひらけ、景観、地勢が優れて地質、地盤が強固な環境に恵まれた地域 普通　眺望、景観とも通常で、地勢は平坦、地質、地盤が普通である地域
			劣る	2.5	1.5	0	劣る　眺望、景観が優れず、地勢、地盤が劣る地域
	上下水道・ガス等の供給処理施設の状態	上下水道、ガス、電気等の引込の難易	優る	0	−2.5	−5.0	既存供給処理施設からの引込の難易について、次により分類し比較を行う。
			普通	2.5	0	−2.5	優る　引込延長が短く容易に引込可能な地域 普通　通常の費用で引込が可能な地域
			劣る	5.0	2.5	0	劣る　引込延長が長く引込に多額の費用を要する地域

（宅見．地）

条件	項目	細項目	格差の内訳						備考
環境条件	周辺地域の状態	周辺既存住宅地域等の性格、規模等	基準地＼対象地域	優る	やや優	普通	やや劣	劣る	周辺既存住宅地域の性格、規模等について、次により分類し比較を行う。
			優る	0	-3.5	-8.0	-12.0	-15.5	優る　大手不動産業者等が分譲する質の高いマンション、住宅等が多く、住環境の整備されている地域
			やや優	4.0	0	-4.5	-8.5	-12.5	やや優　標準的な一般住宅の多い地域で、住環境の整備されている地域
			普通	8.5	4.5	0	-4.5	-8.5	普通　標準的な一般住宅の多い地域で、住環境の整備がやや遅れている地域
			やや劣	13.5	9.5	4.5	0	-4.0	やや劣　一般住宅、アパート、店舗、小工場等が混在する地域
			劣る	18.5	14.0	9.5	4.5	0	劣る　農家が点在し、農地等の広がる地域
	市街化進行の程度	市街化進行の程度	基準地＼対象地域	優る	やや優	普通	やや劣	劣る	市街化進行の程度について、次により分類し比較を行う。
			優る	0	-3.5	-7.0	-10.5	-14.0	優る　市街地に近接し、周辺街路網もほぼ整備され急速に住宅地域化しつつある地域
			やや優	3.5	0	-4.0	-7.5	-11.0	やや優　市街地に比較的近く、主要街路への連絡性も良好で、周辺に一般住宅の建ちつつある地域
			普通	7.5	4.0	0	-4.0	-7.5	普通　市街地にやや遠く、街路等は未整備であるが、周辺の宅地開発が徐々に進行しつつある地域
			やや劣	12.0	8.5	4.0	0	-3.5	やや劣　公共施設が未整備で、利便施設等にも遠く住宅地域化するに相当期間を要する地域
			劣る	16.0	12.5	8.0	4.0	0	
	都市の規模及び性格等	都市の人口、財政、社会福祉、文化教育施設等	対象地域との格差	優る	やや優	ほぼ同じ	やや劣	劣る	都市（市町村等）を異にする地域間の比較にあって両都市の人口、財政の規模、社会福祉の水準、文化教育施設の充実の度合等を総合的に考慮のうえ相対的な比較を行う。
			格差率	5.0	2.5	0	-2.5	-5.0	
	変電所、汚水処理場等の危険施設・処理施設等の有無	変電所、ガスタンク、汚水処理場、焼却場等	基準地＼対象地域	無	有				危険施設又は処理施設等の有無及びそれらの配置の状態にもとづく危険性あるいは悪影響の度合について、次により分類し比較を行う。
					小さい	やや大きい			無　危険施設、処理施設等及び危険性、悪影響ともに皆無もしくは皆無に等しい地域
			無	0	-1.0	-2.0			小さい　危険性、悪影響の度合が一般的に小さい地域
			有 小さい	1.0	0	-1.0			やや大きい　危険性、悪影響の度合がやや大きい地域
			有 やや大きい	2.0	1.0	0			
	洪水・地すべり等の災害発生の危険性	洪水、地すべり、高潮、崖くずれ等	基準地＼対象地域	無	有				災害の種類、発生の頻度及びその規模等にもとづく危険性について、次により分類し比較を行う。なお、特に津波の危険性、土砂災害の危険性については土地価格への影響が大きい場合があるので、これら地域における格差率については、慎重に調査のうえ適用することに留意すること。
					小さい	やや大きい			無　災害発生の危険性が殆どない地域
			無	0	-1.5	-3.0			小さい　災害発生の危険性が一般的に小さい地域
			有 小さい	1.5	0	-1.5			やや大きい　災害発生の危険性が一般的にやや大きい地域
			有 やや大きい	3.0	1.5	0			

(宅見．地)

条件	項目	細項目	格差の内訳					備考
環境条件	騒音・大気汚染等の公害発生の程度	騒音、振動、大気汚染、じんあい、悪臭等	対象地域との格差	基準地の属する地域に比較して				公害の種類、発生の頻度及びその広がり等を総合的に考慮して判定する。
				やや小さい	ほぼ同じ	やや大きい		
			格差率	2.0	0	-2.0		

条件	項目	細項目	基準地＼対象地域	易しい	やや易しい	普通	やや難しい	難しい	備考
宅地造成条件	造成の難易及び必要の程度	宅地見込地の価格水準が低い地域	易しい	1.00	0.87	0.75	0.62	0.49	宅地見込地の価格水準（5段階区分）ごとに単位当り宅地造成工事費の大、小について、次により分類し比較を行う。
			やや易しい	1.14	1.00	0.86	0.71	0.57	易 し い　殆ど盛土を要しない畑、原野等
			普通	1.34	1.17	1.00	0.83	0.66	やや易しい　地盤良好な田、畑等で平均盛土高がおおよそ1m未満のもの
			やや難しい	1.61	1.41	1.20	1.00	0.80	普　　　通　軟弱地盤でない田で平均盛土高が1m以上の場合
			難しい	2.03	1.77	1.51	1.26	1.00	やや難しい　緩斜面の丘陵、地盤の良くない田
		宅地見込地としての価格水準がやや低い地域	易しい	1.00	0.90	0.81	0.71	0.62	難 し い　急斜面あるいは硬岩の多い丘陵、地盤の悪い田
			やや易しい	1.11	1.00	0.89	0.79	0.68	注）上記の5分類は標準を示したものであって判定に当たっては次の点に留意すること。
			普通	1.24	1.12	1.00	0.88	0.76	1．地勢、地質、地盤等の良否
			やや難しい	1.40	1.27	1.13	1.00	0.87	2．単位当たり平均切・盛土量の大・小
			難しい	1.62	1.47	1.31	1.16	1.00	3．土砂の運搬距離 4．重機械搬入、使用の難易 5．公共施設整備等の負担金の大・小
		宅地見込地としての価格水準が中位の地域	易しい	1.00	0.94	0.88	0.82	0.76	
			やや易しい	1.07	1.00	0.93	0.87	0.80	
			普通	1.14	1.07	1.00	0.93	0.86	
			やや難しい	1.22	1.15	1.07	1.00	0.93	
			難しい	1.32	1.24	1.16	1.08	1.00	
		宅地見込地としての価格水準がやや高い地域	易しい	1.00	0.96	0.91	0.87	0.83	
			やや易しい	1.05	1.00	0.95	0.91	0.86	
			普通	1.09	1.05	1.00	0.95	0.91	
			やや難しい	1.15	1.10	1.05	1.00	0.95	
			難しい	1.21	1.16	1.11	1.05	1.00	

(宅見．地)

条件	項目	細項目	格差の内訳					備考
宅地造成条件	造成の難易及び必要の程度	宅地見込地としての価格水準が高い地域	基準地域＼対象地域	易しい	やや易しい	普通	やや難しい	難しい	
			易しい	1.00	0.97	0.94	0.90	0.87	
			やや易しい	1.03	1.00	0.97	0.93	0.90	
			普通	1.07	1.03	1.00	0.97	0.93	
			やや難しい	1.11	1.07	1.04	1.00	0.96	
			難しい	1.15	1.11	1.07	1.04	1.00	
	宅地としての有効利用度	宅地としての有効利用度	基準地域＼対象地域	高い	やや高い	普通	やや低い	低い	宅地としての有効利用度について、次により分類し比較を行う。なお、各ランクの（ ）内数字は係数決定の基礎となった標準の有効宅地化率である。
			高い	1.00	0.92	0.84	0.77	0.69	高　　い　有効宅地化率が高い地域（77％）
			やや高い	1.08	1.00	0.92	0.83	0.75	やや高い　有効宅地化率がやや高い地域（71％）
			普通	1.18	1.09	1.00	0.91	0.82	普　　通　有効宅地化率が通常な（65％）
			やや低い	1.31	1.20	1.10	1.00	0.90	やや低い　有効宅地化率がやや低い地域（59％）
			低い	1.45	1.34	1.23	1.11	1.00	低　　い　有効宅地化率が低い地域（53％）
									注）有効宅地化率＝販売可能な宅地面積÷（開発区域の面積－既存公共用地の面積）×100
行政的条件	土地の利用に関する公法上の規制の程度	用途地域及びその他の地域、地区等	基準地域＼対象地域	弱い	やや弱い	普通	やや強い	強い	用途地域及びその他の地域、地区等による土地の利用方法に関する公法上の規制の程度について、次により分類し比較を行う。
			弱い	0	-1.0	-2.0	-4.0	-5.0	弱　　い　一般的に規制の影響が弱い地域
			やや弱い	1.0	0	-1.0	-3.0	-4.0	やや弱い　一般的に規制の影響がやや弱い地域
			普通	2.0	1.0	0	-2.0	-3.0	普　　通　一般的に規制の影響が通常である地域
			やや強い	4.0	3.0	2.0	0	-1.0	やや強い　一般的に規制の影響がやや強い地域
			強い	5.0	4.0	3.0	1.0	0	強　　い　一般的に規制の影響が強い地域
		その他の規制	基準地域＼対象地域	弱い		普通		強い	
			弱い	0		$-\alpha'$		$-\alpha''$	
			普通	α'		0		$-\alpha'$	
			強い	α''		α'		0	

(宅見．地)

条件	項 目	細項目	格 差 の 内 訳				備　　　　考
			基準地域＼対象地域	優　る	普　通	劣　る	交通・接近条件、環境条件、宅地造成条件及び行政的条件で掲げる項目のほか、比較すべき特別の項目があると認められるときは、その項目に応じて適正に格差率を求めるものとする。
そ の 他	その他	その他	優　る				
			普　通				
			劣　る				

— 160 —

別表第28　　　　　　　　　個別的要因比準表　　　　　　（大・中規模開発地域）

条件	項目	細項目	格差の内訳						備考

画地条件

道路との関係位置 — 道路の位置、規模、系統等

基準地＼対象地	優る	普通	劣る
優る	1.00	0.91	0.82
普通	1.10	1.00	0.90
劣る	1.22	1.11	1.00

備考：接面道路の有無又は道路との遠近、道路の規模、系統等を総合的に考慮し判定する。

画地の形状等 — 画地の形状、間口、奥行等

基準地＼対象地	普通	劣る	相当に劣る
普通	1.00	0.90	0.85
劣る	1.11	1.00	0.94
相当に劣る	1.18	1.06	1.00

備考：間口、奥行の関係、整形、不整形の度合等を総合的に考慮し判定する。

その他 — 高圧線下地

高圧線下地を含む土地の場合は、その高圧線の電圧の種別、線下地部分の面積及び当該土地に占める位置等を考慮し、適正に定めた率をもって補正するものとする。

行政的条件

公法上の規制の程度 — 用途地域及びその他の地域、地区等

基準地＼対象地 規制の程度	弱い	やや弱い	普通	やや強い	強い
弱い	1.00	0.99	0.98	0.97	0.96
やや弱い	1.01	1.00	0.99	0.98	0.97
普通	1.02	1.01	1.00	0.99	0.98
やや強い	1.03	1.02	1.01	1.00	0.99
強い	1.04	1.03	1.02	1.01	1.00

備考：用途地域及びその他の地域、地区等による土地の利用方法に関する公法上の規制の態様等について、次により分類し比較を行う。

- 弱い　　　標準的な画地より影響が弱い画地
- やや弱い　標準的な画地より影響がやや弱い画地
- 普通　　　標準的な画地と同程度の影響を受ける画地
- やや強い　標準的な画地より影響がやや強い画地
- 強い　　　標準的な画地より影響が強い画地

その他

地盤・地質・地勢等の状態 — 地盤の高低、地質、地勢等

基準地＼対象地	優る	普通	劣る
優る	1.00	0.95	0.90
普通	1.05	1.00	0.95
劣る	1.11	1.05	1.00

備考：地盤の高低、地質、地勢等の宅地造成工事費及び有効宅地化率に影響を及ぼす諸要因について、総合的に考慮し判定する。

（大・中開発．個）

条件	項目	細項目	格差の内訳				備考
			基準地＼対象地	優る	普通	劣る	画地条件、行政的条件で掲げる項目及びその他地盤の高低、地質、地勢等のほか、比較すべき特別の項目があると認められるときは、その項目に応じて適正に格差率を求めるものとする。
その他	その他	その他	優る				
			普通				
			劣る				

別表第29　　　　　　　　　　　個別的要因比準表　　　　　　　　（小規模開発地域）

条件	項目	細項目	格差の内訳							備考		
画地条件	道路との関係位置	道路の位置、規模、系統等	基準地＼対象地	優る	やや優る	普通	やや劣る	劣る		道路との位置関係について、次により分類し比較を行う。		
			優る	1.00	0.89	0.77	0.68	0.59		優 る		幅員4m以上の道路に接する画地
			やや優る	1.13	1.00	0.87	0.77	0.67		やや優る		幅員4m以上の道路に近接し道路の取付けが物理的に可能な画地又は幅員4m未満の道路に接する画地
			普通	1.30	1.15	1.00	0.89	0.77		普 通		幅員4m未満の道路に近接し道路の取付けが物理的に可能な画地
			やや劣る	1.47	1.30	1.13	1.00	0.87		やや劣る		近接した道路がなく、画地を挟む両側の道路位置からみてほぼ中間に位置する画地
			劣る	1.69	1.50	1.30	1.15	1.00		劣 る		近接した道路がなく、道路位置からみて奥深く位置する画地
	画地の形状等	画地の形状、間口、奥行等	基準地＼対象地	普通		劣る		相当に劣る		間口、奥行の関係、整形、不整形の度合等を総合的に考慮し判定する。		
			普通	1.00		0.88		0.75				
			劣る	1.14		1.00		0.85				
			相当に劣る	1.34		1.18		1.00				
	その他	高圧線下地	高圧線下地を含む土地の場合は、その高圧線の電圧の種別、線下地部分の面積及び当該土地に占める位置等を考慮し、適正に定めた率をもって補正するものとする。									
行政的条件	公法上の規制の程度	用途地域及びその他の地域、地区等	基準地＼対象地	規制の程度						用途地域及びその他の地域、地区等による土地の利用方法に関する公法上の規制の態様等について、次により分類し比較を行う。		
				弱い	やや弱い	普通	やや強い	強い				
			規制の程度 弱い	1.00	0.99	0.98	0.97	0.96		弱 い		標準的な画地より影響が弱い画地
			やや弱い	1.01	1.00	0.99	0.98	0.97		やや弱い		標準的な画地より影響がやや弱い画地
			普通	1.02	1.01	1.00	0.99	0.98		普 通		標準的な画地と同程度の影響を受ける画地
			やや強い	1.03	1.02	1.01	1.00	0.99		やや強い		標準的な画地より影響がやや強い画地
			強い	1.04	1.03	1.02	1.01	1.00		強 い		標準的な画地より影響が強い画地
その他	地盤・地質・地勢等の状態	地盤の高低、地質、地勢等	基準地＼対象地	優る		普通		劣る		地盤の高低、地質、地勢等の宅地造成工事費及び有効宅地化率に影響を及ぼす諸要因について、総合的に考慮し判定する。		
			優る	1.00		0.91		0.82				
			普通	1.10		1.00		0.90				
			劣る	1.22		1.11		1.00				

(小開発．個)

条件	項目	細項目	格差の内訳					備　　　　考
			基準地＼対象地	優　る	普　通	劣　る	画地条件、行政的条件で掲げる項目及びその他地盤の高低、地質、地勢等のほか、比較すべき特別の項目があると認められるときは、その項目に応じて適正に格差率を求めるものとする。
そ の 他	その他	そ の 他	優　る				
			普　通				
			劣　る				

別表第30

崖地格差率表

区　別	崖地部分と平坦宅地部分との ①関係位置・方位			②崖地の傾斜の状況		備　考
	崖地と平坦宅地部分 との関係位置	傾斜 方位	格差率	有効利用の方法	格差率	
利用不可能な崖地 （傾斜度15°以上）	下り崖地（法地） 崖地部分が対象地内 で下り傾斜となって いる場合	南 東 西 北	50～80 40～60 30～50 10～20	イ．崖状を呈し、庭 としての利用は 殆ど不可能 ロ．人工地盤により 宅地利用も可能 であるが、通常 の住宅建築は不 可能	60～70	崖地の格差率は、崖地部分と平坦宅地部分 との関係位置・方位による格差率に崖地の 傾斜の状況による格差率を乗じて求める。 (1)本表の格差率は、平坦宅地部分を100と 　　した場合の格差率である。 (2)崖地で2メートル以下の高さの擁壁又は 　　0.6メートル以下の土羽（どは）の法地 　　部分については、これを本表の崖地等と 　　して取り扱わない。 (3)崖地部分が対象地内で上り傾斜となって 　　いる上り崖地については、別途その状況 　　を判断して格差率を求める。
利用可能な崖地	下り崖地（法地）	南 東 西 北	70～90 55～70 50～60 40～50	通常の基礎を補強す れば、住宅建築が可 能であるが、崖地を 直接庭として利用す ることは安全性から みて不可能	80～90	

比 準 価 格 算 定 表

1. 基準地の所在及び地番等

番 号	所 在 及 び 地 番	取引時点等	取引価格等	取引の事情
1				
2				
3				

2. 対象地の所在及び地番

3. 価格判定の基準日

平成　　年　　月　　日

4. 価格の算定

番号	基準地の価格	事情補正	時点修正	地域要因の比較	造成宅地の比較	個別的要因の比較	比準価格
1	円	$\times \dfrac{100}{()}$	$\times \dfrac{()}{100}$	$\times \dfrac{()}{100}$	$\times \dfrac{()}{()}$	$\times \dfrac{()}{100} =$	円
2		$\times \dfrac{100}{()}$	$\times \dfrac{()}{100}$	$\times \dfrac{()}{100}$	$\times \dfrac{()}{()}$	$\times \dfrac{()}{100} =$	
3		$\times \dfrac{100}{()}$	$\times \dfrac{()}{100}$	$\times \dfrac{()}{100}$	$\times \dfrac{()}{()}$	$\times \dfrac{()}{100} =$	
	価 格 の 査 定						円

住宅地（　　）調査及び算定表　　　その1

条件	項目	細項目	地　域　要　因		格差	計
			基準地番号 所　　在 基準地の属する地域 内　　　訳	申請番号 所　　在 対象地の属する地域 内　　　訳		
街路条件	街路の幅員・構造等の状態	幅　員	当該地域における標準的な街路幅員（　）m 優る　　普通　　劣る	当該地域における標準的な街路幅員（　）m 優る　　普通　　劣る		$\frac{(\ )}{100}$
		舗　装	種別（　　）舗装率（　　）％ 優る　　普通　　劣る	種別（　　）舗装率（　　）％ 優る　　普通　　劣る		
		配　置	優る　　普通　　劣る	優る　　普通　　劣る		
		系統及び連続性	優る　　普通　　劣る	優る　　普通　　劣る		
		(除雪 施設等)				
交通・接近条件	都心との距離及び交通施設の状態	最寄駅への接近性	（　　　）駅まで約（　　　）m 優る　やや優る　普通　やや劣る　劣る	（　　　）駅まで約（　　　）m 優る　やや優る　普通　やや劣る　劣る		$\frac{(\ )}{100}$
		都心への接近性	（　　　）まで（特、急、普）で約（　　）時間 優る　やや優る　普通　やや劣る　劣る	（　　　）まで（特、急、普）で約（　　）時間 優る　やや優る　普通　やや劣る　劣る		
	商業施設の配置の状態	最寄商業施設への接近性	（　　　）まで（バス、徒歩）約（　　）分 優る　やや優る　普通　やや劣る　劣る	（　　　）まで（バス、徒歩）約（　　）分 優る　やや優る　普通　やや劣る　劣る		
		最寄商業施設の性格	優る　　普通　　劣る	優る　　普通　　劣る		
	学校・公園・病院等の配置の状態	小学校、公園、病院、官公署等	公共公益施設まで約（　　　）m 優る　やや優る　普通　やや劣る　劣る	公共公益施設まで約（　　　）m 優る　やや優る　普通　やや劣る　劣る		$\frac{(\ )}{100}$
環境条件	気象の状態	日照、温度、湿度、通風等	優る　　普通　　劣る	優る　　普通　　劣る		$\frac{(\ )}{100}$
	自然的環境の良否	眺望、景観、地勢、地盤等				
	居住者の移動等の状態	居住者の増減、家族構成等	優る　　普通　　劣る	優る　　普通　　劣る		
	社会的環境の良否	社会的環境の良否	優る　　普通　　劣る	優る　　普通　　劣る		
	各画地の面積・配置及び利用の状態	画地の標準的面積	当該地域における標準的な画地の面積（　）㎡ 優る　　普通　　劣る	当該地域における標準的な画地の面積（　）㎡ 優る　　普通　　劣る		
		各画地の配置の状態	優る　　普通　　劣る	優る　　普通　　劣る		
		土地の利用度	疎密度は約（　　）％ 優る　　普通　　劣る	疎密度は約（　　）％ 優る　　普通　　劣る		
		周辺の利用の状態	優る　　普通　　劣る	優る　　普通　　劣る		
	供給処理施設の状態	上水道	有　　可能　　無	有　　可能　　無		
		下水道	有　　可能　　無	有　　可能　　無		
		都市ガス等	有　　可能　　無	有　　可能　　無		
	危険施設・処理施設等の有無	危険施設、処理施設等の有無	危険施設（　　）処理施設等（　　） 有（小さい、やや小さい、やや大きい、大きい）無	危険施設（　　）処理施設等（　　） 有（小さい、やや小さい、やや大きい、大きい）無		$\frac{(\ )}{100}$
	災害発生の危険性	洪水、地すべり等	洪水、地すべり、その他（　　　　） 有（小さい、やや小さい、やや大きい、大きい）無	洪水、地すべり、その他（　　　　） 有（小さい、やや小さい、やや大きい、大きい）無		
	公害発生の程度	騒音、大気汚染等	騒音（　　）大気汚染（　　）等の程度	基準地の属する地域と比較して 小さい、やや小さい、ほぼ同じ、やや大きい、大きい		

条件	項目	細項目	基準地 内訳		対象地 内訳		格差	計
行政的条件	土地の利用に関する公法上の規制の程度	用途地域及びその他の地域、地区等	用途地域( )建ぺい率( )%容積率( )% その他( ) 弱い　やや弱い　普通　やや強い　強い		用途地域( )建ぺい率( )%容積率( )% その他( ) 弱い　やや弱い　普通　やや強い　強い			$\frac{(\ )}{100}$
		その他の規制	強い　　普通　　弱い		強い　　普通　　弱い			
その他	その他	将来の動向	優る　やや優る　普通　やや劣る　劣る		優る　やや優る　普通　やや劣る　劣る			$\frac{(\ )}{100}$
		その他	優る　　普通　　劣る		優る　　普通　　劣る			
地域要因の比較		街路条件	交通・接近条件	環境条件	行政的条件	その他		計
		$\frac{(\ )}{100}$ ×	$\frac{(\ )}{100}$ ×	$\frac{(\ )}{100}$ ×	$\frac{(\ )}{100}$ ×	$\frac{(\ )}{100}$	=	$\frac{(\ )}{100}$

その2

地域要因（造成宅地）

条件	項目	細項目	基準地番号 所　在 基準地の属する地域 内　　訳	申請番号 所　在 対象地の属する地域 内　　訳	格差	計
街路条件	街路の幅員・構造等の状態	幅　員	当該地域における標準的な街路幅員（　）m 優る　　普通　　劣る	当該地域における標準的な街路幅員（　）m 優る　　普通　　劣る		
		舗　装	種別（　　　）舗装率（　）％ 優る　　普通　　劣る	種別（　　　）舗装率（　）％ 優る　　普通　　劣る		
		配　置	優る　　普通　　劣る	優る　　普通　　劣る		
		系統及び連続性	優る　　普通　　劣る	優る　　普通　　劣る		
		(除　雪) 施設等				(　)／100
交通・接近条件	都心との距離及び交通施設の状態	最寄駅への接近性	（　　）駅まで約（　　）m 優る　やや優る　普通　やや劣る　劣る	（　　）駅まで約（　　）m 優る　やや優る　普通　やや劣る　劣る		
		都心への接近性	（　）まで(特、急、普)で約（　）時間 優る　やや優る　普通　やや劣る　劣る	（　）まで(特、急、普)で約（　）時間 優る　やや優る　普通　やや劣る　劣る		
	商業施設の配置の状態	最寄商業施設への接近性	優る　　普通　　劣る	優る　　普通　　劣る		
		最寄商業施設の性格	優る　　普通　　劣る	優る　　普通　　劣る		
	学校・公園・病院等の配置の状態	小学校、公園、病院、官公署等	公共公益施設まで約（　　）m 優る　やや優る　普通　やや劣る　劣る	公共公益施設まで約（　　）m 優る　やや優る　普通　やや劣る　劣る		(　)／100
環境条件	気象の状態	日照、温度、湿度、通風等	優る　　普通　　劣る	優る　　普通　　劣る		
	自然的環境の良否	眺望、景観、地勢、地盤等	優る　　普通　　劣る	優る　　普通　　劣る		
	社会的環境の良否	社会的環境の良否	優る　　普通　　劣る	優る　　普通　　劣る		
	各画地の面積・配置及び利用の状態	画地の標準的面積	当該地域における標準的な画地の面積（　　）㎡ 優る　　普通　　劣る	当該地域における標準的な画地の面積（　　）㎡ 優る　　普通　　劣る		
		各画地の配置の状態	優る　　普通　　劣る	優る　　普通　　劣る		
		土地の利用度	疎密度は約（　）％ 優る　　普通　　劣る	疎密度は約（　）％ 優る　　普通　　劣る		
		周辺の利用の状態	優る　　普通　　劣る	優る　　普通　　劣る		
	供給処理施設の状態	上　水　道	優る　　普通　　劣る	優る　　普通　　劣る		
		下　水　道 (処理方式)	優る　　普通　　劣る	優る　　普通　　劣る		
		下　水　道 (管理施設)	有　　　　　　　無	有　　　　　　　無		
		都市ガス等	優る　　普通　　劣る	優る　　普通　　劣る		
	危険施設・処理施設等の有無	危険施設、処理施設等の有無	危険施設（　　）処理施設等（　） 有(小さい、やや小さい、やや大きい、大きい)無	危険施設（　　）処理施設等（　） 有(小さい、やや小さい、やや大きい、大きい)無		
	災害発生の危険性	洪水、地すべり等	洪水、地すべり、その他（　　） 有(小さい、やや小さい、やや大きい、大きい)無	洪水、地すべり、その他（　　） 有(小さい、やや小さい、やや大きい、大きい)無		
	公害発生の程度	騒音、大気汚染等	騒音（　）大気汚染（　）等の程度	基準地の属する地域と比較して 小さい、やや小さい、ほぼ同じ、やや大きい、大きい		(　)／100

条件	項　目	細項目	基　準　地		対　象　地		格差	計
			内　訳		内　訳			
行政的条件	土地の利用に関する公法上の規制の程度	用途地域及びその他の地域、地区等	用途地域(　　)建ぺい率(　)%容積率(　)% その他(　　　　) 弱い　やや弱い　普通　やや強い　強い		用途地域(　　)建ぺい率(　)%容積率(　)% その他(　　　　) 弱い　やや弱い　普通　やや強い　強い			(　) / 100
		その他の規　制	強い　　　　普通　　　　弱い		強い　　　　普通　　　　弱い			
その他	そ　の　他	将来の動向	優る　やや優る　普通　やや劣る　劣る		優る　やや優る　普通　やや劣る　劣る			(　) / 100
		そ　の　他	優る　　　　普通　　　　劣る		優る　　　　普通　　　　劣る			

地域要因の比較	街路条件	交通・接近条件	環境条件	行政的条件	その他	計
	(　) / 100	× (　) / 100	× (　) / 100	× (　) / 100	× (　) / 100	= (　) / 100

その3

条件	項目	細項目	個別的要因 基準地番号（　）所在　　基準地　内訳	申請番号（　）所在　　対象地　内訳	格差	計
街路条件	接面街路の系統・構造等の状態	系統及び連続性	優る　やや優る　普通　やや劣る　劣る	優る　やや優る　普通　やや劣る　劣る		
		幅員	接面街路の幅員約（　）m 優る　やや優る　普通　やや劣る　劣る	接面街路の幅員約（　）m 優る　やや優る　普通　やや劣る　劣る		
		舗装	種別（　）補修の必要性（有・無） 優る　やや優る　普通　やや劣る　劣る	種別（　）補修の必要性（有・無） 優る　やや優る　普通　やや劣る　劣る		
		（除雪施設等）				(　)/100
交通・接近条件	交通施設との距離	最寄駅への接近性	基準地から（　）駅まで約（　）m 優る　やや優る　普通　やや劣る　劣る	対象地から（　）駅まで約（　）m 優る　やや優る　普通　やや劣る　劣る		
	商業施設との接近の程度	最寄商業施設への接近性	（　）まで(バス、徒歩)約（　）分 優る　やや優る　普通　やや劣る　劣る	（　）まで(バス、徒歩)約（　）分 優る　やや優る　普通　やや劣る　劣る		
	公共施設等との接近の程度	幼稚園、小学校、公園、病院、官公署等	公共公益施設まで約（　）m 優る　やや優る　普通　やや劣る　劣る	公共公益施設まで約（　）m 優る　やや優る　普通　やや劣る　劣る		(　)/100
環境条件	日照・通風・乾湿等の良否	日照、通風、乾湿等	優る　普通　劣る	優る　普通　劣る		
	地勢・地質・地盤等の良否	地勢、地質、地盤等	優る　普通　劣る	優る　普通　劣る		
	周囲の状態	隣接地の利用状況	（　）方にアパート等がある。無 普通　やや劣る　劣る　相当に劣る　極端に劣る	（　）方にアパート等がある。無 普通　やや劣る　劣る　相当に劣る　極端に劣る		
	供給処理施設の状態	上水道	優る　普通　劣る	優る　普通　劣る		
		下水道	優る　普通　劣る	優る　普通　劣る		
		都市ガス等	優る　普通　劣る	優る　普通　劣る		
	危険施設・処理施設等との接近の程度	危険施設、処理施設等の有無	危険施設（　）処理施設等（　） 有（小　やや小　通常　やや大　大）無	危険施設（　）処理施設等（　） 有（小　やや小　通常　やや大　大）無		(　)/100
画地条件	地積・間口・奥行・形状等	地積	地積（　）㎡ 普通　やや劣る　劣る	地積（　）㎡ 普通　やや劣る　劣る		
		間口狭小	間口（　）m 普通　やや劣る　劣る　相当に劣る　極端に劣る	間口（　）m 普通　やや劣る　劣る　相当に劣る　極端に劣る		
		奥行逓減	奥行（　）m 普通　やや劣る　劣る　相当に劣る　極端に劣る	奥行（　）m 普通　やや劣る　劣る　相当に劣る　極端に劣る		
		奥行短小	普通　やや劣る　劣る　相当に劣る　極端に劣る	普通　やや劣る　劣る　相当に劣る　極端に劣る		
		奥行長大	奥行/間口＝ 普通　やや劣る　劣る　相当に劣る　極端に劣る	奥行/間口＝ 普通　やや劣る　劣る　相当に劣る　極端に劣る		
		不整形地	普通　やや劣る　劣る　相当に劣る　極端に劣る	普通　やや劣る　劣る　相当に劣る　極端に劣る		
		三角地	（　）角、最小角（　）度 普通　やや劣る　劣る　相当に劣る　極端に劣る	（　）角、最小角（　）度 普通　やや劣る　劣る　相当に劣る　極端に劣る		
	方位・高低・角地・その他接面街路との関係	方位	接面街路の方位 北、西、東、南、その他（　）	接面街路の方位 北、西、東、南、その他（　）		
		高低	接面街路より約（　）m（高・低）い 優る　やや優る　普通　やや劣る　劣る	接面街路より約（　）m（高・低）い 優る　やや優る　普通　やや劣る　劣る		
		角地	角地の方位(接面街路) 北西、　北東、　南西、　南東 普通　やや優る　優る　相当に優る　特に優る	角地の方位(接面街路) 北西、　北東、　南西、　南東 普通　やや優る　優る　相当に優る　特に優る		

条件	項　目	細　項　目	基　準　地 内　訳		対　象　地 内　訳		格差	計
画地条件	方位・高低・角地・その他接面街路との関係	準　角　地	準角地の方位（接面街路） 北西　　北東　　南西　　南東 普通　やや優る　優る　相当に優る　特に優る		準角地の方位（接面街路） 北西　　北東　　南西　　南東 普通　やや優る　優る　相当に優る　特に優る			
		二　方　路	普通　　やや優る　　優る　　特に優る		普通　　やや優る　　優る　　特に優る			
		三　方　路						
		袋　　　地						
		無 道 路 地						
		崖　地　等						
		私 道 減 価						
	そ　の　他	高圧線下地	高圧線下地積（　　）㎡総地積に対し （　　　　）％		高圧線下地積（　　）㎡総地積に対し （　　　　）％			$\frac{100 \times (\ )}{100}$
行政的条件	公法上の規制の程度	用途地域及びその他の地域,地区等	用途地域（　　）建ぺい率（　）％容積率（　）％ その他（　　　　　　　　　　　　　） 弱い　やや弱い　普通　やや強い　強い		用途地域（　　）建ぺい率（　）％容積率（　）％ その他（　　　　　　　　　　　　　） 弱い　やや弱い　普通　やや強い　強い			$\frac{(\ )}{100}$
その他	そ　の　他	その他	優る　　　　普通　　　　劣る		優る　　　　普通　　　　劣る			$\frac{(\ )}{100}$
個別的要因の比較		街路条件	交通・接近条件	環境条件	画地条件	行政的条件	その他	計
		$\frac{(\ )}{100}$ ×	$\frac{(\ )}{100}$ ×	$\frac{(\ )}{100}$ ×	$\frac{(\ )}{100}$ ×	$\frac{(\ )}{100}$ ×	$\frac{(\ )}{100}$ =	$\frac{(\ )}{100}$

その4

比較項目 \ 品等	造　成　宅　地　の　品　等					
	基準地地番号 所在 基準地の属する地域			申請地地番号 所在 対象地の属する地域		
	内　訳			内　訳		
	上	中	下	上	中	下
1．街　　　　路						
イ　歩道又はガードレールの 　　有無　　　　（幹線街路）	+1.0	0		+1.0	0	
ロ　構　　　　　　造						
電　柱　の　位　置	+1.0	0		+1.0	0	
角　　　　　　切	+1.0	0		+1.0	0	
ハ　排　水　施　設	+2.0	0	-2.0	+2.0	0	-2.0
ニ　街　路　樹　の　有　無	+1.0	0		+1.0	0	
ホ　勾　　　　　　配	+1.5	0	-3.0	+1.5	0	-3.0
2．雨　水　排　水						
イ　排　水　方　式	+2.0(+1.5)	0(0)	-2.0(-2.0)	+2.0(+1.5)	0(0)	-2.0(-2.0)
ロ　排　水　能　力	+1.0	0		+1.0	0	
ハ　排　水　設　備	+2.0	0	-2.0	+2.0	0	-2.0
3．画　地　仕　上　げ						
イ　前面道路との関係	+2.0(+2.0)	0(0)	-6.0(-5.0)	+2.0(+2.0)	0(0)	-6.0(-5.0)
ロ　擁　　　　　　壁						
材　　　　　　料	+2.0	0	-1.5	+2.0	0	-1.5
構　　　　　　造	+2.0	0		+2.0	0	
施　　　　　　工	+1.0	0		+1.0	0	
ハ　改良を要する地盤	+1.0	0		+1.0	0	
ニ　土　　　　　　質	+1.5(+1.5)	0(0)	-1.5(-2.0)	+1.5(+1.5)	0(0)	-1.5(-2.0)
ホ　駐　車　設　備	+2.0	0		+2.0	0	
4．公　園　・　緑　地						
イ　規　　　　　　模	+2.0(+2.0)	0(0)	-1.5(-2.0)	+2.0(+2.0)	0(0)	-1.5(-2.0)
ロ　内　　　　　　容	+1.0	0		+1.0	0	
5．諸　施　設(予定を含む)						
イ　街　　　　　　灯	+1.0	0	-1.0	+1.0	0	-1.0
ロ　ゴ　ミ　集　積　施　設	+1.0	0		+1.0	0	
ハ　集　　会　　所	+1.0	0		+1.0	0	
ニ　医　療　施　設	+2.0	0	-3.0	+2.0	0	-3.0
ホ　バ　ス　停　留　所	+2.0(+2.5)	0(0)	-3.0(-4.0)	+2.0(+2.5)	0(0)	-3.0(-4.0)
ヘ　幼　稚　園、保　育　園	+2.0	0	-2.5	+2.0	0	-2.5
ト　消火栓、防火水槽等	+1.0	0	-1.0	+1.0	0	-1.0
6．団　地　管　理　体　制	+1.0(+3.0)	0(0)		+1.0(+3.0)	0(0)	
7．そ　の　他						
イ　立　地　条　件	+4.0(+2.0)	0(0)	-4.5(-3.0)	+4.0(+2.0)	0(0)	-4.5(-3.0)
合　　　　　　計						

別荘地調査及び算定表　　　　その1

地域要因

条件	項目	細項目	基準地番号　所在　基準地の属する地域　内訳	申請番号　所在　対象地の属する地域　内訳	格差	計
街路条件	街路の幅員・構造等の状態	幅員構造等	優る　　普通　　劣る	優る　　普通　　劣る		
		系統及び連続性	優る　　普通　　劣る	優る　　普通　　劣る		
		（除雪施設等）				( )/100
交通・接近条件	都心との距離及び交通施設の状態	交通施設との関係位置	優る　やや優る　普通　やや劣る　劣る	優る　やや優る　普通　やや劣る　劣る		
		都心への接近性	優る　　普通　　劣る	優る　　普通　　劣る		
	観光資源の配置の状態	観光資源の配置の状態	優る　　普通　　劣る	優る　　普通　　劣る		
	利便施設・レクリエーション施設の配置の状態	利便施設、レクリエーション施設の配置の状態	優る　　普通　　劣る	優る　　普通　　劣る		( )/100
環境条件	景観の良否	景観の良否	優る　やや優る　普通　やや劣る　劣る	優る　やや優る　普通　やや劣る　劣る		
	日照・温度等の気象の状態	日照、温度等の気象の状態	優る　　普通　　劣る	優る　　普通　　劣る		
	傾斜等の地勢の状態	傾斜等の地勢の状態	優る　やや優る　普通　やや劣る　劣る	優る　やや優る　普通　やや劣る　劣る		
	樹木等の自然環境の良否	樹木等自然環境の良否	優る　やや優る　普通　やや劣る　劣る	優る　やや優る　普通　やや劣る　劣る		
	地域の名声・知名度等	地域の名声、知名度等	特に優る　相当に優る　優る　普通　劣る	特に優る　相当に優る　優る　普通　劣る		
	各画地の面積・配置・周辺の利用の状態	各画地の面積、配置の状態	優る　　普通　　劣る	優る　　普通　　劣る		
		周辺の利用の状態	優る　　普通　　劣る	優る　　普通　　劣る		
	供給処理施設の状態	上水道	優る　　普通　　劣る	優る　　普通　　劣る		
		下水道	優る　　普通　　劣る	優る　　普通　　劣る		
		温泉（A、B）	優る(有)　普通　劣る(無)	優る(有)　普通　劣る(無)		
	危険・処理施設への接近の程度	危険、処理施設への接近の程度	優る　　普通　　劣る	優る　　普通　　劣る		
	災害発生の危険性	洪水、地すべり等の災害発生の危険性	優る　　普通　　劣る	優る　　普通　　劣る		
	公害発生の程度	騒音、振動等の公害発生の程度	優る　　普通　　劣る	優る　　普通　　劣る		( )/100
行政的条件	公法上の規制の程度	公法上の規制の程度	弱い　　普通　　強い	弱い　　普通　　強い		( )/100
その他	その他	管理体制の整備の状態	優る　　普通　　劣る	優る　　普通　　劣る		
		将来の動向	優る　やや優る　普通　やや劣る　劣る	優る　やや優る　普通　やや劣る　劣る		
		その他	優る　　普通　　劣る	優る　　普通　　劣る		( )/100

地域要因の比較	街路条件	交通・接近条件	環境条件	行政的条件	その他	計
	( )/100 ×	( )/100 ×	( )/100 ×	( )/100 ×	( )/100 =	( )/100

その2

条件	項目	細項目	個別的要因					格差	計
			基準地番号			申請番号				
			所在			所在				
			基準地			対象地				
			内訳			内訳				
街路条件	接面道路の系統・構造等の状態	接面道路の系統、構造等の状態	優る	普通	劣る	優る	普通	劣る	
		(除雪施設等)							( )/100
交通・接近条件	交通施設との距離	交通施設への接近性	優る	普通	劣る	優る	普通	劣る	
	利便施設等との接近の程度	利便施設、レクリエーション施設への接近性	優る	普通	劣る	優る	普通	劣る	( )/100
環境条件	眺望の良否	眺望の良否	特に優る 優る 普通 劣る 特に劣る			特に優る 優る 普通 劣る 特に劣る			
	日照・通風等の良否	日照、通風等の良否	優る	普通	劣る	優る	普通	劣る	
	地質・地盤等の良否	地質、地盤等の良否	優る	普通	劣る	優る	普通	劣る	
	樹木等自然環境の良否	樹木等自然環境の良否	優る やや優る 普通 やや劣る 劣る			優る やや優る 普通 やや劣る 劣る			
	供給処理施設の状態	上水道	優る	普通	劣る	優る	普通	劣る	
		下水道	優る	普通	劣る	優る	普通	劣る	
		温泉	優る	普通	劣る	優る	普通	劣る	
	危険・処理施設への接近の程度	危険、処理施設への接近の程度	優る	普通	劣る	優る	普通	劣る	
	災害発生の危険性	洪水、地すべり等災害発生の危険性	優る	普通	劣る	優る	普通	劣る	
	公害発生の程度	騒音、振動等公害発生の程度	優る	普通	劣る	優る	普通	劣る	( )/100
画地条件	傾斜の程度	傾斜の程度	優る やや優る 普通 やや劣る 劣る			優る やや優る 普通 やや劣る 劣る			
	地積・形状	地積	優る	普通	劣る	優る	普通	劣る	
		形状	優る やや優る 普通 やや劣る 劣る			優る やや優る 普通 やや劣る 劣る			
	接面道路との関係	接面道路との関係	優る やや優る 普通 やや劣る 劣る			優る やや優る 普通 やや劣る 劣る			100×( )/100
行政的条件	公法上の規制の程度	自然公園法等による規制の程度	弱い	普通	強い	弱い	普通	強い	
		その他の規制	弱い	普通	強い	弱い	普通	強い	( )/100
その他	その他	その他	優る	普通	劣る	優る	普通	劣る	( )/100
個別的要因の比較		街路条件	交通・接近条件	環境条件	画地条件	行政的条件	その他	計	
		( )/100 ×	( )/100 ×	( )/100 ×	( )/100 ×	( )/100 ×	( )/100 =	( )/100	

商業地（　　）調査及び算定表　　その1

地域要因

条件	項目	細項目	基準地番号 所　在 基準地の属する地域 内　　訳	申請番号 所　在 対象地の属する地域 内　　訳	格差	計
街路条件	街路の状態	幅員	当該地域における標準的な街路幅（　）m 街路の種類（　　）名称（　　） 優る　　普通　　劣る	当該地域における標準的な街路幅（　）m 街路の種類（　　）名称（　　） 優る　　普通　　劣る		
		舗装	優る　　普通　　劣る	優る　　普通　　劣る		
		歩道	幅員（　）m 優る　　普通　　劣る	幅員（　）m 優る　　普通　　劣る		
		勾配	普通　やや劣る　劣る	普通　やや劣る　劣る		
		構造	優る　　普通　　劣る	優る　　普通　　劣る		
		系統及び連続性	優る　やや優る　普通　やや劣る　劣る	優る　やや優る　普通　やや劣る　劣る		
	街区の状態	街区の整然性	優る　　普通　　劣る	優る　　普通　　劣る		
		街区の施設の状態 （除雪施設等）	優る　　普通　　劣る	優る　　普通　　劣る		(　)/100
交通・接近条件	顧客の交通手段の状態等	最寄駅の乗降客の数	最寄駅名（　　）	最寄駅名（　　）、基準地の属する地域に比較し 多い　やや多い　ほぼ同じ　やや少ない　少ない		
		最寄駅への接近性	最寄駅の（　）方約（　）m 優る　やや優る　普通　やや劣る　劣る	最寄駅の（　）方約（　）m 優る　やや優る　普通　やや劣る　劣る		
		都心中心部への接近性	優る　やや優る　普通　やや劣る　劣る	優る　やや優る　普通　やや劣る　劣る		
		公共公益施設等への接近性	主要な官公署（　　） 優る　やや優る　普通　やや劣る　劣る	主要な官公署（　　） 優る　やや優る　普通　やや劣る　劣る		
		駐車場の整備の状態	優る　　普通　　劣る	優る　　普通　　劣る		
		交通規制の状態	優る　　普通　　劣る	優る　　普通　　劣る		
		主要幹線道路等との接近性	優る　やや優る　普通　やや劣る　劣る	優る　やや優る　普通　やや劣る　劣る		(　)/100
環境条件	交通の量	交通量	優る　やや優る　普通　やや劣る　劣る	優る　やや優る　普通　やや劣る　劣る		
	沿道の状況	店舗の種類	優る　やや優る　普通　やや劣る　劣る	優る　やや優る　普通　やや劣る　劣る		
		店舗等の連たん性	優る　やや優る　普通　やや劣る　劣る	優る　やや優る　普通　やや劣る　劣る		
	経済施設の配置	デパート、大型店の数、延面積	優る　やや優る　普通　やや劣る　劣る	優る　やや優る　普通　やや劣る　劣る		
		全国的規模の店舗、事務所の数、延面積	優る　やや優る　普通　やや劣る　劣る	優る　やや優る　普通　やや劣る　劣る		
		娯楽施設の状態	優る　　普通　　劣る	優る　　普通　　劣る		

条件	項目	細項目	基準地 内訳	対象地 内訳	格差	計
環境条件	背後地及び顧客の購買力等	不適合な施設の状態	普通　やや劣る　劣る	普通　やや劣る　劣る		
		その他の客等を誘因する施設の状態	優る　普通　劣る	優る　普通　劣る		
		背後地の人口の状態	優る　やや優る　普通　やや劣る　劣る	優る　やや優る　普通　やや劣る　劣る		
		背後地の範囲	優る　やや優る　普通　やや劣る　劣る	優る　やや優る　普通　やや劣る　劣る		
		顧客の購買力等	優る　やや優る　普通　やや劣る　劣る	優る　やや優る　普通　やや劣る　劣る		
	競争の状態と経営者の創意と資力	店舗の協業化の状態	優る　やや優る　普通　やや劣る　劣る	優る　やや優る　普通　やや劣る　劣る		
		高度利用の状態	優る　やや優る　普通　やや劣る　劣る	優る　やや優る　普通　やや劣る　劣る		
	繁華性の程度	顧客の通行量	優る　やや優る　普通　やや劣る　劣る	優る　やや優る　普通　やや劣る　劣る		
		店舗の連たん性	優る　やや優る　普通　やや劣る　劣る	優る　やや優る　普通　やや劣る　劣る		
		営業時間の長短	優る　普通　劣る	優る　普通　劣る		
		犯罪の発生等の状態	普通　やや劣る　劣る	普通　やや劣る　劣る		
	自然的環境	地質、地盤等	優る　普通　劣る	優る　普通　劣る		
	洪水・地すべり等の災害発生の危険性	洪水、地すべり、高潮、崖くずれ等	無　小さい　やや小さい　やや大きい　大きい	無　小さい　やや小さい　やや大きい　大きい		( )/100
行政的条件	公法上の規制の程度	容積制限による規制	容積率(/10)　優る　やや優る　普通　やや劣る　劣る	容積率(/10)　優る　やや優る　普通　やや劣る　劣る		
		高さ制限による規制	優る　やや優る　普通　やや劣る　劣る	優る　やや優る　普通　やや劣る　劣る		
		防火地域等の指定に伴う制限	優る　やや優る　普通　やや劣る　劣る	優る　やや優る　普通　やや劣る　劣る		
		その他の地域、地区による規制	用途地域( )　優る　やや優る　普通　やや劣る　劣る	用途地域( )　優る　やや優る　普通　やや劣る　劣る		
		その他の規制	弱い　普通　強い	弱い　普通　強い		( )/100
その他	その他	将来の動向	優る　やや優る　普通　やや劣る　劣る	優る　やや優る　普通　やや劣る　劣る		
		その他	優る　普通　劣る	優る　普通　劣る		( )/100

地域要因の比較	街路条件	交通・接近条件	環境条件	行政的条件	その他	計
	( )/100 ×	( )/100 ×	( )/100 ×	( )/100 ×	( )/100 =	( )/100

その2

個別的要因						
条件	項目	細項目	基準地番号 所　在 基　準　地 内　　訳	申請番号 所　在 対　象　地 内　　訳	格差	計
街路条件	接面街路の系統・構造等の状態	街路の系統及び連続性	優る　　普通　　劣る	優る　　普通　　劣る		
		幅員	接面街路の幅員約(　　)m 優る　やや優る　普通　やや劣る　劣る	接面街路の幅員約(　　)m 優る　やや優る　普通　やや劣る　劣る		
		舗装	優る　　普通　　劣る	優る　　普通　　劣る		
		歩道	幅員(　　)m 優る　　普通　　劣る	幅員(　　)m 優る　　普通　　劣る		
		構造	優る　　普通　　劣る	優る　　普通　　劣る		
		勾配・カーブ	優る　　普通　　劣る	優る　　普通　　劣る		
		(除雪)施設等				(　)/100
交通・接近条件	商業地域の中心への接近性等	商業地域の中心への接近性	優る　やや優る　普通　やや劣る　劣る	優る　やや優る　普通　やや劣る　劣る		
		最寄駅への接近性	優る　やや優る　普通　やや劣る　劣る	優る　やや優る　普通　やや劣る　劣る		(　)/100
環境条件	客足の流動の状態との適合性	客足の流動性	優る　やや優る　普通　やや劣る　劣る	優る　やや優る　普通　やや劣る　劣る		
	隣接不動産等周囲の状態	隣接不動産等周囲の状態	優る　やや優る　普通　やや劣る　劣る	優る　やや優る　普通　やや劣る　劣る		
	自然的環境	地盤	優る　　普通　　劣る	優る　　普通　　劣る		(　)/100
画地条件	間口・形状及び地積等	間口狭小	間口(　　)m 普通　やや劣る　劣る　相当に劣る　極端に劣る	間口(　　)m 普通　やや劣る　劣る　相当に劣る　極端に劣る		
		奥行逓減	奥行(　　)m 普通　やや劣る　劣る　相当に劣る　極端に劣る	奥行(　　)m 普通　やや劣る　劣る　相当に劣る　極端に劣る		
		奥行短小	普通　やや劣る　劣る　相当に劣る　極端に劣る	普通　やや劣る　劣る　相当に劣る　極端に劣る		
		奥行長大	奥行/間口 普通　やや劣る　劣る　相当に劣る　極端に劣る	奥行/間口 普通　やや劣る　劣る　相当に劣る　極端に劣る		
		不整形地	普通　やや劣る　劣る　相当に劣る　極端に劣る	普通　やや劣る　劣る　相当に劣る　極端に劣る		
		三角地	(　　)角、最小角(　　)度 普通　やや劣る　劣る　相当に劣る　極端に劣る	(　　)角、最小角(　　)度 普通　やや劣る　劣る　相当に劣る　極端に劣る		
		地積過小又は過大	面積(　　)㎡ 普通　やや劣る　劣る　相当に劣る　極端に劣る	面積(　　)㎡ 普通　やや劣る　劣る　相当に劣る　極端に劣る		
		面大増価	面積(　　)㎡ 普通　やや優る　優る　相当に優る　極端に優る	面積(　　)㎡ 普通　やや優る　優る　相当に優る　極端に優る		
	接面街路との関係	高低	高低差(　　)m 優る　やや優る　普通　やや劣る　劣る	高低差(　　)m 優る　やや優る　普通　やや劣る　劣る		
		角地	側道の幅員(　　)m 普通　やや優る　優る　相当に優る　特に優る	側道の幅員(　　)m 普通　やや優る　優る　相当に優る　特に優る		
		二方路	裏面道路の幅員(　　)m 普通　やや優る　優る　相当に優る　特に優る	裏面道路の幅員(　　)m 普通　やや優る　優る　相当に優る　特に優る		

条件	項目	細項目	基　準　地	対　象　地	格差	計
			内　　訳	内　　訳		
画地条件	その他	三方路	他の道路の幅員(　)m、(　)m 普通　やや優る　優る　相当に優る　特に優る	他の道路の幅員(　)m、(　)m 普通　やや優る　優る　相当に優る　特に優る		
		四方路	他の道路の幅員(　)m、(　)m、(　)m 普通　やや優る　優る　相当に優る　特に優る	他の道路の幅員(　)m、(　)m、(　)m 普通　やや優る　優る　相当に優る　特に優る		
		袋　　地	路地状の奥行(　)m、形状	路地状の奥行(　)m、形状		
		無道路地	取付道路の取得の(可・否)及びその幅員 (　)m、延長(　)m	取付道路の取得の(可・否)及びその幅員 (　)m、延長(　)m		
		崖　地　等	崖地の地積(　)㎡、総地積に対して(　)%	崖地の地積(　)㎡、総地積に対して(　)%		
		その他				$\frac{100\times(\ )}{100}$
行政的条件	公法上の規制の程度	用途地域等の地域、地区等	用途地域(　)容積率(　/10) その他(　) 優る　やや優る　普通　やや劣る　劣る	用途地域(　)容積率(　/10) その他(　) 優る　やや優る　普通　やや劣る　劣る		$\frac{(\ )}{100}$
その他	その他	その他	優る　　普通　　劣る	優る　　普通　　劣る		$\frac{(\ )}{100}$
個別的要因の比較		街路条件	交通・接近条件	環境条件	画地条件	行政的条件　その他　計
		$\frac{(\ )}{100}\times\frac{(\ )}{100}\times\frac{(\ )}{100}\times\frac{(\ )}{100}\times\frac{(\ )}{100}\times\frac{(\ )}{100}=\frac{(\ )}{100}$					

工業地（　　　）調査及び算定表　その1

地域要因

条件	項目	細項目	基準地番号／所在／基準地の属する地域／内訳	申請番号／所在／対象地の属する地域／内訳	格差	計
街路条件	街路の幅員・構造等の状況	幅員	当該地域における標準的な街路幅員（　）m／街路の種類（　）名称（　）／優る　やや優る　普通　やや劣る　劣る	当該地域における標準的な街路幅員（　）m／街路の種類（　）名称（　）／優る　やや優る　普通　やや劣る　劣る		
		舗装	種別（　）舗装率（　）％／優る　やや優る　普通　やや劣る　劣る	種別（　）舗装率（　）％／優る　やや優る　普通　やや劣る　劣る		
		配置	優る　　普通　　劣る	優る　　普通　　劣る		
		系統及び連続性	優る　やや優る　普通　やや劣る　劣る	優る　やや優る　普通　やや劣る　劣る		
		（除雪施設等）				（　）／100
交通・接近条件	製品販売市場及び原材料仕入市場との関係位置	都心への接近性	（　）駅まで（特、急、普）で約（　）時間／優る　やや優る　普通　やや劣る　劣る	（　）駅まで（特、急、普）で約（　）時間／優る　やや優る　普通　やや劣る　劣る		
	輸送施設の整備の状況	公共岸壁	公共岸壁まで約（　）m／優る　　普通　　劣る	公共岸壁まで約（　）m／優る　　普通　　劣る		
		空港との接近性	空港まで約（　）km／優る　　普通　　劣る	空港まで約（　）km／優る　　普通　　劣る		
		高速道路I.C.への接近性	I.C.まで約（　）km／優る　やや優る　普通　やや劣る　劣る	I.C.まで約（　）km／優る　やや優る　普通　やや劣る　劣る		
	労働力の確保の難易	主要交通機関との接近性	（　）駅まで（　）m／優る　やや優る　普通　やや劣る　劣る	（　）駅まで（　）m／優る　やや優る　普通　やや劣る　劣る		
	関連産業との関係位置の状態	関連産業との関係位置	優る　やや優る　普通　やや劣る　劣る	優る　やや優る　普通　やや劣る　劣る		（　）／100
環境条件	動力資源及び用排水に関する費用等	動力資源	優る　　普通　　劣る	優る　　普通　　劣る		
		工業用水	優る　　普通　　劣る	優る　　普通　　劣る		
		工場排水	優る　　普通　　劣る	優る　　普通　　劣る		
	公害発生の危険性	水質の汚濁、大気の汚染等	優る　やや優る　普通　やや劣る　劣る	優る　やや優る　普通　やや劣る　劣る		
	洪水・地すべり等の災害発生の危険性	洪水、地すべり、高潮、崖くずれ等	無　小さい　やや小さい　やや大きい　大きい	無　小さい　やや小さい　やや大きい　大きい		
	自然的環境	地盤、地質等	優る　　普通　　劣る	優る　　普通　　劣る		（　）／100
行政的条件	行政上の助成及び規制の程度	助成	助成の内容（　　）／優る　　普通　　劣る	助成の内容（　　）／優る　　普通　　劣る		
		規制	用途地域（　）建ぺい率（　）％容積率（　）％／その他の地域、地区（　）／弱い　やや弱い　普通　やや強い　強い	用途地域（　）建ぺい率（　）％容積率（　）％／その他の地域、地区（　）／弱い　やや弱い　普通　やや強い　強い		
		その他の規制	弱い　　普通　　強い	弱い　　普通　　強い		（　）／100
その他		工場進出の動向	優る　やや優る　普通　やや劣る　劣る	優る　やや優る　普通　やや劣る　劣る		
		その他	優る　　普通　　劣る	優る　　普通　　劣る		（　）／100

地域要因の比較

$$\frac{(\ )}{100} \times \frac{(\ )}{100} \times \frac{(\ )}{100} \times \frac{(\ )}{100} \times \frac{(\ )}{100} = \frac{(\ )}{100}$$

（街路条件　×　交通・接近条件　×　環境条件　×　行政的条件　×　その他　＝　計）

その2

条件	項目	細項目	基準地番号 所在 基準地 内訳		申請番号 所在 対象地 内訳		格差	計
個別的要因								
街路条件	接面街路の系統・構造等の状態	系統及び連続性	優る　やや優る　普通　やや劣る　劣る		優る　やや優る　普通　やや劣る　劣る			
		幅員	接面街路の幅員（　　）m 優る　やや優る　普通　やや劣る　劣る		接面街路の幅員（　　）m 優る　やや優る　普通　やや劣る　劣る			
		舗装	種別（　　）補修の必要性（有、無） 優る　やや優る　普通　やや劣る　劣る		種別（　　）補修の必要性（有、無） 優る　やや優る　普通　やや劣る　劣る			
		(除雪)施設等						(　)/100
交通・接近条件	主要交通機関の距離	最寄交通機関との接近性	基準地から（　）駅まで約（　）m 他の交通機関（　　　　　　） 優る　やや優る　普通　やや劣る　劣る		対象地から（　）駅まで約（　）m 他の交通機関（　　　　　　） 優る　やや優る　普通　やや劣る　劣る			
	輸送施設との位置	地域内における関係位置	優る　やや優る　普通　やや劣る　劣る		優る　やや優る　普通　やや劣る　劣る			
		鉄道専用引込線	有　　　　　　　無		有　　　　　　　無			
		専用岸壁	有(優る、普通、劣る)　　無		有(優る、普通、劣る)　　無			(　)/100
環境条件	用排水等の供給処理施設の整備の必要性	工業用水	有　　　　　　　無		有　　　　　　　無			
		工場排水	優る　　普通　　劣る		優る　　普通　　劣る			
		電力等の動力資源	優る　　普通　　劣る		優る　　普通　　劣る			
		上下水道、ガス等	優る　　普通　　劣る		優る　　普通　　劣る			
	地盤及び造成の良否	地盤	優る　やや優る　普通　やや劣る　劣る		優る　やや優る　普通　やや劣る　劣る			
		造成の程度	優る　　普通　　劣る		優る　　普通　　劣る			(　)/100
画地条件	地積及び形状の良否	地積	基準地の面積（　　）㎡ 利用上の阻害、有（過大、大、普通、小、過小）無		対象地の面積（　　）㎡ 利用上の阻害、有（過大、大、普通、小、過小）無			
		形状	優る　やや優る　普通　やや劣る　劣る		優る　やや優る　普通　やや劣る　劣る			
	その他	接面街路との関係	四方路　三方路　二方路　一方路		四方路　三方路　二方路　一方路			100×(　)/100
行政的条件	行政上の規制の程度	行政上の規制	用途地域（　）建ぺい率（　）%容積率（　）% その他の地域、地区（　　　　　） 弱い　　普通　　強い		用途地域（　）建ぺい率（　）%容積率（　）% その他の地域、地区（　　　　　） 弱い　　普通　　強い			(　)/100
その他	その他	その他	優る　　普通　　劣る		優る　　普通　　劣る			(　)/100
個別的要因の比較			街路条件 (　)/100	交通・接近条件 ×(　)/100	環境条件 ×(　)/100	画地条件 ×(　)/100	行政的条件 ×(　)/100	その他 ×(　)/100 = 計 (　)/100

宅地見込地調査及び算定表　その1

地域要因

条件	項目	細項目	基準地番号／所在／基準地の属する地域 内訳	申請番号／所在／対象地の属する地域 内訳	格差	計
交通・接近条件	都心との距離及び交通施設の状態	最寄駅への接近性	（　）駅まで約（　）km　バス停まで約（　）m 優る　やや優る　普通　やや劣る　劣る	（　）駅まで約（　）km　バス停まで約（　）m 優る　やや優る　普通　やや劣る　劣る		（　）／100
		最寄駅の性格	優る　普通　劣る	優る　普通　劣る		
		最寄駅から都心への接近性	（　）駅までの鉄道距離約（　）km 優る　普通　劣る	（　）駅までの鉄道距離約（　）km 優る　普通　劣る		
	商業施設の配置の状態	最寄商業施設への接近性	（　）まで約（　）km 優る　普通　劣る	（　）まで約（　）km 優る　普通　劣る		
		最寄商業施設の性格	優る　普通　劣る	優る　普通　劣る		
	学校・公園・病院等の配置の状態	幼稚園、学校、病院等	幼稚園約（　）km、小学校約（　）km 中学校約（　）km、病院約（　）km 優る　普通　劣る	幼稚園約（　）km、小学校約（　）km 中学校約（　）km、病院約（　）km 優る　普通　劣る		
	周辺街路等の状態	周辺幹線街路への接近性等	優る　普通　劣る	優る　普通　劣る		
環境条件	気象の状態	日照、温度、湿度、通風等	優る　普通　劣る	優る　普通　劣る		（　）／100
	自然的環境の良否	眺望、景観、地勢、地盤等	平坦地、丘陵地（南面・北面　　　） 優る　普通　劣る	平坦地、丘陵地（南面・北面　　　） 優る　普通　劣る		
	供給処理施設の状態	上下水道、電気等	引込距離、電気約（　）m、上水道約（　）m 優る　普通　劣る	引込距離、電気約（　）m、上水道約（　）m 優る　普通　劣る		
	周辺地域の状態	住宅地域等の性格規模等	（説明は末尾記載のこと）	（説明は末尾記載のこと） 優る　やや優る　普通　やや劣る　劣る		
	市街化進行の程度	市街化進行の程度	（説明は末尾記載のこと） 優る　やや優る　普通　やや劣る　劣る	（説明は末尾記載のこと） 優る　やや優る　普通　やや劣る　劣る		
	都市の規模及び性格等	人口、財政、教育施設等		（基準地の属する地域に比較して） 優る　やや優る　普通　やや劣る　劣る		
	危険施設・処理施設等の有無	変電所、ガスタンク等	（　）約（　）m、（　）約（　）m 無　　有・小さい　　有・やや大きい	（　）約（　）m、（　）約（　）m 無　　有・小さい　　有・やや大きい		
	災害発生の危険性	洪水、地すべり等	洪水、地すべり、その他（　　） 無　　有・小さい　　有・やや大きい	洪水、地すべり、その他（　　） 無　　有・小さい　　有・やや大きい		
	公害発生の程度	騒音、大気汚染等		（基準地の属する地域に比較して） 騒音、大気汚染、その他（　　） やや小さい　ほぼ同じ　やや大きい		
宅地造成条件	造成の難易及び必要の程度	難易及び必要の程度	1㎡当たりおおよその造成費約（　）円 盛土高約（　）m、切土高約（　）m 易しい　やや易しい　普通　やや難しい　難しい	1㎡当たりおおよその造成費約（　）円 盛土高約（　）m、切土高約（　）m 易しい　やや易しい　普通　やや難しい　難しい	（　）／100	（　）／100
	宅地としての有効利用度	宅地としての有効利用度	宅地化率おおよそ（　）％ 高い　やや高い　普通　やや低い　低い	宅地化率おおよそ（　）％ 高い　やや高い　普通　やや低い　低い	（　）／100	
行政的条件	土地の利用に関する公法上の規制の程度	用途地域及びその他の地域、地区等	用途地域（　）建ぺい率（　）％ 容積率（　）％、その他（　　） 弱い　やや弱い　普通　やや強い　強い	用途地域（　）建ぺい率（　）％ 容積率（　）％、その他（　　） 弱い　やや弱い　普通　やや強い　強い	（　）／100	（　）／100
		その他の規制	（　） 弱い　普通　強い	（　） 弱い　普通　強い	（　）／100	
その他	その他	その他	（　） 優る　普通　劣る	（　） 優る　普通　劣る		（　）／100

地域要因の比較	交通・接近条件	環境条件	宅地造成条件	行政的条件	その他	計
	（　）／100 ×	（　）／100 ×	（　）／100 ×	（　）／100 ×	（　）／100 =	（　）／100

その2

条件	項目	細項目	基準地番号 所在 基準地 内訳				申請番号 所在 評価対象地 内訳				格差	計
画地条件	道路との関係位置	道路の位置、規模、系統等	接面(幅員　m)、非接面、街路までの距離(　　)m 優る　やや優る　普通　やや劣る　劣る				接面(幅員　m)、非接面、街路までの距離(　　)m 優る　やや優る　普通　やや劣る　劣る				( )/100	
	画地の形状	画地の形状、間口,奥行等	形状等(　　　　　　　　　　　) 普通　劣る　相当に劣る				形状等(　　　　　　　　　　　) 普通　劣る　相当に劣る				( )/100	
	その他	高圧線下地					電圧(　)KV、線下地積(　)㎡、位置				( )/100	( )/100
行政的条件	公法上の規制の程度	用途地域及びその他の地域,地区等	用途地域(　　)建ぺい率(　)% 容積率(　)%、その他(　　) 弱い　やや弱い　普通　やや強い　強い				用途地域(　　)建ぺい率(　)% 容積率(　)%、その他(　　) 弱い　やや弱い　普通　やや強い　強い					( )/100
その他	地盤・地質・地勢等の状態	地盤の高低、地質,地勢等	優る　　　普通　　　劣る				優る　　　普通　　　劣る				( )/100	
	その他	その他	優る　　　普通　　　劣る				優る　　　普通　　　劣る				( )/100	( )/100
個別的要因の比較			画地条件		行政的条件		その他		計			
			( )/100	×	( )/100	×	( )/100	=	( )/100			

個別的要因　適正開発規模(　　　)㎡

(説　明)
1．周辺地域の状態及び市街化進行の程度

2．その他

住宅地及び商業地の価格の簡便算定方法

50国土地第　4号	昭和50年1月20日
53国土地第148号	昭和53年4月1日

住宅地及び商業地の価格の簡便算定方法

第1　住宅地の価格の簡便算定方法

1　一般的事項

(適用範囲)

(1)　この簡便算定方法は、住宅地域のうち原則として標準住宅地域及び混在住宅地域にある住宅地(マンションの敷地を除く。)に適用するものとする。

(基準地の選定)

(2)　対象地について比準すべき基準地は、同一の地域区分に属するもののうち、対象地の属する近隣地域又は同一駅勢圏若しくは同一バス路線に係る類似地域から選定するものとする。

　　　ただし、造成宅地について、駅勢圏又はバス路線を異にする場合であっても交通体系の面からきわめて類似性が高いと認められる他の駅勢圏又はバス路線に係る類似地域から基準地を選定することができるものとする。

(格差率)

(3)　比準表に示されるA、B等の格差の区分ごとの格差率は、当該区分欄に記載されている判断基準に対応する数値を示すものであるので、それぞれの判断基準の中間にあるものについては、次上位と次下位の判断基準に対応する格差率の範囲内において(「住宅環境」及び「将来の動向」(既成宅地を除く。)の比較項目について、A区分の基準より優るものについてA区分及びB区分の格差率を勘案して、また、「最寄駅(バス停)までの道路距離」(造成宅地を除く。)、「最寄駅までのバス乗車時間」、「最寄商業施設までの距離」及び「幼稚園、小学校、病院、官公署までの距離」についてはD区分の基準より劣るものについてC区分及びD区分の格差率を勘案して)、適宜判断し適用するものとする。

(適用方法)

(4)(ア)　基準地及び対象地について表1(既成宅地)又は表2(造成宅地)を用いて比較項目に係る格差率の総和を求め、基準地及び対象地の格差率を算定する。

(イ) 基準地及び対象地について、その属する近隣地域又は類似地域の地域区分に即応する個別的要因比準表中の画地条件の各細項目ごとの格差率の相乗積を求め、画地条件格差率を算定する。
(ウ) 対象地の価格は、次の算式により求める。

$$\text{基準地の価格} \times \frac{100 + \text{上記(ア)により求められた対象地の格差率}}{100 + \text{上記(ア)により求められた基準地の格差率}} \times \text{上記(イ)により求められた対象地の画地条件格差率}$$

(「最寄駅（バス停）までの道路距離」及び「最寄駅までのバス乗車時間」について)
(5) 対象地から最寄駅までバスを利用せず徒歩のみである場合は、「最寄駅（バス停）までの道路距離」の比較項目を適用し、対象地から最寄駅までバスを利用する場合は、「最寄駅（バス停）までの道路距離」と「最寄駅までのバス乗車時間」の比較項目を適用するものとする。

なお、「最寄駅までのバス乗車時間」の比較項目を適用する場合は、通勤時間帯における標準的な待時間を考慮するものとする。

また、本比準表は、最寄駅（バス停）までの道路距離が2,000mを超える場合は適用しないものとする。

(「前面道路の幅員」について)
(6) 積雪地域においては、U字溝の有無及び道路の幅員の大小が道路の機能を左右する重要な要因であるので、「前面道路の幅員」の比較項目における格差率に5パーセントを限度とする格差率を加減して適用することができるものとする。

(「幼稚園、小学校、病院、官公署までの距離」について)
(7) 「幼稚園、小学校、病院、官公署までの距離」の比較項目は、現にある各施設の配置の状況等を総合的に考慮して判定するものとする。

なお、病院には、医院、診療所を含むものとし、また、官公署とは郵便局、市、区、町、村役場（支所及び出張所を含む。）、消防署、警察署（派出所及び駐在所を含む。）等をいうものとする。

(「住宅環境」について)
(8) 「住宅環境」の比較項目は、日照・温度・湿度・風向等の気象の状態、眺望・景観・地勢・地盤等の自然的環境の良否、居住者の近隣関係等の社会的環

境の良否、各画地の面積・配置、周辺の利用の状態等を総合的に勘案して判定するものとする。

(その他)
(9) 基準地又は対象地について、危険、嫌悪施設の存在及びそれらの配置の状態等に基づく危険性あるいは悪影響が認められる場合は危険性あるいは悪影響の程度、また騒音、大気汚染等の公害発生が認められる場合はその程度を総合的に考慮し適宜減価するものとする。

2　既成宅地

(1) 既成宅地価格形成要因比準表は、「最寄駅までのバス乗車時間」の比較項目について、基準地及び対象地がそれぞれ原則として乗車時間25分以内にある場合について適用する。

　ただし、25分を超える場合においても、基準地及び対象地のそれぞれのバス乗車時間の差が10分以内のものについては、格差率－10（－1／分）の範囲内で適用することができる。
(2) 「最寄商業施設までの距離」の比較項目における最寄商業施設とは、原則として、日常生活の需要を満たすに足りる店舗等が連たんしている街区等をいう。

　ただし、連たんしていない場合にあっても、一定の範囲内にそれらの店舗等が相当数散在している場合は、最寄商業施設に準じて取り扱うことができるものとする。

　この場合の判断基準は、各店舗等の配置の状況等を総合的に考慮して判定するものとする。
(3) 「上水道」及び「都市ガス」の判断基準における引込み可能とは、前面道路にこれらの設備が敷設されているもの及び前面道路にはないが、引込距離約50m程度以内のもので、容易に引込み可能な場合をいう。

　なお、この場合における「上水道」とは、水道法にいう水道をいう。

3　造成宅地

(1) 対象地について比準すべき基準地を駅勢圏を異にする類似地域から選定する場合には、基準地又は対象地に係る最寄駅から都心までの所要時間の差によ

り、地域の実情を考慮して判定された標準的な所要時間を基準として、±10の範囲内で判定し適宜格差をつけるものとする。

(2) 造成宅地価格形成要因比準表は、「最寄駅までのバス乗車時間」の比較項目について、基準地及び対象地がそれぞれ原則として乗車時間25分以内にある場合について適用するものとする。

　ただし、25分を超える場合においても、基準地及び対象地のそれぞれのバス乗車時間の差が15分以内のものについては、格差率－9（－0.6／分）の範囲内で適用することができるものとする。

(3) 「前面道路の幅員」の比較項目において、電柱の位置が宅地内にあるか道路敷にあるかによって道路の機能が左右されるので、格差率の判定にあたってはこれに留意するものとする。

(4) 「最寄商業施設までの距離」の比較項目については、現に日常生活の需要を満たすに足りる店舗等が連たんしている場合等に適用する。

(5) 「住宅環境」の比較項目について、特に造成宅地については、公共・公益的施設の整備が行われていること等により、当該造成宅地を含む地域全体の価格水準を向上させていると認められる場合は、格差率の判定にあたり考慮するものとする。

　この場合において、公園・緑地、集会所等及び団地管理体制の整備の状況等に留意するものとする。

(6) 「都市ガス」の比較項目における都市ガスには、集中供給方式を含むものとする。

(7) 「宅地仕上げの程度」については、擁壁の材料のほか、構造、施工の程度等及び前面道路との関係等を総合的に勘案して適用するものとする。

(8) 公共・公益的施設（学校、市、区、町、村役場（支所及び出張所を含む。）等）の整備が団地内に予定されている場合は、「将来の動向」の比較項目において考慮するものとする。

(表1) 既成宅地価格形成要因比準表

比較項目	A	B	C	D
最寄駅（バス停）までの道路距離	400m +3.5	800m 0	1,200m -3.5	1,600m -7.0
最寄駅までのバス乗車時間		乗車時間10分 0	乗車時間15分 -5.0	乗車時間20分 -10.0
前面道路の舗装の状況		完全舗装 0	簡易舗装 -2.0	未舗装 -4.0
前面道路の幅員		5m以上7m以下 0	4m以上5m未満・7m超 -2.0	4m未満 -5.0
最寄商業施設までの距離	400m +3.5	800m 0	1,200m -3.5	1,600m -7.0
幼稚園、小学校、病院、官公署までの距離		500m 0	900m -2.0	1,300m -4.0
住宅環境	やや優る +5.0	普通 0	やや劣る -5.0	劣る -10.0
上水道		有 0	引込可能 -2.0	引込不能 -3.0
下水道	公共下水道（処理区域）又は集中処理施設に接続 +2.0	排水区域で処理区域外 0	排水区域外 -2.0	
都市ガス	有 +1.0	引込可能 0	引込不能 -1.0	

(表2) 　　　　　　造成宅地価格形成要因比準表

比較項目	A	B	C	D
最寄駅(バス停)までの道路距離	400m +5.0	1,000m 0	1,400m -3.0	1,800m -6.0
最寄駅までのバス乗車時間		乗車時間10分 0	乗車時間15分 -3.0	乗車時間20分 -6.0
前面道路の舗装の状況		完全舗装 0	簡易舗装 -2.0	未舗装 -4.0
前面道路の幅員		5m以上6m以下 0	4m以上5m未満　6m超 -3.0	
最寄商業施設までの距離	400m +4.0	800m 0	1,200m -2.0	1,600m -4.0
幼稚園、小学校、病院、官公署までの距離	500m未満 +2.0	500m 0	900m -1.0	1,300m -2.0
住宅環境	やや優る +5.0	普通 0	やや劣る -5.0	劣る -10.0
上水道		公共上水道 0	専用水道 -2.0	井戸 -5.0
下水道	公共下水道(処理区域)又は集中処理施設に接続 +4.0	各戸浄化槽 0	くみ取り -1.0	
都市ガス	有 +1.0	引込可能 0	引込不能 -1.0	
宅地仕上げの程度	擁壁が自然石又は人工自然石 +2.0	擁壁がコンクリート間知石 0	擁壁がブロック -1.0	擁壁が一部のみブロック -2.0
将来の動向	やや優る +2.5	普通 0	やや劣る -2.5	劣る -5.0

住宅地（　　　）調査及び算定表

価格形成要因 比較項目		基　準　地		対　象　地		格差率
		基準地番号		申請番号		
		所　在		所　在		
		内　訳	格差率	内　訳	格差率	
地域要因及び画地条件以外の個別的要因	最寄駅（バス停）までの道路距離	（　　）駅 （　　）バス停　まで（　　）m		（　　）駅 （　　）バス停　まで（　　）m		
	最寄駅までのバス乗車時間	乗車時間（　　　）分		乗車時間（　　　）分		
	前面道路の舗装の状況	（　　　　　　　）舗装		（　　　　　　　）舗装		
	前面道路の幅員	（　　　　　　　）m		（　　　　　　　）m		
	最寄商業施設までの距離	（　　　　　　　）m		（　　　　　　　）m		
	幼稚園、小学校、病院、官公署までの距離	（　　　　　　　）m		（　　　　　　　）m		
	住　宅　環　境	優る、やや優る、普通、 やや劣る、劣る		優る、やや優る、普通、 やや劣る、劣る		
	上　水　道	（　　　　　　　）		（　　　　　　　）		
	下　水　道	（　　　　　　　）		（　　　　　　　）		
	都　市　ガ　ス	（　　　　　　　）		（　　　　　　　）		
	宅地仕上げの程度					
	将　来　の　動　向					
	(危険、嫌悪施設による危険性、悪影響等)					$\dfrac{100+(B)}{100+(A)}$
	計（格差率の総和）		(A)		(B)	＝（　　）

価格形成要因 比較項目			基準地	対象地	格差率
			内　訳	内　訳	
画　地　条　件	地積・間口・奥行・形状等	地　積	地積（　　　　　）㎡ 普通、やや劣る、劣る	地積（　　　　　）㎡ 普通、やや劣る、劣る	
		間口狭小	間口（　　　　　）m 普通,やや劣る,劣る,相当に劣る,極端に劣る	間口（　　　　　）m 普通,やや劣る,劣る,相当に劣る,極端に劣る	
		奥行逓減	奥行（　　　　　）m 普通,やや劣る,劣る,相当に劣る,極端に劣る	奥行（　　　　　）m 普通,やや劣る,劣る,相当に劣る,極端に劣る	
		奥行短小	普通,やや劣る,劣る,相当に劣る,極端に劣る	普通,やや劣る,劣る,相当に劣る,極端に劣る	
		奥行長大	$\frac{奥\ 行}{間\ 口}=$ 普通,やや劣る,劣る,相当に劣る,極端に劣る	$\frac{奥\ 行}{間\ 口}=$ 普通,やや劣る,劣る,相当に劣る,極端に劣る	
		不整形地	普通,やや劣る,劣る,相当に劣る,極端に劣る	普通,やや劣る,劣る,相当に劣る,極端に劣る	
		三角地	（　　　）角、最小角（　　　）度 普通,やや劣る,劣る,相当に劣る,極端に劣る	（　　　）角、最小角（　　　）度 普通,やや劣る,劣る,相当に劣る,極端に劣る	
	方位・高低・角地・その他	方　位	接面街路の方位 北、西、東、南、その他（　　　）	接面街路の方位 北、西、東、南、その他（　　　）	
		高　低	接面街路より約（　　）m（　　）い 優る、やや優る、普通、やや劣る、劣る	接面街路より約（　　）m（　　）い 優る、やや優る、普通、やや劣る、劣る	
		角　地	角地の方位（接面街路） 北西、北東、南西、南東 普通、やや優る、優る、相当に優る、特に優る	角地の方位（接面街路） 北西、北東、南西、南東 普通、やや優る、優る、相当に優る、特に優る	
		準角地	準角地の方位（接面街路） 北西、北東、南西、南東 普通、やや優る、優る、相当に優る、特に優る	準角地の方位（接面街路） 北西、北東、南西、南東 普通、やや優る、優る、相当に優る、特に優る	
		二方路	普通、やや優る、優る、特に優る	普通、やや優る、優る、特に優る	
		三方路			
		袋　地			
		無道路地			
		崖地等			
		私道減価			
	その他	高圧線下地	高圧線下地積（　　　　　）㎡、 総地積に対し（　　　　　）％	高圧線下地積（　　　　　）㎡、 総地積に対し（　　　　　）％	
計（格差率の相乗積）					
価格の算定			基準地の価格　地域要因及び画地条件以外の個別的要因における格差率の計　画地条件における格差率の計　比準価格 （　　　　　）円×（　　　　　）×（　　　　　）＝（　　　　　）円		

第2　マンション敷地の価格の簡便算定方法

(適用範囲)

1　この簡便算定方法は、現に区分所有建物（以下「マンション」という。）の敷地の用に供されている土地に適用するものとする。

　　ただし、当該土地の用途的地域が住宅地域であると認められない場合は、適用しない。

(基準地の選定)

2　対象地について比準すべき基準地は、同一の地域区分に属するもののうち、原則として対象地の属する近隣地域又は同一駅勢圏若しくは同一バス路線に係る類似地域内にあり、かつ、対象地と同程度の規模の事前確認先例地から選定するものとする。

　　ただし、駅勢圏又はバス路線を異にする場合であっても、交通体系の面から極めて類似性が高いと認められる他の駅勢圏又はバス路線に係る類似地域から基準地を選定することができるものとする。

(格差率)

3　比準表に示されているA、B等の格差の区分ごとの格差率は、当該区分欄に記載されている判断基準に対応する数値を示すものであるので、それぞれの判断基準の中間にあるものについては、次上位と次下位の判断基準に対応する格差率の範囲内において（「地勢・地質・地盤等」及び「社会的環境の良否」の比較項目については、A区分の基準より優るものについてA区分及びB区分の格差率を勘案して、また、「最寄駅（バス停）までの道路距離」、「最寄駅までのバス乗車時間」、「最寄商業施設までの距離」及び「幼稚園、小学校、病院、官公署までの距離」については、D区分の基準より劣るものについてC区分及びD区分の格差率を勘案して）、適宜判断し適用するものとする。

(適用方法)

4　(1)基準地及び対象地について表3（中級都心型）又は表4（普通郊外型）を用いて比較項目に係る格差率の総和を求め、基準地及び対象地の格差率を算定する。

　　(2)対象地の価格は、次の算式により求める。

$$\text{基準地の価格} \\ \text{(事前確認先例地の相当な価格)} \times \frac{100 + \text{上記(1)により求められた対象地の格差率}}{100 + \text{上記(1)により求められた基準地の格差率}}$$

(「最寄駅(バス停)までの道路距離」及び「最寄駅までのバス乗車時間」について)

5 対象地から最寄駅までバスを利用せず徒歩のみである場合は、「最寄駅(バス停)までの道路距離」の比較項目を適用し、対象地から最寄駅までバスを利用する場合は、「最寄駅(バス停)までの道路距離」と「最寄駅までのバス乗車時間」の比較項目を適用するものとする。

なお、「最寄駅までのバス乗車時間」の比較項目を適用する場合は、通勤時間帯における標準的な待時間を考慮するものとする。

また、本比準表は、最寄駅(バス停)までの道路距離が1,600mを超える場合又はバス乗車時間が25分を超える場合は適用しないものとする。

(「最寄商業施設までの距離」について)

6 「最寄商業施設までの距離」の比較項目における最寄商業施設とは、原則として日常生活の需要を満たすに足りる店舗等が連たんしている街区等をいう。

ただし、連たんしていない場合にあっても、一定の範囲内にそれらの店舗等が相当数散在している場合は、最寄商業施設に準じて取り扱うことができるものとする。この場合の判断基準は、各店舗等の配置の状況等を総合的に考慮して判断するものとする。

(「幼稚園、小学校、病院、官公署までの距離」について)

7 「幼稚園、小学校、病院、官公署までの距離」の比較項目は、現にある各施設の配置の状況等を総合的に考慮して判定するものとする。

なお、病院には医院、診療所を含むものとし、また、官公署とは、郵便局、市、区、町、村役場(支所及び出張所を含む。)、消防署、警察署(派出所及び駐在所を含む。)等をいう。

(「日照、通風等」について)

8 「日照、通風等」の比較項目については、基準地又は対象地の周辺にある建物又は工作物等の位置及び規模並びにそれにより影響を受ける日照時間の長短等を総合的に勘案して判定するものとする。

なお、現に日照時間に影響を及ぼす建物又は工作物等がない場合にあっても、将来影響を受ける恐れがあると予想されるときは、これを勘案するものと

する。
(「地勢、地質、地盤等」について)
9　「地勢、地質、地盤等」の比較項目については、基礎工事の難易度、地盤の強度等建物工事費に与える影響等を総合的に勘案して判定するものとする。
(「社会的環境の良否」について)
10　「社会的環境の良否」の比較項目については、基準地又は対象地の周辺の土地の利用状況、周辺の居住者の住まい方等を総合的に勘案して判定するものとする。
(「危険施設、嫌悪施設の有無」について)
11　基準地又は対象地について、危険、嫌悪施設の存在及びそれらの配置の状態等に基づく危険性あるいは悪影響が認められる場合は、危険性あるいは悪影響の程度を考慮して適宜減価するものとする。
(「騒音、大気汚染等の程度」について)
12　基準地又は対象地について、騒音、大気汚染等の公害の発生が認められる場合は、居住者が、公害の発生により受ける影響の程度を考慮して適宜減価するものとする。
(「公法上の規制の程度」について)
13　公法上の規制には、建ぺい率、高さ、容積率、防火等に係る規制があるが、マンションについては容積率が重要性を占めることから、実質的にはこれらの規制を受けて建築されているマンションの実効容積率を比較し、判定するものとする。
(「間口狭小、奥行短小」について)
14　「間口狭小、奥行短小」の比較項目における格差率の判定は、間口と奥行のそれぞれの長さの短い方を基準として行うものとする。
(「方位」について)
15　「方位」の比較項目における東西軸とは、基準地又は対象地の画地の間口又は奥行が南北方向に比較し東西方向が長いことをいい、南北軸とは、基準地又は対象地の画地の間口又は奥行が東西方向に比較し南北方向が長いことをいう。また、中間軸とは、基準地又は対象地の方位が東西軸と南北軸との中間に位置するものをいう。

　なお、南北軸の場合であっても、画地面積が大きく東西軸と同様な利用が可能なときは減価を行う必要がないものとする。

　また、基準地又は対象地の形状が正方形又はこれに準ずる場合は、面積等を考慮して適宜判断するものとする。

(表3) マンション敷地価格形成要因比準表（中級都心型）

比較項目	A	B	C	D
最寄駅（バス停）までの道路距離	400m +5.0	600m 0	800m −5.0	1,000m −10.0
最寄駅までのバス乗車時間	／	乗車時間10分 0	乗車時間15分 −7.5	乗車時間20分 −15.0
前面道路の舗装の状況	／	完全舗装 0	簡易舗装 −2.0	未舗装 −4.0
前面道路の幅員	8m以上 +2.0	7m以上8m未満 0	5m以上7m未満 −2.0	5m未満 −5.0
最寄商業施設までの距離	200m +3.5	400m 0	600m −3.5	800m −7.0
幼稚園、小学校、病院、官公署までの距離	／	400m 0	600m −3.0	800m −6.0
日照、通風等	／	阻害がない 0	やや阻害される −3.0	相当阻害される −7.0
地勢、地質、地盤等	やや良好 +3.0	普通 0	やや不良 −3.0	大きく不良 −5.0
社会的環境の良否	やや良好 +3.0	普通 0	やや劣る −3.0	大いに劣る −5.0
危険施設、嫌悪施設の有無	／	無 0	やや影響あり −3.0	影響大 −7.0
騒音、大気汚染等の程度	／	無 0	ややあり −5.0	大いにあり −10.0
公法上の規制の程度	優る +25.0	普通 0	やや劣る −15.0	劣る −25.0
将来の動向	発展的に推移 +5.0	現状で推移 0	衰退的に推移 −5.0	／
間口狭小、奥行短小	／	25m以上30m以下 0	30m超又は20m以上25m未満 −5.0	20m未満 −10.0
形状（不整形地、三角地等）	／	普通 0	やや劣る −5.0	劣る −10.0
方位	／	東西軸 0	中間軸 −5.0	南北軸 −10.0

(表4) マンション敷地価格形成要因比準表（普通郊外型）

比較項目	A	B	C	D
最寄駅（バス停）までの道路距離	400m +5.0	600m 0	800m -6.0	1,000m -12.0
最寄駅までのバス乗車時間		乗車時間10分 0	乗車時間15分 -9.0	乗車時間20分 -18.0
都心までの時間		通常 0	10分遠隔 -5.0	20分遠隔 -10.0
前面道路の舗装の状況		完全舗装 0	簡易舗装 -2.0	未舗装 -4.0
前面道路の幅員	8m以上 +2.0	7m以上8m未満 0	5m以上7m未満 -2.0	5m未満 -5.0
最寄商業施設までの距離	200m +3.5	400m 0	600m -4.0	800m -8.0
幼稚園、小学校、病院、官公署までの距離		400m 0	600m -3.5	800m -7.0
日照、通風等		阻害がない 0	やや阻害される -5.0	相当阻害される -10.0
地勢、地質、地盤等	やや良好 +3.0	普通 0	やや不良 -3.0	大きく不良 -5.0
社会的環境の良否	やや良好 +3.0	普通 0	やや劣る -3.0	大きく劣る -5.0
危険施設、嫌悪施設の有無		無 0	やや影響あり -3.0	影響大 -7.0
騒音、大気汚染等の程度		無 0	ややあり -5.0	大いにあり -10.0
公法上の規制の程度	優る +15.0	普通 0	やや劣る -10.0	劣る -15.0
将来の動向	発展的に推移 +5.0	現状で推移 0	衰退的に推移 -5.0	
間口狭小、奥行短小		25m以上30m以下	30m超又は20m以上25m未満 -5.0	20m未満 -10.0
形状（不整形地、三角地等）		普通 0	やや劣る -5.0	劣る -10.0
方位		東西軸 0	中間軸 -5.0	南北軸 -10.0

マンション敷地（　　型）調査及び算定表

価格形成要因 比較項目	基準地		対象地	
	基準地番号 所　在		申請番号 所　在	
	内　訳	格差率	内　訳	格差率
最寄駅（バス停）までの道路の距離	（　）駅 （　）バス停　まで（　）m		（　）駅 （　）バス停　まで（　）m	
最寄駅までのバス乗車時間	乗車時間（　　　）分		乗車時間（　　　）分	
都心までの時間	（　　　　　　　）分		（　　　　　　　）分	
前面道路の舗装の状況	（　　　　　　）舗装		（　　　　　　）舗装	
前面道路の幅員	（　　　　）m		（　　　　）m	
最寄商業施設までの距離	（　　　　）m		（　　　　）m	
幼稚園、小学校、病院、官公署までの距離	（　　　　）m		（　　　　）m	
日照、通風等	阻害が　　やや阻害　　相当阻害 ない、　　される、　　される		阻害が　　やや阻害　　相当阻害 ない、　　される、　　される	
地勢、地質、地盤等	やや良好、普通、やや不良、大きく不良		やや良好、普通、やや不良、大きく不良	
社会的環境の良否	やや良好、普通、やや劣る、大きく劣る		やや良好、普通、やや劣る、大きく劣る	
危険施設、嫌悪施設の有無	無、　やや影響あり、　影響大		無、　やや影響あり、　影響大	
騒音、大気汚染等の程度	無、　ややあり、　大いにあり		無、　ややあり、　大いにあり	
公法上の規制の程度	優る、　普通、　やや劣る、　劣る		優る、　普通、　やや劣る、　劣る	
将来の動向	発展的に　　現状で　　衰退的 推移、　　推移、　　に推移		発展的に　　現状で　　衰退的 推移、　　推移、　　に推移	
間口狭小、奥行短小	間口又は奥行が （　　　　）m		間口又は奥行が （　　　　）m	
形状（不整形地、三角地等）	普通、　やや劣る、　劣る		普通、　やや劣る、　劣る	
方位	東西軸、　中間軸、　南北軸		東西軸、　中間軸、　南北軸	
計（格差率の総和）		(A)		(B)
価格の算定	基準地の価格 （　　　　）円 × 基準地と対象地の格差率の割合 $\dfrac{100+((B))}{100+((A))}$ ＝ 比準価格 （　　　　）円			

第3 商業地の価格の簡便算定方法

(適用範囲)
1 この簡便算定方法は、商業地域のうち原則として準高度商業地域、普通商業地域及び近隣商業地域にある商業地に適用するものとする。

(基準地の選定)
2 対象地について比準すべき基準地は、同一の地域区分に属するもののうち、対象地の属する近隣地域又は周辺の類似地域（以下「適用可能地域」という。）から選定するものとする。

(格差率)
3 比準表に示されている A、B 等の格差の区分ごとの格差率は、当該区分欄に記載されている判断基準に対応する数値を示すものであるので、それぞれの判断基準の中間にあるものについては、次上位と次下位の判断基準に対応する格差率の範囲内において（「最寄駅までの道路距離」及び「商業地域の中心への距離」については、D区分の基準より劣るものについてC区分及びD区分の格差率を勘案して）、適宜判断し適用するものとする。

(適用方法)
4 ① 基準地及び対象地について、表5を用いて比較項目に係る格差率の総和を求め、基準地及び対象地の格差率を算定する。
② 基準地及び対象地について、その属する近隣地域又は周辺の類似地域に即応する個別的要因比準表中の画地条件の各細項目ごとの格差率の相乗積を求め、画地条件格差率を算定する。
③ 対象地の価格は、次の算式により求める。

$$基準地の価格 \times \frac{100 + 上記①により求められた対象地の格差率}{100 + 上記①により求められた基準地の格差率} \times 上記②により求められた対象地の画地条件格差率$$

(「最寄駅までの道路距離」について)
5 基準地又は対象地について最寄駅までの道路距離が1,000m を超える場合は、基準地及び対象地について「最寄駅までの道路距離」の比較項目を適用しないものとする。

(「商業地域の中心への距離」について)
6 商業地域の中心とは、近隣地域の商業上の核となっているもので、通行者が合流して収益力も高く、ここに近いほどこの影響を強く受けることとなるが、この場合の判断基準は、単に距離的な遠近のみでなく当該商業地域の規模、性格等を総合的に考慮し判定するものとする。

(「前面道路の系統、連続性」について)
7 「前面道路の系統、連続性」の比較項目については、駅、商業地域の中心、大規模店舗等の顧客の誘引施設を相互に結ぶ道路であるか否か等を勘案して判定するものとする。

(「前面道路の幅員」について)
8 「前面道路の幅員」の比較項目における判断基準は、車道及び歩道の区別のある道路については歩道を除く幅員を、また、その区別がない道路については、当該道路の全幅員をもってそれぞれ判定するものとする。
　また、前面道路の幅員が本比準表に示されているB区分の判断基準を上回る幅員で商業収益性に寄与する場合、又は、車両通行禁止等の措置がとられている場合には、幅員に係る判断基準を読みかえて格差率を適用するものとする。

(「顧客の通行量」について)
9 「顧客の通行量」の比較項目における判断基準の判定にあたっては、前面道路の顧客の1日の通行量、時間帯別の通行量及びその増減の幅、傾向等による顧客の通行の状態について総合的に勘案するものとする。

(「容積率」について)
10 基準地及び対象地との容積率の開差が40／10以上の場合については、本比準表は適用しない。
　格差率の判定にあたっては、基準地及び対象地に係る容積率の開差について10／10あたり5.0の格差を標準として適用するものとする。

(表5) 　　　　　　　　商業地価格形成要因比準表

比　較　項　目	A	B	C	D
最寄駅までの道路距離	100m ＋3.5	200m 0	400m －3.5	600m －8.5
商業地域の中心への距離	近　接 ＋5.0	標準的な距離 0	やや離れている －7.0	離れている －15.0
前面道路の系統、連続性	優　る ＋5.0	普　通 0	やや劣る －5.0	劣　る －10.0
前面道路の幅員	—	6m以上　8m以下 0	4m以上6m未満　又は　8m超10m以下 －2.5	4m未満又は10m超 －5.0
アーケード等の有無	—	全蓋アーケードで車両通行禁止 ＋6.0	アーケード付き歩道有り ＋4.0	歩道のみ有り ＋2.0
顧客の通行量	多　い ＋10.0	普　通 0	やや少ない －10.0	少ない －20.0
容　積　率	大きい ＋5.0	普　通 0	やや小さい －5.0	小さい －10.0
将　来　の　動　向	発展的に推移 ＋10.0	現状で推移 0	衰退的に推移 －10.0	—

商業地（　　　）調査及び算定表

価格形成要因 比　較　項　目			基　準　地		対　象　地		格差率
			基準地番号		申請番号		
			所　　在		所　　在		
			内　　訳	格差率	内　　訳	格差率	
地域要因及び画地条件以外の個別的要因	最寄駅までの道路距離		（　）駅まで（　）m		（　）駅まで（　）m		
	商業地域の中心への距離		近接的、標準的な距離、やや離れている、離れている		近接的、標準的な距離、やや離れている、離れている		
	前面道路の系統・連続性		優る、普通、やや劣る、劣る		優る、普通、やや劣る、劣る		
	前面道路の幅員		（　　　　）m		（　　　　）m		
	アーケード等の有無		全蓋アーケードで車両通行禁止、アーケード付き歩道有り、歩道のみ有り		全蓋アーケードで車両通行禁止、アーケード付き歩道有り、歩道のみ有り		
	顧客の通行量		多い、普通、やや少ない、少ない		多い、普通、やや少ない、少ない		
	容　積　率		大きい、普通、やや小さい、小さい		大きい、普通、やや小さい、小さい		
	将　来　の　動　向		発展的に推移、現状で推移、衰退的に推移		発展的に推移、現状で推移、衰退的に推移		$\dfrac{100+(B)}{100+(A)}$
	計（格差率の総和）			(A)		(B)	＝（　）
画地条件	間口・形状及び地積等	間口狭小	間口（　　　　）m 普通、やや劣る、劣る、相当に劣る、極端に劣る		間口（　　　　）m 普通、やや劣る、劣る、相当に劣る、極端に劣る		
		奥行逓減	奥行（　　　　）m 普通、やや劣る、劣る、相当に劣る、極端に劣る		奥行（　　　　）m 普通、やや劣る、劣る、相当に劣る、極端に劣る		
		奥行短小	普通、やや劣る、劣る、相当に劣る、極端に劣る		普通、やや劣る、劣る、相当に劣る、極端に劣る		
		奥行長大	$\dfrac{奥行}{間口}=$ 普通、やや劣る、劣る、相当に劣る、極端に劣る		$\dfrac{奥行}{間口}=$ 普通、やや劣る、劣る、相当に劣る、極端に劣る		
		不整形地	普通、やや劣る、劣る、相当に劣る、極端に劣る		普通、やや劣る、劣る、相当に劣る、極端に劣る		
		三角地	（　）角、最小角（　）度 普通、やや劣る、劣る、相当に劣る、極端に劣る		（　）角、最小角（　）度 普通、やや劣る、劣る、相当に劣る、極端に劣る		
		地積過小又は過大	基準地の面積（　　　）㎡ 普通、やや劣る、劣る、相当に劣る、極端に劣る		対象地の面積（　　　）㎡ 普通、やや劣る、劣る、相当に劣る、極端に劣る		

価格形成要因 比　較　項　目			基　準　地 内　　　訳	対　象　地 内　　　訳	格差率
画　地　条　件	接面街路 との関係	高　低	高低差（　　　）m 優る、やや優る、普通、やや劣る、劣る	高低差（　　　）m 優る、やや優る、普通、やや劣る、劣る	
		角　地	側道の幅員（　　　）m 普通、やや優る、優る、相当に優る、特に優る	側道の幅員（　　　）m 普通、やや優る、優る、相当に優る、特に優る	
		二　方　路	裏面道路の幅員（　　　）m 普通、やや優る、優る、相当に優る、特に優る	裏面道路の幅員（　　　）m 普通、やや優る、優る、相当に優る、特に優る	
		三　方　路	他の道路の幅員（　　）m、（　　）m 普通、やや優る、優る、相当に優る、特に優る	他の道路の幅員（　　）m、（　　）m 普通、やや優る、優る、相当に優る、特に優る	
		四　方　路	他の道路の幅員（　）m、（　）m、（　）m 普通、やや優る、優る、相当に優る、特に優る	他の道路の幅員（　）m、（　）m、（　）m 普通、やや優る、優る、相当に優る、特に優る	
	その他	袋　地	路地状の奥行（　　　）m 形状	路地状の奥行（　　　）m 形状	
		無道路地	取付道路の取得の(可・否)及びその 幅員（　　）m、延長（　　）m	取付道路の取得の(可・否)及びその 幅員（　　）m、延長（　　）m	
		崖地等	崖地の地積（　　　　）㎡、 総地積に対し（　　　）％	崖地の地積（　　　　）㎡、 総地積に対し（　　　）％	
		その他			
計(格差率の相乗積)					
価　格　の　算　定			基準地の価格 （　　　）円×（	地域要因及び画地条 件以外の個別的要因 における格差率の計 　　　）×（	画地条件におけ る格差率の計 　　　）＝（	比準価格 　　　）円

林地価格比準表

51国土地第214号	昭和51年6月8日
6国土地第 56号	平成6年3月15日
事務連絡	平成28年2月16日

林地価格比準表の取扱いについて

(趣旨)
1. 国土利用計画法の適正な施行を図るため、都道府県地価調査の林地の基準地等からの比準における地域要因及び個別的要因の把握及び比較についての標準的な比準表を作成し、これを適切に運用することにより、評価の適正を期するものとする。

(適用範囲)
2. 都道府県地価調査の林地の基準地の正常な価格又は近傍類地の取引価格から評価の対象となる土地の価格(以下「対象地」という。)を求める際の地域要因の比較及び個別的要因の比較は、原則として、この比準表を適用して行うものとする。

(適用方法)
3. 比準表は、林地の地域的特性に応じ、下記4の地域区分により作成されているので、対象地の存する地域をこの地域区分に即して分類し、適用しなければならない。

　この場合において、都市近郊林地地域は熟成度の低い宅地見込地地域と地域の特性が近似していることもあるので、地域の判断に当たっては、特に留意するものとする。

(林地地域の地域区分)
4. 林地地域とは、林業生産活動のうち、木竹の生育に供されることが自然的、社会的、経済的及び行政的観点から合理的と判断される地域をいう。

　林地地域の地域区分は、次により行うものとする。

都市近郊林地地域	都市の近郊にある林地地域で、宅地化の影響を受けている地域
農村林地地域	農家集落の周辺にある林地地域で、いわゆる「さとやま」とよばれ、当該地域にあっては、一般に農業を主に林業を兼業している農家の多い地域
林業本場林地地域	林業経営を主とする林家の多い地域又は地方の有名林業地で、有名林業地としての銘柄の用材又はこれに準ずる用材

　　　　　　　　を生産している林地地域
　　山村奥地林地地域　農家集落への距離等の交通・接近条件の劣る地域で、林家
　　　　　　　　は少なく、かつ、散在している林地地域

（地域の判定）

5．地域は、自然的及び社会的条件並びに標準的な土地の利用状況からみて、土地の用途が同質と認められるまとまりのある地域ごとに判定するものとする。

（基準地の選定）

6．価格比準の基礎となる土地（以下「基準地」という。）は、対象地の存する地域及び当該地域の地域区分と同一の地域区分に属する地域で同一需給圏内にあるものから選定するものとする。
　　この場合において、対象地の存する地域の価格水準に比し、基準地の存する地域の価格水準が著しく異なるときは、選定しないものとする。

（地域要因の比較及び個別的要因の比較）

7．基準地が対象地の存する地域にあるときは、基準地及び対象地に係る個別的要因の比較を、基準地が対象地の存する地域以外にあるときは、基準地及び対象地に係る地域要因の相互比較及び個別的要因の比較を比準表により行うものとする。
　　地域要因の比較及び個別的要因の比較は、基準地及び対象地に係るそれぞれの要因について各条件ごとの細項目の実態に即して、それぞれの態様に分類し、その結果に基づき行うものとする。

（格差率）

8．比準表に示されている細項目の態様ごとの格差の内訳欄の数値（以下「格差率」という。）は、上限値又は下限値を示すものであるので、基準地と対象地に係る地域要因及び個別的要因の実態に応じ、格差率に係る数値の範囲（当該格差率の数値を上限値又は下限値として、当該格差の次位の格差の数値を下限値又は上限値とする範囲）内において適宜判断し、適用するものとする。

（価格比準方法）

9．林地の価格比準は、次の算式により行うものとする。

基準地の価格×地域要因の格差率×個別的要因の格差率

地域要因格差率の内訳	個別的要因格差率の内訳
〔各条件ごとの格差率による修正値 $\left(\dfrac{100\pm格差率}{100}\right)$ の相乗積〕 格差の比較条件項目（格差率） (1)交通・接近条件（各細項目ごとの格差率の総和） (2)自然的条件（各細項目ごとの格差率の総和） (3)宅地化条件（細項目の格差率） (4)行政的条件（各細項目ごとの格差率の総和） (5)その他（各細項目ごとの格差率の総和）	〔各条件ごとの格差率による修正値 $\left(\dfrac{100\pm格差率}{100}\right)$ の相乗積〕 格差の比較条件項目（格差率） (1)交通・接近条件（各細項目ごとの格差率の総和） (2)自然的条件（各細項目ごとの格差率の総和） (3)宅地化条件（細項目の格差率） (4)行政的条件（各細項目ごとの格差率の総和） (5)その他（各細項目ごとの格差率の総和）

　上記の算式中、地域要因の格差率は、別表第１、第３、第５、第７に掲げる比準表により、個別的要因の格差率は、別表第２、第４、第６、第８に掲げる比準表により算定するものとする。

(適用上の留意事項)

10. 宅地化条件に係る「宅地化等の影響の程度」については、宅地化、観光地化の現象面のみにとらわれることなく、都市計画法、森林法等の法令による規制を考慮したうえで判断するものとする。
11. (1)地域要因の各細項目の態様区分の判定に当たっては、同一需給圏内の類似地域の標準的なものを基準として判断するものとし、個別的要因の各細項目の態様区分の判定に当たっては、基準地又は対象地の存する地域の標準的なものを基準として判断するものとする。
　(2)個別的要因比準表の自然的条件のうち「方位」、「斜面の位置」の細項目は、基準地と対象地とを直接比較し、判定するものとする。

別表第1　　　　　　　　　　　地域要因比準表　　　　　　　　　　（都市近郊林地地域）

条件	項目	細項目	格差の内訳							備考
交通・接近条件	交通の便否及び林産物搬出の便否	最寄駅への接近性	基準地域＼対象地域	優る	やや優る	普通	やや劣る	劣る			地域の社会的、経済的最寄駅への接近性について、比較を行う。この場合において、道路の系統、連続性、幅員等の構造についても総合的に考慮して、判定するものとする。
			優る	0	-1.0	-2.0	-3.0	-4.0			
			やや優る	1.0	0	-1.0	-2.0	-3.0			優る　　最寄駅に近接する地域
			普通	2.0	1.0	0	-1.0	-2.0			やや優る　最寄駅にやや近い地域
			やや劣る	3.0	2.0	1.0	0	-1.0			普通　　最寄駅への時間、距離等が通常である地域
			劣る	4.0	3.0	2.0	1.0	0			やや劣る　最寄駅にやや遠い地域 / 劣る　最寄駅に遠い地域
		最寄集落への接近性	基準地域＼対象地域	優る			普通			劣る	地域の最寄集落への接近性について、比較を行う。この場合において、集落の規模についても考慮して、判定するものとする。
			優る	0			-5.0			-10.0	
			普通	5.0			0			-5.0	優る　　集落に近接している地域 / 普通　　集落までの距離が通常である地域
			劣る	10.0			5.0			0	劣る　　集落に遠い地域
		林道等の配置、構造等の状態	基準地域＼対象地域	優る	やや優る	普通	やや劣る	劣る			地域内の林道等の状態について、配置、連続性、構造（幅員、勾配等）等の状態を総合的に考慮して、比較を行う。
			優る	0	-5.5	-10.5	-16.0	-21.5			優る　　林道等の配置、構造等がよく、林産物の搬出が容易な地域
			やや優る	5.5	0	-5.5	-11.5	-17.0			やや優る　林道等の配置、構造等がややよく、林産物の搬出が比較的容易な地域
			普通	12.0	6.0	0	-6.0	-12.0			普通　　林道等の配置、構造等が標準的で、林産物の搬出が通常である地域
			やや劣る	19.0	13.0	6.5	0	-6.5			やや劣る　林道等の配置、構造等がやや悪く、林産物の搬出がやや困難な地域
			劣る	27.5	20.5	13.5	7.0	0			劣る　　林道等の配置、構造等が悪く、林産物の搬出が困難な地域
		最寄市場への接近性	基準地域＼対象地域	優る	やや優る	普通	やや劣る	劣る			搬出地点から最寄市場までの距離について、比較を行う。この場合において、林道等の連続性、幅員等の構造等についても総合的に考慮して、判定するものとする。
			優る	0	-5.5	-10.5	-16.0	-21.5			
			やや優る	5.5	0	-5.5	-11.5	-17.0			優る　　最寄市場に近い地域
			普通	12.0	6.0	0	-6.0	-12.0			やや優る　最寄市場にやや近い地域 / 普通　　最寄市場への距離、輸送回数が通常である地域
			やや劣る	19.0	13.0	6.5	0	-6.5			やや劣る　最寄市場にやや遠い地域
			劣る	27.5	20.5	13.5	7.0	0			劣る　　最寄市場に遠い地域
自然的条件	日照・気温等の気象の状態	日照、気温	基準地域＼対象地域	優る			普通			劣る	日照の確保、気温の適否等の自然的条件について、比較を行う。
			優る	0			-3.0			-6.0	優る　　日照を阻害するものがほとんどなく自然的条件が優れている地域
			普通	3.0			0			-3.0	普通　　日照、気温も通常で自然的条件が普通である地域
			劣る	6.0			3.0			0	劣る　　日照が悪く、気温も低温で自然的条件が劣っている地域

(都林．地)

条件	項目	細項目	格差の内訳					備考	
自然的条件	日照・気温等の気象の状態	降雨量、霧	基準地域＼対象地域	優る	普通	劣る		降雨、降霧の自然的条件について、比較を行う。	
			優る	0	-3.0	-6.0		優　る	降雨、降霧量が多い地域
			普通	3.0	0	-3.0		普　通	降雨、降霧量が通常である地域
			劣る	6.0	3.0	0		劣　る	降雨、降霧量が少ない地域
		積雪	基準地域＼対象地域	優る	普通	劣る		積雪の自然的条件について、比較を行う。	
			優る	0	-3.0	-6.0		優　る	積雪量が少ない地域
			普通	3.0	0	-3.0		普　通	積雪量が通常である地域
			劣る	6.0	3.0	0		劣　る	積雪量が多い地域
		風	基準地域＼対象地域	優る	普通	劣る		風の強弱の自然的条件について、比較を行う。	
			優る	0	-3.0	-6.0		優　る	風が弱い地域
			普通	3.0	0	-3.0		普　通	風の吹く程度が通常である地域
			劣る	6.0	3.0	0		劣　る	風が強い地域
	標高・傾斜等の地勢の状態	標高	基準地域＼対象地域	優る	やや優る	普通	やや劣る	劣る	標準的な海抜高（標高）について、比較を行う。
			優る	0	-3.5	-7.5	-11.0	-15.0	優　る　標準的な標高より300m以上低い地域
			やや優る	4.0	0	-4.0	-7.5	-11.5	やや優る　標準的な標高より100m以上300m未満低い地域
			普通	8.0	4.0	0	-4.0	-8.0	普　通　標準的な標高と同程度の地域
			やや劣る	12.5	8.5	4.0	0	-4.0	やや劣る　標準的な標高より100m以上300m未満高い地域
			劣る	17.5	13.0	8.5	4.5	0	劣　る　標準的な標高より300m以上高い地域
		傾斜	基準地域＼対象地域	優る	普通	劣る		地域内の標準的な傾斜面の緩急の自然的条件について、比較を行う。	
			優る	0	-5.5	-11.5		優　る	斜面の傾斜角度がおおむね5°以上30°未満の地域
			普通	6.0	0	-6.0		普　通	斜面の傾斜角度がおおむね5°未満又はおおむね30°以上35°未満の地域
			劣る	13.0	6.5	0		劣　る	斜面の傾斜角度がおおむね35°以上の地域
		斜面の型	基準地域＼対象地域	優る	普通	劣る		地域内の標準的な斜面の型による自然的条件について、比較を行う。この場合において、斜面が複合型状のものについては、型の種別に占める割合を考慮して、数値を判断するものとする。	
			優る	0	-7.5	-15.0		優　る	凹型状に傾斜している地域
			普通	8.0	0	-8.0		普　通	直線状に傾斜している地域
			劣る	17.5	8.5	0		劣　る	凸型状に傾斜している地域
	土壌の状態	土壌の良否	基準地域＼対象地域	優る	やや優る	普通	やや劣る	劣る	土壌の良否は土層の状態、土性、土壌の構造、肥沃度等を総合して適木適木を判断し、比較を行う。
			優る	0	-7.0	-14.0	-20.5	-27.5	優　る　林木の生育に特に適している地域
			やや優る	7.5	0	-7.5	-15.0	-22.0	やや優る　林木の生育にかなり適している地域

（都林．地）

条件	項目	細項目	格差の内訳					備考	
自然的条件	土壌の状態	土壌の良否	普通	16.0	8.0	0	-8.0	-16.0	普通　林木の生育に適している地域
			やや劣る	26.0	17.5	8.5	0	-8.5	やや劣る　林木の生育にやや適しない地域
			劣る	38.0	28.5	19.0	9.5	0	劣る　林木の生育に適しない地域
	災害の危険性	獣害の危険性	基準地域＼対象地域	優る	普通	劣る			熊、鹿等による獣害被害の可能性について、比較を行う。
			優る	0	-2.0	-4.0			
			普通	2.0	0	-2.0			
			劣る	4.0	2.0	0			
宅地化条件	宅地化等の影響の程度	宅地化等の影響	基準地域＼対象地域	優る	やや優る	普通	やや劣る	劣る	地域内の宅地化、観光地化の影響の程度について、比較を行う。
			優る	0	-11.5	-23.0	-34.5	-46.0	優る　宅地化等による影響を強く受けている地域
			やや優る	13.0	0	-13.0	-26.0	-39.0	やや優る　宅地化等による影響をやや強く受けている地域
			普通	30.0	15.0	0	-15.0	-30.0	普通　宅地化等による影響がやや弱い地域
			やや劣る	53.0	35.5	17.5	0	-17.5	やや劣る　宅地化等による影響が弱い地域
			劣る	85.5	64.5	43.0	21.5	0	劣る　宅地化等による影響がほとんどない地域
行政的条件	行政上の助成及び規制の程度	行政上の助成	基準地域＼対象地域	優る	普通	劣る			植林の奨励等行政上の助成の程度について、比較を行う。
			優る	0	$-\alpha'$	$-\alpha''$			優る　助成が多い地域
			普通	α'	0	$-\alpha'$			普通　助成がある地域
			劣る	α''	α'	0			劣る　助成がない地域
		国立、国定、県立公園、保安林、砂防指定地等の規制	基準地域＼対象地域	優る	普通	劣る			自然公園、保安林、砂防等の指定地について、伐採の指定の程度について、比較を行う。
			優る	0	-23.0	-38.5			優る　林木の伐採について制限のない又はほとんどない地域
			普通	30.0	0	-20.0			普通　林木の伐採について制限のある地域
			劣る	62.5	25.0	0			劣る　林木の伐採について制限の強い地域
		その他の規制	基準地域＼対象地域	弱い	普通	強い			
			弱い	0	$-\alpha'$	$-\alpha''$			
			普通	α'	0	$-\alpha'$			
			強い	α''	α'	0			

(都林．地)

条件	項目	細項目	格差の内訳				備考
			基準地域＼対象地域	優る	普通	劣る	植林の生育可能の度合による岩石地、崩壊地の標準的な割合のほか、比較すべき特別な項目があると認めるときは、その項目に応じて適正な格差率を求めるものとする。
そ の 他	その他	その他	優る	0			
			普通		0		
			劣る			0	

別表第2　　　　　　　　　　　　個別的要因比準表　　　　　　（都市近郊林地地域）

条件	項目	細項目	格差の内訳					備考
交通・接近条件	交通の便否及び林産物搬出の便否	最寄駅への接近性	基準地\対象地	優る	普通	劣る		社会的、経済的最寄駅への接近性について、比較を行う。この場合において、道路の系統、連続性、構造についても総合的に考慮して、判定するものとする。 優　る　最寄駅に近い画地 普　通　地域において、標準的な位置関係にある画地 劣　る　最寄駅に遠い画地
			優　る	0	-2.0	-4.0		
			普　通	2.0	0	-2.0		
			劣　る	4.0	2.0	0		
		最寄集落への接近性	基準地\対象地	優る	普通	劣る		最寄集落への接近性について、比較を行う。 優　る　集落に近い画地 普　通　地域において集落への距離が標準的である画地 劣　る　集落に遠い画地
			優　る	0	-4.0	-8.0		
			普　通	4.0	0	-4.0		
			劣　る	8.0	4.0	0		
		搬出施設の構造	基準地\対象地	優る	普通	劣る		搬出拠点の搬出施設の構造の状態について、比較を行う。 優　る　搬出施設の構造が良い画地 普　通　地域において搬出施設の構造が標準的である画地 劣　る　搬出施設の構造が悪い画地
			優　る	0	-5.0	-9.5		
			普　通	5.0	0	-5.0		
			劣　る	10.5	5.5	0		
		搬出地点までの距離	基準地\対象地	優る	やや優る	普通	やや劣る	劣る	搬出地点までの距離の長短、搬出の難易について、比較を行う。 優　る　搬出距離が短く、容易に搬出可能な画地 やや優る　搬出距離が比較的短く、比較の容易に搬出可能な画地 普　通　地域において搬出距離、搬出の難易が標準的である画地 やや劣る　搬出距離が比較的長く、比較の搬出困難な画地 劣　る　搬出距離が長く、搬出不便な画地
			優　る	0	-3.5	-7.5	-11.0	-15.0	
			やや優る	4.0	0	-4.0	-7.5	-11.5	
			普　通	8.0	4.0	0	-4.0	-8.0	
			やや劣る	12.5	8.5	4.0	0	-4.0	
			劣　る	17.5	13.0	8.5	4.5	0	
		搬出地点から最寄市場までの距離	基準地\対象地	優る	やや優る	普通	やや劣る	劣る	搬出地点から最寄市場までの距離の長短について、比較を行う。この場合において、林道等の連続性・幅員等の構造についても総合的に考慮して、判定するものとする。 優　る　距離が短く、搬出輸送回数が多くできる画地 やや優る　距離が比較的短く、搬出輸送回数がやや多くできる画地 普　通　地域において、距離及び搬出輸送回数が標準的である画地 やや劣る　距離が比較的長く、搬出輸送回数がやや少ない画地 劣　る　距離が長く、搬出輸送回数が少ない画地
			優　る	0	-3.0	-5.5	-8.5	-11.5	
			やや優る	3.0	0	-3.0	-6.0	-8.5	
			普　通	6.0	3.0	0	-3.0	-6.0	
			やや劣る	9.5	6.0	3.0	0	-3.0	
			劣　る	13.0	9.5	6.5	3.0	0	
自然的条件	積雪等の気象の状態	積雪	基準地\対象地	優る	普通	劣る		積雪の自然的条件について、比較を行う。 優　る　積雪量が少ない画地 普　通　地域において積雪量が標準的である画地
			優　る	0	-2.0	-4.0		
			普　通	2.0	0	-2.0		

（都林．個）

条件	項目	細項目	格差の内訳					備考	
自然的条件	積雪等の気象の状態	積雪	劣る	4.0	2.0		0	劣る	積雪量が多い画地
		風	基準地＼対象地	優る	普通		劣る	風の強弱の自然的条件について、比較を行う。	
			優る	0	−2.0		−4.0	優る	風当たりが弱い画地
			普通	2.0	0		−2.0	普通	地域において風当たりが標準的である画地
			劣る	4.0	2.0		0	劣る	風当たりが強い画地
	標高・傾斜等の地勢の状態	標高	基準地＼対象地	優る	やや優る	普通	やや劣る	劣る	地域における標準的な画地に対し、標高の高低差について比較を行う。
			優る	0	−3.0	−5.5	−8.5	−11.5	優る	標準的である画地より300m以上低い画地
			やや優る	3.0	0	−3.0	−6.0	−8.5	やや優る	標準的である画地より100m以上300m未満低い画地
			普通	6.0	3.0	0	−3.0	−6.0	普通	地域において海抜高が標準的である画地
			やや劣る	9.5	6.0	3.0	0	−3.0	やや劣る	標準的である画地より100m以上300m未満高い画地
			劣る	13.0	9.5	6.5	3.0	0	劣る	標準的である画地より300m以上高い画地
		方位 スギ・ヒノキ	基準地＼対象地	北	東		南又は西	傾斜の方向について、比較を行う。	
			北	0	−5.0		−10.0	北	北面に傾斜する画地
			東	5.0	0		−5.0	東	東面に傾斜する画地
			南又は西	10.0	5.0		0	南又は西	南又は西面に傾斜する画地
		方位 マツ・広葉樹	基準地＼対象地	南又は西	東		北		
			南又は西	0	−1.0		−2.0		
			東	1.0	0		−1.0		
			北	2.0	1.0		0		
		傾斜	基準地＼対象地	優る	普通		劣る	傾斜面の緩急の自然的条件について、地域における標準的な画地と比較を行う。	
			優る	0	−5.0		−10.0	優る	斜面の傾斜角度が良い画地
			普通	5.0	0		−5.0	普通	地域において斜面の傾斜角度が標準的である画地
			劣る	10.0	5.0		0	劣る	斜面の傾斜角度が悪い画地
		斜面の位置	基準地＼対象地	山麓	山腹		山頂	斜面の位置する自然的条件について、比較を行う。	
			山麓	0	−5.0		−10.0	山麓	山麓に位置する画地
			山腹	5.0	0		−5.0	山腹	山腹に位置する画地
			山頂	10.0	5.0		0	山頂	山頂に位置する画地
		斜面の型	基準地＼対象地	優る	普通		劣る	斜面の型による自然的条件について、地域における標準的な画地と比較を行う。	

（都林．個）

条件	項目	細項目	格差の内訳					備考		
自然的条件	標高・傾斜等の地勢の状態	斜面の型	優る	0	-6.5	-13.0			優　る	斜面の型が良い画地	
			普通	7.0	0	-7.0			普　通	地域において斜面の型が標準的である画地	
			劣る	15.0	7.5	0			劣　る	斜面の型が悪い画地	
	土壌の状態	土壌の良否	基準地＼対象地	優る	やや優る	普通	やや劣る	劣る	土壌の良否の自然的条件について、地域における標準的な画地と比較を行う。この場合、土層の状態、土性、土壌の構造、肥沃度等を総合して判断するものとする。	
			優る	0	-5.5	-10.5	-16.0	-21.5			
			やや優る	5.5	0	-5.5	-11.5	-17.0	優　る	林木の生育に特に適している画地	
			普通	12.0	6.0	0	-6.0	-12.0	やや優る	林木の生育にかなり適している画地	
			やや劣る	19.0	13.0	6.5	0	-6.5	普　通	地域において土壌の良否が標準的である画地	
									やや劣る	林木の生育にやや適していない画地	
			劣る	27.5	20.5	13.5	7.0	0	劣　る	林木の生育に適していない画地	
宅地化条件	宅地化等の影響の程度	宅地化等の影響	基準地＼対象地	優る	やや優る	普通	やや劣る	劣る	宅地化、観光地化の影響の程度について、地域における標準的な画地と比較を行う。	
			優る	0	-10.5	-20.5	-31.0	-41.5			
			やや優る	11.5	0	-11.5	-23.0	-34.5			
			普通	26.0	13.0	0	-13.0	-26.0			
			やや劣る	45.0	30.0	15.0	0	-15.0			
			劣る	70.5	52.5	35.0	17.5	0			
行政的条件	行政上の規制の程度	国立、国定、県立公園、保安林、砂防指定地等の規制	基準地＼対象地	優る	普通	劣る			優　る	林木の伐採について制限が弱い画地	
			優る	0	-23.0	-38.5			普　通	地域において林木の伐採についての制限が標準的である画地	
			普通	30.0	0	-20.0			劣　る	林木の伐採について制限が強い画地	
			劣る	62.5	25.0	0					
		その他の規制	基準地＼対象地	弱い	普通	強い					
			弱い	0	$-\alpha'$	$-\alpha''$					
			普通	α'	0	$-\alpha'$					
			強い	α''	α'	0					
その他	その他	その他	基準地＼対象地	優る	普通	劣る			植林の生育可能の度合による岩石地、崩壊地の標準的割合のほか、比較すべき特別な項目があると認めるときは、その項目に応じて適正な格差率を求めるものとする。	
			優る	0							
			普通		0						
			劣る			0					

別表第3　　　　　　　　　　　地域要因比準表　　　　　　　　　（農村林地地域）

条件	項目	細項目	格差の内訳					備考
交通・接近条件	交通の便否及び林産物搬出の便否	最寄駅への接近性	基準地域＼対象地域	優る	やや優る	普通	やや劣る	劣る	
			優る	0	-1.5	-3.0	-4.5	-6.0	地域の社会的、経済的最寄駅への接近性について、比較を行う。この場合において、道路の系統、連続性、幅員等の構造についても総合的に考慮して、判定するものとする。
			やや優る	1.5	0	-1.5	-3.0	-4.5	優　る　最寄駅に近接する地域
			普通	3.0	1.5	0	-1.5	-3.0	やや優る　最寄駅にやや近い地域
			やや劣る	4.5	3.0	1.5	0	-1.5	普　通　最寄駅への時間、距離等が通常である地域
			劣る	6.0	4.5	3.0	1.5	0	やや劣る　最寄駅にやや遠い地域 劣　る　最寄駅に遠い地域
		最寄集落への接近性	基準地域＼対象地域	優る		普通		劣る	
			優る	0		-5.5		-11.5	地域の最寄集落への接近性について、比較を行う。この場合において、集落の規模についても考慮して、判定するものとする。
			普通	6.0		0		-6.0	優　る　集落に近接している地域 普　通　集落までの距離が通常である地域
			劣る	13.0		6.5		0	劣　る　集落に遠い地域
		林道等の配置、構造等の状態	基準地域＼対象地域	優る	やや優る	普通	やや劣る	劣る	
			優る	0	-6.0	-12.5	-18.5	-24.5	地域内の林道等の状態について、配置、連続性、構造（幅員、勾配等）等の状態を総合的に考慮して、比較を行う。
			やや優る	6.5	0	-6.5	-13.0	-19.5	優　る　林道等の配置、構造等がよく、林産物の搬出が容易な地域
			普通	14.0	7.0	0	-7.0	-14.0	やや優る　林道等の配置、構造等がややよく、林産物の搬出が比較的容易な地域
			やや劣る	22.5	15.0	7.5	0	-7.5	普　通　林道等の配置、構造等が標準的で、林産物の搬出が通常である地域
			劣る	32.5	24.5	16.5	8.0	0	やや劣る　林道等の配置、構造等がやや悪く、林産物の搬出がやや困難な地域 劣　る　林道等の配置、構造等が悪く、林産物の搬出が困難な地域
		最寄市場への接近性	基準地域＼対象地域	優る	やや優る	普通	やや劣る	劣る	
			優る	0	-6.0	-12.5	-18.5	-24.5	搬出地点から最寄市場までの距離について、比較を行う。この場合において、林道等の連続性、幅員等の構造等についても総合的に考慮して、判定するものとする。
			やや優る	6.5	0	-6.5	-13.0	-19.5	優　る　最寄市場に近い地域
			普通	14.0	7.0	0	-7.0	-14.0	やや優る　最寄市場にやや近い地域 普　通　最寄市場への距離、輸送回数が通常である地域
			やや劣る	22.5	15.0	7.5	0	-7.5	やや劣る　最寄市場にやや遠い地域
			劣る	32.5	24.5	16.5	8.0	0	劣　る　最寄市場に遠い地域
自然的条件	日照・気温等の気象の状態	日照、気温	基準地域＼対象地域	優る		普通		劣る	
			優る	0		-4.0		-8.0	日照の確保、気温の適否等の自然的条件について、比較を行う。 優　る　日照を阻害するものがほとんどなく、自然的条件が優れている地域
			普通	4.0		0		-4.0	普　通　日照、気温も通常で自然的条件が普通である地域
			劣る	8.0		4.0		0	劣　る　日照が悪く、気温も低温で自然的条件が劣っている地域

(農林．地)

条件	項目	細項目	格差の内訳					備考
自然的条件	日照・気温等の気象の状態	降雨量、霧	基準地域＼対象地域	優る		普通	劣る	降雨、降霧の自然的条件について、比較を行う。 優る　降雨、降霧量が多い地域 普通　降雨、降霧量が通常である地域 劣る　降雨、降霧量が少ない地域
			優る	0		−4.0	−8.0	
			普通	4.0		0	−4.0	
			劣る	8.0		4.0	0	
		積雪	基準地域＼対象地域	優る		普通	劣る	積雪の自然的条件について、比較を行う。 優る　積雪量が少ない地域 普通　積雪量が通常である地域 劣る　積雪量が多い地域
			優る	0		−4.0	−8.0	
			普通	4.0		0	−4.0	
			劣る	8.0		4.0	0	
		風	基準地域＼対象地域	優る		普通	劣る	風の強弱の自然的条件について、比較を行う。 優る　風が弱い地域 普通　風の吹く程度が通常である地域 劣る　風が強い地域
			優る	0		−4.0	−8.0	
			普通	4.0		0	−4.0	
			劣る	8.0		4.0	0	
	標高・傾斜等の地勢の状態	標高	基準地域＼対象地域	優る	やや優る	普通	やや劣る	劣る	標準的な海抜高（標高）について、比較を行う。 優る　標準的な標高より300m以上低い地域 やや優る　標準的な標高より100m以上300m未満低い地域 普通　標準的な標高と同程度の地域 やや劣る　標準的な標高より100m以上300m未満高い地域 劣る　標準的な標高より300m以上高い地域
			優る	0	−4.5	−9.0	−13.5	−18.0	
			やや優る	5.0	0	−5.0	−9.5	−14.5	
			普通	10.0	5.0	0	−5.0	−10.0	
			やや劣る	16.0	10.5	5.5	0	−5.5	
			劣る	22.0	16.5	11.0	5.5	0	
		傾斜	基準地域＼対象地域	優る		普通	劣る	地域内の標準的な傾斜面の緩急の自然的条件について、比較を行う。 優る　斜面の傾斜角度がおおむね5°以上30°未満の地域 普通　斜面の傾斜角度がおおむね5°未満又はおおむね30°以上35°未満の地域 劣る　斜面の傾斜角度がおおむね35°以上の地域
			優る	0		−7.5	−15.0	
			普通	8.0		0	−8.0	
			劣る	17.5		8.5	0	
		斜面の型	基準地域＼対象地域	優る		普通	劣る	地域内の標準的な斜面の型による自然的条件について、比較を行う。この場合において、斜面が複合型状のものについては、型の種別に占める割合を考慮して、数値を判定するものとする。 優る　凹型状に傾斜している地域 普通　直線状に傾斜している地域 劣る　凸型状に傾斜している地域
			優る	0		−9.0	−18.0	
			普通	10.0		0	−10.0	
			劣る	22.0		11.0	0	
	土壌の状態	土壌の良否	基準地域＼対象地域	優る	やや優る	普通	やや劣る	劣る	土壌の良否は土層の状態、土性、土壌の構造、肥沃度等を総合して適地適木を判断し、比較を行う。 優る　林木の生育に特に適している地域 やや優る　林木の生育にかなり適している地域
			優る	0	−9.0	−18.0	−27.0	−36.0	
			やや優る	10.0	0	−10.0	−20.0	−30.0	

（農林．地）

条件	項目	細項目	格差の内訳					備考
自然的条件	土壌の状態	土壌の良否	普通	22.0	11.0	0	-11.0	-22.0	普通　林木の生育に適している地域 やや劣る　林木の生育にやや適しない地域 劣る　林木の生育に適しない地域
			やや劣る	37.0	25.0	12.5	0	-12.5	
			劣る	56.5	42.5	28.0	14.0	0	
	災害の危険性	獣害の危険性	基準地域＼対象地域	優る		普通		劣る	熊、鹿等による獣害被害の可能性について、比較を行う。
			優る	0		-3.0		-6.0	
			普通	3.0		0		-3.0	
			劣る	6.0		3.0		0	
宅地化条件	宅地化等の影響の程度	宅地化等の影響	基準地域＼対象地域	優る	やや優る	普通	やや劣る	劣る	地域内の宅地化、観光地化の影響の程度について、比較を行う。 優る　宅地化等による影響を強く受けている地域 やや優る　宅地化等による影響をやや強く受けている地域 普通　宅地化等による影響が弱い地域 やや劣る　宅地化等による影響がほとんどない地域 劣る　宅地化等による影響がない地域
			優る	0	-9.5	-19.5	-29.0	-38.5	
			やや優る	10.5	0	-10.5	-21.5	-32.0	
			普通	24.0	12.0	0	-12.0	-24.0	
			やや劣る	41.0	27.5	13.5	0	-13.5	
			劣る	63.0	47.5	31.5	16.0	0	
行政的条件	行政上の助成及び規制の程度	行政上の助成	基準地域＼対象地域	優る		普通		劣る	植林の奨励等行政上の助成の強弱の程度について、比較を行う。 優る　助成が多い地域 普通　助成がある地域 劣る　助成がない地域
			優る	0		$-\alpha'$		$-\alpha''$	
			普通	α'		0		$-\alpha'$	
			劣る	α''		α'		0	
		国立、国定、県立公園、保安林、砂防指定地等の規制	基準地域＼対象地域	優る		普通		劣る	自然公園、保安林、砂防等の指定地について、伐採の指定の程度について、比較を行う。 優る　林木の伐採について制限のない又はほとんどない地域 普通　林木の伐採について制限のある地域 劣る　林木の伐採について制限の強い地域
			優る	0		-23.0		-38.5	
			普通	30.0		0		-20.0	
			劣る	62.5		25.0		0	
		その他の規制	基準地域＼対象地域	弱い		普通		強い	
			弱い	0		$-\alpha'$		$-\alpha''$	
			普通	α'		0		$-\alpha'$	
			強い	α''		α'		0	

(農林　地)

条件	項　目	細項目	格　差　の　内　訳				備　　　考
そ の 他	そ の 他	そ の 他	対象地域 基準地域	優　る	普　通	劣　る	植林の生育可能の度合による岩石地、崩壊地の標準的な割合のほか、比較すべき特別な項目があると認めるときは、その項目に応じて適正な格差率を求めるものとする。
			優　る				
			普　通				
			劣　る				

別表第4　　　　　　　　　　個別的要因比準表　　　　　　　　（農村林地地域）

条件	項目	細項目	格差の内訳						備考
交通・接近条件	交通の便否及び林産物搬出の便否	最寄駅への接近性	基準地＼対象地	優る	普通	劣る			社会的、経済的最寄駅への接近性について、比較を行う。この場合において、道路の系統、連続性、構造についても総合的に考慮して、判定するものとする。 優　る　最寄駅に近い画地 普　通　地域において、標準的な位置関係にある画地 劣　る　最寄駅に遠い画地
			優る	0	-2.0	-4.0			
			普通	2.0	0	-2.0			
			劣る	4.0	2.0	0			
		最寄集落への接近性	基準地＼対象地	優る	普通	劣る			最寄集落への接近性について、比較を行う。 優　る　集落に近い画地 普　通　地域において集落への距離が標準的である画地 劣　る　集落に遠い画地
			優る	0	-5.0	-10.0			
			普通	5.0	0	-5.0			
			劣る	10.0	5.0	0			
		搬出施設の構造	基準地＼対象地	優る	普通	劣る			搬出拠点の搬出施設の構造の状態について、比較を行う。 優　る　搬出施設の構造が良い画地 普　通　地域において搬出施設の構造が標準的である画地 劣　る　搬出施設の構造が悪い画地
			優る	0	-5.0	-9.5			
			普通	5.0	0	-5.0			
			劣る	10.5	5.5	0			
		搬出地点までの距離	基準地＼対象地	優る	やや優る	普通	やや劣る	劣る	搬出地点までの距離の長短、搬出の難易について、比較を行う。 優　る　搬出距離が短く、容易に搬出可能な画地 やや優る　搬出距離が比較的短く、比較的容易に搬出可能な画地 普　通　地域において、搬出距離、搬出の難易が標準的である画地 やや劣る　搬出距離が比較的長く、比較的搬出困難な画地 劣　る　搬出距離が長く、搬出不便な画地
			優る	0	-4.5	-9.0	-13.5	-18.0	
			やや優る	5.0	0	-5.0	-9.5	-14.5	
			普通	10.0	5.0	0	-5.0	-10.0	
			やや劣る	16.0	10.5	5.5	0	-5.5	
			劣る	22.0	16.5	11.0	5.5	0	
		搬出地点から最寄市場までの距離	基準地＼対象地	優る	やや優る	普通	やや劣る	劣る	搬出地点から最寄市場までの距離の長短について、比較を行う。この場合において、林道等の連続性・幅員等の構造についても総合的に考慮して、判定するものとする。 優　る　距離が短く、搬出輸送回数が多くできる画地 やや優る　距離が比較的短く、搬出輸送回数がやや多くできる画地 普　通　地域において距離及び搬出輸送回数が標準的である画地 やや劣る　距離が比較的長く、搬出輸送回数がやや少ない画地 劣　る　距離が長く、搬出輸送回数が少ない画地
			優る	0	-3.5	-6.5	-10.0	-13.0	
			やや優る	3.5	0	-3.5	-7.0	-10.0	
			普通	7.0	3.5	0	-3.5	-7.0	
			やや劣る	11.0	7.5	3.5	0	-3.5	
			劣る	15.0	11.5	7.5	4.0	0	
自然的条件	積雪等の気象の状態	積雪	基準地＼対象地	優る	普通	劣る			積雪の自然的条件について、比較を行う。 優　る　積雪量が少ない画地 普　通　地域において積雪量が標準的である画地
			優る	0	-3.0	-6.0			
			普通	3.0	0	-3.0			

(農林．個)

条件	項 目	細項目	格 差 の 内 訳					備　　考
自　然　的　条　件	積雪等の気象の状態	積　雪	劣　る	6.0	3.0	0			劣　る　積雪量が多い画地
		風	基準地＼対象地	優　る	普　通	劣　る			風の強弱の自然的条件について、比較を行う。
			優　る	0	−3.0	−6.0			優　る　風当たりが弱い画地
			普　通	3.0	0	−3.0			普　通　地域において風当たりが標準的である画地
			劣　る	6.0	3.0	0			劣　る　風当たりが強い画地
	標高・傾斜等の地勢の状態	標　高	基準地＼対象地	優　る	やや優る	普　通	やや劣る	劣　る	地域における標準的な画地に比し、標高の高低差について、比較を行う。
			優　る	0	−3.5	−7.5	−11.0	−15.0	優　る　標準的である画地より300m以上低い画地
			やや優る	4.0	0	−4.0	−7.5	−11.5	やや優る　標準的である画地より100m以上300m未満低い画地
			普　通	8.0	4.0	0	−4.0	−8.0	普　通　地域において海抜高が標準的である画地
			やや劣る	12.5	8.5	4.0	0	−4.0	やや劣る　標準的である画地より100m以上300m未満高い画地
			劣　る	17.5	13.0	8.5	4.5	0	劣　る　標準的である画地より300m以上高い画地
		方位　スギ・ヒノキ	基準地＼対象地	北	東	南又は西			傾斜の方向について、次により分類し、比較を行う。
			北	0	−7.5	−15.0			北　北面に傾斜する画地
			東	8.0	0	−8.0			東　東面に傾斜する画地
			南又は西	17.5	8.5	0			南又は西　南又は西面に傾斜する画地
		方位　マツ・広葉樹	基準地＼対象地	南又は西	東	北			
			南又は西	0	−1.5	−3.0			
			東	1.5	0	−1.5			
			北	3.0	1.5	0			
		傾　斜	基準地＼対象地	優　る	普　通	劣　る			傾斜面の緩急の自然的条件について、地域における標準的な画地と比較を行う。
			優　る	0	−6.5	−13.0			優　る　斜面の傾斜角度が良い画地
			普　通	7.0	0	−7.0			普　通　地域において斜面の傾斜角度が標準的である画地
			劣　る	15.0	7.5	0			劣　る　斜面の傾斜角度が悪い画地
		斜面の位置	基準地＼対象地	山　麓	山　腹	山　頂			斜面の位置する自然的条件について、比較を行う。
			山　麓	0	−6.5	−13.0			山　麓　山麓に位置する画地
			山　腹	7.0	0	−7.0			山　腹　山腹に位置する画地
			山　頂	15.0	7.5	0			山　頂　山頂に位置する画地

(農林．個)

条件	項目	細項目	格差の内訳						備考
自然的条件	標高・傾斜等の地勢の状態	斜面の型	基準地＼対象地	優る	普通	劣る			斜面の型による自然的条件について、地域における標準的な画地と比較を行う。
			優る	0	-8.5	-16.5			優る　斜面の型が良い画地
			普通	9.0	0	-9.0			普通　地域において斜面の型が標準的である画地
			劣る	20.0	10.0	0			劣る　斜面の型が悪い画地
	土壌の状態	土壌の良否	基準地＼対象地	優る	やや優る	普通	やや劣る	劣る	土壌の良否の自然的条件について、地域における標準的な画地と比較を行う。この場合、土層の状態、土性、土壌の構造、肥沃度等を総合して判断するものとする。
			優る	0	-7.5	-15.5	-23.0	-30.5	
			やや優る	8.5	0	-8.5	-16.5	-25.0	優る　林木の生育に特に適している画地
			普通	18.0	9.0	0	-9.0	-18.0	やや優る　林木の生育にかなり適している画地
			やや劣る	29.5	20.0	10.0	0	-10.0	普通　地域において土壌の良否が標準的である画地
			劣る	44.0	33.0	22.0	11.0	0	やや劣る　林木の生育にやや適していない画地 劣る　林木の生育に適していない画地
宅地化条件	宅地化等の影響の程度	宅地化等の影響	基準地＼対象地	優る	やや優る	普通	やや劣る	劣る	宅地化、観光地化の影響の程度について、地域における標準的な画地と比較を行う。
			優る	0	-8.5	-16.5	-25.0	-33.5	
			やや優る	9.0	0	-9.0	-18.0	-27.5	
			普通	20.0	10.0	0	-10.0	-20.0	
			やや劣る	33.5	22.0	11.0	0	-11.0	
			劣る	50.0	37.5	25.0	12.5	0	
行政的条件	行政上の規制の程度	国立、国定、県立公園、保安林、砂防指定地等の規制	基準地＼対象地	優る	普通	劣る			林木の伐採の指定の程度について、比較を行う。
			優る	0	-23.0	-38.5			優る　林木の伐採について制限が弱い画地
			普通	30.0	0	-20.0			普通　地域において林木の伐採についての制限が標準的である画地
			劣る	62.5	25.0	0			劣る　林木の伐採について制限が強い画地
		その他の規制	基準地＼対象地	弱い	普通	強い			
			弱い	0	$-\alpha'$	$-\alpha''$			
			普通	α'	0	$-\alpha'$			
			強い	α''	α'	0			
その他	その他	その他	基準地＼対象地	優る	普通	劣る			植林の生育可能の度合による岩石地、崩壊地の標準的な割合のほか、比較すべき特別の項目があると認めるときは、その項目に応じて適正な格差率を求めるものとする。
			優る						
			普通						
			劣る						

別表第5　　　　　　　　　　　地域要因比準表　　　　　　　　　（林業本場林地地域）

条件	項目	細項目	格差の内訳							備考

交通・接近条件

交通の便否及び林産物搬出の便否

最寄駅への接近性

基準地域＼対象地域	優る	やや優る	普通	やや劣る	劣る
優る	0	−2.0	−4.0	−6.0	−7.5
やや優る	2.0	0	−2.0	−4.0	−6.0
普通	4.0	2.0	0	−2.0	−4.0
やや劣る	6.0	4.0	2.0	0	−2.0
劣る	8.5	6.5	4.0	2.0	0

備考：地域の社会的、経済的最寄駅への接近性について、比較を行う。この場合において、道路の系統、連続性、幅員等の構造についても総合的に考慮して、判定するものとする。
　優　る　　最寄駅に近接する地域
　やや優る　最寄駅にやや近い地域
　普　通　　最寄駅への時間、距離等が通常である地域
　やや劣る　最寄駅にやや遠い地域
　劣　る　　最寄駅に遠い地域

最寄集落への接近性

基準地域＼対象地域	優る	普通	劣る
優る	0	−6.5	−13.0
普通	7.0	0	−7.0
劣る	15.0	7.5	0

備考：地域の最寄集落への接近性について、比較を行う。この場合において、集落の規模についても考慮して、判定するものとする。
　優　る　　集落に接近している地域
　普　通　　集落までの距離が通常である地域
　劣　る　　集落に遠い地域

林道等の配置、構造等の状態

基準地域＼対象地域	優る	やや優る	普通	やや劣る	劣る
優る	0	−7.0	−14.0	−20.5	−27.5
やや優る	7.5	0	−7.5	−15.0	−22.0
普通	16.0	8.0	0	−8.0	−16.0
やや劣る	26.0	17.5	8.5	0	−8.5
劣る	38.0	28.5	19.0	9.5	0

備考：地域内の林道の状態について、配置、連続性、構造（幅員、勾配等）等の状態を総合的に考慮して、比較を行う。
　優　る　　林道等の配置、構造等がよく、林産物の搬出が容易な地域
　やや優る　林道等の配置、構造等がややよく、林産物の搬出が比較的容易な地域
　普　通　　林道等の配置、構造等が標準的で、林産物の搬出が通常である地域
　やや劣る　林道等の配置、構造等がやや悪く、林産物の搬出がやや困難な地域
　劣　る　　林道等の配置、構造等が悪く、林産物の搬出が困難な地域

最寄市場への接近性

基準地域＼対象地域	優る	やや優る	普通	やや劣る	劣る
優る	0	−7.0	−14.0	−20.5	−27.5
やや優る	7.5	0	−7.5	−15.0	−22.0
普通	16.0	8.0	0	−8.0	−16.0
やや劣る	26.0	17.5	8.5	0	−8.5
劣る	38.0	28.5	19.0	9.5	0

備考：搬出地点から最寄市場までの距離について、比較を行う。この場合において、林道等の連続性、幅員等の構造等についても総合的に考慮して、判定するものとする。
　優　る　　最寄市場に近い地域
　やや優る　最寄市場にやや近い地域
　普　通　　最寄市場への距離、輸送回数が通常である地域
　やや劣る　最寄市場にやや遠い地域
　劣　る　　最寄市場に遠い地域

自然的条件

日照・気温等の気象の状態

日照、気温

基準地域＼対象地域	優る	普通	劣る
優る	0	−5.0	−10.0
普通	5.0	0	−5.0
劣る	10.0	5.0	0

備考：日照の確保、気温の適否等の自然的条件について、比較を行う。
　優　る　　日照を阻害するものがほとんどなく、自然的条件が優れている地域
　普　通　　日照、気温も通常で自然的条件が普通である地域
　劣　る　　日照が悪く、気温も低温で自然的条件が劣っている地域

降雨量、霧

基準地域＼対象地域	優る	普通	劣る

備考：降雨、降霧の自然的条件について、比較を行う。

(林林．地)

条件	項目	細項目	格差の内容					備考
自然的条件	日照・気温等の気象の状態	降雨量、霧	優る	0	−5.0	−10.0			優 る 降雨、降霧量が多い地域 普 通 降雨、降霧量が通常である地域 劣 る 降雨、降霧量が少ない地域
			普通	5.0	0	−5.0		
			劣る	10.0	5.0	0		
		積雪	基準地域＼対象地域	優る	普通	劣る		積雪の自然的条件について、比較を行う。 優 る 積雪量が少ない地域 普 通 積雪量が通常である地域 劣 る 積雪量が多い地域
			優る	0	−5.0	−10.0		
			普通	5.0	0	−5.0		
			劣る	10.0	5.0	0		
		風	基準地域＼対象地域	優る	普通	劣る		風の強弱の自然的条件について、比較を行う。 優 る 風が弱い地域 普 通 風の吹く程度が通常である地域 劣 る 風が強い地域
			優る	0	−5.0	−10.0		
			普通	5.0	0	−5.0		
			劣る	10.0	5.0	0		
	標高・傾斜等の地勢の状態	標高	基準地域＼対象地域	優る	やや優る	普通	やや劣る	劣る	標準的な海抜高(標高)について、比較を行う。 優 る 標準的な標高より300m以上低い地域 やや優る 標準的な標高より100m以上300m未満低い地域 普 通 標準的な標高と同程度の地域 やや劣る 標準的な標高より100m以上300m未満高い地域 劣 る 標準的な標高より300m以上高い地域
			優る	0	−5.5	−10.5	−16.0	−21.5	
			やや優る	5.5	0	−5.5	−11.5	−17.0	
			普通	12.0	6.0	0	−6.0	−12.0	
			やや劣る	19.0	13.0	6.5	0	−6.5	
			劣る	27.5	20.5	13.5	7.0	0	
		傾斜	基準地域＼対象地域	優る	普通	劣る		地域内の標準的な傾斜面の緩急の自然的条件について、比較を行う。 優 る 斜面の傾斜角度がおおむね5°以上30°未満の地域 普 通 斜面の傾斜角度がおおむね5°未満又はおおむね30°以上35°未満の地域 劣 る 斜面の傾斜角度がおおむね35°以上の地域
			優る	0	−10.5	−21.5		
			普通	12.0	0	−12.0		
			劣る	27.5	13.5	0		
		斜面の型	基準地域＼対象地域	優る	普通	劣る		地域内の標準的な斜面の型による自然的条件について、比較を行う。この場合において、斜面が複合型状のものについては、型の種別に占める割合を考慮して、数値を判定するものとする。 優 る 凹型状に傾斜している地域 普 通 直線状に傾斜している地域 劣 る 凸型状に傾斜している地域
			優る	0	−10.5	−21.5		
			普通	12.0	0	−12.0		
			劣る	27.5	13.5	0		
	土壌の状態	土壌の良否	基準地域＼対象地域	優る	やや優る	普通	やや劣る	劣る	土壌の良否は土層の状態、土性、土壌の構造、肥沃度等を総合して適地適木を判断し、比較を行う。 優 る 林木の生育に特に適している地域 やや優る 林木の生育にかなり適している地域 普 通 林木の生育に適している地域
			優る	0	−10.5	−20.5	−31.0	−41.5	
			やや優る	11.5	0	−11.5	−23.0	−34.5	

(林林. 地)

条件	項目	細項目	格差の内訳					備考	
自然的条件	土壌の状態	土壌の良否	普通	26.0	13.0	0	-13.0	-26.0	やや劣る　林木の生育にやや適しない地域
			やや劣る	45.0	30.0	15.0	0	-15.0	劣る　林木の生育に適しない地域
			劣る	70.5	52.5	35.0	17.5	0	
	災害の危険性	獣害の危険性	基準地域＼対象地域	優る	普通	劣る			熊、鹿等による獣害被害の可能性について、比較を行う。
			優る	0	-4.0	-7.5			
			普通	4.0	0	-4.0			
			劣る	8.5	4.0	0			
宅地化条件	宅地化等の影響の程度	宅地化等の影響	基準地域＼対象地域	優る	やや優る	普通	やや劣る	劣る	地域内の宅地化、観光地化の影響の程度について、比較を行う。
			優る	0	-7.0	-14.0	-20.5	-27.5	優る　宅地化等による影響を強く受けている地域
			やや優る	7.5	0	-7.5	-15.0	-22.0	やや優る　宅地化等による影響をやや強く受けている地域
			普通	16.0	8.0	0	-8.0	-16.0	普通　宅地化等による影響が弱い地域
			やや劣る	26.0	17.5	8.5	0	-8.5	やや劣る　宅地化等による影響がほとんどない地域
			劣る	38.0	28.5	19.0	9.5	0	劣る　宅地化等による影響がない地域
行政的条件	行政上の助成及び規制の程度	行政上の助成	基準地域＼対象地域	優る	普通	劣る			植林の奨励等行政上の助成の程度について、比較を行う。
			優る	0	-α'	-α"			優る　助成が多い地域
			普通	α'	0	-α'			普通　助成がある地域
			劣る	α"	α'	0			劣る　助成がない地域
		国立、国定、県立公園、保安林、砂防指定地等の規制	基準地域＼対象地域	優る	普通	劣る			自然公園、保安林、砂防等の指定地について、伐採の指定の程度について、比較を行う。
			優る	0	-23.0	-38.5			優る　立木竹の伐採について制限のない又はほとんどない地域
			普通	30.0	0	-20.0			普通　立木竹の伐採について制限のある地域
			劣る	62.5	25.0	0			劣る　立木竹の伐採について制限の強い地域
		その他の規制	基準地域＼対象地域	弱い	普通	強い			
			弱い	0	-α'	-α"			
			普通	α'	0	-α'			
			強い	α"	α'	0			

(林　地)

条件	項目	細項目	格差の内訳					備考
			基準地域＼対象地域	優る	普通	劣る		植林の生育可能の度合による岩石地、崩壊地の標準的な割合のほか、比較すべき特別な項目があると認めるときは、その項目に応じて適正な格差率を求めるものとする。
その他	その他	その他	優る					
			普通					
			劣る					

別表第6　　　　　　　　　　　　　　　　個別的要因比準表　　　　　　　　　　　　　（林業本場林地地域）

条件	項目	細項目	格差の内訳						備考
交通・接近条件	交通の便否及び林産物搬出の便否	最寄駅への接近性	基準地＼対象地	優る	普通	劣る			社会的、経済的最寄駅への接近性について、比較を行う。この場合において、道路の系統、連続性、構造についても総合的に考慮して、判定するものとする。 優る　最寄駅に近い画地 普通　地域において、標準的な位置関係にある画地 劣る　最寄駅に遠い画地
			優る	0	−2.0	−4.0			
			普通	2.0	0	−2.0			
			劣る	4.0	2.0	0			
		最寄集落への接近性	基準地＼対象地	優る	普通	劣る			最寄集落への接近性について、比較を行う。 優る　集落に近い画地 普通　地域において集落への距離が標準的である画地 劣る　集落に遠い画地
			優る	0	−5.5	−11.5			
			普通	6.0	0	−6.0			
			劣る	13.0	6.5	0			
		搬出施設の構造	基準地＼対象地	優る	普通	劣る			搬出拠点の搬出施設の構造の状態について、比較を行う。 優る　搬出施設の構造が良い画地 普通　地域において搬出施設の構造が標準的である画地 劣る　搬出施設の構造が悪い画地
			優る	0	−6.5	−13.0			
			普通	7.0	0	−7.0			
			劣る	15.0	7.5	0			
		搬出地点までの距離	基準地＼対象地	優る	やや優る	普通	やや劣る	劣る	搬出地点までの距離の長短、搬出の難易について、比較を行う。 優る　搬出距離が短く、容易に搬出可能な画地 やや優る　搬出距離が比較的短く、比較的容易に搬出可能な画地 普通　地域において搬出距離、搬出の難易が標準的である画地 やや劣る　搬出距離が比較的長く、比較的搬出困難な画地 劣る　搬出距離が長く、搬出不便な画地
			優る	0	−5.5	−10.5	−16.0	−21.5	
			やや優る	5.5	0	−5.5	−11.5	−17.0	
			普通	12.0	6.0	0	−6.0	−12.0	
			やや劣る	19.0	13.0	6.5	0	−6.5	
			劣る	27.5	20.5	13.5	7.0	0	
		搬出地点から最寄市場までの距離	基準地＼対象地	優る	やや優る	普通	やや劣る	劣る	搬出地点から最寄市場までの距離の長短について、比較を行う。この場合において、林道等の連続性・幅員等の構造についても総合的に考慮して、判定するものとする。 優る　距離が短く、搬出輸送回数が多くできる画地 やや優る　距離が比較的短く、搬出輸送回数がやや多くできる画地 普通　地域において、距離及び搬出輸送回数が標準的である画地 やや劣る　距離が比較的長く、搬出輸送回数がやや少ない画地 劣る　距離が長く、搬出輸送回数が少ない画地
			優る	0	−3.5	−7.5	−11.0	−15.0	
			やや優る	4.0	0	−4.0	−7.5	−11.5	
			普通	8.0	4.0	0	−4.0	−8.0	
			やや劣る	12.5	8.5	4.0	0	−4.0	
			劣る	17.5	13.0	8.5	4.5	0	
自然的条件	積雪等の気象の状態	積雪	基準地＼対象地	優る	普通	劣る			積雪の自然的条件について、比較を行う。 優る　積雪量が少ない画地 普通　地域において積雪量が標準的である画地
			優る	0	−4.0	−8.0			
			普通	4.0	0	−4.0			

(林林．個)

条件	項目	細項目	格差の内訳					備考	
自然的条件	積雪等の気象の状態	積雪	劣る 8.0	4.0	0			劣る	積雪量が多い画地
		風	基準地＼対象地	優る	普通	劣る			風の強弱の自然的条件について、比較を行う。
			優る	0	-4.0	-8.0		優る	風当たりが弱い画地
			普通	4.0	0	-4.0		普通	地域において風当たりが標準的である画地
			劣る	8.0	4.0	0		劣る	風当たりが強い画地
	標高・傾斜等の地勢の状態	標高	基準地＼対象地	優る	やや優る	普通	やや劣る	劣る	地域における標準的な画地に比し、標高の高低差について比較を行う。
			優る	0	-5.0	-10.0	-15.0	-20.0	優る 標準的である画地より300m以上低い画地
			やや優る	5.0	0	-5.0	-10.5	-15.5	やや優る 標準的である画地より100m以上300m未満低い画地
			普通	11.0	5.5	0	-5.5	-11.0	普通 地域において海抜高が標準的である画地
			やや劣る	17.5	11.5	6.0	0	-6.0	やや劣る 標準的である画地より100m以上300m未満高い画地
			劣る	24.5	18.5	12.5	6.0	0	劣る 標準的である画地より300m以上高い画地
		方位 スギ・ヒノキ	基準地＼対象地	北	東	南又は西			傾斜の方向について次により分類し、比較を行う。
			北	0	-8.5	-16.5			北 北面に傾斜する画地
			東	9.0	0	-9.0			東 東面に傾斜する画地
			南又は西	20.0	10.0	0			南又は西 南又は西面に傾斜する画地
		方位 マツ・広葉樹	基準地＼対象地	南又は西	東	北			
			南又は西	0	-2.5	-5.0			
			東	2.5	0	-2.5			
			北	5.0	2.5	0			
		傾斜	基準地＼対象地	優る	普通	劣る			傾斜面の緩急の自然的条件について、地域における標準的な画地と比較を行う。
			優る	0	-9.0	-18.0			優る 斜面の傾斜角度が良い画地
			普通	10.0	0	-10.0			普通 地域において斜面の傾斜角度が標準的である画地
			劣る	22.0	11.0	0			劣る 斜面の傾斜角度が悪い画地
		斜面の位置	基準地＼対象地	山麓	山腹	山頂			斜面の位置する自然的条件について、比較を行う。
			山麓	0	-9.0	-18.0			山麓 山麓に位置する画地
			山腹	10.0	0	-10.0			山腹 山腹に位置する画地
			山頂	22.0	11.0	0			山頂 山頂に位置する画地
		斜面の型	基準地＼対象地	優る	普通	劣る			斜面の型による自然的条件について、地域における標準的な画地と比較を行う。

(林林．個)

条件	項目	細項目	格差の内訳					備考
自然的条件	標高・傾斜等の地勢の状態	斜面の型	優る	0	-10.0	-20.0			優る　斜面の型が良い画地 普通　地域において斜面の型が標準的である画地 劣る　斜面の型が悪い画地
^	^	^	普通	11.0	0	-11.0			^
^	^	^	劣る	24.5	12.5	0			^
^	土壌の状態	土壌の良否	基準地\対象地	優る	やや優る	普通	やや劣る	劣る	土壌の良否の自然的条件について、地域における標準的な画地と比較を行う。この場合、土層の状態、土性、土壌の構造、肥沃度等を総合して判断するものとする。 優る　林木の生育に特に適している画地 やや優る　林木の生育にかなり適している画地 普通　地域において土壌の良否が標準的である画地 やや劣る　林木の生育にやや適していない画地 劣る　林木の生育に適していない画地
^	^	^	優る	0	-9.0	-18.0	-27.0	-36.0	^
^	^	^	やや優る	10.0	0	-10.0	-20.0	-30.0	^
^	^	^	普通	22.0	11.0	0	-11.0	-22.0	^
^	^	^	やや劣る	37.0	25.0	12.5	0	-12.5	^
^	^	^	劣る	56.5	42.5	28.0	14.0	0	^
宅地化条件	宅地化等の影響の程度	宅地化等の影響	基準地\対象地	優る	やや優る	普通	やや劣る	劣る	宅地化、観光地化の影響の程度について、地域における標準的な画地と比較を行う。
^	^	^	優る	0	-6.0	-11.5	-17.5	-23.0	^
^	^	^	やや優る	6.0	0	-6.0	-12.0	-18.5	^
^	^	^	普通	13.0	6.5	0	-6.5	-13.0	^
^	^	^	やや劣る	21.0	14.0	7.0	0	-7.0	^
^	^	^	劣る	30.0	22.5	15.0	7.5	0	^
行政的条件	行政上の規制の程度	国立、国定、県立公園、保安林、砂防指定地等の規制	基準地\対象地	優る		普通		劣る	林木の伐採の指定の程度について、比較を行う。 優る　林木の伐採について制限が弱い画地 普通　地域において林木の伐採についての制限が標準的である画地 劣る　林木の伐採について制限が強い画地
^	^	^	優る	0		-23.0		-38.5	^
^	^	^	普通	30.0		0		-20.0	^
^	^	^	劣る	62.5		25.0		0	^
^	^	その他の規制	基準地\対象地	弱い		普通		強い	
^	^	^	弱い	0		-α'		-α"	
^	^	^	普通	α'		0		-α'	
^	^	^	強い	α"		α'		0	
その他	その他	その他	基準地\対象地	優る		普通		劣る	植林の生育可能の度合による岩石地、崩壊地の標準的割合のほか、比較すべき特別な項目があると認めるときは、その項目に応じて適正な格差率を求めるものとする。
^	^	^	優る						^
^	^	^	普通						^
^	^	^	劣る						^

別表第7　　　　　　　　　　　地域要因比準表　　　　　　　　　（山村奥地林地地域）

条件	項目	細項目	格差の内訳							備考
交通・接近条件	交通の便否及び林産物搬出の便否	最寄駅への接近性	基準地域＼対象地域	優る	やや優る	普通	やや劣る	劣る || 地域の社会的、経済的最寄駅への接近性について、比較を行う。この場合において、道路の系統、連続性、幅員等の構造についても総合的に考慮して、判定するものとする。
			優る	0	−2.5	−5.0	−7.0	−9.5 ||
			やや優	2.5	0	−2.5	−5.0	−7.5 || 優る　　最寄駅に近接する地域
			普通	5.0	2.5	0	−2.5	−5.0 || やや優る　最寄駅にやや近い地域
			やや劣	7.5	5.0	2.5	0	−2.5 || 普通　　最寄駅への時間、距離等が通常である地域
			劣る	10.5	8.0	5.5	2.5	0 || やや劣る　最寄駅にやや遠い地域
								|| 劣る　　最寄駅に遠い地域
		最寄集落への接近性	基準地域＼対象地域	優る		普通		劣る		地域の最寄集落への接近性について、比較を行う。この場合において、集落の規模についても考慮して、判定するものとする。
			優る	0		−7.5		−15.0		
			普通	8.0		0		−8.0		優る　　集落に近接している地域
								|| 普通　　集落までの距離が通常である地域
			劣る	17.5		8.5		0		劣る　　集落に遠い地域
		林道等の配置、構造等の状態	基準地域＼対象地域	優る	やや優る	普通	やや劣る	劣る || 地域内の林道等の状態について、配置、連続性、構造（幅員、勾配等）等の状態を総合的に考慮して、比較を行う。
			優る	0	−7.5	−15.5	−23.0	−30.5 || 優る　　林道等の配置、構造等がよく、林産物の搬出が容易な地域
			やや優	8.5	0	−8.5	−16.5	−25.0 || やや優　林道等の配置、構造等がややよく、林産物の搬出が比較的容易な地域
			普通	18.0	9.0	0	−9.0	−18.0 || 普通　　林道等の配置、構造等が標準的で、林産物の搬出が通常である地域
			やや劣	29.5	20.0	10.0	0	−10.0 || やや劣　林道等の配置、構造等がやや悪く、林産物の搬出がやや困難な地域
			劣る	44.0	33.0	22.0	11.0	0 || 劣る　　林道等の配置、構造等が悪く、林産物の搬出が困難な地域
		最寄市場への接近性	基準地域＼対象地域	優る	やや優る	普通	やや劣る	劣る || 搬出地点から最寄市場までの距離について、比較を行う。この場合において、林道等の連続性、幅員等の構造等についても総合的に考慮して、判定するものとする。
			優る	0	−7.5	−15.5	−23.0	−30.5 ||
			やや優	8.5	0	−8.5	−16.5	−25.0 || 優る　　最寄市場に近い地域
			普通	18.0	9.0	0	−9.0	−18.0 || やや優る　最寄市場にやや近い地域
			やや劣	29.5	20.0	10.0	0	−10.0 || 普通　　最寄市場への距離、輸送回数が通常である地域
			劣る	44.0	33.0	22.0	11.0	0 || やや劣る　最寄市場にやや遠い地域
								|| 劣る　　最寄市場に遠い地域
自然的条件	日照・気温等の気象の状態	日照、気温	基準地域＼対象地域	優る		普通		劣る		日照の確保、気温の適否等の自然的条件について、比較を行う。
			優る	0		−5.0		−10.0		優る　　日照を阻害するものがほとんどなく、自然的条件が優れている地域
			普通	5.0		0		−5.0		普通　　日照、気温も通常で自然的条件が普通である地域
			劣る	10.0		5.0		0		劣る　　日照が少なく、気温も低温で自然的条件が劣っている地域
		降雨量、霧	基準地域＼対象地域	優る		普通		劣る		降雨、降霧の自然的条件について、比較を行う。

(山林．地)

条件	項目	細項目	格差の内訳					備考
自然的条件	日照・気温等の気象の状態	降雨量、霧	優る	0	−5.0	−10.0			優る 降雨、降霧量が多い地域
			普通	5.0	0	−5.0			普通 降雨、降霧量が通常である地域
			劣る	10.0	5.0	0			劣る 降雨、降霧量が少ない地域
		積雪	基準地域＼対象地域	優る	普通	劣る			積雪の自然的条件について、比較を行う。
			優る	0	−5.0	−10.0			優る 積雪量が少ない地域
			普通	5.0	0	−5.0			普通 積雪量が通常である地域
			劣る	10.0	5.0	0			劣る 積雪量が多い地域
		風	基準地域＼対象地域	優る	普通	劣る			風の強弱の自然的条件について、比較を行う。
			優る	0	−5.0	−10.0			優る 風が弱い地域
			普通	5.0	0	−5.0			普通 風の吹く程度が通常である地域
			劣る	10.0	5.0	0			劣る 風が強い地域
	標高・傾斜等の地勢の状態	標高	基準地域＼対象地域	優る	やや優る	普通	やや劣る	劣る	標準的な海抜高（標高）について、比較を行う。
			優る	0	−6.0	−12.5	−18.5	−24.5	優る 標準的な標高より300m以上低い地域
			やや優る	6.5	0	−6.5	−13.0	−19.5	やや優る 標準的な標高より100m以上300m未満低い地域
			普通	14.0	7.0	0	−7.0	−14.0	普通 標準的な標高と同程度の地域
			やや劣る	22.5	15.0	7.5	0	−7.5	やや劣る 標準的な標高より100m以上300m未満高い地域
			劣る	32.5	24.5	16.5	8.0	0	劣る 標準的な標高より300m以上高い地域
		傾斜	基準地域＼対象地域	優る	普通	劣る			地域内の標準的な傾斜面の緩急の自然的条件について、比較を行う。
			優る	0	−12.5	−24.5			優る 斜面の傾斜角度がおおむね5°以上30°未満の地域
			普通	14.0	0	−14.0			普通 斜面の傾斜角度がおおむね5°未満又はおおむね30°以上35°未満の地域
			劣る	32.5	16.5	0			劣る 斜面の傾斜角度がおおむね35°以上の地域
		斜面の型	基準地域＼対象地域	優る	普通	劣る			地域内の標準的な斜面の型による自然的条件について、比較を行う。この場合において、斜面が複合型状のものについては、型の種別に占める割合を考慮して、数値を判定するものとする。
			優る	0	−12.5	−24.5			
			普通	14.0	0	−14.0			優る 凹型状に傾斜している地域
			劣る	32.5	16.5	0			普通 直線状に傾斜している地域
									劣る 凸型状に傾斜している地域
	土壌の状態	土壌の良否	基準地域＼対象地域	優る	やや優る	普通	やや劣る	劣る	土壌の良否は、土層の状態、土性、土壌の構造、肥沃度等を総合して適地適木を判断し、比較を行う。
			優る	0	−11.0	−22.0	−33.0	−44.0	優る 林木の生育に特に適している地域
			やや優る	12.5	0	−12.5	−24.5	−37.0	やや優る 林木の生育にかなり適している地域

(山林　地)

条件	項目	細項目	格差の内訳					備考	
自然的条件	土壌の状態	土壌の良否	普通	28.0	14.0	0	−14.0	−28.0	普通　林木の生育に適している地域
			やや劣る	49.0	32.5	16.5	0	−16.5	やや劣る　林木の生育にやや適しない地域
			劣る	78.0	58.5	39.0	19.5	0	劣る　林木の生育に適しない地域
	災害の危険性	獣害の危険性	基準地域＼対象地域	優る		普通		劣る	熊、鹿等による獣害被害の可能性について、比較を行う。
			優る	0		−5.0		−9.5	
			普通	5.0		0		−5.0	
			劣る	10.5		5.5		0	
宅地化条件	宅地化等の影響の程度	宅地化等の影響	基準地域＼対象地域	優る	やや優る	普通	やや劣る	劣る	地域内の宅地化、観光地化の影響の程度について、比較を行う。
			優る	0	−4.5	−9.0	−13.5	−18.0	優る　宅地化等による影響を強く受けている地域
			やや優る	5.0	0	−5.0	−9.5	−14.5	やや優る　宅地化等による影響をやや強く受けている地域
			普通	10.0	5.0	0	−5.0	−10.0	普通　宅地化等による影響が弱い地域
			やや劣る	16.0	10.5	5.5	0	−5.5	やや劣る　宅地化等による影響がほとんどない地域
			劣る	22.0	16.5	11.0	5.5	0	劣る　宅地化等による影響がない地域
行政的条件	行政上の助成及び規制の程度	行政上の助成	基準地域＼対象地域	優る		普通		劣る	植林の奨励等行政上の助成の程度について、比較を行う。
			優る	0		−α′		−α″	優る　助成が多い地域
			普通	α′		0		−α′	普通　助成がある地域
			劣る	α″		α′		0	劣る　助成がない地域
		国立、国定、県立公園、保安林、砂防指定地等の規制	基準地域＼対象地域	優る		普通		劣る	自然公園、保安林、砂防等の指定地について、伐採の指定の程度について、比較を行う。
			優る	0		−23.0		−38.5	優る　立木竹の伐採について制限のない又はほとんどない地域
			普通	30.0		0		−20.0	普通　立木竹の伐採について制限のある地域
			劣る	62.5		25.0		0	劣る　立木竹の伐採について制限の強い地域
		その他の規制	基準地域＼対象地域	弱い		普通		強い	
			弱い	0		−α′		−α″	
			普通	α′		0		−α′	
			強い	α″		α′		0	

（山林．地）

条件	項目	細項目	格差の内訳				備考
そ の 他	その他	その他	基準地域 \ 対象地域	優 る	普 通	劣 る	植林の生育可能の度合による岩石地、崩壊地の標準的な割合のほか、比較すべき特別な項目があると認めるときは、その項目に応じて適正な格差率を求めるものとする。
			優 る				
			普 通				
			劣 る				

別表第8　　　　　　　　　　　　　　個別的要因比準表　　　　　　　　　　（山村奥地林地地域）

条件	項目	細項目	格差の内訳					備考
交通・接近条件	交通の便否及び林産物搬出の便否	最寄駅への接近性	基準地\対象地	優る	普通	劣る		社会的、経済的最寄駅への接近性について、比較を行う。この場合において、道路の系統、連続性、構造についても総合的に考慮して、判定するものとする。 優る　最寄駅に近い画地 普通　地域において、標準的な位置関係にある画地 劣る　最寄駅に遠い画地
			優る	0	-2.0	-4.0		
			普通	2.0	0	-2.0		
			劣る	4.0	2.0	0		
		最寄集落への接近性	基準地\対象地	優る	普通	劣る		最寄集落への接近性について、比較を行う。 優る　集落に近い画地 普通　地域において集落への距離が標準的である画地 劣る　集落に遠い画地
			優る	0	-6.5	-13.0		
			普通	7.0	0	-7.0		
			劣る	15.0	7.5	0		
		搬出施設の構造	基準地\対象地	優る	普通	劣る		搬出拠点の搬出施設の構造の状態について、比較を行う。 優る　搬出施設の構造が良い画地 普通　地域において搬出施設の構造が標準的である画地 劣る　搬出施設の構造が悪い画地
			優る	0	-7.0	-14.0		
			普通	7.5	0	-7.5		
			劣る	16.0	8.0	0		
		搬出地点までの距離	基準地\対象地	優る	やや優る	普通	やや劣る	劣る	搬出地点までの距離の長短、搬出の難易について、比較を行う。 優る　搬出距離が短く、容易に搬出可能な画地 やや優る　搬出距離が比較的短く、比較的容易に搬出可能な画地 普通　地域において搬出距離、搬出の難易が標準的である画地 やや劣る　搬出距離が比較的長く、比較的搬出困難な画地 劣る　搬出距離が長く、搬出不便な画地
			優る	0	-6.0	-12.5	-18.5	-24.5	
			やや優る	6.5	0	-6.5	-13.0	-19.5	
			普通	14.0	7.0	0	-7.0	-14.0	
			やや劣る	22.5	15.0	7.5	0	-7.5	
			劣る	32.5	24.5	16.5	8.0	0	
		搬出地点から最寄市場までの距離	基準地\対象地	優る	やや優る	普通	やや劣る	劣る	搬出地点から最寄市場までの距離の長短について、比較を行う。この場合において、林道等の連続性・幅員等の構造についても総合的に考慮して、判定するものとする。 優る　距離が短く、搬出輸送回数が多くできる画地 やや優る　距離が比較的短く、搬出輸送回数がやや多くできる画地 普通　地域において距離及び搬出輸送回数が標準的である画地 やや劣る　距離が比較的長く、搬出輸送回数がやや少ない画地 劣る　距離が長く、搬出輸送回数が少ない画地
			優る	0	-4.0	-8.5	-12.5	-16.5	
			やや優る	4.5	0	-4.5	-8.5	-13.0	
			普通	9.0	4.5	0	-4.5	-9.0	
			やや劣る	14.0	9.5	4.5	0	-4.5	
			劣る	20.0	15.0	10.0	5.0	0	
自然的条件	積雪等の気象の状態	積雪	基準地\対象地	優る	普通	劣る		積雪の自然的条件について、比較を行う。 優る　積雪量が少ない画地 普通　地域において積雪量が標準的である画地
			優る	0	-4.0	-8.0		
			普通	4.0	0	-4.0		

（山林．個）

条件	項目	細項目	格差の内訳					備考	
自然的条件	積雪等の気象の状態	積雪	劣る 8.0	4.0	0			劣　る	積雪量が多い画地
		風	基準地＼対象地	優る	普通	劣る		風の強弱の自然的条件について、比較を行う。	
			優　る	0	−4.0	−8.0		優　る	風当たりが弱い画地
			普　通	4.0	0	−4.0		普　通	地域において風当たりが標準的である画地
			劣　る	8.0	4.0	0		劣　る	風当たりが強い画地
	標高・傾斜等の地勢の状態	標高	基準地＼対象地	優る	やや優る	普通	やや劣る	劣る	地域における標準的な画地に比し、標高の高低差について、比較を行う。
			優　る	0	−6.0	−11.5	−17.5	−23.0	優　る　標準的である画地より300m以上低い画地
			やや優る	6.0	0	−6.0	−12.0	−18.5	やや優る　標準的である画地より100m以上300m未満低い画地
			普　通	13.0	6.5	0	−6.5	−13.0	普　通　地域において海抜高が標準的である画地
			やや劣る	21.0	14.0	7.0	0	−7.0	やや劣る　標準的である画地より100m以上300m未満高い画地
			劣　る	30.0	22.5	15.0	7.5	0	劣　る　標準的である画地より300m以上高い画地
		方位 スギ・ヒノキ	基準地＼対象地	北	東	南又は西			傾斜の方向について、次により分類し、比較を行う。
			北	0	−12.5	−24.5			北　北面に傾斜する画地
			東	14.0	0	−14.0			東　東面に傾斜する画地
			南又は西	32.5	16.5	0			南又は西　南又は西面に傾斜する画地
		方位 マツ・広葉樹	基準地＼対象地	南又は西	東	北			
			南又は西	0	−2.5	−5.0			
			東	2.5	0	−2.5			
			北	5.0	2.5	0			
		傾斜	基準地＼対象地	優る	普通	劣る			傾斜面の緩急の自然的条件について、地域における標準的な画地と比較を行う。
			優　る	0	−10.0	−20.0			優　る　斜面の傾斜角度が良い画地
			普　通	11.0	0	−11.0			普　通　地域において斜面の傾斜角度が標準的である画地
			劣　る	24.5	12.5	0			劣　る　斜面の傾斜角度が悪い画地
		斜面の位置	基準地＼対象地	山麓	山腹	山頂			斜面の位置する自然的条件について、比較を行う。
			山麓	0	−10.0	−20.0			山　麓　山麓に位置する画地
			山腹	11.0	0	−11.0			山　腹　山腹に位置する画地
			山頂	24.5	12.5	0			山　頂　山頂に位置する画地

(山林．個)

条件	項目	細項目	格差の内訳						備考
自然的条件	標高・傾斜等の地勢の状態	斜面の型	基準地＼対象地	優る		普通		劣る	斜面の型による自然的条件について、地域における標準的な画地と比較を行う。 優　る　斜面の型が良い画地 普　通　地域において斜面の型が標準的である画地 劣　る　斜面の型が悪い画地
			優　る	0		−10.5		−21.5	
			普　通	12.0		0		−12.0	
			劣　る	27.5		13.5		0	
	土壌の状態	土壌の良否	基準地＼対象地	優る	やや優る	普通	やや劣る	劣る	土壌の良否の自然的条件について、地域における標準的な画地と比較を行う。この場合、土層の状態、土性、土壌の構造、肥沃度等を総合して判断するものとする。 優　る　林木の生育に特に適している画地 やや優る　林木の生育にかなり適している画地 普　通　地域において土壌の良否が標準的である画地 やや劣る　林木の生育にやや適していない画地 劣　る　林木の生育に適していない画地
			優　る	0	−9.5	−19.5	−29.0	−38.5	
			やや優る	10.5	0	−10.5	−21.5	−32.0	
			普　通	24.0	12.0	0	−12.0	−24.0	
			やや劣る	41.0	27.5	13.5	0	−13.5	
			劣　る	63.0	47.5	31.5	16.0	0	
宅地化条件	宅地化等の影響の程度	宅地化等の影響	基準地＼対象地	優る	やや優る	普通	やや劣る	劣る	宅地化、観光地化の影響の程度について、地域における標準的な画地と比較を行う。
			優　る	0	−3.5	−7.5	−11.0	−15.0	
			やや優る	4.0	0	−4.0	−7.5	−11.5	
			普　通	8.0	4.0	0	−4.0	−8.0	
			やや劣る	12.5	8.5	4.0	0	−4.0	
			劣　る	17.5	13.0	8.5	4.5	0	
行政的条件	行政上の規制の程度	国立、国定、県立公園、保安林、砂防指定地等の規制	基準地＼対象地	優る		普通		劣る	林木の伐採の指定の程度について、比較を行う。 優　る　林木の伐採について制限が弱い画地 普　通　地域において林木の伐採についての制限が標準的な画地 劣　る　林木の伐採について制限が強い画地
			優　る	0		−23.0		−38.5	
			普　通	30.0		0		−20.0	
			劣　る	62.5		25.0		0	
		その他の規制	基準地＼対象地	弱い		普通		強い	
			弱　い	0		$-\alpha'$		$-\alpha''$	
			普　通	α'		0		$-\alpha'$	
			強　い	α''		α'		0	
その他	その他	その他	基準地＼対象地	優る		普通		劣る	植林の生育可能の度合による岩石地、崩壊地の標準的な割合のほか、比較すべき特別な項目があると認めるときは、その項目に応じて適正な格差率を求めるものとする。
			優　る						
			普　通						
			劣　る						

比 準 価 格 算 定 表

1 基準地の所在及び地番等

番　号		所在・地番	取引時点等	取引価格等	取引の事情
基　準　地	(林)			円	
取引事例地	1				
	2				
	3				

2 対象地の所在及び地番

3 価格判定の基準日

　　　　平成　　　年　　　月　　　日

4 価格の算定

		基準地の価格	事情補正	時点修正	地域要因の比較	個別的要因の比較		比　準　価　格
基準地	(林)	円		$\times \frac{(\ \ )}{100}$	$\times \frac{(\ \ )}{100}$	$\times \frac{(\ \ )}{100}$	=	円
取引事例地	1		$\times \frac{100}{(\ \ )}$	$\times \frac{(\ \ )}{100}$	$\times \frac{(\ \ )}{100}$	$\times \frac{(\ \ )}{100}$	=	
	2		$\times \frac{100}{(\ \ )}$	$\times \frac{(\ \ )}{100}$	$\times \frac{(\ \ )}{100}$	$\times \frac{(\ \ )}{100}$	=	
	3		$\times \frac{100}{(\ \ )}$	$\times \frac{(\ \ )}{100}$	$\times \frac{(\ \ )}{100}$	$\times \frac{(\ \ )}{100}$	=	
価　格　の　査　定								円

林地（　　　　）調査及び算定表　　その1

条件	項　目	細項目	地　域　要　因		格差	計
			基準地の属する地域 内　　　訳	対象地の属する地域 内　　　訳		
交通・接近条件	交通の便否及び林産物搬出の便否	最寄駅への接近性	（　　　）駅まで約（　　）km 優る　やや優る　普通　やや劣る　劣る	（　　　）駅まで約（　　）km 優る　やや優る　普通　やや劣る　劣る		
		最寄集落への接近性	（　　　）まで約（　　）km 優る　　　　普通　　　　劣る	（　　　）まで約（　　）km 優る　　　　普通　　　　劣る		
		林道等の配置、構造等の状態	当該地域における標準的な道路幅員約（　）m 優る　やや優る　普通　やや劣る　劣る	当該地域における標準的な道路幅員約（　）m 優る　やや優る　普通　やや劣る　劣る		
		最寄市場への接近性	（　　　）まで約（　　）km 優る　　　　普通　　　　劣る	（　　　）まで約（　　）km 優る　　　　普通　　　　劣る		$\frac{(\ \ )}{100}$
自然的条件	日照・気温等の気象の状態	日照、気温	優る　　　　普通　　　　劣る	優る　　　　普通　　　　劣る		
		降雨量、霧	優る　　　　普通　　　　劣る	優る　　　　普通　　　　劣る		
		積　雪	優る　　　　普通　　　　劣る	優る　　　　普通　　　　劣る		
		風	優る　　　　普通　　　　劣る	優る　　　　普通　　　　劣る		
	標高・傾斜等の地勢の状態	標　高	基準地の属する地域は海抜（　　）m 優る　やや優る　普通　やや劣る　劣る	対象地の属する地域は海抜（　　）m 優る　やや優る　普通　やや劣る　劣る		
		傾　斜	当該地域の標準的な傾斜角度（　　°） 優る　　　　普通　　　　劣る	当該地域の標準的な傾斜角度（　　°） 優る　　　　普通　　　　劣る		
		斜面の型	斜面の型は（　　　）型 優る　　　　普通　　　　劣る	斜面の型は（　　　）型 優る　　　　普通　　　　劣る		
	土壌の状態	土壌の良否	優る　やや優る　普通　やや劣る　劣る	優る　やや優る　普通　やや劣る　劣る		
	災害の危険性	獣害の危険性	優る　　　　普通　　　　劣る	優る　　　　普通　　　　劣る		$\frac{(\ \ )}{100}$
宅地化条件	宅地化等の影響の程度	宅地化等の影響	優る　やや優る　普通　やや劣る　劣る	優る　やや優る　普通　やや劣る　劣る		$\frac{(\ \ )}{100}$
行政的条件	行政上の助成及び規制の程度	行政上の助成	優る　　　　普通　　　　劣る	優る　　　　普通　　　　劣る		
		公園、保安林、砂防指定地等の規制	規制の内容（　　　　　　　　　） 優る　　　　普通　　　　劣る	規制の内容（　　　　　　　　　） 優る　　　　普通　　　　劣る		
		その他の規制				$\frac{(\ \ )}{100}$
その他	その他	その他	優る　　　　普通　　　　劣る	優る　　　　普通　　　　劣る		$\frac{(\ \ )}{100}$

地域要因の比較	交通・接近条件	自然的条件	宅地化条件	行政的条件	その他	計
	$\frac{(\ \ )}{100}$ ×	$\frac{(\ \ )}{100}$ ×	$\frac{(\ \ )}{100}$ ×	$\frac{(\ \ )}{100}$ ×	$\frac{(\ \ )}{100}$ =	$\frac{(\ \ )}{100}$

その2

条件	項目	細項目	個別的要因		格差	計
			基準地 内訳	対象地 内訳		
交通・接近条件	交通の便否及び林産物搬出の便否	最寄駅への接近性	(　　)駅まで約(　　)km 優る　　普通　　劣る	(　　)駅まで約(　　)km 優る　　普通　　劣る		
		最寄集落への接近性	(　　)まで約(　　)km 優る　　普通　　劣る	(　　)まで約(　　)km 優る　　普通　　劣る		
		搬出施設の構造	搬出施設の構造(　　)m 優る　　普通　　劣る	搬出施設の構造(　　)m 優る　　普通　　劣る		
		搬出地点までの距離	優る　やや優る　普通　やや劣る　劣る	優る　やや優る　普通　やや劣る　劣る		
		搬出地点から最寄市場までの距離	(　　)まで約(　　)km 優る　やや優る　普通　やや劣る　劣る	(　　)まで約(　　)km 優る　やや優る　普通　やや劣る　劣る		(　)/100
自然的条件	積雪等の気象の状態	積　雪	優る　　普通　　劣る	優る　　普通　　劣る		
		風	優る　　普通　　劣る	優る　　普通　　劣る		
	標高・傾斜等の地勢の状態	標　高	基準地は海抜(　　)m 優る　やや優る　普通　やや劣る　劣る	対象地は海抜(　　)m 優る　やや優る　普通　やや劣る　劣る		
		方　位	基準地の樹種(　　) 方位（東　西　南　北）	対象地の樹種(　　) 方位（東　西　南　北）		
		傾　斜	基準地の傾斜角度(　　°) 優る　　普通　　劣る	対象地の傾斜角度(　　°) 優る　　普通　　劣る		
		斜面の位置	山麓　　山腹　　山頂	山麓　　山腹　　山頂		
		斜面の型	優る　　普通　　劣る	優る　　普通　　劣る		
	土壌の状態	土壌の良否	優る　やや優る　普通　やや劣る　劣る	優る　やや優る　普通　やや劣る　劣る		(　)/100
宅地化条件	宅地化等の影響の程度	宅地化等の影響	優る　やや優る　普通　やや劣る　劣る	優る　やや優る　普通　やや劣る　劣る		(　)/100
行政的条件	行政上の規制の程度	公園、保安林、砂防指定地等の規制	指定の内容(　　) 優る　　普通　　劣る	指定の内容(　　) 優る　　普通　　劣る		
		その他の規制				(　)/100
その他	その他	その他	優る　　普通　　劣る	優る　　普通　　劣る		(　)/100
個別的要因の比較		交通・接近条件	自然的条件	宅地化条件	行政的条件	その他	計

$$\frac{(\quad)}{100} \times \frac{(\quad)}{100} \times \frac{(\quad)}{100} \times \frac{(\quad)}{100} \times \frac{(\quad)}{100} = \frac{(\quad)}{100}$$

農地価格比準表

51国土地第214号 　昭和51年6月8日
6国土地第 56号　 平成6年3月15日
　事務連絡　　　平成28年2月16日

農地価格比準表の取扱いについて

(趣旨)
1. 国土利用計画法の施行に当たり、宅地見込地、雑種地等の基準価格を算定する過程において農地の価格を求めるため、農業上の利用目的を前提とした取引事例地からの比準における地域要因及び個別的要因の把握及び比較を行う標準的な比準表を作成し、これを適切に適用することにより、評価の適正を期するものとする。

(適用範囲)
2. 農地の取引価格から評価の対象となる土地(以下「対象地」という。)の価格を求める際の地域要因の比較及び個別的要因の比較は、原則として、この比準表を適用して行うものとする。

(適用方法)
3. 比準表は、農地の地域的特性に応じ、下記4の地域区分により作成されているので、対象地の存する地域をこの地域区分に即して分類し、適用しなければならない。

(農地地域の地域区分)
4. 農地地域とは、農業生産活動のうち耕作の用に供されることが自然的、社会的、経済的及び行政的観点から合理的と判断される地域をいう。
　　農地地域の地域区分は、次により行うものとする。
　田地地域　自然的条件からみて、大部分の土地が水田として利用されている地域をいう。
　畑地地域　自然的条件からみて、大部分の土地が畑地として利用されている地域をいう。

(地域の判定)
5. 地域は、自然的及び社会的条件並びに標準的な土地の利用状況からみて土地の用途が同質と認められるまとまりのある地域ごとに判定するものとする。

(基準地の選定)
6. 価格比準の基礎となる取引事例地(以下「基準地」という。)は、対象地の存する地域及び当該地域の地域区分と同一の地域区分に属する地域で同一需給

圏内にあるものから選定するものとする。
　この場合において、対象地の存する地域の価格水準に比し、基準地の存する地域の価格水準が著しく異なる時は、選定しないものとする。

（地域要因の比較及び個別的要因の比較）

7．基準地が対象地の存する地域にあるときは、基準地及び対象地に係る個別的要因の比較を、基準地が対象地の存する地域以外にあるときは、基準地及び対象地に係る地域要因の相互比較及び個別的要因の比較を比準表により行うものとする。

　地域要因の比較及び個別的要因の比較は、基準地及び対象地に係るそれぞれの要因について各条件ごとの細項目の実態に即してそれぞれの態様に分類し、その結果に基づき行うものとする。

（格差率）

8．比準表に示されている細項目の態様ごとの格差の内訳欄の数値（以下「格差率」という。）は、上限値又は下限値を示すものであるので、基準地と対象地に係る地域要因及び個別的要因の実態に応じ、格差率に係る数値の範囲（当該格差率の数値を上限値又は下限値として、当該格差率の次位の数値を下限値又は上限値とする範囲）内において適宜判断し、適用するものとする。

（価格比準方法）

9．農地の価格比準は、次の算式により行うものとする。

基準地の価格×地域要因の格差率×個別的要因の格差率

地域要因格差率の内訳	個別的要因格差率の内訳
〔各条件ごとの格差率による修正値 $\left(\dfrac{100\pm格差率}{100}\right)$ の相乗積〕 格差の比較条件項目（格差率） (1)交通・接近条件（各細項目ごとの格差率の総和） (2)自然的条件（各細項目ごとの格差率の総和） (3)宅地化条件（各細項目ごとの格差率の総和） (4)行政的条件（各細項目ごとの格差率の総和） (5)その他(各細項目ごとの格差率の総和)	〔各条件ごとの格差率による修正値 $\left(\dfrac{100\pm格差率}{100}\right)$ の相乗積〕 格差の比較条件項目（格差率） (1)交通・接近条件（各細項目ごとの格差率の総和） (2)自然的条件（各細項目ごとの格差率の総和） (3)画地条件（各細項目ごとの格差率の相乗積） (4)行政的条件（各細項目ごとの格差率の総和） (5)その他(各細項目ごとの格差率の総和)

　上記算式中、地域要因の格差率は、別表第1、第3に掲げる比準表により、個別的要因の格差率は、別表第2、第4に掲げる比準表により算定するものとする。

（適用上の留意事項）

10. 取引事例は、農地を農地として利用することを目的としたものであることを必要とするため、取引事情を十分調査するとともに、出来るだけ数多く収集するよう努めるものとする。

　(1)　地域要因の各細項目の態様区分の判定に当たっては、同一需給圏内の類似地域の標準的なものを基準として判断するものとし、個別的要因の各細項目の態様区分の判定に当たっては、基準地又は対象地の存する地域の標準的なものを基準として判断するものとする。

　(2)　個別的要因比準表の画地条件及び自然的条件のうち、「日照の良否」、「保水の良否」、「礫の多少」、「作土の深さ」の細項目は、基準地と対象地を直接比較し、判定するものとする。

　(3)　個別的要因比準表の画地条件のうち「管理の程度」は、農地の価格水準について下記を目安に判定するものとする。

（田地）

(ｱ)価格水準が低い地域　　1,000㎡当たり　700,000円未満

㈦価格水準が中位の地域　1,000㎡当たり　700,000円以上1,000,000円未満
㈪価格水準が高い地域　　1,000㎡当たり　1,000,000円以上
　（畑地）
㈰価格水準が低い地域　　1,000㎡当たり　360,000円未満
㈦価格水準が中位の地域　1,000㎡当たり　360,000円以上600,000円未満
㈪価格水準が高い地域　　1,000㎡当たり　600,000円以上

別表第1

地域要因比準表 （田地地域）

条件	項目	細項目	格差の内訳							備考

条件	項目	細項目	基準地域＼対象地域	優る	やや優	普通	やや劣	劣る	備考
交通・接近条件	交通の便否	集落との接近性	優る	0	-2.5	-5.0	-7.0	-9.5	最寄集落までの通作距離について、次により比較を行う。
			やや優	2.5	0	-2.5	-5.0	-7.5	優る 通作距離が短い
			普通	5.0	2.5	0	-2.5	-5.0	やや優 通作距離がかなり短い 普通 通作距離が普通程度
			やや劣	7.5	5.0	2.5	0	-2.5	やや劣 通作距離がかなり長い
			劣る	10.5	8.0	5.5	2.5	0	劣る 通作距離が長い

条件	項目	細項目	基準地域＼対象地域	優る	普通	劣る	備考
		出荷的集荷地との接近性	優る	0	-1.5	-3.0	最寄集落から最寄農協倉庫までの距離について、次により比較を行う。
			普通	1.5	0	-1.5	優る 距離は短い 普通 普通程度
			劣る	3.0	1.5	0	劣る 距離は長い

条件	項目	細項目	基準地域＼対象地域	優る	やや優	普通	やや劣	劣る	備考
		農道の状態	優る	0	-3.0	-5.5	-8.5	-11.5	地域内の農道の整備状況について、幅員、構造、勾配、配置、連続性等から判定し、次により比較を行う。
			やや優	3.0	0	-3.0	-6.0	-8.5	優る 車両の走行が良好な農道が縦横に配置されている
									やや優 車両の走行が出来る農道が縦横に配置又は幹線農道を中心に農道が分岐している
			普通	6.0	3.0	0	-3.0	-6.0	普通 車両の走行が出来る農道が配置されている
			やや劣	9.5	6.0	3.0	0	-3.0	やや劣 車両の走行が出来る農道の配置が不充分
			劣る	13.0	9.5	6.5	3.0	0	劣る 車両の走行が出来る農道がほとんどない

条件	項目	細項目	基準地域＼対象地域	優る	普通	劣る	備考
自然的条件	地勢	傾斜の方向	優る	0	-2.0	-4.0	傾斜の方向について、次により比較する。
			普通	2.0	0	-2.0	優る 南向又は3°未満の平坦地 普通 南向、北向以外の方向
			劣る	4.0	2.0	0	劣る 北向
		傾斜の角度	優る	0	-2.0	-4.0	平均的な傾斜の角度について、次により比較を行う。
			普通	2.0	0	-2.0	優る 3°未満 普通 3°以上10°未満
			劣る	4.0	2.0	0	劣る 10°以上

条件	項目	細項目	基準地域＼対象地域	優る	やや優	普通	やや劣	劣る	備考
	土壌の状態	土壌の良否	優る	0	-4.5	-9.0	-13.5	-18.0	土性、作土の深さ等から判定し、次により比較を行う。
			やや優	5.0	0	-5.0	-9.5	-14.5	優る 稲作に極めて適している やや優 稲作にかなり適している

（田．地）

条件	項目	細項目	格差の内訳					備考
自然的条件	土壌の状態	土壌の良否	普通					普通　稲作に適している やや劣る　稲作にやや適さない 劣る　稲作に適さない
			10.0	5.0	0	-5.0	-10.0	
			やや劣					
			16.0	10.5	5.5	0	-5.5	
			劣る					
			22.0	16.5	11.0	5.5	0	
	かんがい排水の状態	かんがいの良否	基準地域＼対象地域	優る	やや優	普通	やや劣	劣る	水量の多少、水量の調節、水温の適否、水質の良否、かんがい費の多少等について土地改良によるかんがい施設の整備状況も踏まえ、総合的に判定し、比較を行う。
			優る	0	-3.0	-5.5	-8.5	-11.5	
			やや優	3.0	0	-3.0	-6.0	-8.5	
			普通	6.0	3.0	0	-3.0	-6.0	
			やや劣	9.5	6.0	3.0	0	-3.0	
			劣る	13.0	9.5	6.5	3.0	0	
		排水の良否	基準地域＼対象地域	優る	やや優	普通	やや劣	劣る	乾湿田の別、排水量の多少等について土地改良による排水施設の整備状況も踏まえ、これらを総合して、次により比較を行う。 優る　排水が適度である やや優　やや湿潤である 普通　湿潤だが、排水施設不要 やや劣　暗きょ排水を要する 劣る　特に湿潤で機械排水が必要
			優る	0	-2.0	-4.0	-6.0	-8.0	
			やや優	2.0	0	-2.0	-4.0	-6.0	
			普通	4.0	2.0	0	-2.0	-4.0	
			やや劣	6.0	4.0	2.0	0	-2.0	
			劣る	8.0	6.0	4.0	2.0	0	
	災害の危険性	水害の危険性	基準地域＼対象地域	優る	普通	劣る			堤防の有無と地勢からみて、次により比較を行う。 優る　危険性が全くない 普通　危険性がほとんどない 劣る　危険性がかなりある
			優る	0	-2.5	-5.0			
			普通	2.5	0	-2.5			
			劣る	5.0	2.5	0			
		その他の災害の危険性	基準地域＼対象地域	優る	普通	劣る			塩害、煙害、鳥獣害などの危険性について、次により比較を行う。 優る　危険性が全くない 普通　危険性がほとんどない 劣る　危険性がある
			優る	0	-2.5	-5.0			
			普通	2.5	0	-2.5			
			劣る	5.0	2.5	0			
宅地化条件	宅地化等の影響の程度	宅地化等の影響	基準地域＼対象地域	有る	やや有る	無し			宅地化、観光地化の影響の程度について、比較を行う。 有る　宅地化等による影響が有る地域 やや有る　宅地化等による影響がやや有る地域 無し　宅地化等による影響がない地域
			有る	0	$-\alpha'$	$-\alpha''$			
			やや有る	α'	0	$-\alpha'$			
			無し	α''	α'	0			

(田．地)

条件	項目	細項目	格差の内訳					備考
行政的条件	行政上の規制の程度	行政上の規制の程度	基準地域＼対象地域	弱い	普通	強い		
			弱 い	0	$-\alpha'$	$-\alpha''$		
			普 通	α'	0	$-\alpha'$		
			強 い	α''	α'	0		
	行政上の助成の程度	補助金、融資金等による助成の程度	基準地域＼対象地域	優 る	普 通	劣 る		農業政策上の補助金、融資金の存否が価格形成に影響のある場合その受領の程度により、比較を行う。
			優 る	0	$-\alpha'$	$-\alpha''$		優　る　多額の補助金あり
			普 通	α'	0	$-\alpha'$		普　通　多額の融資金あり
			劣 る	α''	α'	0		劣　る　いずれもない
その他	その他	その他	基準地域＼対象地域	優 る	普 通	劣 る		
			優 る	0				
			普 通		0			
			劣 る			0		

別表第2　　　　　　　　　　　個別的要因比準表　　　　　　　　　　（田地地域）

条件	項目	細項目	格差の内訳						備　考
			基準地＼対象地	優る	やや優る	普通	やや劣る	劣る	
交通・接近条件	集落との接近の程度及び農道の状態	集落との接近性	優る	0	-1.0	-2.0	-3.0	-4.0	最寄集落までの通作距離について、次により比較を行う。 優　る　通作距離が短い やや優る　通作距離がやや短い 普　通　通作距離が普通程度 やや劣る　通作距離がやや長い 劣　る　通作距離が長い
			やや優る	1.0	0	-1.0	-2.0	-3.0	
			普通	2.0	1.0	0	-1.0	-2.0	
			やや劣る	3.0	2.0	1.0	0	-1.0	
			劣る	4.0	3.0	2.0	1.0	0	
		農道の状態	基準地＼対象地	優る	やや優る	普通	やや劣る	劣る	標準的画地の接面道路を基準として判定し、比較を行う。 この場合、接面道路の幅員、構造、勾配、連続性及び画地と農道との高低差等から総合的に判定するものとする。
			優る	0	-4.5	-9.0	-13.5	-18.0	
			やや優る	5.0	0	-5.0	-9.5	-14.5	
			普通	10.0	5.0	0	-5.0	-10.0	
			やや劣る	16.0	10.5	5.5	0	-5.5	
			劣る	22.0	16.5	11.0	5.5	0	
自然的条件	日照の状態	日照の良否	基準地＼対象地	優る	やや優る	普通	やや劣る	劣る	周辺の地勢等から総合的に日照時間について、比較を行う。 優　る　日照時間が長い やや優る　日照時間がやや長い 普　通　日照時間が普通 やや劣る　日照時間がやや短い 劣　る　日照時間が短い
			優る	0	-2.5	-5.0	-7.5	-10.0	
			やや優る	2.5	0	-2.5	-5.0	-7.5	
			普通	5.0	2.5	0	-2.5	-5.0	
			やや劣る	7.5	5.0	2.5	0	-2.5	
			劣る	10.0	7.5	5.0	2.5	0	
	土壌の状態	土壌の良否	基準地＼対象地	優る	やや優る	普通	やや劣る	劣る	標準的画地の土壌を基準として判定し、比較を行う。この場合、土性、作土の深さ等から総合的に判定するものとする。
			優る	0	-4.5	-9.0	-13.5	-18.0	
			やや優る	5.0	0	-5.0	-9.5	-14.5	
			普通	10.0	5.0	0	-5.0	-10.0	
			やや劣る	16.0	10.5	5.5	0	-5.5	
			劣る	22.0	16.5	11.0	5.5	0	
	保水の良否		基準地＼対象地	優る	やや優る	普通	やや劣る	劣る	保水日数により比較を行う。 優　る　保水2日以上 やや優る　保水1日半以上2日未満
			優る	0	-2.0	-4.0	-6.0	-8.0	
			やや優る	2.0	0	-2.0	-4.0	-6.0	

（田．個）

条件	項目	細項目	格差の内訳					備考
自然的条件	土壌の状態	保水の良否	普通	4.0	2.0	0	-2.0	-4.0	普通　保水１日半程度 やや劣る　保水１日以上１日半未満 劣る　保水１日未満
			やや劣る	6.0	4.0	2.0	0	-2.0	
			劣る	8.0	6.0	4.0	2.0	0	
		礫の多少	基準地＼対象地	優る	普通	劣る			作土における礫の割合について、次により比較を行う。
			優る	0	-3.0	-6.0			優る　ほとんどない 普通　あまりない 劣る　かなりある
			普通	3.0	0	-3.0			
			劣る	6.0	3.0	0			
	かんがい排水の状態	かんがいの良否	基準地＼対象地	優る	やや優	やる	普通	やや劣る	やる	劣る	標準的画地のかんがい条件を基準として判定し、比較を行う。 この場合、水量の多少、水量の調節、水温の適否、水質の良否、かんがい費の多少等から総合的に判定するものとする。
			優る	0	-3.0	-5.5	-8.5	-11.5	
			やや優	3.0	0	-3.0	-6.0	-8.5	
			普通	6.0	3.0	0	-3.0	-6.0	
			やや劣	9.5	6.0	3.0	0	-3.0	
			劣る	13.0	9.5	6.5	3.0	0	
		排水の良否	基準地＼対象地	優る	やや優	普通	やや劣	劣る	標準的画地の排水の状態を基準として判定し、比較を行う。 この場合、乾湿田の別、排水費の多少等から総合的に判定するものとする。
			優る	0	-2.0	-4.0	-6.0	-8.0	
			やや優	2.0	0	-2.0	-4.0	-6.0	
			普通	4.0	2.0	0	-2.0	-4.0	
			やや劣	6.0	4.0	2.0	0	-2.0	
			劣る	8.0	6.0	4.0	2.0	0	
	災害の危険性	水害の危険性	基準地＼対象地	優る	普通	劣る			標準的画地の水害の危険性を基準として判定し、比較を行う。 この場合、堤防の有無、地勢等から判定するものとする。
			優る	0	-2.0	-4.0			
			普通	2.0	0	-2.0			
			劣る	4.0	2.0	0			
		その他の災害の危険性	基準地＼対象地	優る	普通	劣る			標準的画地の塩害、煙害、鳥獣害等の危険性を基準として判定し、比較を行う。
			優る	0	-2.0	-4.0			
			普通	2.0	0	-2.0			
			劣る	4.0	2.0	0			

(田．個)

条件	項目	細項目	格差の内容							備考	
画地条件	耕うんの難易	地積	基準地＼対象地	優る	やや優	普通	やや劣る	劣る	地積について比較を行う。		
			優る	1.00	0.95	0.91	0.86	0.82	優る	30アール以上	
			やや優	1.05	1.00	0.95	0.90	0.86	やや優	20アール以上30アール未満	
			普通	1.10	1.05	1.00	0.95	0.90	普通	10アール以上20アール未満	
			やや劣る	1.16	1.11	1.05	1.00	0.95	やや劣る	5アール以上10アール未満	
			劣る	1.22	1.16	1.11	1.05	1.00	劣る	5アール未満	
									なお、各分類における地積が、地域の実態と合わない場合があるので留意すること。		
		形状	基準地＼対象地	普通	やや劣る	劣る	相当に劣る	極端に劣る	形状について比較を行う。		
			普通	1.00	0.97	0.94	0.90	0.85	普通	長方形又は正方形	
			やや劣る	1.03	1.00	0.97	0.93	0.88	やや劣る	やや不整形	
			劣る	1.06	1.03	1.00	0.96	0.90	劣る	不整形	
			相当に劣る	1.11	1.08	1.04	1.00	0.94	相当に劣る	相当に不整形	
			極端に劣る	1.18	1.14	1.11	1.06	1.00	極端に劣る	極端に不整形	
		障害物による障害度	基準地＼対象地	優る		普通		劣る	画地中に電柱、鉄塔、樹木、岩石等の障害物がある場合の障害度により比較を行う。		
			優る	1.00		0.99		0.98	優る	障害となるものがない	
			普通	1.01		1.00		0.99	普通	やや障害となるものがある	
			劣る	1.02		1.01		1.00	劣る	障害となるものがある	
	管理の程度	価格水準が低い地域	基準地＼対象地	普通	やや劣る	劣る	相当に劣る	極端に劣る	田の価格水準（3段階区分）ごとに単位当たりの復旧工事費の大、小について、次により比較を行う。		
			普通	1.00	0.87	0.75	0.61	0.54	なお、復旧に係る補助金がある場合は適切に考慮することとする。		
			やや劣る	1.15	1.00	0.86	0.70	0.62			
			劣る	1.33	1.16	1.00	0.81	0.72	普通	特段の復旧作業が不要	
			相当に劣る	1.64	1.43	1.23	1.00	0.89	やや劣る	草が繁茂し、一部樹木・竹等が生育している	
			極端に劣る	1.85	1.61	1.39	1.13	1.00	劣る	樹木・竹等が繁茂している	
		価格水準が中位の地域	基準地＼対象地	普通	やや劣る	劣る	相当に劣る	極端に劣る	相当に劣る	樹木・竹等が繁茂しているほか、土地に起伏を生じている	
			普通	1.00	0.93	0.86	0.79	0.75	極端に劣る	上記のほか、かんがい施設、畦畔等が破損している	
			やや劣る	1.08	1.00	0.92	0.85	0.81			
			劣る	1.16	1.08	1.00	0.92	0.87			
			相当に劣る	1.27	1.18	1.09	1.00	0.95			
			極端に劣る	1.33	1.24	1.15	1.05	1.00			

(田. 個)

条件	項目	細項目	格差の内容							備考
画地条件	管理の程度	価格水準が高い地域	基準地\対象地	普通	やや劣る	劣る	相当に劣る	極端に劣る	
			普通	1.00	0.96	0.93	0.89	0.87	
			やや劣る	1.04	1.00	0.97	0.93	0.91	
			劣る	1.08	1.03	1.00	0.96	0.94	
			相当に劣る	1.12	1.08	1.04	1.00	0.98	
			極端に劣る	1.15	1.10	1.07	1.02	1.00	
行政的条件	行政上の規制の程度	行政上の規制の程度	基準地\対象地	弱い		普通		強い	
			弱い	0		$-\alpha'$		$-\alpha''$	
			普通	α'		0		$-\alpha'$	
			強い	α''		α'		0	
	行政上の助成の程度	補助金、融資金等による助成の程度	基準地\対象地	優る		普通		劣る	農業政策上の補助金、融資金の存否が価格形成に影響のある場合、その受領の程度により、比較を行う。 優る　多額の補助金あり 普通　多額の融資金あり 劣る　いずれもない
			優る	0		$-\alpha'$		$-\alpha''$	
			普通	α'		0		$-\alpha'$	
			劣る	α''		α'		0	
その他	その他	その他	基準地\対象地	優る		普通		劣る	
			優る						
			普通						
			劣る						

別表第3　　　　　　　　　　地域要因比準表　　　　　　　　　（畑地地域）

条件	項目	細項目	格差の内訳						備考
			基準地域＼対象地域	優る	やや優る	普通	やや劣る	劣る	
交通・接近条件	交通の便否	集落との接近性							最寄集落までの通作距離について、次により比較を行う。
			優る	0	-3.5	-6.5	-9.5	-13.0	優る　通作距離が短い
			やや優る	4.0	0	-3.0	-6.0	-9.5	やや優る　通作距離がかなり短い
			普通	7.0	3.0	0	-3.0	-7.0	普通　通作距離が普通程度
			やや劣る	10.5	6.0	3.0	0	-4.0	やや劣る　通作距離がかなり長い
			劣る	15.0	11.0	7.5	4.0	0	劣る　通作距離が長い
		出荷的集荷地との接近性	基準地域＼対象地域	優る	やや優る	普通	やや劣る	劣る	最寄集落から最寄農協倉庫までの距離について、比較を行う。
			優る	0	-2.5	-5.0	-7.5	-10.0	優る　距離は短い
			やや優る	2.5	0	-2.5	-5.0	-7.5	やや優る　距離はやや短い
			普通	5.0	2.5	0	-2.5	-5.0	普通　距離は普通程度
			やや劣る	7.5	5.0	2.5	0	-2.5	やや劣る　距離はやや長い
			劣る	10.0	7.5	5.0	2.5	0	劣る　距離は長い
		農道の状態	基準地域＼対象地域	優る	やや優る	普通	やや劣る	劣る	地域内の農道の整備状況について、幅員、構造、勾配、配置、連続性等から判定し、次により比較を行う。
			優る	0	-3.0	-5.5	-8.5	-11.5	優る　車両の走行が良好な農道が縦横に配置されている
			やや優る	3.0	0	-3.0	-6.0	-8.5	やや優る　車両の走行が出来る農道が縦横に又は幹線農道を中心に農道が分岐している
			普通	6.0	3.0	0	-3.0	-6.0	普通　車両の走行が出来る農道が配置されている
			やや劣る	9.5	6.0	3.0	0	-3.0	やや劣る　車両の走行が出来る農道の配置が不十分
			劣る	13.0	9.5	6.5	3.0	0	劣る　車両の走行できる農道がほとんどない
自然的条件	地勢	傾斜の方向	基準地域＼対象地域	優る	やや優る	普通	やや劣る	劣る	傾斜の方向について、次により比較を行う。
			優る	0	-1.5	-3.0	-4.5	-6.0	優る　南向き又は3°未満の平坦地
			やや優る	1.5	0	-1.5	-3.0	-4.5	やや優る　南東向、南西向
			普通	3.0	1.5	0	-1.5	-3.0	普通　東向、西向
			やや劣る	4.5	3.0	1.5	0	-1.5	やや劣る　東北向、西北向
			劣る	6.0	4.5	3.0	1.5	0	劣る　北向
		傾斜の角度	基準地域＼対象地域	優る	やや優る	普通	やや劣る	劣る	平均的な傾斜の角度について、比較を行う。
			優る	0	-1.5	-3.0	-4.5	-6.0	優る　3°未満
			やや優る	1.5	0	-1.5	-3.0	-4.5	やや優る　3°以上5°未満

(畑．地)

条件	項　目	細項目	格　差　の　内　訳					備　　　考
自然的条件	地　勢	傾斜の角度	普　通	3.0	1.5	0	-1.5	-3.0	普　通 5°以上8°未満 やや劣る 8°以上15°未満 劣　る 15°以上
			やや劣る	4.5	3.0	1.5	0	-1.5	
			劣　る	6.0	4.5	3.0	1.5	0	
	土壌の状態	土壌の良否	基準地域＼対象地域	優る	やや優る	普通	やや劣る	劣る	土性、作土の深さ等から判定し比較を行う。
			優　る	0	-5.0	-10.0	-15.0	-20.0	優　る 畑作に極めて適している やや優 畑作にかなり適している 普　通 畑作に適している やや劣る 畑作にやや適さない 劣　る 畑作に適さない
			やや優る	5.5	0	-5.0	-10.5	-15.5	
			普　通	11.0	5.5	0	-5.5	-11.0	
			やや劣る	17.5	11.5	6.0	0	-6.0	
			劣　る	24.5	18.5	12.0	6.0	0	
	排水の良否		基準地域＼対象地域	優る		普通		劣る	排水の良否について、次により比較を行う。
			優　る	0		-3.0		-6.0	優　る 排水が適度 普　通 やや湿潤又はやや乾燥 劣　る 湿潤又は排水過多
			普　通	3.0		0		-3.0	
			劣　る	6.0		3.0		0	
	災害の危険性	災害の危険性	基準地域＼対象地域	優る		普通		劣る	種々の災害の危険性について、比較を行う。
			優　る	0		-4.0		-8.0	優　る 危険性が全くない 普　通 危険性がほとんどない 劣　る 危険性がある
			普　通	4.0		0		-4.0	
			劣　る	8.5		4.0		0	
宅地化条件	宅地化等の影響の程度	宅地化等の影響	基準地域＼対象地域	有る		やや有る		無し	宅地化、観光地化の影響の程度について、比較を行う。
			有　る	0		-α′		-α″	有　る 宅地化等による影響が有る地域 やや有る 宅地化等による影響がやや有る地域 無　し 宅地化等による影響がない地域
			やや有る	α′		0		-α′	
			無　し	α″		α′		0	
行政的条件	行政上の規制の程度	行政上の規制の程度	基準地域＼対象地域	弱い		普通		強い	
			弱　い	0		-α′		-α″	
			普　通	α′		0		-α′	
			強　い	α″		α′		0	
	行政上の助成の程度	補助金、融資金等による助成の程度	基準地域＼対象地域	優る		普通		劣る	農業政策上の補助金、融資金の存否が価格形成に影響のある場合、その受領の程度により、比較を行う。
			優　る	0		-α′		-α″	優　る 多額の補助金あり 普　通 多額の融資金あり 劣　る いずれもない
			普　通	α′		0		-α′	
			劣　る	α″		α′		0	

(畑．地)

条件	項目	細項目	格差の内訳					備考
その他	その他	その他	基準地域 \ 対象地域	優る	普通	劣る		
^	^	^	優る					
^	^	^	普通					
^	^	^	劣る					

別表第4　　　　　　　　　　　個別的要因比準表　　　　　　　　　　　　　（畑地地域）

条件	項目	細項目	格差の内訳							備考
			基準地＼対象地	優る	やや優る	普通	やや劣る	劣る	
交通・接近条件	集落との接近の程度及び農道の状態	集落との接近性	優る	0	-2.0	-4.0	-6.0	-7.5	最寄集落までの通作距離について、次により比較を行う。 優る　通作距離が短い やや優る　通作距離がやや短い 普通　通作距離が普通程度 やや劣る　通作距離がやや長い 劣る　通作距離が長い
			やや優る	2.0	0	-2.0	-4.0	-6.0	
			普通	4.0	2.0	0	-2.0	-4.0	
			やや劣る	6.0	4.0	2.0	0	-2.0	
			劣る	8.5	6.5	4.0	2.0	0	
		農道の状態	基準地＼対象地	優る	やや優る	普通	やや劣る	劣る	標準的画地の接面道路を基準として判定し、比較を行う。 この場合、接面道路の幅員、構造、勾配、連続性及び画地と農道との高低差等から総合的に判定するものとする。
			優る	0	-4.5	-9.0	-13.5	-18.0	
			やや優る	5.0	0	-5.0	-9.5	-14.5	
			普通	10.0	5.0	0	-5.0	-10.0	
			やや劣る	16.0	10.5	5.5	0	-5.5	
			劣る	22.0	16.5	11.0	5.5	0	
自然的条件	日照の状態	日照の良否	基準地＼対象地	優る	やや優る	普通	やや劣る	劣る	日照時間について、周辺の地勢等から次により比較を行う。 優る　日照時間が特に長い やや優る　日照時間がやや長い 普通　日照時間が普通 やや劣る　日照時間がやや短い 劣る　日照時間が短い
			優る	0	-2.0	-4.0	-6.0	-8.0	
			やや優る	2.0	0	-2.0	-4.0	-6.0	
			普通	4.0	2.0	0	-2.0	-4.0	
			やや劣る	6.0	4.0	2.0	0	-2.0	
			劣る	8.0	6.0	4.0	2.0	0	
	土壌の状態	土壌の良否	基準地＼対象地	優る	やや優る	普通	やや劣る	劣る	標準的画地の土壌を基準として判定し、比較を行う。 この場合、土性、でい炭の有無等から判定するものとする。
			優る	0	-4.5	-9.0	-13.5	-18.0	
			やや優る	5.0	0	-5.0	-9.5	-14.5	
			普通	10.0	5.0	0	-5.0	-10.0	
			やや劣る	16.0	10.5	5.5	0	-5.5	
			劣る	22.0	16.5	11.0	5.5	0	
		礫の多少	基準地＼対象地	優る	やや優る	普通	やや劣る	劣る	礫の多少について、次により比較を行う。 優る　ほとんどない やや優る　多少ある
			優る	0	-2.0	-4.0	-6.0	-8.0	
			やや優る	2.0	0	-2.0	-4.0	-6.0	

(畑・個)

条件	項目	細項目	格差の内容					備考
自然的条件	土壌の状態	礫の多少	普通	4.0	2.0	0	-2.0	-4.0	普通　普通 やや劣る　かなりある 劣る　多い
			やや劣る	6.0	4.0	2.0	0	-2.0	
			劣る	8.0	6.0	4.0	2.0	0	
		作土の深さ	基準地＼対象地	優る	やや優る	普通	やや劣る	劣る	現実に利用可能な作土の深さについて、次により比較を行う。 優る　深い やや優る　やや深い 普通　普通 やや劣る　やや浅い 劣る　浅い
			優る	0	-2.5	-5.0	-7.5	-10.0	
			やや優る	2.5	0	-2.5	-5.0	-7.5	
			普通	5.0	2.5	0	-2.5	-5.0	
			やや劣る	7.5	5.0	2.5	0	-2.5	
			劣る	10.0	7.5	5.0	2.5	0	
		排水の良否	基準地＼対象地	優る		普通		劣る	標準的画地の排水の状態を基準として判定し、比較を行う。
			優る	0		-3.0		-6.0	
			普通	3.0		0		-3.0	
			劣る	6.0		3.0		0	
	災害の危険性	災害の危険性	基準地＼対象地	優る		普通		劣る	標準的画地の種々の災害の危険性を基準として判定し、比較を行う。
			優る	0		-4.0		-8.0	
			普通	4.0		0		-4.0	
			劣る	8.0		4.0		0	
画地条件	耕うんの難易	地積	基準地＼対象地	優る		普通		劣る	地積について、次により比較を行う。 優る　10アール以上 普通　3アール以上10アール未満 劣る　3アール未満 なお、各分類における地積が、地域の実態と合わない場合があるので留意すること。
			優る	1.00		0.95		0.90	
			普通	1.05		1.00		0.95	
			劣る	1.11		1.05		1.00	
		傾斜の角度	基準地＼対象地	優る	やや優る	普通	やや劣る	劣る	傾斜の角度により比較を行う。 優る　3°未満 やや優る　3°以上5°未満 普通　5°以上8°未満 やや劣る　8°以上15°未満 劣る　15°以上
			優る	1.00	0.99	0.97	0.95	0.94	
			やや優る	1.01	1.00	0.98	0.96	0.95	
			普通	1.03	1.02	1.00	0.98	0.97	
			やや劣る	1.05	1.04	1.02	1.00	0.99	
			劣る	1.06	1.05	1.03	1.01	1.00	

（畑．個）

条件	項目	細項目	格差の内訳							備考
画地条件	耕うんの難易	形状不整及び障害物による障害の程度	基準地＼対象地	普通	やや劣る	劣る	相当に劣る	極端に劣る		形状が不整か又は画地内に電柱、岩石等のため障害がある場合、その障害度について、次により比較を行う。
			普通	1.00	0.98	0.95	0.92	0.88		
			やや劣る	1.02	1.00	0.97	0.94	0.90		普　通　長方形又は正方形で、障害となるものがない
			劣る	1.05	1.03	1.00	0.97	0.93		やや劣る　やや不整形又はやや障害となるものがある
			相当に劣る	1.09	1.07	1.03	1.00	0.96		劣　る　不整形又は障害となるものがある
			極端に劣る	1.14	1.11	1.08	1.05	1.00		相当に劣る　相当な不整形又は相当に障害となるものがある
	管理の程度	価格水準が低い地域	基準地＼対象地	普通		やや劣る		劣る		極端に劣る　極端な不整形又は極端に障害となるものがある
			普通	1.00		0.76		0.52		畑の価格水準（3段階区分）ごとに単位当たりの復旧工事費の大、小について、次により比較を行う。
			やや劣る	1.32		1.00		0.68		なお、復旧に係る補助金がある場合は適切に考慮することとする。
			劣る	1.92		1.46		1.00		普　通　特段の復旧作業が不要
		価格水準が中位の地域	基準地＼対象地	普通		やや劣る		劣る		やや劣る　草が繁茂し、一部樹木・竹等が生育している
			普通	1.00		0.88		0.77		劣　る　樹木・竹等が繁茂している
			やや劣る	1.14		1.00		0.88		
			劣る	1.30		1.14		1.00		
		価格水準が高い地域	基準地＼対象地	普通		やや劣る		劣る		
			普通	1.00		0.95		0.90		
			やや劣る	1.05		1.00		0.95		
			劣る	1.11		1.06		1.00		
行政的条件	行政上の規制の程度	行政上の規制の程度	基準地＼対象地	弱い		普通		強い		
			弱い	0		$-\alpha'$		$-\alpha''$		
			普通	α'		0		$-\alpha'$		
			強い	α''		α'		0		

(畑.個)

条件	項目	細項目	格差の内訳					備考
行政的条件	行政上の助成の程度	補助金、融資金等による助成の程度	基準地\対象地	優る	普通	劣る		標準的画地と比較し、農業政策上の補助金、融資金等の存否により個別性を生じる場合に適用するものとする。
			優る	0	$-\alpha'$	$-\alpha''$		
			普通	α'	0	$-\alpha'$		
			劣る	α''	α'	0		
その他	その他	その他	基準地\対象地	優る	普通	劣る		
			優る	0				
			普通		0			
			劣る			0		

比 準 価 格 算 定 表

1 事例地の所在及び地番等

番号	所在及び地番	取引時点	取引価格	取引の事情
1			円	
2				
3				
4				

2 対象地の所在及び地番

3 価格判定の基準日

　　　　　平成　　　年　　　月　　　日

4 価格の算定

事例地番号	事例地の価格	事情補正	時点修正	地域要因の比較	個別的要因の比較	比準価格
1	円	$\times \dfrac{100}{(\quad)}$	$\times \dfrac{(\quad)}{100}$	$\times \dfrac{(\quad)}{100}$	$\times \dfrac{(\quad)}{100}$ =	円
2		$\times \dfrac{100}{(\quad)}$	$\times \dfrac{(\quad)}{100}$	$\times \dfrac{(\quad)}{100}$	$\times \dfrac{(\quad)}{100}$ =	
3		$\times \dfrac{100}{(\quad)}$	$\times \dfrac{(\quad)}{100}$	$\times \dfrac{(\quad)}{100}$	$\times \dfrac{(\quad)}{100}$ =	
4		$\times \dfrac{100}{(\quad)}$	$\times \dfrac{(\quad)}{100}$	$\times \dfrac{(\quad)}{100}$	$\times \dfrac{(\quad)}{100}$ =	
価格の査定						円

その1

田地調査及び算定表

条件	項目	細項目	地域要因 取引事例地No. の属する地域 内容	評価対象地の属する地域 内容	格差	計
交通・接近条件	交通の便否	集落との接近性	最寄集落まで約( )m 優る やや優る 普通 やや劣る 劣る	最寄集落まで約( )m 優る やや優る 普通 やや劣る 劣る		
		出荷的集荷地との接近性	集落から集荷地まで約( )m 優る 普通 劣る	集落から集荷地まで約( )m 優る 普通 劣る		
		農道の状態	優る やや優る 普通 やや劣る 劣る	優る やや優る 普通 やや劣る 劣る		( )/100
自然的条件	地勢	傾斜の方向	( )向 優る 普通 劣る	( )向 優る 普通 劣る		
		傾斜の角度	( )度 優る 普通 劣る	( )度 優る 普通 劣る		
	土壌の状態	土壌の良否	優る やや優る 普通 やや劣る 劣る	優る やや優る 普通 やや劣る 劣る		
	かんがい排水の状態	かんがいの良否	優る やや優る 普通 やや劣る 劣る	優る やや優る 普通 やや劣る 劣る		
		排水の良否	優る やや優る 普通 やや劣る 劣る	優る やや優る 普通 やや劣る 劣る		
	災害の危険性	水害の危険性	優る 普通 劣る	優る 普通 劣る		
		その他の災害の危険性	優る 普通 劣る	優る 普通 劣る		( )/100
宅地化条件	宅地化等の影響の程度	宅地化等の影響	有る やや有る 無し	有る やや有る 無し		( )/100
行政的条件	行政上の規制の程度	行政上の規制の程度	弱い 普通 強い	弱い 普通 強い		
	行政上の助成の程度	補助金、融資金等による助成の程度	優る 普通 劣る	優る 普通 劣る		( )/100
その他	その他	その他	優る 普通 劣る	優る 普通 劣る		( )/100

地域要因の比較	交通・接近条件	自然的条件	宅地化条件	行政的条件	その他	計
	$\dfrac{( )}{100}$ ×	$\dfrac{( )}{100}$ ×	$\dfrac{( )}{100}$ ×	$\dfrac{( )}{100}$ ×	$\dfrac{( )}{100}$ =	$\dfrac{( )}{100}$

その2

条件	項目	細項目	個別的要因		格差	計
			取引事例地No. 内容	評価対象地 内容		
交通・接近条件	集落との接近の程度及び農道の状態	集落との接近性	最寄集落まで約（　　）m 優る　やや優る　普通　やや劣る　劣る	最寄集落まで約（　　）m 優る　やや優る　普通　やや劣る　劣る		
		農道の状態	優る　やや優る　普通　やや劣る　劣る	優る　やや優る　普通　やや劣る　劣る		（　）/100
自然的条件	日照の状態	日照の良否	優る　やや優る　普通　やや劣る　劣る	優る　やや優る　普通　やや劣る　劣る		
	土壌の状態	土壌の良否	優る　やや優る　普通　やや劣る　劣る	優る　やや優る　普通　やや劣る　劣る		
		保水の良否	保水の日数約（　　）日 優る　やや優る　普通　やや劣る　劣る	保水の日数約（　　）日 優る　やや優る　普通　やや劣る　劣る		
		礫の多少	優る　普通　劣る	優る　普通　劣る		
	かんがい排水の状態	かんがいの良否	優る　やや優る　普通　やや劣る　劣る	優る　やや優る　普通　やや劣る　劣る		
		排水の良否	優る　やや優る　普通　やや劣る　劣る	優る　やや優る　普通　やや劣る　劣る		
	災害の危険性	水害の危険性	優る　普通　劣る	優る　普通　劣る		
		その他の災害の危険性	優る　普通　劣る	優る　普通　劣る		（　）/100
画地条件	耕うんの難易	地積	画地の地積（　　）アール 優る　やや優る　普通　やや劣る　劣る	画地の地積（　　）アール 優る　やや優る　普通　やや劣る　劣る		
		形状	普通　やや劣る　劣る　相当に劣る　極端に劣る	普通　やや劣る　劣る　相当に劣る　極端に劣る		
		障害物による障害度	優る　普通　劣る	優る　普通　劣る		
	管理の程度	価格水準が低い地域	普通　やや劣る　劣る　相当に劣る　極端に劣る	普通　やや劣る　劣る　相当に劣る　極端に劣る		
		価格水準が中位の地域	普通　やや劣る　劣る　相当に劣る　極端に劣る	普通　やや劣る　劣る　相当に劣る　極端に劣る		
		価格水準が高い地域	普通　やや劣る　劣る　相当に劣る　極端に劣る	普通　やや劣る　劣る　相当に劣る　極端に劣る		100×（　）/100
行政的条件	行政上の規制の程度	行政上の規制の程度	弱い　普通　強い	弱い　普通　強い		
	行政上の助成の程度	補助金、融資金等による助成の程度	優る　普通　劣る	優る　普通　劣る		（　）/100
その他	その他	その他	優る　普通　劣る	優る　普通　劣る		（　）/100
個別的要因の比較			交通・接近条件　自然的条件　画地条件　行政的条件　その他			計
			$\dfrac{(\ \ )}{100} \times \dfrac{(\ \ )}{100} \times \dfrac{(\ \ )}{100} \times \dfrac{(\ \ )}{100} \times \dfrac{(\ \ )}{100} = \dfrac{(\ \ )}{100}$			

その1

畑地調査及び算定表

条件	項目	細項目	地域要因 取引事例地No. の属する地域 内容	評価対象地の属する地域 内容	格差	計
交通・接近条件	交通の便否	集落との接近性	最寄集落まで約( )m 優る やや優る 普通 やや劣る 劣る	最寄集落まで約( )m 優る やや優る 普通 やや劣る 劣る		( )/100
		出荷的集荷地との接近性	優る やや優る 普通 やや劣る 劣る	優る やや優る 普通 やや劣る 劣る		
		農道の状態	優る やや優る 普通 やや劣る 劣る	優る やや優る 普通 やや劣る 劣る		
自然的条件	地勢	傾斜の方向	( )向傾斜 優る やや優る 普通 やや劣る 劣る	( )向傾斜 優る やや優る 普通 やや劣る 劣る		( )/100
		傾斜の角度	( )度 優る やや優る 普通 やや劣る 劣る	( )度 優る やや優る 普通 やや劣る 劣る		
	土壌の状態	土壌の良否	優る やや優る 普通 やや劣る 劣る	優る やや優る 普通 やや劣る 劣る		
		排水の良否	優る 普通 劣る	優る 普通 劣る		
	災害の危険否	災害の危険性	優る 普通 劣る	優る 普通 劣る		
宅地化条件	宅地化等の影響の程度	宅地化等の影響	有る やや有る 無し	有る やや有る 無し		( )/100
行政的条件	行政上の規制の程度	行政上の規制の程度	弱い 普通 強い	弱い 普通 強い		( )/100
	行政上の助成の程度	補助金、融資金等による助成の程度	優る 普通 劣る	優る 普通 劣る		
その他	その他	その他	優る 普通 劣る	優る 普通 劣る		( )/100
地域要因の比較			交通・接近条件 自然的条件 宅地化条件 行政的条件 その他 計			
			$\dfrac{(\ \ )}{100} \times \dfrac{(\ \ )}{100} \times \dfrac{(\ \ )}{100} \times \dfrac{(\ \ )}{100} \times \dfrac{(\ \ )}{100} = \dfrac{(\ \ )}{100}$			

その2

条件	項目	細項目	個別的要因 取引事例地No. 内容	評価対象地 内容	格差	計
交通・接近条件	集落との接近の程度及び農道の状態	集落との接近性	最寄集落まで約(　　　)m　優る　やや優る　普通　やや劣る　劣る	最寄集落まで約(　　　)m　優る　やや優る　普通　やや劣る　劣る		
		農道の状態	優る　やや優る　普通　やや劣る　劣る	優る　やや優る　普通　やや劣る　劣る		(　)/100
自然的条件	日照の状態	日照の良否	優る　やや優る　普通　やや劣る　劣る	優る　やや優る　普通　やや劣る　劣る		
	土壌の状態	土壌の良否	優る　やや優る　普通　やや劣る　劣る	優る　やや優る　普通　やや劣る　劣る		
		礫の多少	優る　やや優る　普通　やや劣る　劣る	優る　やや優る　普通　やや劣る　劣る		
		作土の深さ	作土層(　　　)cm　優る　やや優る　普通　やや劣る　劣る	作土層(　　　)cm　優る　やや優る　普通　やや劣る　劣る		
		排水の良否	優る　普通　劣る	優る　普通　劣る		
	災害の危険性	災害の危険性	優る　普通　劣る	優る　普通　劣る		(　)/100
画地条件	耕うんの難易	地積	画地の地積(　　　)アール　優る　普通　劣る	画地の地積(　　　)アール　優る　普通　劣る		
		傾斜の角度	(　　　)度　優る　やや優る　普通　やや劣る　劣る	(　　　)度　優る　やや優る　普通　やや劣る　劣る		
		形状不整及び障害物による障害の程度	普通　やや劣る　劣る　相当に劣る　極端に劣る	普通　やや劣る　劣る　相当に劣る　極端に劣る		
	管理の程度	価格水準が低い地域	普通　やや劣る　劣る	普通　やや劣る　劣る		
		価格水準が中位の地域	普通　やや劣る　劣る	普通　やや劣る　劣る		
		価格水準が高い地域	普通　やや劣る　劣る	普通　やや劣る　劣る		100×(　)/100
行政的条件	行政上の規制の程度	行政上の規制の程度	弱い　普通　強い	弱い　普通　強い		
	行政上の助成の程度	補助金、融資金等による助成の程度	優る　普通　劣る	優る　普通　劣る		(　)/100
その他	その他	その他	優る　普通　劣る	優る　普通　劣る		(　)/100

個別的要因の比較	交通・接近条件	自然的条件	画地条件	行政的条件	その他	計
	(　)/100	× (　)/100	× (　)/100	× (　)/100	× (　)/100	= (　)/100

借地権価格比準表

51国土地第177号　　昭和51年4月27日

借地権価格比準表の取扱いについて

(趣旨)
1. 国土利用計画法の適正な施行を図るため、基準地借地権価格との比準における借地権価格形成要因の把握及び比較についての標準的な比準表を作成し、これを適切に運用することにより評価の適正を期するものとする。

(適用範囲)
2. 国土庁が実施した借地権価格調査結果に基づく標準地等借地権価格(以下「基準地借地権価格」という。)及び近傍類地の借地権取引価格から評価の対象となる借地権(以下「対象借地権」という。)の価格を求める際の借地権価格形成要因の比較は、原則としてこの比準表を適用して行うものとする。
    なお、借地権の存在は必ずしも借地権の価格の存在を意味するものではなく、借地権の価格の比準に当たっては、借地権の価格は、市場において慣行的に取引の対象となっている場合のものであることに留意しなければならない。

(基準地借地権の選定)
3. 借地権価格比準の基礎となる基準地借地権の選定については、「土地価格比準表の取扱いについて」第1一般的事項の5「基準地の選定」に準じて行うほか、借地権割合が同一又は近似値のものであり、かつ、借地権の取引慣行等が類似している地域の中から選定するものとする。

(格差率)
4. (1) 比準表に示されている項目又は細項目ごとの格差率は、下限値から上限値までを示すものであるので、基準地借地権及び対象借地権に係る借地権価格形成要因の実態に応じ、下限値と上限値の数値の範囲内において適宜判断し適用するものとする。
    (2) 借地権割合の高い地域においては、比準表の比較項目又は細項目の格差率は小さくなる傾向を有するものであることに留意すべきである。

(価格比準方法)
5. 借地権の価格比準は、次の算式により行うものとする。
    基準地借地権価格×対象借地権の更地価格形成要因(地域要因及び個別的要因)の格差率×対象借地権の借地権価格形成要因の格差率

(1) 対象借地権の更地価格形成要因（地域要因及び個別的要因）の格差率は、土地価格比準表を適用して適正に算定するものとする。

(2) 対象借地権の借地権価格形成要因の格差率は、別表の借地権価格比準表に掲げる各項目又は各細項目ごとの格差率の相乗積により算定するものとする。この場合において、次に掲げる事項を総合的に比較考慮するものとする。

　　ア　契約締結の経緯
　　イ　契約に当たって授与された一時金の額及びこれに関する契約条件
　　ウ　将来見込まれる一時金の額及びこれに関する契約条件

（適用上の留意事項）

6．(1) 次に掲げるような特殊な内容の借地権については、比準表の適用を除外するものとする。

　　ア　契約締結の当事者が同族会社の役員と法人、関係会社間、知人親戚等で契約の内容等に特段の事情がある場合
　　イ　区分所有建物の敷地利用に係る借地権（ただし、区分所有建物が１棟で、かつ、一体として算定する場合を除く。）
　　ウ　契約期間が100年以上の地上権
　　エ　貸家の敷地のうち、建物の賃貸人が借地人又は転借人で借家人が地主又は原借地人である場合等権利関係が輻輳している場合
　　オ　地代の支払のない地上権
　　カ　設定権利金の支払がなく契約締結後余り期間を経ていないもの

(2) 基準地借地権価格に係る借地権の態様は、次に掲げる内容のものであり、対象借地権の格差率を求めるに当たっては、それぞれの態様を十分に調査し把握するものとする。

　　ア　借地権の種別は賃借権であること。
　　イ　使用建物の区分は借地権価格調査結果の当該基準地の使用建物（当該地域の標準的な使用建物）の区分に基づくものであること。
　　ウ　転借地ではないこと。
　　エ　借地権の存続期間内において、建物の建て替えの必要のないものであること。
　　オ　借地契約の残存期間が近い将来において更新の必要性が生じていないものであること。
　　カ　名義書換料の負担区分は、当該地域の慣行に基づく区分によるもので

あること。
キ　借地権価格の発生要因は、当該地域の標準的な実態に基づいているものであること。
ク　借地契約期間及び契約年限は、当該使用建物の区分に応じ、堅固の建物の所有を目的とする場合は30年、その他の建物の所有を目的とする場合は20年とするものであること。
ケ　無断増改築の禁止、無断譲渡転貸禁止等、一般的と認められる特約以外の特約のないものであること。
コ　賃料水準は、当該使用建物の区分及び当該地域の標準的な支払賃料等（実際支払賃料のほかに一時金の授与があり、その中に通常の預り金がある場合は、その部分についての運用益を実際支払賃料に加算して求めたもの、以下同じ。）であること。
サ　契約の形式（書面か口頭か）は当該地域の標準的な実態に基づいているものであること。
シ　賃借権の登記はなされていないが、建物の登記はなされているものであること。
ス　賃料の改訂の実現性とその程度、契約締結の経緯、契約に当たって授与された一時金の額及びこれに関する契約条件及び将来見込まれる一時金の額及びこれに関する契約条件については、当該地域の標準的な実態又は当該地域の慣行等に基づくものであること。
(3)　対象借地権の種別が地上権である場合においては、通常地上権の標準的な態様は次に掲げる内容のものであり、対象借地権（地上権）の格差率を求めるに当たっては、比準表の各項目又は各細項目の適用が重複しないように留意するものであること。
ア　有償で設定されたものであること。
イ　書面による契約であること。
ウ　地上権の登記はなされているものであること。
(4)　転借地か否かの比較における転借地は、原借地と差異のない利用関係を内容とする場合のものとする。
(5)　将来見込まれる一時金の額及びこれに関する契約条件の比較においては、名義書換料、条件変更承諾料、増改築承諾料及び更新料等の一時金について、他の項目において格差を生ずる要因としている場合があるので、適用及び格差率の決定に当たっては特に留意するものとする。

別表

借地権価格比準表

番号	項目	細項目	格差の内訳	備考
1	地上権であるか、賃借権であるか		ア 	基準地＼対象地	賃借権	地上権
---	---	---
賃借権	1.00	1.05～1.11
地上権	0.95～0.90	1.00		賃借権と地上権の差は、主として譲渡等の場合における地主の承諾の要否と難易等の流通性及び賃借権は直接に抵当権の目的となり得ない担保価値の減退等が基準となる。経済的価値の格差は、将来の名義書換料の要否及び担保価値の差異等に基づいて求める。格差率は借地権割合が高くなるにつれて小さくなる。なお、本項目の賃借権は未登記のものである。
			イ 	基準地＼対象地	堅固建物所有賃借権	堅固建物所有地上権
---	---	---
堅固建物所有賃借権	1.00	1.03～1.05
堅固建物所有地上権	0.97～0.95	1.00		借地権割合が80パーセント以上の基準地借地権価格から比準する場合で、かつ、「堅固の建物の所有を目的とする賃借権であるか、堅固の建物の所有を目的とする地上権であるか」に基づく格差は左の表を適用して求めるものとする。
2	堅固の建物の所有を目的とするか、その他（非堅固）の建物の所有を目的とするか	(1)堅牢性の程度		基準地＼対象地	堅固	非堅固
---	---	---
堅固	1.00	0.96～0.95
非堅固	1.04～1.05	1.00		「堅固の建物の所有を目的とするか、その他の建物の所有を目的とするか」は、当該借地契約について判定したうえ、立体的高度利用を伴う場合と伴わない場合に区分して格差を求める。低層の堅固建物の所有を目的とする場合と低層のその他（非堅固）の建物の所有を目的とする場合との格差は、主として条件変更承諾料の差及び実質的な継続期間の差として求める。
		(2)立体的高度利用の程度	ア 	基準地＼対象地	立体的高度利用	非立体的利用
---	---	---
立体的高度利用	1.00	0.89～0.86
非立体的利用	1.12～1.16	1.00		立体的高度利用と非立体的利用（低層）の経済的価値の格差は、条件変更承諾料支払の要否として把握することができる。
			イ 	基準地＼対象地	立体的高度利用	非立体的利用
---	---	---
立体的高度利用	1.00	0.90～0.88
非立体的利用	1.11～1.13	1.00		借地権割合が80パーセント以上の基準地借地権価格から比準する場合で、かつ、対象借地権の態様が堅固の建物の所有を目的とし、かつ、立体的高度利用である場合の格差は、左の表を適用して求めるものとする。 対象借地権の最有効使用が立体的高度利用、非立体的利用のいずれか判断しかねる場合は、格差をみないものとする。
3	転借地か否か			基準地＼対象地	原借地	転借地
---	---	---
原借地	1.00	0.95～0.90
転借地	1.05～1.11	1.00		地主から直接借りたものか、借地人から転借したものかにより区分し、格差は危険性に基づく価値差として把握する。

（借　地）

番号	項目	細項目	格　差　の　内　訳				備　　考
4	建物の残存耐用年数		対象地＼基準地	建て替えの必要のないもの	建て替えの必要のあるもの		借地権の存続期間内において、借地契約上許容される建物で建物の老朽化等により建て替え等を行う必要がある場合は、増改築承諾料等が必要となるので、その要否を判定する。なお、建て替え等の見通しの可能な限度は数年とする。
			建て替えの必要のないもの	1.00	0.97〜0.95		
			建て替えの必要のあるもの	1.03〜1.05	1.00		
5	契約の残存期間		対象地＼基準地	残年数5年超	残年数5年内	残年数2年内	更新料等の一時金を支払う慣行のある場合は、借地残存期間が短くなれば、その額及びそれに関する契約条件を考慮しなければならない。
			残年数5年超	1.00	0.96〜0.97	0.96〜0.95	
			残年数5年内	1.03〜1.04	1.00	0.96〜0.97	
			残年数2年内	1.04〜1.05	1.03〜1.04	1.00	
6	名義書換料の負担区分		対象地＼基準地	売主負担	買主負担		借地権の売買において、名義書換料が売主負担であるか、買主負担であるかを調査したうえ、実際の負担区分に従って格差を求める。
			売主負担	1.00	0.91〜0.87		
			買主負担	1.10〜1.15	1.00		
7	借地権価格が借地期間中において自然に発生したものであるか否か		対象地＼基準地	自然発生	有償設定		借地権価格が借地期間中において自然に発生したものであるか、至近時点において有償設定されたものであるかによる格差は、条件変更、増改築承諾についての有利性、名義書換料減額の可能性及び期間経過による減額の可能性の防止等によって生ずる。
			自然発生	1.00	1.02〜1.03		
			有償設定	0.98〜0.97	1.00		
8	借地契約期間	(1)堅固の建物	対象地＼基準地	30年	45年	60年	借地契約期間による格差は、契約満了時の更新料等によって生ずる。
			30　年	1.00	1.00〜1.02	1.02〜1.03	
			45　年	1.00〜0.98	1.00	1.00〜1.02	
			60　年	0.98〜0.97	1.00〜0.98	1.00	
		(2)その他の建物	対象地＼基準地	20年	30年	40年	
			20　年	1.00	1.00〜1.02	1.03〜1.04	
			30　年	1.00〜0.98	1.00	1.00〜1.02	
			40　年	0.97〜0.96	1.00〜0.98	1.00	

（借　地）

番号	項目	細項目	格差の内訳	備考
9	特約の有無	(1)増改築の禁止等の特約	ア　堅固の建物 	基準地＼対象地	無	有
---	---	---
無	1.00	0.99〜0.98
有	1.01〜1.02	1.00 | イ　その他の建物 | 基準地＼対象地	無	有
---	---	---
無	1.00	0.97〜0.95
有	1.03〜1.05	1.00		増改築の禁止等の特約の有無による格差は、増改築承諾料等によって生ずる。
		(2)包括的譲渡転貸承諾条項のある特約（賃借権に限る。）		基準地＼対象地	無	有
---	---	---
無	1.00	1.02〜1.05
有	0.98〜0.95	1.00		包括的譲渡転貸承諾条項のある特約の有無による格差は、名義書換料等によって生ずる。
		(3)その他の特約	その他の特約については、その特約の内容を分析し、検討のうえ比較するものとする。	
10	賃料水準による修正			対象借地権	非常に高い	相当に高い	高い	普通	低い	相当に低い	非常に低い
---	---	---	---	---	---	---	---
格差率	0.97	0.98	0.99	1.00	1.01	1.02	1.03		地域の標準的な支払賃料等と対象借地権に係る支払賃料等（近いうちに賃料の改定の実現性があると考えられる場合には、そのことを考慮する。）を比較して行う。 非常に高い　　標準的な支払賃料等より非常に高い支払賃料等 相当に高い　　〃　　　より相当に高い支払資料等 高　　い　　　〃　　　より高い　　　支払資料等 普　　通　　　〃　　　と同程度の　　支払資料等 低　　い　　　〃　　　より低い　　　支払資料等 相当に低い　　〃　　　より相当に低い支払資料等 非常に低い　　〃　　　より非常に低い支払資料等
11	書面による契約であるか、口頭による契約であるか		書面による契約であるか、口頭による契約であるかは、後日紛争がおきた際の確認及び証明力の差を比較する。	
12	登記されているものであるか否か		賃借権の登記がされているものであるか否かは、第三者に対抗することができるか否かの差を比較する。	

土地価格比準表〔七次改訂〕

昭和48年12月10日	初版発行
平成6年4月8日	六次改訂発行
平成26年6月2日	六次改訂18刷発行
平成28年6月1日	七次改訂発行
平成28年7月6日	七次改訂2刷発行
平成30年8月8日	七次改訂3刷発行
令和2年12月7日	七次改訂4刷発行
令和4年12月2日	七次改訂5刷発行
令和7年6月6日	七次改訂6刷発行

編　著	地 価 調 査 研 究 会
発行者	馬　場　栄　一
発行所	(株)住 宅 新 報 出 版

〒171-0014　東京都豊島区池袋2-38-1
電話　03（6388）0052
https://www.jssbook.com/

印刷・製本／亜細亜印刷㈱
落丁本・乱丁本はお取り替えいたします。

Printed in japan
ISBN978-4-7892-3793-2 C2030